Cézanne et Pissarro

1865-1885

New York, The Museum of Modern Art
26 juin 2005 - 12 septembre 2005

Los Angeles, Los Angeles County Museum of Art
20 octobre 2005 - 16 janvier 2006

Paris, musée d'Orsay
27 février 2006 - 28 mai 2006

Musée d'Orsay

Liberté • Égalité • Fraternité
RÉPUBLIQUE FRANÇAISE

Ministère Culture Communication

Cette exposition a été organisée par
le Musée d'Orsay et la Réunion des musées nationaux, Paris,
The Museum of Modern Art, New York,
Los Angeles County Museum of Art, Los Angeles

Cette exposition a reçu le soutien du groupe ABN AMRO
et de ses filiales, la Banque de Neuflize et la Banque OBC

ABN·AMRO

Banque de Neuflize ABN AMRO   Banque OBC ABN AMRO

Cette exposition bénéficie du soutien
de la Garantie de l'État français
pour l'assurance des œuvres présentées

La muséographie à Paris a été conçue
par Jean-François Bodin et Marc Vallet,
agence Bodin et associés

Organisation de l'exposition au musée d'Orsay :

Serge Lemoine
Président de l'Établissement Public du musée d'Orsay

Thierry Gausseron
Administrateur général

Stéphanie de Brabander
Responsable des expositions coproduites avec la RMN

À la Réunion des musées nationaux :

Thomas Grenon
Administrateur général

Olivier Toche
Directeur du développement culturel

Ute Collinet
Secrétaire générale

Juliette Armand
Chef du département des Expositions

Florence Canel
Chef de projet au département des Expositions

Francine Robinson
Coordinatrice du mouvement des œuvres au département des Expositions

Couverture : Paul Cézanne, *La Maison du pendu, Auvers-sur-Oise*, Paris, musée d'Orsay (cat. 36) et Camille Pissarro, *La Causette, chemin du chou à Pontoise*, collection particulière (cat. 35)

En quatrième de couverture : Paul Cézanne, *Portrait de l'artiste*, Paris, musée d'Orsay (cat. 13) et Camille Pissarro, *Autoportrait*, Paris, musée d'Orsay (cat. 14)

Détails :
Page 76 : Camille Pissarro, *Nature morte à la carafe de vin*, détail du cat. 5 ; page 77 : Paul Cézanne, *Homme au bonnet de coton* (*L'Oncle Dominique*), détail du cat.7 ; page 88 : Camille Pissarro, *Autoportrait*, détail du cat. 14 ; page 89 : Paul Cézanne, *Portrait de l'artiste*, détail du cat. 13 ; page 104 : Camille Pissarro, *Louveciennes*, détail du cat. 22 ; page 105 : Paul Cézanne, *Louveciennes*, détail du cat.23 ; page 110 : Camille Pissarro, *Pommes châtaigniers et faïence sur une table*, détail du cat.26 ; page 111 : Paul Cézanne, *Fiasque, verre et poterie*, détail du cat. 27 ; page 124 : Camille Pissarro, *La Récolte des pommes de terre, Pontoise* détail du cat. 43 ; page 125 : Paul Cézanne, *Petites Maisons près de Pontoise*, détail du cat. 44 ; page 146 : Camille Pissarro, *Le Petit Pont, Pontoise*, détail du cat. 64 ; page 147 : Paul Cézanne, *Le Pont de Maincy, près de Melun*, détail du cat. 65 ; page 164 : Camille Pissarro, *Le Jardin de Maubuisson, Pontoise, printemps*, détail du cat. 68 ; page 165 : Paul Cézanne, *Le Jardin de Maubuisson, Pontoise*, détail du cat. 69 ; page 188 : Paul Cézanne, *Le Pont et le barrage, Pontoise*, détail du cat. 87 ; page 189 : Camille Pissarro, *Le Pont du chemin de fer, Pontoise*, détail du cat. 86 ; page 204 : Paul Cézanne, *La Vallée de l'Oise*, détail du cat. 103 ; page 205 : Camille Pissarro, *Gisors, quartier neuf*, détail du cat. 104.

ISBN : 2-7118-5043-9

Francine Mariani-Ducray
Directrice des musées de France

Marcel Pochard
Président du conseil d'administration de la Réunion des musées nationaux

Serge Lemoine
Président de l'Établissement public du musée d'Orsay

Thomas Grenon
Administrateur général de la Réunion des musées nationaux

COMMISSARIAT

Sylvie Patin
Conservateur en chef
au musée d'Orsay, Paris

Joachim Pissarro
Curator, Department of Painting and Sculpture
The Museum of Modern Art, New York

Jean-Patrice Marandel
Chief Curator of European paintings,
Los Angeles County Museum of Art

Mettre en valeur et encourager ce qui unit plutôt que ce qui divise, ce qui fait prospérer plutôt que ce qui détruit de la valeur, ce qui féconde plutôt que ce qui stérilise : ce sont les choix d'ABN AMRO. L'engagement dans le mécénat culturel de la première banque néerlandaise, une des premières banques européennes, épouse sa politique d'institution financière en prise directe sur le travail des hommes, sur leurs projets, sur l'économie.

Avec l'exposition *Cézanne et Pissarro 1865-1885*, nous plongeons dans le creuset où naquit la peinture impressionniste. Là, une cristallisation sublima les individualismes de quelques peintres tenaces, passionnés, et fit converger leurs travaux. Ils établirent une esthétique nouvelle, fertilisant la tradition qu'on les accusa bien à tort de trahir.

Les relations entre Cézanne et Pissarro, leur parenté artistique clairement revendiquée par l'un comme par l'autre, si bien décrites et analysées dans ce catalogue, mettent en évidence ce qui unissait ces artistes et permettent d'appréhender l'alchimie dont procédait le mouvement qui les entraîna.

Dès lors, on comprend que pour ABN AMRO et ses équipes, le soutien à cette exposition n'a pas pour seul but de « donner de belles choses à voir » ; car ladite exposition déborde largement le cadre strict de son propos : elle nous parle, bien sûr, et magnifiquement, d'esthétique et d'histoire de l'art, mais nous y trouvons surtout un épisode de l'histoire des hommes, de leurs efforts conjugués, de leur volonté d'aller de l'avant et de leur talent à y parvenir.

Pierre Fleuriot

Président du Directoire d'ABN AMRO France

L'art – parce qu'il consiste à partir à la recherche d'une vérité profondément enfouie et au départ ignorée de l'artiste lui-même – est souvent une entreprise solitaire. Mais l'histoire abonde de rencontres entre artistes qui, aussi solitaires soient-ils, n'en ont pas moins su, pendant quelques années ou quelques décennies, s'entraider pour aller ensemble à la recherche de leur part de beauté et de vérité.

Tel est le cas de Cézanne et de Pissarro auxquels le musée d'Orsay et la Réunion des musées nationaux consacrent cette exposition, organisée en collaboration avec le Museum of Modern Art de New York et le Los Angeles County Museum of Art.

Rassemblant environ soixante-dix œuvres des deux artistes réparties en cinq sections thématiques : portraits et autoportraits, natures mortes, paysages, vues de sous-bois, c'est une amitié de quelque vingt années qu'elle fait revivre, des débuts de la carrière des deux peintres dans les années 1860, jusqu'au milieu des années 1880, où leurs rapports prirent fin, sans les empêcher de rester attentifs aux évolutions de leurs œuvres respectives.

Je remercie chaleureusement tous les organisateurs de cette exposition d'avoir permis, pour notre plus grand bonheur, de rapprocher ces deux grands artistes français. Je tiens à remercier tout particulièrement Joachim Pissarro, arrière petit-fils de l'artiste et conservateur au département de Peinture et de Sculpture du Museum of Modern Art, qui en a eu l'initiative.

Mes remerciements vont également aux dirigeants du groupe ABN AMRO et de ses filiales, la Banque de Neuflize et la Banque OBC qui ont bien voulu s'associer à ce beau projet et lui apporter leur soutien.

Je souhaite de tout cœur que cette exposition, qui illustre l'une de ces amitiés qui, tout au long de l'histoire de l'art, ont été si fructueuses, rencontre le succès qu'elle mérite et permette à un vaste public de découvrir comment Cézanne et Pissarro, tout en se rapprochant de leur propre vérité, ont contribué à l'invention de l'art moderne.

Renaud Donnedieu de Vabres

Ministre de la Culture et de la Communication

Que tous les collectionneurs qui ont permis
par leur généreux concours la réalisation de cette exposition
à Paris trouvent ici l'expression de notre profonde gratitude :

Monsieur Joe L. Allbritton

Mesdames Sidney et Jenny Brown, Baden, Suisse

Madame Laurence Graff

Monsieur et Madame Herbert Klapper

Monsieur et Madame Jeffrey M. Peek

Collection Louis Vuitton. LVMH/Moët Hennessy

Helly Nahmad Gallery, New York

Collection de la famille Pack, Dallas, Texas

Madame Walter Scheuer

Monsieur Rudolf Staechelin

Monsieur Michael Vineberg
et Madame Anna de Benedictis Vineberg

Ainsi que toutes les personnes
qui ont préféré conserver l'anonymat.

Nos remerciements s'adressent également
aux responsables des collections publiques suivantes :

ALLEMAGNE

Berlin, Staatliche Museen zu Berlin, Nationalgalerie
Mannheim, Städtische Kunsthalle Mannheim
Wüppertal Elberfeld, Von der Heydt-Museum

CANADA

Ottawa, Musée des Beaux-Arts du Canada

ÉTATS-UNIS

Buffalo, Albright-Knox Art Gallery, New York
Boston, Museum of Fine Arts, Quinque Foundation
Cambridge, Fogg Art Museum Harvard University Art Museums, Massachusett
Chicago, The Art Institute of Chicago
Cleveland, The Cleveland Museum of Art
Los Angeles, Los Angeles County Museum of Art
New York, Brooklyn Museum, Solomon R. Guggenheim Museum, The Metropolitan Museum of Art, The Museum of Modern Art,
Philadelphia, Philadelphia Museum of Art
Princeton, Princeton University, Art Museum
Saint-Petersburg, Museum of Fine Arts, Florida
Toledo, Toledo Museum of Art
Washington, National Gallery of Art

FRANCE

Le Havre, Musée Malraux
Paris, Musée du Louvre, département des arts graphiques, Musée d'Orsay

GRANDE-BRETAGNE

Londres, The National Gallery
Oxford, Ashmolean Museum of Art

IRLANDE

Dublin, National Gallery of Ireland

JAPON

Ibaraki, Musée d'Art Moderne

RUSSIE

Moscou, Musée d'État des Beaux-Arts Pouchkine
Saint-Pétersbourg, Musée de l'Ermitage

SUISSE

Baden, Stiftung Langmatt
Bâle, Kunstmuseum, Offentliche Kunstsammlung
Lugano, Museo Cantonale d'Arte

Le commissaire de l'exposition à Paris
tient à exprimer sa profonde reconnaissance à :
Anne d'Aboville ; Fraçois-Xavier Arnoux ; Sandrine Arrecgros ; Elise Bauduin ; Véronique Beauregard ; Martine Bozon ; Alexis Brandt ; Myriam Bru ; Françoise Cachin ; Laurence des Cars ; Evelyne Chatelus ; Maria Coppens ; Odile Cortet ; Anne Distel ; Rosa Djaoud ; Manou Dufour ; Annie Dufour ; Alice Ertaud ; Martine Ferretti ; Françoise Fur ; Olivier Gabet ; Miléna Girardin ; Marie-Édith Girault ; Doris Grunchec ; Stéphane Guégan ; Amélie Hardivillier ; Sybille Heftler ; Catherine Haviland ; Claire Herlic ; Laurence Imbert ; Éric Jouvenaux ; Frédérique Kartouby ; Flora Lagneau ; Françoise Le Coz ; Nadia Leriche ; Dominique Lobstein ; Bruno Malinaud ; Laure de Margerie ; Philippe Mariot ; Catherine Marquet ; Hélène Mary ; Caroline Mathieu ; Nathalie Mengelle ; Odile Michel ; Catherine Millon ; Virginie Noubissié ; Patricia Oranin ; Virginie Perreau ; Marc Plocki ; Anne Pouchelon ; Jean-René Quentric ; Nicole Richy ; Michelle Rongus ; Marie-Pierre Salé ; Patrice Schmidt ; Anne Sefrioui ; Marie-Dominique de Teneuille ; Antoine Tasso ; Araxie Toutghalian ; Pierre Vallaud ; Sophie Vatar ; Anne Véron ; Nathalie Volle ; Iwona Wolsky.
Hélène Tronc pour la traduction du catalogue, Sylvie Bellu pour sa relecture et Guillaume Rosier pour sa mise en pages

L'exposition intitulée *Cézanne et Pissarro de 1865 à 1885* propose un regard totalement inédit sur deux artistes majeurs de la seconde moitié du XIXe siècle, Paul Cézanne et Camille Pissarro, qui se sont intéressés aux mêmes thèmes et se sont mutuellement influencés pendant vingt ans.

En 1978, avait été organisée aux Galeries nationales du Grand Palais l'exposition *Cézanne : les dernières années*, fruit de la collaboration entre le Museum of Modern Art de New York et le musée du Jeu de Paume. Près de trente ans plus tard, le musée d'Orsay s'associe pour la première fois avec cette grande institution new yorkaise pour montrer combien les recherches picturales de Pissarro et de Cézanne ont joué un rôle essentiel dans la genèse de l'art du XXe siècle.

Cette approche de l'histoire de l'art par la mise en perspective de l'œuvre de deux ou de plusieurs artistes a déjà été effectuée au musée d'Orsay dans les expositions *Manet, Monet. La gare Saint-Lazare* en 1998, *Millet/Van Gogh* en 1998-1999, *Manet/Velazquez. La manière espagnole au XIXe siècle* en 2002-2003 et, aux Galeries nationales du Grand Palais, *Turner Whistler Monet* en 2004-2005. D'autres institutions ont opté pour la même démarche, le Centre Pompidou, en 2002-2003, avec *Matisse/Picasso* aux Galeries nationales du Grand Palais et le musée Picasso, en 2005, avec *Bacon/Picasso*, toutes ces expositions ayant été produites par la Réunion des musées nationaux.

« Cézanne [...] *a subi mon influence à Pontoise et moi la sienne. »* écrit Camille Pissarro à son fils Lucien le 22 novembre 1895. Portraits, natures mortes et paysages sont donc présentés par duos pour faire apparaître la convergence de la vision des deux peintres et leurs affinités dans l'étude des motifs. Le dialogue entre leurs œuvres permet de mettre en relief aussi bien les analogies entre les artistes que leurs spécificités, par des confrontations qui dépassent toujours la simple comparaison. Ainsi, c'est une nouvelle lecture des tableaux conservés notamment au musée d'Orsay qui est rendue possible par la mise en rapport d'œuvres telles que *Le Pont de Maincy, près de Melun* de Cézanne avec *Le Petit Pont, Pontoise* de Pissarro, qui provient de la Städtische Kunsthalle de Mannheim, ou bien *La Maison du pendu, Auvers-sur-Oise* de Cézanne avec *La Causette, chemin du chou à Pontoise* de Pissarro, qui appartient à une collection particulière.

L'année 2006 est celle du centenaire de la mort de Cézanne, célébrée au musée Granet d'Aix-en-Provence par l'exposition *Cézanne en Provence*, organisée avec la Réunion des musées nationaux et la National Gallery of Art de Washington et où figurent de nombreuses œuvres provenant des collections du musée d'Orsay. Avec l'exposition *Cézanne et Pissarro de 1865 à 1885*, conçue par Joachim Pissarro à New York et réalisée par Sylvie Patin à Paris, le musée d'Orsay commémore également ce centenaire et rend hommage au peintre de la montagne Sainte-Victoire en le présentant avec l'un de ses contemporains, qui fut aussi une autre figure emblématique de la peinture du XIXe siècle.

Serge Lemoine

Président de l'Établissement public du musée d'Orsay

Remerciements

Il est bien connu dans le monde des musées que l'organisation d'expositions internationales qui nécessitent des prêts d'œuvres est devenue une tâche de plus en plus ardue et complexe : *Cézanne et Pissarro 1865-1885* ne fait pas exception à la règle. L'idée même de cette exposition - la réunion d'œuvres de Cézanne et de Pissarro qui avaient été exécutées en relation les unes avec les autres - a rendu le défi d'autant plus difficile qu'aucun tableau individuel ne pouvait être remplacé par un autre prêt. Cette entreprise n'a été rendue possible que par la collaboration d'une équipe extraordinaire, dont tous les membres ont grandement contribué à la réalisation de cette exposition et de ce catalogue : qu'ils soient tous vivement remerciés.

Notre plus sincère gratitude va à ceux qui ont consenti à prêter des œuvres appartenant à leurs collections. Les musées et les collectionneurs particuliers qui ont participé gracieusement à cette exposition nous ont permis de réunir de nombreuses œuvres d'art qui n'avaient plus été vues ensemble depuis leur création. Sans leur générosité, l'exposition n'aurait tout simplement pas existé.

Les recherches pour cette exposition ont souvent été difficiles. De nombreux collègues et amis ont patiemment répondu à nos questions et nous ont ainsi permis d'obtenir certains prêts majeurs. Notre sincère gratitude va aux personnes suivantes et à toutes les autres qui n'ont ménagé ni leur temps ni leurs connaissances pour rendre ce projet possible : William Acquavella, Joel Anderson, Kathleen Antion, Irina Antonova, Alex Apsis, Janet Atkins, Kate Austin, Don Bacigalupi, Joseph Baillio, Tim Bathhurst, Hans Becker, Loïc Bégard, Sylvain Bellenger, Alberto Bellucci, Sergio Benedetti, Guy Bennett, Marc Blondeau, Bénédicte Boissonnas, Martine Bozon, Sylvaine Brans, Richard Brettell, Christopher Brown, Bernhard Mendes Bürgi, Françoise Cachin, Anthea Callen, Chris Campbell, Bettina della Casa, Paula Casajús, Michael Christides, Ernst Vegelin van Claerbergen, T. J. Clark, Jean-Paul Claverie, Melanie Clore, Philip Conisbee, Stephane Cosman Connery, Harry Cooper, Desmond Corcoran, David Aguilella Cueco, James Cuno, Vincent David, Annabel Daou, Susan Davidson, Jessica Burne Davis, Jim Dimond, Alain Disch, Anne Distel, Benjamin Doller, Douglas Druick, Katherine M. Dugdale, Ian Dunlop, John Earle-Drax, Elizabeth Easton, Bernd Ebert, Jean Edmonson, Carol Epstein, Catherine Evans, Sabine Fehlemann, Walter Feilchenfeldt, Evelyne Ferlay, Christiane Filloles, Michael Findlay, Hartwig Fischer, Jack Flam, Holly Forrester, Marco Franciolli, Hugh Gibson, Thomas Gibson, Susan Ginsburg, Franck Giraud, Elizabeth Gorayeb, Louis Grachos, Jonathan Green, Gloria Groom, Robert Grosman, Jennifer Gross, Doris Grunchec, Torsten Gunnarsson, Jennifer Hardin, Anne d'Harnoncourt, Colin Harrison, Chieko Hasegawa, Tokushichi Hasegawa, Annette Haudiquet, Ernst Haug, Jeanine Herman, John House, Ay-Whang Hsia, David Jaffé, Ryan Jensen, Catherine Johnston, Frédérique Kartouby, Sadao Kato, Raymond Keaveney, Gwendoline Keywood, Shireen Khalil, Gilly Kinloch, Milan Knizak, Albert Kostenevich, Thomas Krens, Jan Krugier, Rolf Lauter, Geraldine Lefevre, Arnold Lehman, Serge Lemoine, Thomas W. Lentz, Brett Littman, John Lumley, Mario-Andreas von Lüttichau, Nannette V. Maciejuens, Peter MacGill, Nicholas Maclean, Jean-Patrice Marandel, Philippe Mariot, Catherine Marquet, Caroline Mathieu, Marie-Christine Maufus, Marc Mayer, Maureen McCormick, Charles S. Moffett, Jean-Pierre Mohen, Philippe de Montebello, Alain Mothe, Christian Müller, Kimio Nakayama, David Nash, Peter Nathan, Lawrence W. Nichols, Linda Nochlin, David Norman, Inna Orn, Sylvie Patin, Charles E. Pierce J.-R., Marnie Pillsbury, Mikhaïl Piotrovsky, Lionel et Sandrine Pissarro, Steven Platzman, Earl A. Powell III, Eva-Maria Preiswerk, Xenia Pushnitskaya, Tara Reddi, Susan Reed, Katharine Lee Reid, Daniel Rentzsch, Jock Reynolds, Andrea Rich, Christopher Riopelle, Joseph J. Rishel, Anne Robbins, Malcolm Rogers, Ali Rosenbaum, Nan Rosenthal, Timothy Rub, John E. Schloeder, Manuel Schmit, Peter-Klaus Schuster, Philippe Segalot, Sato Seiko, George Shackelford, Barbara Shapiro, Alex Shedrinsky, Richard Shiff, Charles Saumarez Smith, Paul Smith, Claire Durand-Ruel Snollaerts, Susan Stein, Michel Strauss, Deborah Swallow, John Tancock, Vérane Tasseau, Pierre Théberge, Gary Tinterow, Aleksandra Todorovic, Araxie Toutghalian, Kathryn Tuma, Olga Uhrova, Charles L. Venable, Tonya Vernooy, Tomas Vlcek, Jim Voorhies, Jayne Warman, John Warner, Kenneth Wayne, Rosemarie Weber, Angelika Wesenberg, Alice Whelihan, Barbara Ehrlich White, Virginia White, Cathy Whitehouse, Elizabeth Wieseman, Guy Wildenstein, Ully Wille, James N. Wood, Kazuko Yamaguchi, et Stoney Yeung. Nous adressons des remerciements particuliers aux nombreux personnels administratifs et aux régisseurs des institutions prêteuses ainsi qu'aux photographes qui ont fourni les images du catalogue. Sans leur compétence, ce projet n'aurait pu voir le jour.

Certains *trustees* du Museum of Modern Art ont apporté une aide cruciale pour obtenir le prêt d'œuvres majeures. Nos remerciements vont en particulier à Leon D. et Debra Black, Gustavo et Patricia Phelps de Cisneros, Henry et Marie-Josée Kravis, Ronald S. et Jo Carole Lauder, David Rockefeller, et Sharon Percy Rockefeller.

Au Museum of Modern Art lui-même, de nombreux collègues ont apporté une contribution décisive. Le premier d'entre eux fut Glenn D. Lowry, directeur du musée, qui a apporté à ce projet un soutien personnel, moral et institutionnel sans faille. Son intervention directe a permis certains prêts dont je lui suis particulièrement reconnaissant. Jennifer Russell, directeur adjointe en chef des Expositions et des Collections, mérite une mention spéciale ; sa patience et sa perspicacité tout au long du parcours (parfois pénible) de cette exposition n'ont eu d'égale que son infaillible rapidité d'action. À titre personnel, je souhaite exprimer toute ma reconnaissance à John Elderfield, conservateur en chef, Marie-Josée et Henry Kravis du département de Peinture et de Sculpture, qui ont participé à chaque étape de la conception et de la réalisation de cette exposition. Mes collègues Ann Temkin et Anne Umland, conservateurs du département de Peinture et de Sculpture, ont apporté leur soutien à ce projet et fait des remarques critiques et constructives. Fereshteh Daftari, conservateur adjoint, a édité la chronologie d'Alain Mothe et proposé des suggestions pertinentes sur le contenu de l'exposition. Jennifer Field, assistante de conservation, a veillé sans relâche à tous les aspects de la fabrication de l'exposition et elle a gagné l'admiration de ses collègues. Claire Henry, assistante administrative, a mis en œuvre ses talents d'organisation prodigieux et son ingéniosité, depuis l'origine du projet au MoMA ; Marika Knowles, stagiaire d'Holly Solomon, a mené des recherches indispensables et compilé des références précieuses, tout au long du projet.

Ma gratitude s'étend aussi à toutes les personnes suivantes pour leur dévouement continu à cette exposition et à l'ouvrage qui l'accompagne : Nancy Adelson, avocat-conseil adjoint ; Lawrence Allen, directeur des Publications ; Anny Aviram, conservateur des Peintures ; Maria DeMarco Beardsley, coordinatrice des Expositions ; Laura Beiles, responsable adjointe de l'Éducation, Programmes pour le public ; Sara Bodinson, responsable adjointe de l'Éducation, Stagiaires et guides audio ; Stephen Clark, avocat-conseil adjoint ; James Coddington, conservateur en chef Agnes Gund ; Sharon Dec, assistante administrative auprès du conservateur en chef, département de Peinture et de Sculpture ; David Frankel, directeur éditorial ; Joanne Greenspun, éditrice en chef ; Christina Grillo, chargée de production ; Christel Hollevoet-Force, Provenance Research Project, Bureau du directeur adjoint en chef des Expositions, Programmes et du Soutien aux Collections ; Robert Jung, sous-directeur, Manipulation et Préparation des œuvres ; Beatrice Kernan, sous-directeur adjoint des Expositions et du Soutien aux Collections ; David Little, directeur, Programmes pour les Adultes et les Universités ; Jennifer Manno, assistante du coordinateur de l'exposition ; Michael Margitich, directeur adjoint en chef pour les relations extérieures ; Kerry McGinnity, assistant régisseur en chef ; Jerome Neuner, directeur de la Conception et de la Production des Expositions ; Philip Omlor, directeur, Manipulation et Préparation des œuvres ; Susan Palamara, régisseur adjoint pour les Expositions ; Avril Peck, assistante de conservation, département de Peinture et de Sculpture ; Cora Rosevear, conservateur adjoint, département de Peinture et de Sculpture ; Marc Sapir, directeur de production ; Jenny Tobias, bibliothécaire, Développement de la Collection ; et Carlos Yepes, coordinateur adjoint des expositions. Que soient en outre remerciés tout le personnel de la bibliothèque, les manutentionnaires et les techniciens préposés à cette exposition. Je souhaite aussi remercier Steven Schoenfelder pour la sensibilité dont il a fait preuve dans la conception graphique de ce catalogue.

Enfin, la version française de cet ouvrage a bénéficié en particulier de l'appui précieux d'Annie Champié, du Wildenstein Institute, qui a établi la concordance des titres et de la numérotation des œuvres de Pissarro à partir du catalogue raisonné. Ces recherches résultent du long et patient labeur de Claire Durand-Ruel Snollaerts, co-auteur du catalogue raisonné de l'œuvre peint de Camille Pissarro.

Joachim Pissarro
Conservateur, département de Peinture et de Sculpture

Aux sources de l'art moderne

par Joachim Pissarro

(traduit de l'anglais par Hélène Tronc)

Toujours modernes ?

Je sens que je ne puis être [...] ni maître, ni disciple[1].

George Sand

Au tournant du XXIe siècle, alors que la tradition moderne a près de cent cinquante ans, les interrogations posées par Paul Gauguin dans sa toile monumentale de 1897-1898, *D'où venons-nous ? Que sommes-nous ? Où allons-nous ?* acquièrent une pertinence nouvelle (fig. 1). Puisque l'ère moderne définit notre propre histoire, il a semblé légitime de s'interroger sur les effets d'un siècle et demi de modernité. Pouvions-nous toujours nous prétendre « modernes » ou plusieurs décennies de POSTmodernISME[2] avaient-elles réduit à néant toutes les anciennes ambitions modernes ? La question demeurait : « Où allions-nous ? Où allons-nous ? »

Des interrogations semblables avaient émergé, avec la même urgence, en Europe, pendant toute la seconde moitié du XIXe siècle, avant de culminer dans le testament de Gauguin. Quel était l'enjeu de ce nouveau phénomène « moderne » ? Contre quoi se définissait-il ? Où nous menait-il ?

Ces questions, qui reçurent des réponses aussi nombreuses que variées, coïncidèrent approximativement avec le développement de l'impressionnisme dans les années 1870. Au cours des décennies impressionnistes, deux personnalités exprimèrent avec une vigueur particulière leur opposition à la tradition académique et aux institutions qui la défendaient et l'incarnaient : Paul Cézanne (1839-1906) et Camille Pissarro (1830-1903). Les deux hommes s'étaient rencontrés pendant leurs études d'art, à Paris, dans les années 1860, et avaient rapidement noué une amitié intense, qui dura près d'un quart de siècle. De ce lien improbable - entre un Juif né aux Antilles, qui se livra à sa passion pour l'art à Caracas, et un Provençal issu d'une famille de banquiers, destiné par son père à des études

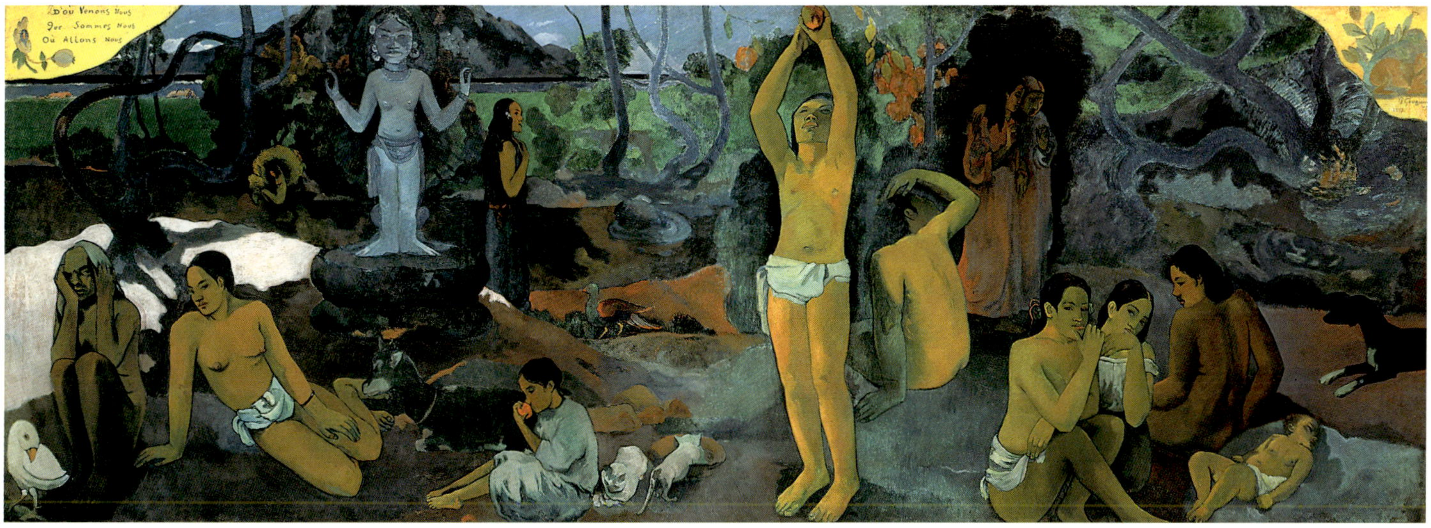

fig. 1. Paul Gauguin
D'où venons-nous ? Que sommes-nous ? Où allons-nous ?, 1897-1898
Huile sur toile, 1,391 × 3,746 m. Boston, Museum of Fine Arts, Tompkins Collection

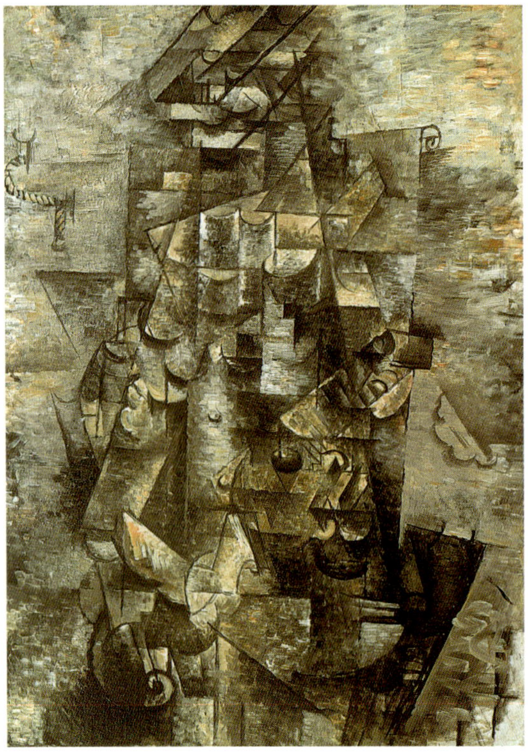

fig. 2. Georges Braque
Homme à la guitare, 1911-1912
Huile sur toile, 1,162 × 0,809 m
New York, The Museum of Modern Art,
acquis grâce au legs Lillie P. Bliss

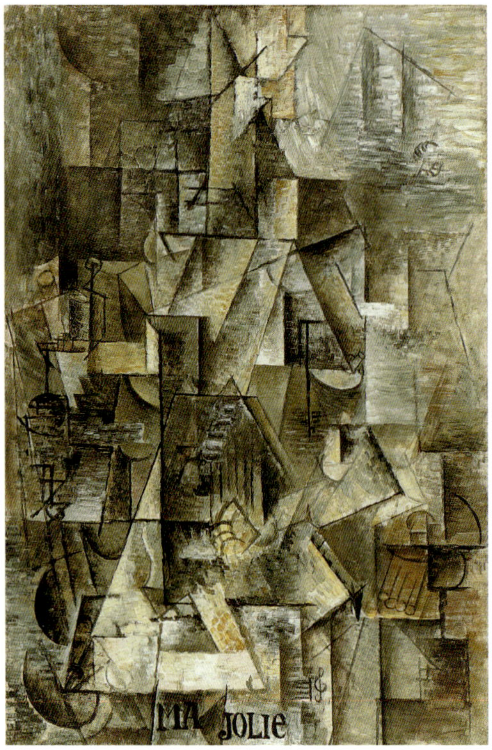

fig. 3. Pablo Picasso
« Ma Jolie », 1911-1912
Huile sur toile, 1 × 0,645 m
New York, The Museum of Modern Art,
acquis grâce au legs Lillie P. Bliss

de droit - naquit l'un des échanges artistiques les plus fascinants du XIXe siècle. Les œuvres des deux artistes se ressemblent parfois tellement qu'il est difficile de les distinguer. Cette réciprocité anticipait d'autres échanges modernes, entre Vincent Van Gogh et Paul Gauguin, André Derain et Henri Matisse, Georges Braque et Pablo Picasso (fig. 2, 3), Mikhaïl Larionov et Natalia Gontcharova, Sonia Delaunay-Terk et Robert Delaunay (fig. 4, 5), Piet Mondrian et Theo van Doesburg, ou, plus près de nous, Jasper Johns et Robert Rauschenberg. À l'exception de ce dernier cas, l'ensemble de ces relations artistiques ne dura guère plus de deux ans.

L'échange artistique entre Cézanne et Pissarro fut le plus long de tous les exemples cités : les deux peintres travaillèrent ensemble, de manière très proche et par intermittence, du début des années 1860 au milieu des années 1880. En ce sens, ils font davantage songer à des exemples de collaboration récents - Bernd et Hilla Becher, les frères Chapman, les sœurs Wilson - puisque leur relation se poursuivit pendant une génération. Cependant, à la différence de ces artistes contemporains, Pissarro et Cézanne ne réalisèrent jamais aucun projet ou tableau commun. Tandis qu'ils peignaient ou dessinaient côte à côte, en plein air ou dans l'atelier de l'un ou de l'autre, ils conservaient chacun leur individualité, tout en n'étant pas loin de s'identifier l'un à l'autre. Les périodes qu'ils passaient ensemble étaient souvent interrompues. Cézanne faisait des allers-retours entre la Provence et la région parisienne, tandis que Pissarro partait séjourner longuement dans la Mayenne, chez son ami Ludovic Piette. Leur relation n'était pas exclusive : dans les années 1860 notamment, ils étaient liés à d'autres artistes radicaux (Armand Guillaumin, Antoine Guillemet et Francisco Oller, entre autres). Vers la fin de leur collaboration, en 1881, ils passèrent beaucoup de temps avec un jeune artiste qui avait suivi l'enseignement de Pissarro : Paul Gauguin. Le dialogue entre Cézanne et Pissarro nous conduit du début des années 1860 - avec l'émergence d'un nouveau langage artistique au temps du Salon des Refusés et de l'*Olympia* d'Édouard Manet (fig. 6) - jusqu'au milieu des années 1880 - lorsque Cézanne décide de retourner en Provence définitivement, tournant le dos au monde de l'art parisien, à Pissarro, à Émile Zola et à ses anciens compagnons de révolte. L'histoire retracée dans cette exposition et son catalogue commence donc avec la naissance de l'art moderne et s'achève avec l'avènement du modernisme, porté par un Cézanne vieillissant.

Un paradoxe émerge : la tradition qui avait sous-tendu un siècle et demi de modernité était ancrée dans l'idée qu'aucune tradition ne devait être épargnée par la critique. Dans la pratique, l'un des principes majeurs de l'art moderne était son aptitude à se remettre en question sans cesse et à interroger les paradigmes hérités de la tradition. Comme Clement Greenberg l'a souligné, « être moderne » signifiait avant tout être critique, et notamment critique de soi-même[3]. La tradition moderne avait-elle dû finalement s'annihiler elle-même pour satisfaire sa mission critique ?

Ce paradoxe fut abordé de deux grandes manières. Dans le premier scénario (relativement pessimiste), la dynamique du postmodernisme (aussi appelé « postisme ») avait mis la modernité à genoux. Rien ne subsistait que la course folle de la modernité, et son agitation incessante, sans rime ni raison. Il ne restait plus aux postmodernes qu'à célébrer la multiplicité des « jeux de langage[4] ». Le second scénario (un peu plus optimiste) suggérait que le postmodernisme dans sa diversité, y compris dans ses formes les plus menaçantes, était la preuve vivante que la dynamique critique de la modernité était toujours assez forte pour susciter de nouveaux modes de création - même s'ils se retournaient contre le phénomène moderne tout entier. Partant de l'idée qu'un « phénix renaîtra de ses cendres », cette interprétation pouvait diagnostiquer la « condition postmoderne » comme le symptôme même que le « moderne » n'avait pas disparu.

Quel que fût le point de vue adopté sur l'actualité du « moderne » dans le monde contemporain, le débat généra une véritable armada d'ouvrages critiques qui cherchèrent à élucider ces questions. Que pouvait signifier cette problématique pour le siècle qui s'ouvrait ? Cette redoutable interroga-

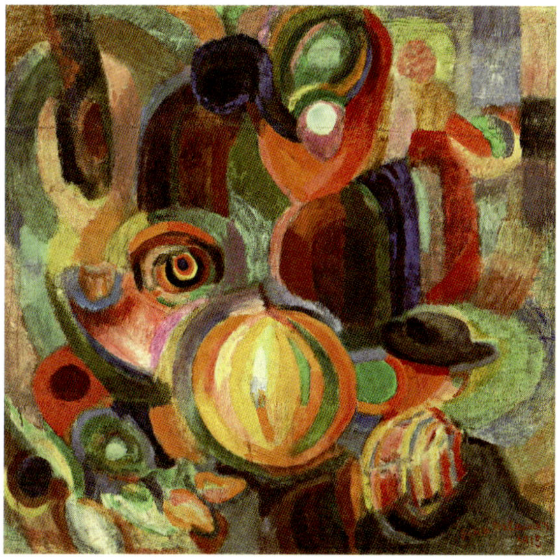

fig. 4. Sonia Delaunay-Terk
Marché portugais, 1915
Huile et cire sur toile, 0,905 × 0,905 m
New York, The Museum of Modern Art,
don de Theodore R. Racoosin

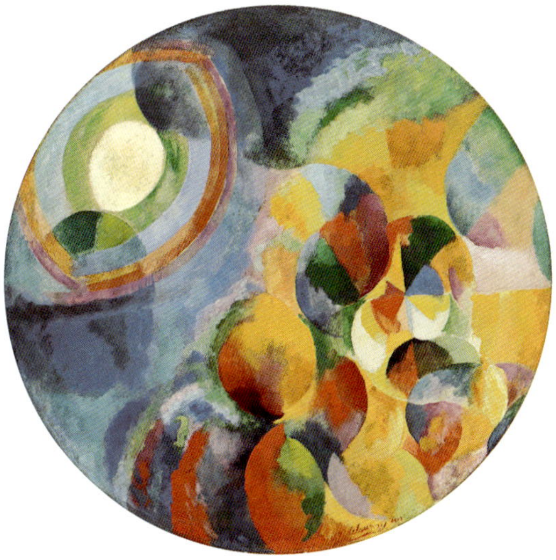

fig. 5. Robert Delaunay
Soleil, lune, simultané 2, 1913
(daté 1912 sur le tableau)
Huile sur toile, diam. 1,345 m
New York, The Museum of Modern Art,
Mrs. Simon Guggenheim Fund

tion n'a rien perdu de sa force ; elle rend difficile et stimulante à la fois la poursuite d'une réflexion sur le sens du « moderne » aujourd'hui. Cette réflexion a suivi deux grandes orientations : l'une se concentrant sur le présent immédiat, considéré à la lumière de ce que le phénomène moderne peut *encore* signifier ; l'autre abordant la modernité, non pas depuis notre point de vue, mais depuis celui de ses origines. Parmi la pléthore d'ouvrages parus sur le sujet dans le champ des études culturelles et de la théorie, deux titres sont emblématiques de ces deux directions : *The Persistence of Modernity* d'Albrecht Wellmer et *The First Moderns* de William R. Everdell[5].

Le Museum of Modern Art de New York a été à la pointe de cet effort de réflexion. En tant que musée d'art moderne, il ne pouvait laisser passer l'occasion de réexaminer les origines et l'évolution de son mandat, à ce moment-clé de l'histoire. Dans un cycle de manifestations intitulé *MoMA 2000*, le musée newyorkais entreprit d'aborder la question décisive de ce qui relie les origines de l'art moderne au présent, et vice versa. Ce projet exigeait naturellement d'adopter un regard critique, tourné à la fois vers le présent et vers le passé, pour mieux examiner le sens originel de la « modernité » et son sens contemporain. Les conservateurs de Modern*Starts* ont exprimé clairement leur ambition, et il peut être utile de revenir sur leur démarche pour aborder la présente exposition : « Notre titre [Modern*Starts* : à la fois "Commencements modernes" et "Le moderne commence"] a une double signification : tout d'abord, c'est dans les années 1880-1920, auxquelles nous nous intéressons, que le "moderne", l'art moderne, voit le jour ; ensuite, l'art moderne n'a pas une seule origine mais plusieurs : il en existe donc plusieurs versions. Notre projet s'intéresse à un phénomène qui est à la fois singulier et pluriel : à une période et aux nombreux moments particuliers qui la composent ; à un mouvement et à ses nombreuses tendances disparates ; à un cheminement, mais aussi à ses embranchements et à ses détours ; à un sujet et à ses multiples histoires[6]. »

À maints égards, cette exposition et son catalogue prolongent les prémisses et les interrogations posées par Modern*Starts*. Si le catalogue de l'exposition de 1999 cherchait à comprendre quand « le "moderne" est né », la présente exposition s'intéresse davantage à un aspect particulier de cette vaste question : quels furent les débuts du père du modernisme ? Puisqu'il est généralement admis que le phénomène moderne fut en grande partie initié par Cézanne dans les années 1880, il était tentant d'explorer le chemin qui avait conduit l'artiste à ce « commencement moderne ».

Cet ouvrage retrace les étapes qui menèrent Cézanne de ses années de jeunesse, lorsqu'il décida de quitter sa Provence natale, à son retour définitif dans le sud, vers la quarantaine, après un adieu à la scène artistique parisienne. Pendant près d'un quart de siècle, ponctué de quelques voyages intermittents dans le Midi, Cézanne tenta d'imprimer sa marque à Paris, dans un monde artistique où régnaient le chic et l'exclusivité. Ses efforts acharnés ne rencontrèrent que l'ignorance têtue du public, voire des marchands les plus audacieux. Ce sont les artistes eux-mêmes qui l'admirèrent et le défendirent avec le plus d'ardeur. Pissarro, plus que nul autre, fut aux côtés de Cézanne, de leur première rencontre, au début des années 1860, jusqu'à 1885[7], date de leur dernier échange en peinture.

Le chemin qui nous conduit à ce « commencement moderne » particulier prend la forme d'un dialogue artistique, essentiellement pictural, qui fut précisément « à la fois singulier et pluriel ». Cézanne et Pissarro se rencontrèrent à peu près au moment où les fondements de l'art moderne furent posés historiquement, grâce à l'événement décisif du Salon des Refusés de 1863, et décidèrent de déterminer eux-mêmes leurs propres destinées – geste moderne par excellence. Chacun développa sa personnalité artistique, non dans l'isolement mais dans une interaction permanente avec les autres. Ayant tous deux reconnu en l'autre un partenaire capable de pousser toujours plus loin le jeu de l'art moderne, Cézanne et Pissarro devinrent quasiment inséparables.

Cette exposition et son catalogue sont l'occasion de réexaminer la nature de leur échange artistique. L'histoire de leur amitié est bien connue des spécialistes des deux peintres et plus généralement de toute personne familière des études sur l'impressionnisme. L'exposition prend ses distances avec les visions traditionnelles de cette relation : elle propose de la considérer comme un événement symptomatique de l'âge moderne, plutôt que comme un tremplin vers le modernisme lui-même. Il est nécessaire, à ce stade, de distinguer les termes « moderne » et « modernisme ». « Moderne » se réfère, selon moi, à une série d'attitudes, de partis pris ou de positions idéologiques qui remettent en cause les pouvoirs en place et affrontent ces questions constamment. « Être moderne » veut alors dire critiquer radicalement les valeurs établies et se

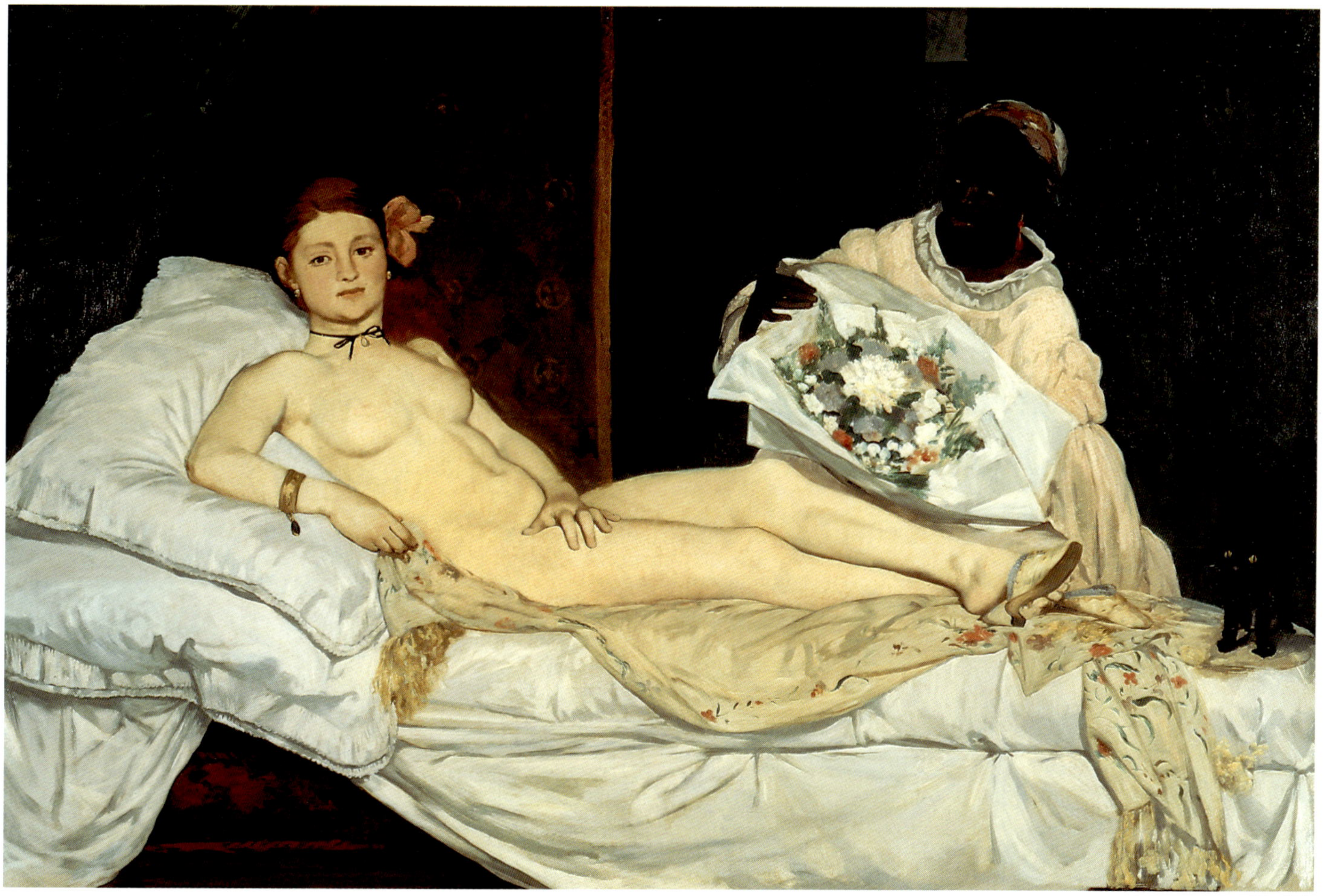

fig. 6. Édouard Manet
Olympia, 1863-1865
Huile sur toile, 1,305 × 1,90 m
Paris, musée d'Orsay

critiquer soi-même. Le « modernisme », quant à lui, est un système d'explication qui tente d'ordonner ces gestes critiques en proposant (et, finalement, en imposant) un sens donné à toutes ces entreprises. La différence principale tient au fait que « moderne » désigne des attitudes, tandis que « modernisme » renvoie à un système d'interprétation qui tente de conférer un sens unique à des séries de gestes disparates. Le point de vue adopté tout au long de ce catalogue est que « les sources de l'art moderne » peuvent être considérées un peu à la façon d'un vaste jeu d'échecs - dont chaque déplacement s'apparente à une surprise ou à un drame -, plutôt que comme une première étape vers le modernisme.

Dans le système de pensée du modernisme, toutes les expériences de Cézanne préfiguraient son rôle de pionnier. Dans ce scénario, Pissarro se voyait donc, sans surprise, relégué à la fonction de catalyseur, ne servant qu'à guider Cézanne vers son rôle prédestiné de fondateur de l'art moderne. Roger Fry fut le premier, en 1927, à codifier ainsi le récit de la relation entre Cézanne et Pissarro[8]. En résumé, selon Fry, Pissarro aurait guéri le jeune Provençal de sa folie artistique initiale ou, pour reprendre l'expression utilisée par Alfred H. Barr Jr moins de deux ans après Fry, de sa « sensibilité anormale[9] ». En aidant Cézanne à découvrir son propre talent, en l'initiant à la peinture de paysage, Pissarro l'aurait mis sur la voie qui allait le libérer de ses anciens délires et lui aurait permis de révéler sa propre vérité. Dans les années 1870, selon Barr, Cézanne se serait tourné « résolument vers la question de l'impressionnisme sous la direction de Pissarro[10] ». Il avait tout juste commencé à percevoir les dangers d'un art qui risquait d'atteindre « ce degré de romantisme débridé où la nature est surtout un prétexte à rêver et où l'imagination devient impuissante à exprimer autre chose que les fantaisies personnelles et subjectives sans aucun écho dans la raison générale », comme l'affirma Jules-Antoine Castagnary[11]. Au contact de Pissarro, Cézanne aurait pris de la distance avec les rêves et les délires de sa jeunesse. Judith Wechsler l'a résumé ainsi : grâce à Pissarro, Cézanne aurait « reconnu le danger qu'avait signalé Castagnary. La relation du peintre avec Pissarro [...] lui permit d'échapper au subjectivisme et à la projection de ses propres fantasmes[12] ».

La tradition moderniste a donc vu dans Pissarro ce que Barr a nommé (en se référant à l'impressionnisme) un « point de départ[13] ». Après avoir travaillé avec Pissarro dans un style quasi impressionniste, Cézanne « vit son chemin se dessiner clairement devant lui[14] ». Pissarro aurait en quelque sorte servi de thérapeute, en soignant Cézanne, en le détournant de ses fantasmes et de ses obsessions initiales, et en lui permettant d'accomplir sa vraie destinée historique - celle d'un pionnier classique du modernisme. Barr a résumé dans une formule merveilleuse l'épreuve de vérité qui attendait Cézanne : « Demeurer fidèle à la fois à Poussin et à Pissarro ! Une tâche d'une incroyable difficulté[15] ! »

Malgré son relatif simplisme, ce scénario dramatique proposé par la tradition moderniste eut le mérite d'inciter Fry et Barr à s'intéresser aux premières images de Cézanne, ce qui fut un bénéfice évident. Fry, avant tous les autres, décela dans les « premières visions » de l'artiste « une puissance dramatique extraordinaire, une audace sans bornes, née d'une certitude intérieure profonde, et, par-dessus tout, une singularité et une étrangeté qui font penser à des hallucinations[16] ». Fry va jusqu'à dresser la liste des troubles intérieurs de Cézanne : « exaltation romantique », « intoxication », « fermentation de l'esprit » ou « rêves confus[17] ». Cézanne rencontre enfin l'artiste qui soulève le voile et qui le révèle progressivement à lui-même : « À Auvers, Cézanne devint en réalité l'apprenti de Pissarro[18]. »

Cette analyse pose problème, selon moi, car elle implique que les deux artistes ne sont jamais égaux - leur échange est assimilé à la relation maître/disciple ou médecin/patient. La présente exposition et le catalogue qui l'accompagne s'opposent à ce modèle d'interprétation traditionnel qui comprend la relation entre Cézanne et Pissarro sur un mode hiérarchique : elle offre au spectateur/lecteur de suivre une interaction réciproque plus complexe, où chacun des deux artistes avait à la fois chaque jour beaucoup à gagner et à perdre, aussi longtemps que dura leur dialogue. Cette histoire est aussi celle de la formation d'un nouveau langage (un langage moderne) que les deux peintres contribuent à créer sans relâche. Mais la dynamique de ce projet commun ne confine pas chaque artiste dans un emploi unique. Chacun donne et reçoit tour à tour ; chacun apprend et enseigne, de sorte qu'à la fin personne n'a joué un seul rôle et qu'il est impossible de considérer l'un ou l'autre comme le « maître » ou le « disciple ».

Pendant vingt ans, les idées, les méthodes artistiques et les débats idéologiques partagés par les deux hommes se cristallisèrent dans un extraordinaire ensemble d'œuvres exécutées tandis qu'ils travaillaient côte à côte ou qu'ils pensaient l'un à l'autre. Les derniers mots employés par Barr en 1929 pour décrire Cézanne semblent en fait convenir tout aussi bien aux deux artistes. Ils parvinrent l'un et l'autre « par leurs tâtonnements et par leur patience infinie à des conclusions qui changèrent le cours de l'histoire de l'art[19] ».

Origines : deux étrangers - la formation d'un nouveau langage pictural

Parcours analogues

Camille Pissarro est né en 1830 à Charlotte-Amalie, capitale de Saint-Thomas dans les Antilles, d'un père français juif de Bordeaux et d'une mère d'origine créole, née à Saint-Domingue. Son père, Frédéric Pissarro, avait été envoyé à Saint-Thomas après la mort soudaine de son oncle, Isaac Petit (le frère de sa mère), qui laissait une femme et trois filles. Frédéric devait aider l'épouse de son oncle, Rachel, à gérer l'affaire familiale[20]. Le jeune homme se rendit à Saint-Thomas et s'éprit de sa tante par alliance qui tomba bientôt enceinte.

Le couple décida de se marier, mais leur union fut jugée inacceptable par les dirigeants de la synagogue de Saint-Thomas, une loi du Lévitique interdisant à tout homme d'épouser la veuve de son oncle[21]. Une bataille juridique et théologique s'ensuivit entre le couple et les autorités religieuses de Saint-Thomas ; elle prit fin en 1832, quand, après l'intervention personnelle du roi du Danemark[22], leur union fut déclarée valide et légale. Frédéric et Rachel étaient alors parents de trois garçons : Joseph (né en 1826), Alfred (né en 1829) et Camille (né en 1830). Le couple eut un quatrième enfant, Aaron, en 1833.

Cette anecdote familiale montre que le jeune Pissarro fut élevé dans un milieu peu orthodoxe (dans tous les sens du terme), où l'autorité religieuse était non seulement mise en doute mais combattue[23]. Paradoxalement, les parents de Pissarro s'opposaient aux avis des dirigeants de la synagogue d'un point de vue conservateur : ils voulaient être reconnus et acceptés par ces mêmes autorités qui refusaient d'admettre leur statut conjugal. Ce refus de se voir dicter son statut social par un système hétéronome constituait une attitude essentiellement moderne : il s'agissait de revendiquer le droit de contester la validité de certaines lois, coutumes ou conventions qui contrevenaient à leurs droits civiques individuels. Plus tard, le jeune Pissarro, en compagnie de Cézanne et de quelques collègues, allait s'en prendre aux pouvoirs établis du monde artistique français, en critiquant le bien-fondé de son système très exclusif de sélection par un jury. La bataille visait alors non plus des règles et des dogmes religieux mais un ensemble de conventions et de traditions artistiques ; elle était menée au nom de principes non pas conservateurs, mais émancipateurs. Reste que le jeune Pissarro avait sans doute appris de l'exemple de ses parents que les efforts pour faire reconnaître ses exigences et ses droits, s'ils pouvaient s'avérer longs, étaient payants. L'idée était radicale, qu'elle fût motivée par des intérêts conservateurs (comme dans le cas de ses parents) ou par des idéaux progressistes (comme dans le sien).

Né aux Antilles, Pissarro fit cependant sa scolarité en France. Lorsqu'il retourna chez lui, après son baccalauréat, il était censé travailler dans l'affaire familiale. Opposé à ce projet, il rompit avec ses parents et s'enfuit à Caracas en compagnie d'un ami danois, Fritz Melbye. C'est là que Pissarro décida de devenir un artiste (voir fig. 7). Il n'est pas exagéré de dire que le Venezuela, où il séjourna deux ans (1852-1854), révéla Pissarro à lui-même. Il retourna brièvement à Saint-Thomas à l'âge de vingt-quatre ans pour annoncer à sa famille qu'il avait choisi son métier. Il quitta les Antilles pour Paris en 1855 et ne revit jamais le Nouveau Monde.

Pissarro vint dans la capitale française avec un passeport danois. En 1858, l'artiste portoricain Francisco Oller y Cestero (fig. 8) s'établissait aussi à Paris. Les deux hommes devinrent amis en raison de leur passé antillais[24]. Trois ans plus tard, un autre jeune artiste arrivait de Provence, Paul Cézanne, qui fit la connaissance de Pissarro par l'intermédiaire d'Oller. Ce dernier s'était enrôlé dans plusieurs ateliers, y compris l'académie de Charles Suisse. Lorsque Cézanne s'installa à Paris et s'inscrivit dans le même atelier, Oller, qui avait acquis de l'expérience, devint son professeur[25]. Pissarro n'oublia jamais sa première rencontre avec Cézanne ; plus de trente ans après, il en partageait le souvenir avec son fils aîné, Lucien : « Voyais-je assez juste en 1861[26] quand moi et Oller nous avons été voir ce curieux

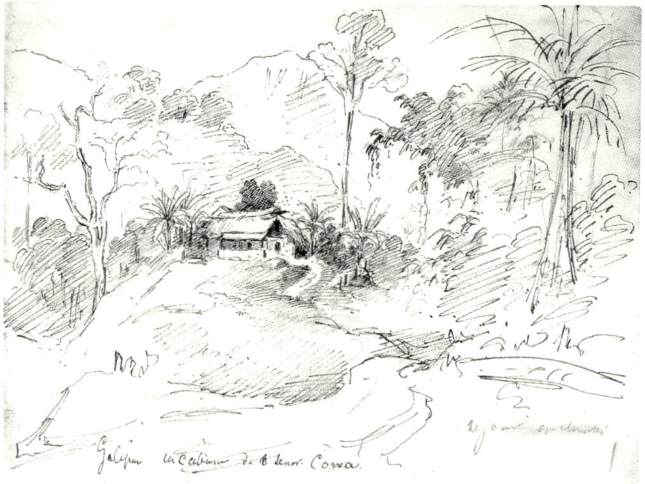

fig. 7. Camille Pissarro
La Cabane de Señor Correa, Galipan, 1855
Mine de plomb, plume et encre brune, 20,3 × 26 cm
Collection particulière

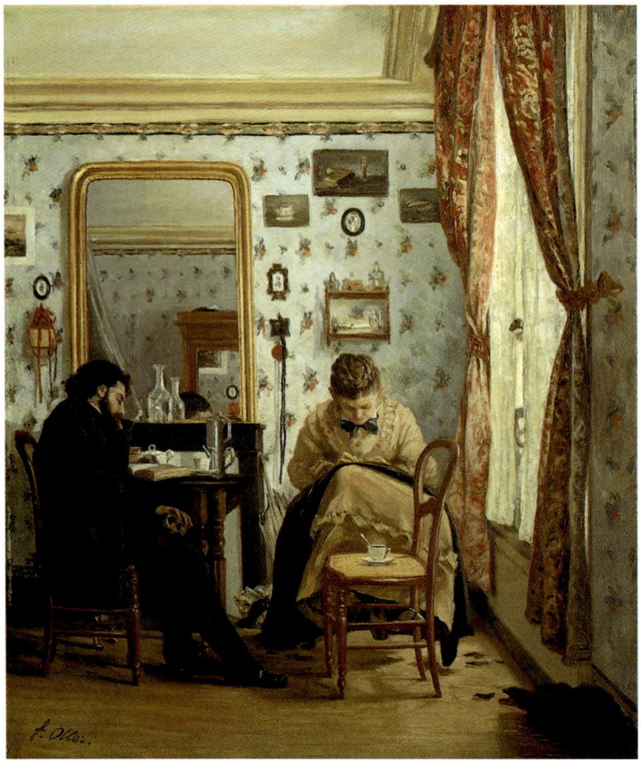

fig. 8. Francisco Oller y Cestero
L'Étudiante, vers 1875-1878
Huile sur toile, 0,652 × 0,542 m
Paris, musée d'Orsay

Provençal dans l'atelier Suisse où Cézanne faisait des académies à la risée de tous les impuissants de l'école, entre autres de ce fameux Jacquet effondré dans le joli depuis longtemps et dont les œuvres se payaient à prix d'or[27] !! »

À Paris, Cézanne était regardé comme un étranger, ce que son accent provençal très prononcé ne faisait que renforcer. Celui-ci était si fort que plusieurs de ses amis, lorsqu'ils rapportaient des conversations avec lui, retranscrivaient le son de ses paroles phonétiquement. Dans un carnet non publié, Lucien Pissarro a noté en style télégraphique un échange bref, mais révélateur et cru, entre Cézanne et un artiste dont le nom n'est pas connu. Comme Cézanne lui demandait de quelle couleur il devait peindre une péniche qui passait sur la rivière, l'artiste lui répondit de la peindre en rose ou en vermillon ; Cézanne éructa l'un de ses jurons favoris : « Va te faire foutre ! » Et Lucien d'ajouter, avec le même soin qu'un metteur en scène annotant un script : « Le tout doit être dit avec un fort accent marseillais[28]. »

Pissarro était né sur une île où le français était peu parlé, mais il avait été scolarisé en France ; son accent était donc beaucoup moins perceptible que celui de Cézanne. Émile Zola, qui devint l'ami de Cézanne en classe, avait commencé ses études à Paris. Il arriva à Aix-en-Provence dans son enfance et son fort accent parisien fit de lui la risée générale et l'objet de nombreuses humiliations. Cézanne prit la défense de Zola et c'est ainsi que naquit leur profonde amitié[29]. Quant à Pissarro et à Cézanne, lorsqu'ils se rencontrèrent à Paris au début des années 1860, chacun reconnut visiblement en l'autre un marginal. Autre élément commun dans leur histoire - et rarement mentionné : leurs deux mères étaient supposées avoir des origines créoles[30].

Les deux artistes étaient issus de milieux bourgeois. Le père de Cézanne, Louis-Auguste (fig. 9), d'origine italienne relativement modeste, était parti de rien, mais avait développé avec succès un commerce de chapeaux. Nourrissant cependant de plus grandes ambitions, il finit par fonder une banque locale : « MM. Césanne [*sic*] et Cabassol[31] ». Ses aspirations auraient été pleinement satisfaites si son fils était devenu un notaire ou un avocat de renom à Aix-en-Provence. Louis-Auguste fit pression dans ce but sur le jeune Paul, qui dut étudier le droit pendant deux ans (de 1858 à 1860). L'expérience se révéla aussi infructueuse que les tentatives de Frédéric Pissarro pour contraindre son fils à intégrer l'entreprise familiale. Dans les deux cas, la situation suscita un désir de rébellion et n'eut d'autre effet que de renforcer la détermination des jeunes gens à devenir artistes.

Leurs mères étaient toutefois beaucoup plus indulgentes et compréhensives, allant même jusqu'à encourager les ambitions extravagantes de leurs fils. La mère de Pissarro offrit à Camille un soutien financier jusqu'à l'âge de quarante-deux ans. Quant à celle de Cézanne, elle tenta d'objecter aux préoccupations matérialistes de son mari par des raisonnements quasi cabalistiques : la destinée de leur fils était scellée depuis qu'à son baptême il avait reçu le prénom Paul : « Eh ! Quoi ! Il s'appelle Paul, comme Véronèse et Rubens [32] ! » Qu'ajouter à pareil argument ? Après tout, qui avait choisi le nom de l'enfant - et ainsi scellé sa destinée ?

Pissarro et Cézanne finirent par obtenir la permission paternelle de se rendre à Paris [33]. Les deux hommes s'engagèrent, contre leur gré, à soutenir leurs fils financièrement. Mais leur autorisation, si difficilement obtenue, dépendait d'une condition : ils devaient réussir dans leur ambition artistique. Or, le seul critère de réussite incontesté pour Frédéric Pissarro et pour Louis-Auguste Cézanne était le Salon. Si les jeunes peintres recevaient des médailles ou obtenaient une forme de reconnaissance officielle, leur succès serait acquis. Mais aucun des deux jeunes gens n'avait l'intention de briller dans la voie conventionnelle. Tant Camille que Paul voulaient prouver à leurs pères qu'il était possible de faire carrière en dehors du Salon et même à l'encontre de cette institution.

Pissarro et Cézanne partageaient le même sentiment d'être venus d'ailleurs, notamment quand ils allaient peindre les paysages de la région de Pontoise, dans le nord de Paris. Les deux artistes demeurèrent des marginaux toute leur vie. Cette altérité, qu'on peut aussi appeler « exotopie », est définie ainsi par le critique littéraire russe Mikhaïl Bakhtine : « Bien sûr, entrer dans une certaine mesure dans une culture étrangère, regarder le monde à travers ses yeux, est un moment nécessaire dans le processus de sa compréhension ; mais si celle-ci s'épuisait par ce seul moment, elle eût été un simple dédoublement et n'eût apporté rien de neuf ni d'enrichissant. La *compréhension créatrice* ne renonce pas à soi, à sa place dans le temps, à sa culture, et n'oublie rien. La grande affaire de la compréhension, c'est l'*exotopie* de celui qui comprend - dans le temps, dans l'espace, dans la culture - par rapport à ce qu'il veut comprendre créativement [...]. Dans le domaine de la culture, l'exotopie est le plus puissant levier de compréhension. Ce n'est qu'aux yeux d'une culture *autre* que la culture étrangère se révèle de façon plus complète et plus profonde [34]. »

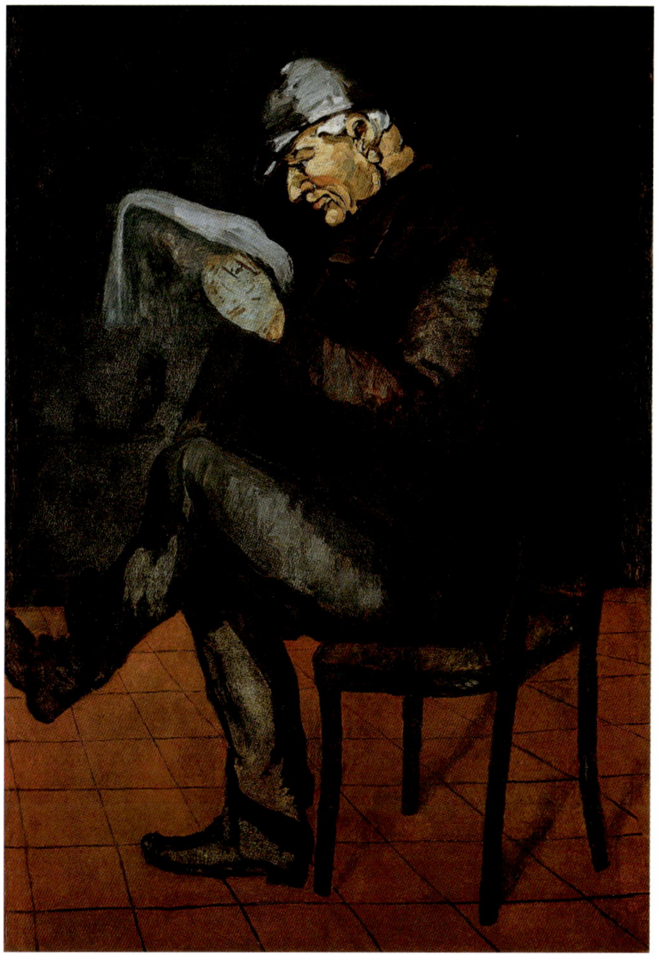

fig. 9. Paul Cézanne
Le Père de l'artiste, Louis-Auguste Cézanne, vers 1865
Huile sur peinture murale sur plâtre, 1,676 × 1,143 m
Londres, The National Gallery

Cette notion d'exotopie s'avère une clé conceptuelle particulièrement utile pour aborder le dialogue complexe qui s'instaura entre Cézanne et Pissarro lorsqu'ils peignaient la nature environnante près de Pontoise, non loin de Paris. D'une part, leur origine « étrangère » leur donnait un point de vue privilégié d'où ils pouvaient observer chaque détail sans rien tenir pour évident : tout était potentiellement inédit et soumis à leur curiosité picturale. Les deux artistes considéraient certainement la patrie française d'un autre œil que leurs collègues [35]. À maintes reprises (par exemple dans *Chemin montant, rue de la Côte-du-Jalet, Pontoise* de Pissarro ou *La Route tournante* de

Cézanne ; cat. 57, 59), ils semblent avoir partagé le projet de révéler, par leur acuité visuelle et leur peinture, l'étrangeté du lieu auquel ils avaient décidé de se confronter. En contraste avec la banalité que peut présenter, aux yeux d'un autochtone, le paysage qui les entourait, leur manière de le dépeindre n'a rien d'ordinaire : *l'altérité* de la terre qu'ils regardaient transparaît dans chaque détail des tableaux qu'ils y exécutèrent.

Par ailleurs, Cézanne et Pissarro décidèrent de dépeindre la nature ensemble, tout en conservant et en cultivant chacun son *altérité* propre. Chacun se trouvait fasciné par la différence qu'incarnait l'autre. Ils recherchaient tous les deux un excès de vision, l'un chez l'autre, et tiraient des enseignements de leurs outrances. On en trouve une illustration parfaite dans l'exagération exquise que révèle, le *Portrait de Paul Cézanne* par Pissarro (cat. 12).

Cette exotopie radicale apparaît aussi lorsque l'on compare la technique des deux artistes. Grâce aux analyses de Jim Coddington, chef du laboratoire de restauration du Museum of Modern Art, il est permis de constater que ni l'un ni l'autre ne s'en tinrent jamais à une formule technique immuable. Au contraire - et cela vaut particulièrement pour Cézanne -, on pourrait presque dire que Pissarro et Cézanne étaient engagés dans une quête systématique d'*altérité* de l'un envers l'autre, et de chacun envers soi-même : ils essayaient sans cesse de nouveaux procédés. Même lorsqu'ils étaient le plus près de peindre le même motif, leur méthode technique diffère radicalement. *La Côte des Bœufs, Pontoise* (cat. 76, 77) en fournit un exemple révélateur. Le point de vue est presque semblable dans les deux tableaux, mais leurs auteurs semblent avoir cherché à employer des techniques diamétralement opposées. L'œuvre de Pissarro présente une croûte de peinture épaisse, appliquée avec une brosse sèche et dure ; les volumes de la matière picturale créent une surface riche et appétissante, qui rappelle une baguette de pain lorsqu'elle est observée sous une lumière rasante[36]. Aucune trace d'utilisation du couteau n'est visible. En revanche, l'œuvre de Cézanne, d'après le même motif, est presque entièrement exécutée au couteau. Il a aussi utilisé de longs pinceaux souples pour prolonger les branches des arbres en bleu violet. La peinture a, pour le reste, été appliquée en couches fraîches superposées ; sa structure semble avoir été créée de manière quasi géologique, strate après strate. Ce procédé inhabituel permet de rendre les courbes irrégulières du terrain tout en balayant délicatement la surface du tableau de part en part en diagonale, préfigurant les paysages provençaux de la fin de la carrière de Cézanne. Contrairement au tableau de Pissarro, celui de Cézanne, dont les dimensions sont inférieures, paraît avoir été peint sur place, très rapidement, et quasiment sans préparation.

La signification du « moderne » selon Pissarro et Cézanne

« Être moderne » au XIXe siècle impliquait une certaine vision de l'histoire et de sa propre place dans cette dernière. Pourtant, peu d'artistes de l'époque avaient vraiment réfléchi à ce que Pissarro nommait une « tradition d'art moderne[37] ». Il tenta d'assigner à celle-ci une origine, qu'il situait dans ce qu'il nommait « l'art 1830[38] », c'est-à-dire Camille Corot, Gustave Courbet, Eugène Delacroix et Jean-Auguste-Dominique Ingres (fig. 10-13). Par la suite, Pissarro et Cézanne se soucièrent profondément et personnellement de l'effet du développement rapide de l'art moderne sur leur propre carrière. Afin de mieux mesurer les préoccupations de chacun, il est utile de s'attarder sur la fin de leur parcours professionnel, lorsque le mouvement d'ensemble de l'art moderne, avec ses défis et ses promesses, était devenu de plus en plus clair. Dans leurs dernières années, Pissarro et Cézanne dressèrent le bilan de près d'un

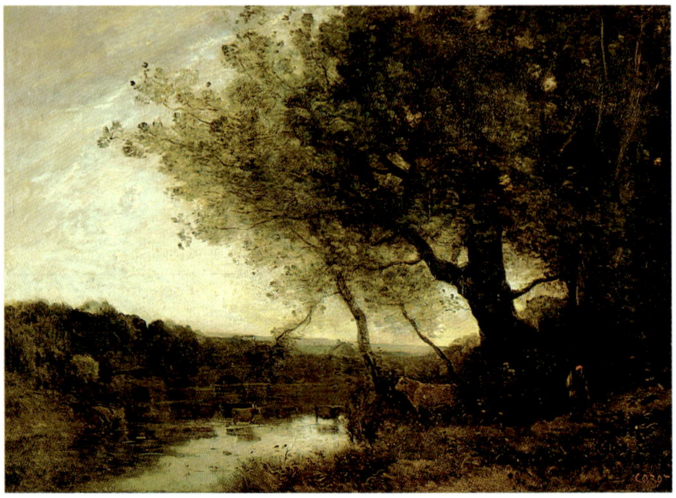

fig. 10. Jean-Baptiste-Camille Corot
Le Passage du gué, le soir, 1868
Huile sur toile, 0,99 × 1,35 m
Rennes, musée des Beaux-Arts

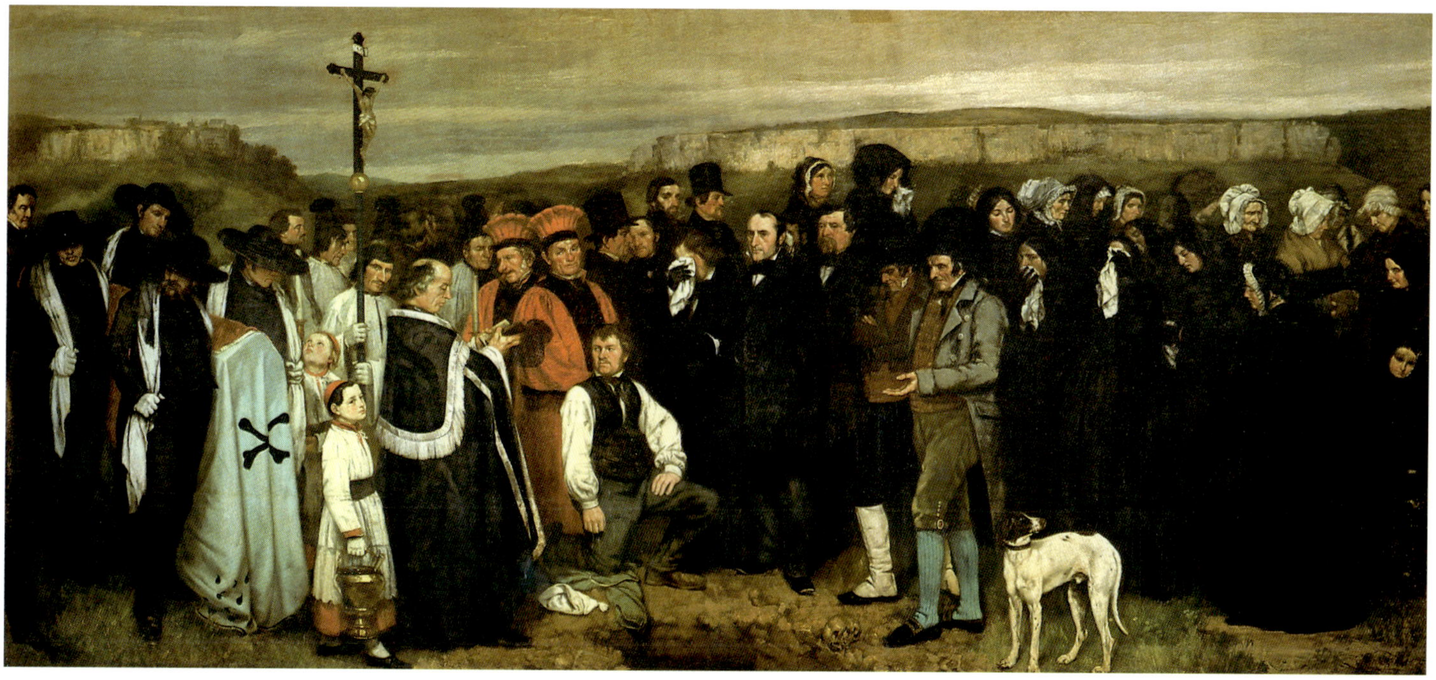

fig. 11. Gustave Courbet
L'Enterrement à Ornans, 1849
Huile sur toile, 3,15 × 6,68 m
Paris, musée d'Orsay

demi-siècle d'art moderne. Bien que cela puisse paraître surprenant, ils étaient alors tous les deux assez pessimistes sur son développement, même s'ils abordaient cette question sous des angles différents. Le point de vue de Pissarro était plus historique ; celui de Cézanne plus individualiste et centré sur lui-même.

Pissarro allait jusqu'à adopter un regard historiciste. Selon lui, l'histoire de l'art moderne était régie par ses propres lois, sa propre évolution interne et sa propre logique, qui déterminaient son orientation et la faisaient avancer dans une direction particulière. Il évoqua ainsi « une idée générale du mouvement qui emporte notre société moderne vers des idées nouvelles[39] ». Il s'agit d'une forme précoce d'historicisme (ou d'une conception selon laquelle l'histoire serait mue par son propre moteur interne). De nombreuses lettres de Pissarro ont un ton légèrement prédicateur, voire messianique : « Nous sommes dans le vrai, suivons notre sensation[40]. » Il percevait l'art moderne à ses débuts (lorsqu'il travaillait en duo avec Cézanne et que l'impressionnisme transformait la scène artistique parisienne) comme un art honnête, simple, naturel, qui reflétait les sensations d'un individu libre[41]. Cet individu (lui, Cézanne et chacun de leurs amis proches) avait brisé les chaînes de la société bourgeoise et ne devait être gouverné que par les règles qu'il s'imposait à lui-même. L'artiste moderne était donc une personne autonome – ou qui aspirait à l'être : il obéissait à une loi intérieure. Il ne reconnaissait – selon la conception de Pissarro – ni dieu, ni maître, ni école.

Dans la sphère artistique, cet individu était un impressionniste, dans la sphère politique, un anarchiste. Pissarro ne voyait absolument aucune contradiction entre les deux. Pour lui, ces choix (l'un régissant le nouveau monde de l'art, l'autre, la société idéale du futur) étaient deux aspects d'un même parti pris : celui de ne souscrire qu'à ses propres règles. De fait, la peur d'imiter un maître devint la règle d'or du modernisme. En 1950, Henri Matisse en faisait l'un des principes de sa création, lorsqu'il écrivait en lettres capitales : « LORSQU'ON IMITE UN MAÎTRE, LE MÉTIER DE CELUI-CI GARROTTE L'IMITATEUR ET FORME AUTOUR DE LUI UNE BARRIÈRE QUI LE PARALYSE. JE NE SAURAIS TROP LE RÉPÉTER[42]. »

Le programme utopique de Pissarro fut mis à l'épreuve dans les années 1890, et, à mesure qu'il vieillissait, l'artiste en vint à douter de plus en plus qu'il verrait les promesses d'un futur idéaliste (et quasi messianique), lumineux et anarchiste se réaliser. Pire, les forces conjointes de la réaction politique et de

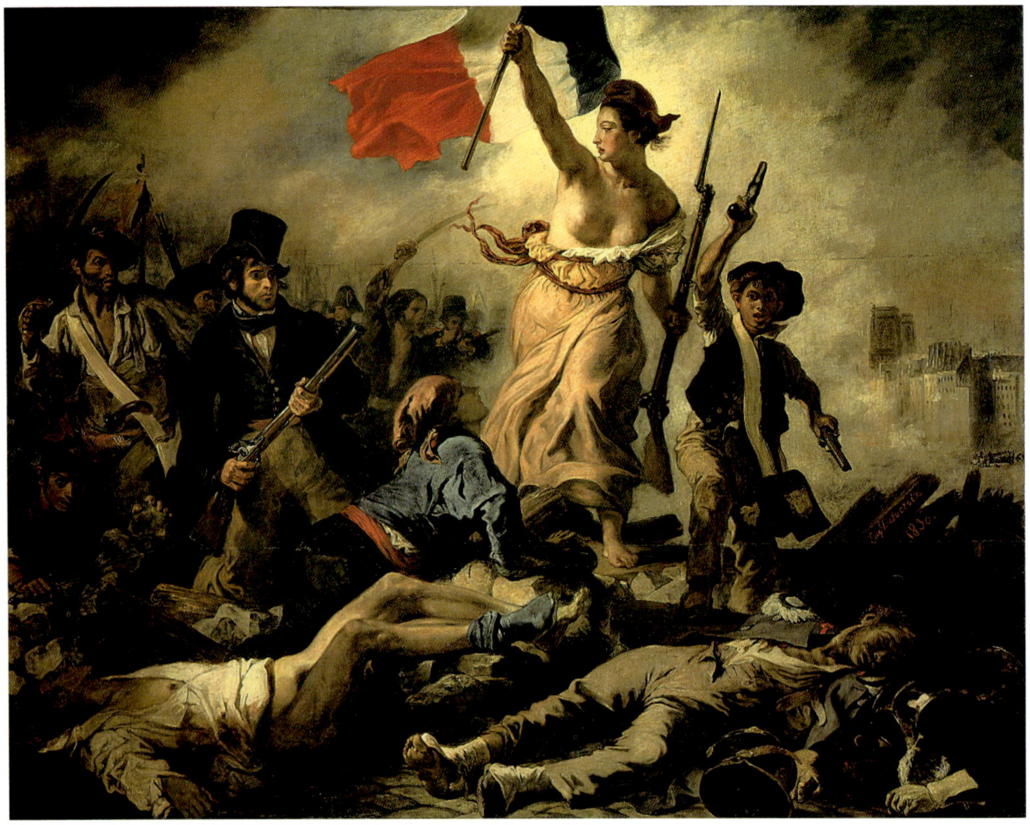

fig. 12. Eugène Delacroix
La Liberté guidant le peuple, 1830
Huile sur toile, 2,6 × 3,25 m
Paris, musée du Louvre

la réaction artistique (les deux allant de pair, selon Pissarro) semblaient freiner le progrès dans « la vraie voie[43] » – l'idéologie progressiste mise en branle par les impressionnistes aux commencements de la tradition moderne. Pissarro redoutait l'union des forces cléricales et conservatrices dans les années 1890, qui visait à contrer le processus démocratique mis en place par la IIIe République et à museler le nouveau goût introduit en art par la génération impressionniste[44].

Pour Pissarro, il existait une corrélation directe entre la réaction cléricale en politique et le symbolisme dans l'art, où il décelait les signes d'un retour dangereux de la religiosité et de la sentimentalité (fig. 14, 15). Il jugeait la situation critique, au tournant du siècle, tant sur le plan politique qu'artistique : l'essor de l'individu (sur lequel reposait en grande partie l'idéologie moderne) était menacé par la campagne coercitive de l'Église – en politique – et par le retour de la métaphysique – dans l'art. Les efforts que Pissarro, Cézanne et d'autres avaient déployés pour faire valoir la sensation individuelle de chaque

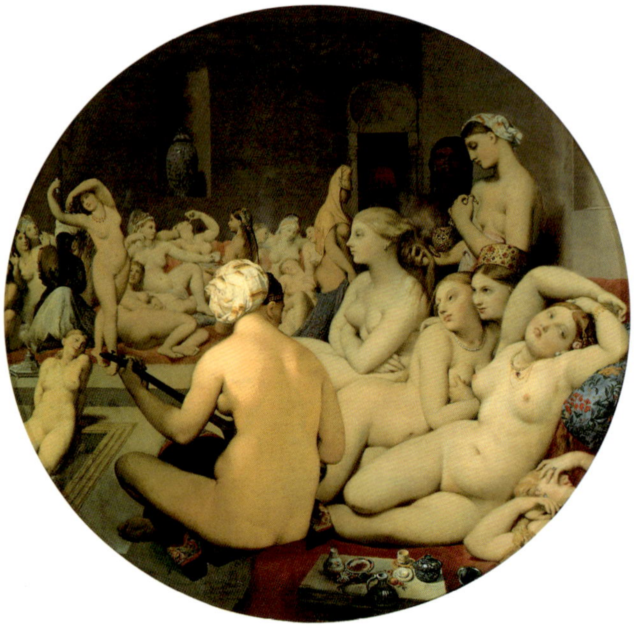

fig. 13. Jean-Auguste-Dominique Ingres
Le Bain turc, 1862
Huile sur toile marouflée sur bois, diam. 1,1 m
Paris, musée du Louvre

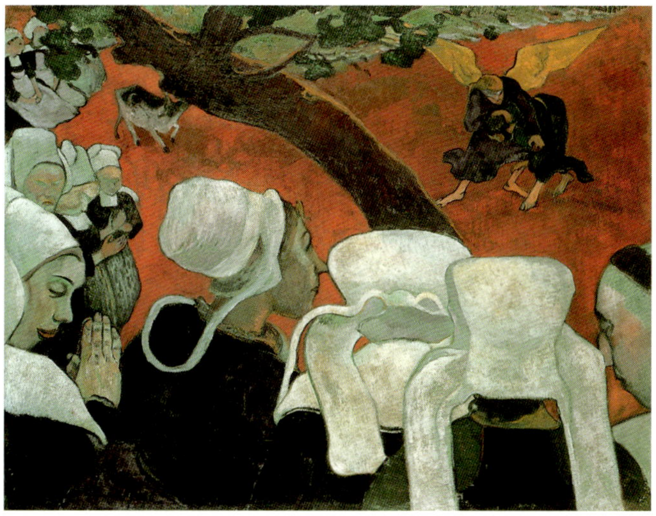

fig. 14. Paul Gauguin
La Vision après le sermon : La Lutte de Jacob avec l'ange, 1888
Huile sur toile, 0,73 × 0,92 m
Édimbourg, National Gallery of Scotland

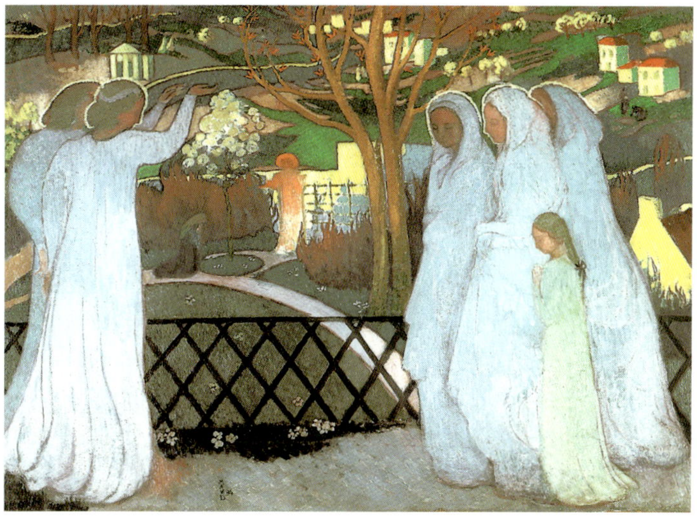

fig. 15. Maurice Denis
Saintes femmes au tombeau, 1894
Huile sur toile, 0,74 × 1 m
Saint-Germain-en-Laye, musée du Prieuré

artiste dans son œuvre n'étaient pas dissociables de la question plus vaste des droits de l'homme dans la société. Ceux-ci se trouvaient, selon Pissarro, grandement menacés par les pressions politiques de la réaction conservatrice en France. La situation allait empirer avant de s'améliorer - notamment avec l'affaire Dreyfus. Cette dernière, comme on sait, déchaîna une controverse dans la société française, la scindant en deux camps irréconciliables : ceux qui soutenaient l'État et se montraient prêts à ignorer le fait que le capitaine Alfred Dreyfus avait été reconnu coupable de trahison grâce à des preuves contrefaites, et ceux qui défendaient les droits de l'individu et s'élevaient contre la décision de l'État de laisser condamner un innocent pour ne pas perdre la face. Pissarro partageait ses vues avec d'autres partisans des droits de l'homme (Bernard Lazare, Émile Zola) : tous reconnaissaient à chaque individu le droit de se défendre contre les attaques sans fondement de l'État. Pissarro prit conscience à cette occasion que le monde moderne - en art comme en politique - ne suivait pas une progression linéaire heureuse, menant vers un futur utopique lumineux, mais qu'il était intrinsèquement incertain et qu'aucune garantie ne pouvait être tenue pour acquise.

Si Pissarro adopta une perspective historique pour évaluer les obstacles qui menaçaient les chances de réalisation de son idéologie, Cézanne parvint à des conclusions tout aussi pessimistes de son propre point de vue à partir de sa *sensation* individuelle. Il ne se préoccupait guère de l'histoire de l'art moderne (ni de la politique, en fait), mais il voyait ses effets sur un nombre croissant de jeunes artistes qui venaient en pèlerinage à Aix pour rendre hommage au « maître d'Aix », dont ils imitaient sans vergogne le style et qu'ils célébraient comme le père de l'art moderne. Cézanne y répondait avec un mélange typique de paranoïa (la peur d'être copié) et d'orgueil légitime. Sa dernière lettre, écrite à son fils Paul un mois avant sa mort, en 1906, est émouvante et triste à la fois : « Je continue à travailler avec difficulté, mais enfin, il y a quelque chose. C'est l'important, je crois. Les sensations faisant le fond de mon affaire, je crois être impénétrable. Je laisserai d'ailleurs le malheureux que tu sais me pasticher tout à son aise, ce n'est guère dangereux[45]. »

La lettre s'achève sur des considérations personnelles relatives à sa santé, qui résonnent d'autant plus profondément qu'il s'agissait de la dernière missive adressée à son fils : « Mon cher Paul, pour te donner des nouvelles aussi satisfaisantes que tu le désires, il faudrait avoir vingt ans de moins. Je te le répète, je mange bien, et un peu de satisfaction morale - mais pour ça il n'y a que le travail qui puisse me le donner - ferait beaucoup pour moi. Tous mes compatriotes sont des culs à côté de moi[46]. »

Afin de relativiser quelque peu l'étendue universelle de son jugement, Cézanne précisa sa pensée. Il estimait les jeunes peintres « beaucoup plus intelligents que les autres ». Quant aux « autres » - « les vieux[47] », comme il les appelait -, ils ne laissaient guère d'espoir : « [Ils] ne peuvent voir en moi qu'un rival désastreux[48]. »

Au terme de son existence, Cézanne distinguait deux catégories d'artistes vivants : les adulateurs et les rivaux. Dans les deux cas, il avait le sentiment d'avoir été mal compris. Par une ironie suprême, ce peintre, que la plupart saluait comme le père de l'art moderne, se sentait aussi isolé et perdu, dans les rouages complexes de la production et de l'évaluation de l'art moderne, à la fin de sa vie qu'à ses débuts, quand il peignait avec Pissarro et que ses œuvres étaient systématiquement rejetées à chaque Salon. Les ultimes mots adressés à son fils font écho à son avant-dernière lettre à Zola, en 1885 : en proie à la frustration et au délire, il y écrivait qu'il ne souhaitait que « l'isolement le plus complet », interrompu seulement par une visite de temps en temps au bordel, « mais rien de plus[49] ».

L'année 1885 fut aussi marquée par le dernier échange entre Cézanne et Pissarro, même s'ils se virent brièvement en 1895 (voir la Chronologie). Pissarro apprit le départ définitif de Cézanne pour le Midi par un tiers - Cézanne n'ayant pas daigné aller le voir, ni lui faire ses adieux. Pissarro connaissait trop bien son vieil ami pour en être surpris. Une amitié artistique intense, qui avait duré plus de vingt ans, allait aboutir à un mur de silence - la condition nécessaire pour que Cézanne se remette au travail, qu'il continue de développer les principes qu'ils avaient découverts ensemble et de « suivre sa sensation », et qu'il affronte, désormais seul, les défis de l'art moderne en gestation.

Une pierre de touche de la modernité : le rôle d'Émile Zola

Entre vingt et trente ans, Cézanne et Pissarro embrassèrent sans réserve la nouvelle idéologie de l'art moderne, trouvant en Émile Zola (1840-1902) un défenseur éloquent et influent de ces idées. Zola soutint d'abord Édouard Manet (1832-1883), qui incarnait selon lui une nouvelle orientation artistique, et,

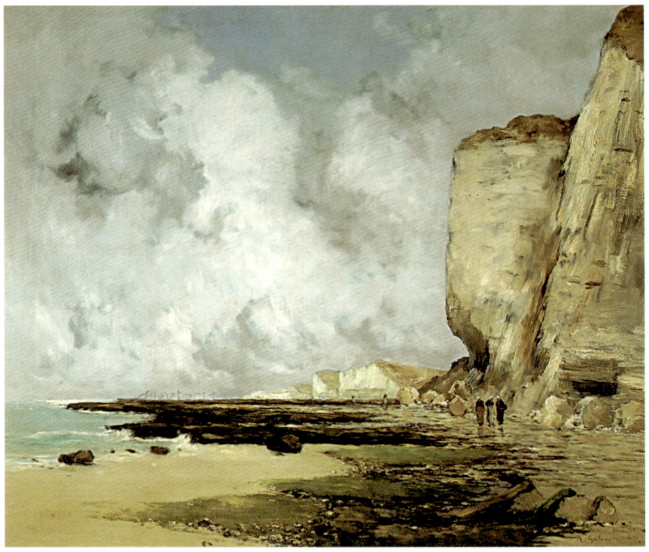

fig. 16. Antoine Guillemet
Falaises de Puys, marée basse, 1877
Huile sur toile, 0,87 × 1,05 m
Dieppe, musée du Château

suivant en cela Kant, proclama sa conviction qu'il n'existait plus de norme (ou de canon) de la beauté absolue[50] (fig. 17). Il fit un bond décisif en affirmant que la beauté ne résidait pas dans le monde extérieur mais en nous-mêmes[51] : « C'est en nous que vit la beauté, et non en dehors de nous[52]. »

L'écrivain, toujours prompt à établir les bases de ses recherches, passait des heures à discuter avec ses amis proches les enjeux de cette nouvelle esthétique qui impliquait une redéfinition radicale de la beauté. Parmi eux se trouvaient Cézanne, Pissarro et leur groupe d'amis - Jean-Baptistin Baille et Philippe Solari, que Cézanne et Zola connaissaient depuis l'enfance, Antoine Guillemet (fig. 16), et Francisco Oller, dont Cézanne et Pissarro avaient fait la connaissance à Paris. Zola fut rapidement en mesure d'élaborer un langage critique reflétant une plateforme commune à tous ces artistes. Cet outil permettait à la fois de décrire leur position idéologique et d'exprimer leurs opinions avec virulence.

Cézanne, Pissarro et Zola avaient tendance à employer exactement les mêmes termes, dans leur correspondance et dans leurs écrits. La longue et émouvante dédicace à Cézanne que Zola publia dans son « Salon » de 1866[53] doit être prise au sérieux. Le premier paragraphe en donne clairement le ton : « J'éprouve une joie profonde, mon ami, à m'entretenir seul à seul avec toi. Tu ne saurais croire combien j'ai souffert pendant cette querelle que je viens d'avoir avec la foule, avec des inconnus ; je me sentais si peu compris, je devinais une telle haine autour de moi, que souvent le découragement me faisait tomber la plume de la main[54]. » Le thème de « l'entretien » ou de la « causerie » est récurrent dans cette dédicace. Zola admet ouvertement et fièrement que sa critique d'art est le fruit de discussions sérieuses qui ne sont pas closes. Il fait allusion à « la volupté intime » de ces « bonnes causeries ». Et d'ajouter : « Imagine-toi que nous sommes seuls [...] en dehors de toute lutte, et que nous causons en vieux amis [...] qui se comprennent sur un simple regard. » « Il y a dix ans que nous parlons arts et littérature. » « Nous avons souvent habité ensemble [...] et souvent le jour nous a surpris discutant encore... » « Te rappelles-tu nos longues conversations ? Nous disions que la moindre vérité nouvelle ne pouvait se montrer sans exciter des colères et des huées. Et voilà qu'on me siffle et qu'on m'injurie à mon tour[55]. »

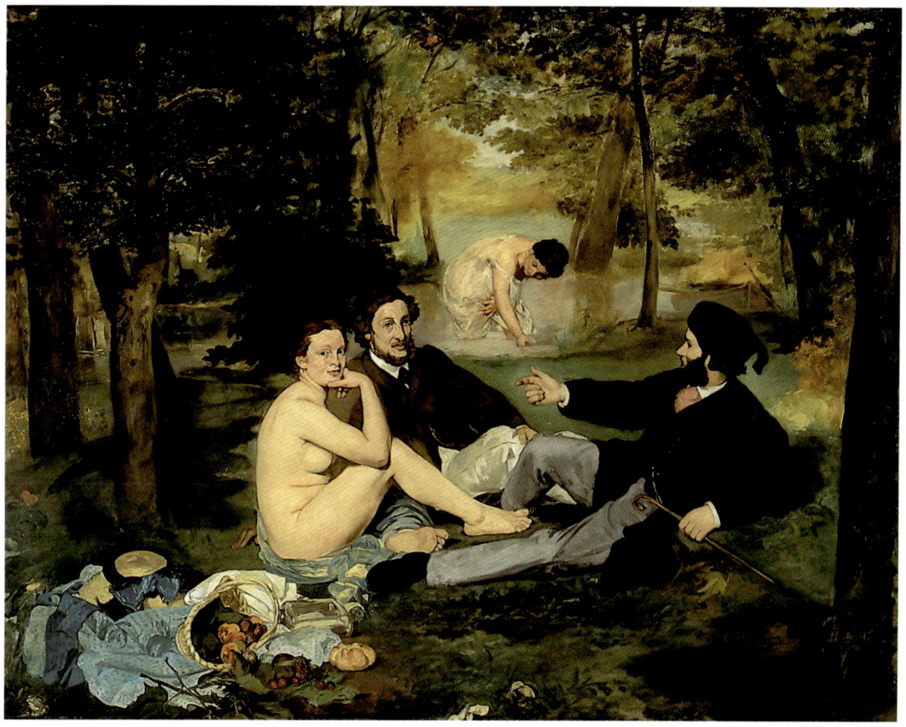

fig. 17. Édouard Manet
Le Déjeuner sur l'herbe, 1863
Huile sur toile, 2,08 × 2,645 m
Paris, musée d'Orsay, donation Étienne Moreau-Nélaton

La critique d'art de Zola a souvent été simplifiée à la lumière de son programme littéraire et comprise à tort comme une interprétation de la réalité qui serait aussi proche des faits que la photographie[56]. Cette interprétation doit être corrigée. Si Zola menait bien sur les faits des recherches aussi scrupuleuses et zélées que Sherlock Holmes, cette méthode ne lui servait qu'à mieux révéler ce qu'il jugeait essentiel dans l'art : un homme de chair et de nerfs, comme il avait coutume de le dire. En raison de l'insistance traditionnelle sur le réalisme « photographique » de Zola et sur son désir intense de décrire la réalité telle qu'elle est, les historiens de l'art ont privilégié l'attachement du romancier à la vérité et à l'honnêteté lorsqu'il étudiait les œuvres de ses amis. La position de Zola est plus complexe et, du même coup, plus proche des conceptions des impressionnistes.

Le terme « vérité » revient, certes, souvent au cours des travaux critiques de Zola, tout comme il émaille les réflexions sur l'art de Pissarro et de Cézanne dans leur correspondance ou leurs dialogues[57] ; mais la « vérité » renvoie à une œuvre qui reflète avec justesse le tempérament, les sentiments et l'individualité d'un artiste. Il s'agit là d'une idée fondamentale que Pissarro et Cézanne creusèrent jusqu'à leur mort. Ils appelaient cette notion de vérité par rapport à sa propre individualité : la « sensation ». « Sincérité » est aussi un terme central de leur vocabulaire car il désigne une œuvre d'art « fidèle » aux sensations de son auteur. La vérité de Zola est donc aux antipodes de la vérité photographique, qu'il juge avec dédain s'agissant de peinture : « J'ai dit que j'avais souci de vérité. Tout bien examiné, j'ai encore plus souci de personnalité et de vie. Je suis, en art, un curieux qui n'a pas grandes règles, et qui se penche volontiers sur toutes les œuvres, pourvu qu'elles soient l'expression forte d'un individu[58]. »

Il n'est dès lors guère surprenant de voir Zola lui-même attaquer le concept traditionnel de vérité appliqué à l'art. Ce point est aussi déterminant pour Cézanne et pour Pissarro : « On se sent le besoin de la vérité et, comme on ne trouve la vérité entière nulle part, on s'en compose une pour son usage particulier, formée de morceaux choisis un peu partout [...]. La vérité n'est donc pas de ce monde, puisqu'elle n'est point universelle, absolue[59]. » Plus que la vérité, il importe de trouver un artiste « qui se révèle dans les peintures[60] ». C'est précisément la critique adressée par Zola à Hippolyte Taine – partisan d'un système froid, pseudo-scientifique, qui interprète l'œuvre d'art comme le simple reflet d'un contexte historique et géographique particulier. Zola objecte à cette conception positiviste de l'art que le tempérament d'un individu résiste à ce type de déterminations et ne saurait se réduire à des faits bruts et à des statistiques.

C'est dans ce texte précurseur et décisif (mais rarement cité) que se trouve la première occurrence de la célèbre devise de Zola : « J'exprimerai toute ma pensée en disant qu'une œuvre d'art est un coin de la création vu à travers un tempérament [61]. » Partant de cette définition (qui allait, incidemment, orienter pour toujours la carrière de Pissarro et de Cézanne), le romancier insiste sur le fait qu'une vraie définition de l'artiste moderne doit respecter son indépendance. Un véritable artiste ne peut obéir aux lois contraignantes d'un quelconque canon [62], qui seraient contraires à la liberté essentielle inhérente à toute entreprise humaine [63]. Et Zola de conclure : « Il est bien convenu que l'artiste se place devant la nature, qu'il la copie en l'interprétant, qu'il est plus ou moins réel selon ses yeux : en un mot, qu'il a pour mission de nous rendre les objets tels qu'il les voit, appuyant sur tel détail, créant à nouveau [64]. »

Le système de Zola est d'une logique infaillible et confère un élan idéologique propre à la production artistique de Pissarro et de Cézanne. Étant donné la nécessité fondamentale pour un artiste d'être indépendant et de cultiver son individualité absolue, deux facteurs pouvaient constituer de réelles menaces : l'influence d'un *maître* (qui dicterait une manière de peindre) et les effets d'un système d'enseignement (la transmission aux étudiants de codes et de conventions appartenant à une tradition préétablie). L'essai de Zola sur Taine contient les prémisses d'un rejet profond des écoles (rejet auquel Pissarro et Cézanne allaient entièrement souscrire) : « Meurent les écoles si les maîtres nous restent [...]. Chaque grand artiste groupe autour de lui toute une génération d'imitateurs, de tempéraments semblables, mais affaiblis. Il est né un dictateur de l'esprit [65]. » Cézanne et Pissarro se firent l'écho de ce refus du système contemporain des écoles d'art avec une virulence passionnée : « C'est pourquoi les instituts, les pensions, les honneurs ne peuvent être faits que pour les crétins, les farceurs, les drôles [...]. Qu'ils aillent à l'École, qu'ils aient des professeurs à la pelle. Je m'en fous [66]. » Cézanne affirma à Ambroise Vollard : « Les professeurs [...] ce sont tous des salauds, des châtrés, des j.f... ; ils n'ont rien dans le venntrrre ! [...] Le grand point, comprenez, Monsieur Vollard, c'est de sortir de l'École et de toutes les écoles [67] ! »

Les deux peintres rejetèrent avec force l'influence insidieuse de « maîtres » qui pouvaient corrompre la recherche profonde de leur personnalité artistique. L'ironie, bien sûr, voulut qu'à la fin de leur vie ils atteignissent tous deux le statut de maître [68]. Mais ils devinrent des maîtres modernes, c'est-à-dire conscients du paradoxe de la modernité : comment enseigner tout en préservant la liberté de ceux à qui on enseigne ? C'est en ces termes exacts que Pissarro formula la question lorsqu'il soutint son fils, Georges, qui s'était montré têtu et malpoli en défendant ses opinions artistiques devant sa cousine. Il justifia sa conduite en affirmant qu'il était animé par « la défiance *instinctive* de ce qui pourrait lui être fatal [69] ». Pissarro entendait par là tout système de valeurs fondé sur l'enseignement des écoles. Georges Pissarro soutenait qu'il n'avait pas de temps à perdre avec les œuvres d'art qu'il ne comprenait pas. Camille exposa à sa nièce les dangers de l'imitation, qui menacent la plupart des artistes, influencés à leur insu. Selon son père, Georges ne courait pas ce risque. Pissarro conclut en exposant brièvement sa philosophie de l'éducation, reflet des opinions qu'il partageait avec Cézanne : « Tu sais, c'est par atavisme qu'il est bâti ainsi. Je serai très heureux de causer de tout cela avec toi à Londres ; tu sais que cette question de l'éducation est tout ce qu'il y a de plus compliqué ; on ne peut poser des maximes, chaque personnalité ayant des sensations différentes. Dans toutes les écoles, on apprend à faire de l'art : c'est une vaste erreur. On apprend à exécuter, mais faire de l'art, jamais [70] ! » Notons, au passage, la justification ironique de Pissarro : son fils serait prédisposé *génétiquement* à se rebeller contre tout système d'éducation.

L'idée essentielle est que Pissarro et Cézanne avaient exactement le même avis sur l'enseignement de l'art, même s'ils l'exprimaient différemment. L'un proférait des jurons et des insultes contre les écoles et leurs professeurs ; l'autre tentait de formuler son raisonnement dans sa prose quelque peu alambiquée. Mais l'un et l'autre défendaient ce qu'incarnait Gustave Courbet, leur « maître » à tous deux (fig. 18) : être un maître – un maître moderne – signifiait avant tout abandonner l'idée même d'être un maître. Courbet l'exprima clairement devant ses propres élèves, en 1861, en énonçant cette contradiction

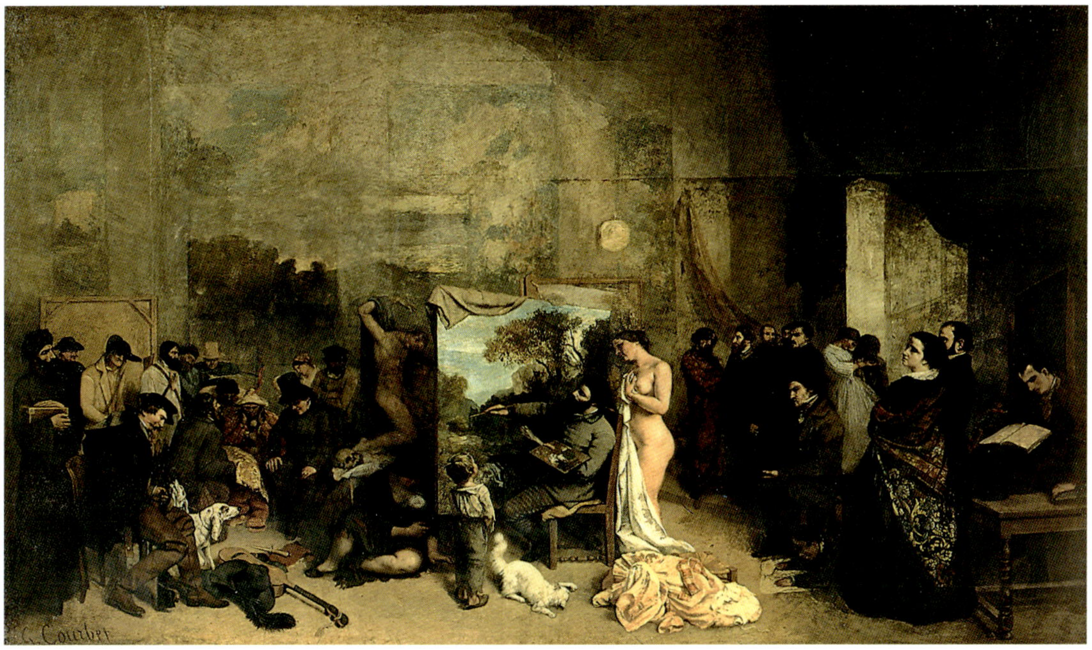

fig. 18. Gustave Courbet
L'Atelier du peintre,
1854-1855
Huile sur toile, 3,61 × 5,98 m
Paris, musée d'Orsay

performative : « Moi, qui crois que tout artiste doit être son propre maître, je ne puis pas songer à me constituer professeur. Je ne puis enseigner mon art, ni l'art d'une école quelconque, puisque je nie l'enseignement de l'art, ou que je prétends, en d'autres termes, que l'art est tout individuel [71] ».

Courbet n'employait pas le mot « sensation » que Pissarro et Cézanne utilisèrent toute leur vie. Fondamentalement, pour eux, la *sensation* est le signe indiciel de l'individu en art : elle est ce qui échappe aux règles et aux principes pédagogiques. Cette opposition est la même que celle exprimée par Pissarro entre la production d'un objet esthétique conformément aux règles d'un métier (ce que Pissarro désigne par le terme « exécuter ») et la création artistique proprement dite, qui fait appel à l'empreinte unique d'un individu (sa « sensation »). Comme nous l'avons vu, Zola reprit cette antinomie, en en modifiant les termes. Zola nomme « art » ce que Cézanne et Pissarro appellent « exécution », « métier », « adresse ». Ce qu'ils appellent « art » (qui ne peut se développer qu'au contact de la nature), Zola le nomme « vie ». Cette opposition continue, de nos jours, encore à définir le paradoxe central des écoles d'art [72].

Dans la biographie du jeune Pissarro, Cézanne admirait et enviait particulièrement deux éléments : sa naissance aux Antilles et son apprentissage du dessin *sans maître* [73]. L'expression « sans maître » constitue la définition étymologique du terme « anarchie » - du grec *an-archos* (ce qui était parfaitement évident pour Cézanne, formé aux études classiques [74]). Autrement dit, selon Cézanne, Pissarro, qui avait grandi loin de toute école d'art, était presque un anarchiste de naissance (en peinture), puisqu'il avait dû inventer ses propres manières de travailler au fur et à mesure. L'autonomie (ou « l'indépendance » - pour reprendre le terme préféré par Zola) demeura l'une des aspirations essentielles des deux artistes.

Maurice Denis, tentant de définir l'anarchie dans son texte sur Cézanne, expose de manière savoureuse le programme esthétique de Pissarro et de Cézanne (en reprenant une citation d'André Suarès). L'idée maîtresse est le concept d'autonomie : « En temps de décadence, tout le monde est anarchiste et ceux qui le sont et ceux qui se vantent de ne pas l'être. Car chacun prend sa règle en soi... On aime l'ordre avec passion, mais c'est l'ordre qu'on veut faire, non pas l'ordre qu'on reçoit [75]. » Cela permet d'éclairer l'une des affirmations les plus sibyllines de Cézanne, dans une lettre à Émile Bernard : « L'étude modifie notre vision à un tel point que l'humble et colossal Pissarro se trouve justifié de ses théories anarchistes [76]. » En quoi « l'étude » de la nature et la mise au point de la vision d'un artiste peuvent-elles avoir quoi que ce soit à faire avec les théories anarchistes ? Réponse : l'autonomie. Celle-ci (entendue ici à la fois au sens d'indépendance et d'autodiscipline) est le concept charnière entre le programme politique anarchiste et les positions artistiques de Pissarro et de Cézanne. La même lettre de Cézanne à Bernard le confirme : il y définit de manière très claire leur programme artistique commun, qui visait à la pleine réalisation de la sensation autonome de chacun, atteinte de l'intérieur et par l'expression de soi.

Voici les différentes étapes préconisées par Cézanne : 1. Aller au Louvre (où l'on apprend le vocabulaire de la peinture). 2. Veiller à garder ses distances avec les leçons du Louvre, les automatismes des techniques traditionnelles et des formules toutes faites. Après le Louvre, il faut sortir du musée et de la tradition qu'il représente et aller étudier la nature. 3. On en retire un double bénéfice : on extrait « l'esprit » (ou l'essence) de la nature et, en même temps, on parvient peu à peu à « [s']exprimer suivant [son] tempérament personnel[77] ». 4. Le temps et la réflexion finissent par transformer la vision qui devient compréhensible : « et enfin la compréhension nous vient ». Le moi se trouve finalement révélé grâce à cette longue et difficile recherche devant la nature. C'est là le point de « réalisation » (un terme cher à Cézanne) de la nouvelle esthétique moderne et du programme artistique - défini par Zola dans les années 1860 - qui allaient déterminer la quête et la production picturales des deux artistes pendant près d'un demi-siècle. Ce programme, fondé sur l'autonomie de la sensation individuelle, avait un parallèle en politique dans celui qui prônait l'autonomie totale de l'individu vis-à-vis de l'État.

Zola fut le premier à comprendre les points communs entre l'anarchie et un projet artistique dont l'idéologie refusait le rôle de toute école et de la tradition. Pour lutter contre l'influence « dictatoriale » de tout « grand artiste[78] », Zola recommande de cultiver sa propre sensation : « Nous sommes en pleine anarchie, et, pour moi, cette anarchie est un spectacle curieux et intéressant. Certes, je regrette le grand homme absent, le dictateur, mais je me plais au spectacle de tous ces rois se faisant la guerre, de cette sorte de république où chaque citoyen est maître chez lui. Il y a là une somme énorme d'activité dépensée, une vie fiévreuse et emportée. On n'admire pas assez cet enfantement continu et obstiné de notre époque ; chaque jour est signalé par un nouvel effort, par une nouvelle création [...]. Les artistes s'enferment chacun dans son coin et semblent travailler à part au chef-d'œuvre qui va décider de la prochaine école ; il n'y a pas d'école, chacun peut et veut devenir le maître[79]. »

Zola résume parfaitement les principes du nouveau programme idéologique auquel Cézanne et Pissarro adhérèrent tout au long de leur carrière[80]. Un paradoxe demeure, cependant : si ce projet met l'accent sur l'individualité (et la sensation) de chaque artiste, si, comme le dit Zola, chaque artiste travaille isolément pour créer son chef-d'œuvre, pourquoi Cézanne et Pissarro eurent-ils besoin de travailler ensemble ?

« Travailleurs sérieux » du monde de l'art, unissez-vous !

On peut apporter deux sortes de réponses à ce paradoxe. Tout d'abord, il est impossible à un individu seul de revendiquer ses droits sans le soutien d'autrui. Devenant, avec le célèbre Salon des Refusés, la « rampe de lancement » historique pour l'affirmation de ces droits, l'année 1863 vit la formation de plusieurs groupes qui partageaient les mêmes objectifs et la même idéologie. La relation entre Cézanne et Pissarro naquit vers cette époque et fut abondamment nourrie par ce mouvement, qui menait droit vers la formation de l'impressionnisme. Seconde réponse au paradoxe : les artistes ne trouvaient plus de preuves de la validité de leur travail dans un système d'enseignement qu'ils rejetaient ou auprès de maîtres qu'ils ignoraient. En conséquence, il ne restait d'autre choix à chaque artiste que d'affronter le monde seul ou de se tourner vers ses pairs pour obtenir une confirmation de son travail. Un nouveau système d'échanges se développa donc : il avait lieu d'égal à égal, par opposition au rapport traditionnel entre maître et élève, où le premier transmettait au second les secrets d'une tradition artistique consacrée par les ans. La relation entre Cézanne et Pissarro était fondée sur un dialogue entre individus égaux.

Le nouveau mouvement impressionniste se développa en deux phases : au « militantisme » des débuts succéda une période plus propice aux « échanges ». Les deux n'étaient d'ailleurs pas incompatibles et pouvaient parfois coïncider. Des artistes se mirent ainsi à partager leurs ateliers et à échanger des idées sur leur travail, tout en s'unissant pour affirmer leurs droits. On peut néanmoins dire que la phase militante domina la première décennie du mouvement. Lorsque ces artistes eurent acquis davantage de visibilité auprès du public, dans les années 1870, ils furent plus libres de se tourner les uns vers les autres en quête de dialogues et de réciprocité. La relation entre Cézanne et Pissarro a été située habituellement dans la seconde période, parce que les historiens d'art ont négligé la première décennie de leur collaboration[81]. Enfin, dans les années 1880, ces artistes finirent par obtenir une certaine reconnaissance publique et leurs recherches devinrent de plus en plus indépendantes. Cette phase peut être appelée la période « individualiste ». Le dialogue entre Cézanne et Pissarro est unique car il couvre trois décennies, passant du militantisme initial au travail en commun de la seconde phase, pour en arriver au stade où chaque artiste tire les leçons du passé et retient, de ces années de collaboration fertile, ce dont il a besoin pour progresser dans sa propre carrière.

La rencontre du groupe d'artistes que Pissarro désigne par l'expression « notre communauté artistique [82] », et qui allaient plus tard être connus sous le nom d'« impressionnistes », s'apparente au recrutement d'une petite milice privée, composée de combattants qui décidèrent d'imposer, non seulement une nouvelle forme d'art mais aussi un système différent. Même ceux qui allaient par la suite adopter des positions politiques conservatrices (tel Pierre-Auguste Renoir) se trouvaient en première ligne dans la lutte contre les pouvoirs établis et étaient résolus, sinon à révolutionner, du moins à réformer en profondeur les institutions existantes. Pissarro et Cézanne se connaissaient déjà en 1863, lorsqu'ils entrèrent en contact avec d'autres membres du groupe d'artistes rebelles. Ils apparurent rapidement comme les plus radicaux et les plus intransigeants dans leurs revendications et dans leurs critiques du système en place [83]. Renoir relate ainsi sa première rencontre avec les deux peintres : « Ce fut aussi cette année-là (1863) que je connus Cézanne. J'avais alors, aux Batignolles, rue de La Condamine, un petit atelier que je partageais avec Bazille (fig. 19). Celui-ci arriva, un jour, accompagné de deux jeunes gens : "Je t'amène deux fameuses recrues !" C'étaient Cézanne et Pissarro. Je devais les connaître, dans la suite, intimement tous les deux ; mais c'est de Cézanne que j'ai gardé le souvenir le plus vif. Je ne crois pas que, dans toute l'histoire des peintres, on trouve un cas semblable à celui de Cézanne. Avoir vécu jusqu'à l'âge de soixante-dix ans, et, depuis le premier jour où l'on a tenu un pinceau, demeurer aussi isolé que si l'on était dans une île déserte ! Et aussi, à côté de cet amour passionné de son art, une telle indifférence pour son œuvre une fois faite [84]. »

Le terme « recrues » qu'emploie Bazille pour présenter Cézanne et Pissarro est emprunté au vocabulaire militaire et fait clairement allusion aux luttes en cours sur la scène artistique parisienne. De toutes les recrues, il ne fait aucun doute que Cézanne, animé par les encouragements répétés de Pissarro et par les écrits catalyseurs de Zola [85], était l'opposant le plus véhément et le plus virulent au système. Sa lettre au comte de Nieuwerkerke, le surintendant des Beaux-Arts sous Napoléon III, est un événement-clé dans l'histoire de l'art moderne à travers les termes emblématiques de son opposition aux institutions dominantes [86]. Cézanne avait essuyé deux refus du jury du Salon en 1866 [87]. Il adressa un premier courrier (perdu) au surintendant, qui resta sans réponse. La lettre que nous possédons est la seconde : son ton revendicateur l'apparente presque à un manifeste. Ce qui est fascinant, c'est que Cézanne ne demande pas au surintendant d'annuler la décision du jury ; il déclare tout simplement que celle-ci est nulle et non avenue puisque lui Cézanne, n'a pas donné mandat au jury de juger ses œuvres : « Je ne puis accepter le jugement illégitime de confrères auxquels je n'ai pas donné moi-même mission de m'apprécier [88]. »

Cézanne ne demande pas tant à Nieuwerkerke d'amender le système existant que de le démanteler, ni plus ni moins. Il ne parle pas de réformes, mais appelle à une véritable révolution, en exigeant que les membres du jury soient remplacés par le public dans son ensemble (ou la « foule ») : « Je désire en appeler au public et être exposé quand même [89]. » Limitée

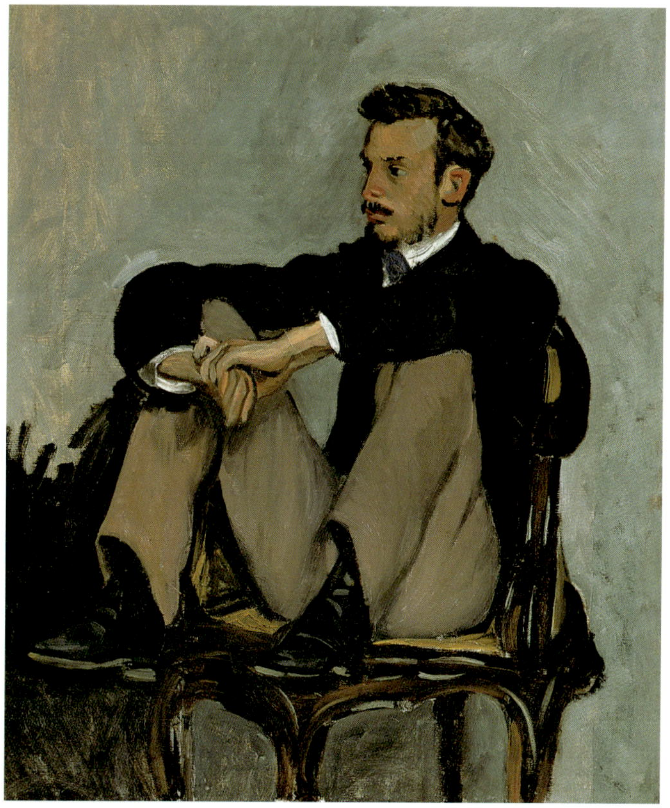

fig. 19. Frédéric Bazille
Portrait de Renoir, 1867
Huile sur toile, 0,62 × 0,51 m
Paris, musée d'Orsay

à un seul individu, cette requête ne pouvait sembler que naïve et insensée - pour ne pas dire puérile -, et Cézanne le savait. Si le ton de sa lettre est si virulent, c'est parce qu'il ne parle pas à titre personnel, mais au nom de « tous les peintres qui se trouvent dans ma position[90] ». En ce sens, il adopte une attitude proche de celle de Karl Marx dans le *Manifeste du parti communiste*, qui prône, par le truchement de quelques individus éclairés, la création d'une coalition capable de devenir assez forte et puissante pour renverser les structures sociales existantes[91].

La lettre de Cézanne se place sur le terrain de la revendication, à la fois par son ton et par son contenu, et profère des menaces. Deux revendications y sont exprimées : l'une négative et l'autre positive. La première est que le jury a perdu son autorité puisque tous les artistes qui partagent les opinions de Cézanne ont refusé d'en reconnaître les membres[92]. La seconde est que tous ces artistes exigent que leurs œuvres soient présentées dans une exposition « qui doit être forcément ouverte à *tout travailleur sérieux* [c'est moi qui souligne][93] ». Ces demandes se fondent sur l'idée que les artistes - et non le jury, l'administration de l'empereur ou ses ministres - sont seuls maîtres, et qu'ils disposent du pouvoir et de l'autorité suprêmes pour décider de leur propre destin public. La lettre de Cézanne fut de toute évidence perçue comme l'expression des velléités de quelque artiste extravagant et acariâtre ; elle ne reçut jamais de réponse, mais fut annotée ainsi par un fonctionnaire : « Ce qu'il demande est impossible. » Huit ans plus tard, en 1874, la conjoncture avait changé et les artistes dont Cézanne s'était fait le porte-parole avaient conquis les moyens et la tribune indispensables pour exposer leurs œuvres en public, sans l'accord d'un quelconque jury. La charte légale qui liait ces artistes avait été rédigée non par Cézanne - bien qu'il eût passé deux ans à la faculté de droit - mais par Pissarro qui composa la première version du document définissant les statuts de la Société des artistes peintres, dessinateurs, graveurs, etc. de Paris[94], c'est-à-dire du groupe que l'on appellerait bientôt « les impressionnistes[95] ».

Cézanne et Pissarro avaient joué un rôle majeur dans la maîtrise d'une situation qu'ils transformèrent radicalement par leurs efforts conjoints et qui allait s'en trouver définitivement changée. Les Salons continuèrent d'exister jusqu'au XXe siècle, mais ils avaient perdu de leur suprématie. Leur pouvoir incontesté de décider qui avait le droit d'exposer et de vendre ses œuvres apparaissait rapidement comme de l'histoire ancienne, tandis que les menaces de Cézanne (et ses « demandes impossibles ») devenaient réalité. Toutefois, en transférant au « public » le droit de juger leurs œuvres (ce que firent les impressionnistes), les artistes furent confrontés à des défis très différents de ceux posés par le système des jurys. Le public ne pouvait pas refuser leurs œuvres, mais il pouvait exprimer sa consternation, sa stupéfaction et son incompréhension. Un accueil négatif ou critique valait cependant mieux que pas d'accueil du tout : c'est le message que Cézanne avait essayé de faire passer dans sa lettre capitale de 1866 au surintendant des Beaux-Arts, le comte de Nieuwerkerke.

La transition d'un système exclusif - où les artistes étaient soumis à la sélection d'un jury recruté par cooptation - à un système où « tout travailleur sérieux » pouvait être accepté, aussi séduisante fût-elle, occasionnait aussi d'immenses problèmes. Et d'abord cette interrogation, inhérente à la dynamique de l'art moderne : quel critère de qualité allait-on utiliser pour choisir les artistes ? Visiblement sensible à cette question, Cézanne avait dans un premier temps proposé dans sa lettre que l'exposition conçue par lui-même et ses collègues, sans recours à un jury, fût « ouverte à tout le monde[96] ». Il se ravisa ensuite, suggérant de la rendre accessible à « tout travailleur sérieux ». Cézanne, qui avait régulièrement des discussions avec Zola et Pissarro à ce sujet, introduisait ainsi deux critères de sélection : le « travail » et le « sérieux ». Comprenant que le projet, d'inspiration anarchiste, d'une exposition « ouverte à tout le monde » - sans critère d'engagement ni de compétence - s'avérerait très difficile à mettre en œuvre, il se sentit obligé de s'amender et d'introduire de subtils critères d'admission.

Il est révélateur que Cézanne ait retenu le critère du degré d'engagement de l'artiste de préférence à celui de la qualité de ses œuvres. La notion de « travail » devenait primordiale, pour lui comme pour Pissarro. Le premier reconnut d'ailleurs à plusieurs reprises que Pissarro l'avait initié au goût du « travail sérieux » : « Jusqu'à quarante ans, j'ai vécu en bohème, j'ai perdu ma vie. Ce n'est que plus tard, quand j'ai connu Pissarro, qui était infatigable, que le goût du travail m'est venu[97]. » Pissarro lui-même semblait considérer, dans certains récits autobiographiques de la fin de sa vie, que sa carrière artistique avait débuté vers quarante ans : « J'ai commencé à *comprendre mes sensations*, à savoir ce que je voulais, vers les quarante ans, mais

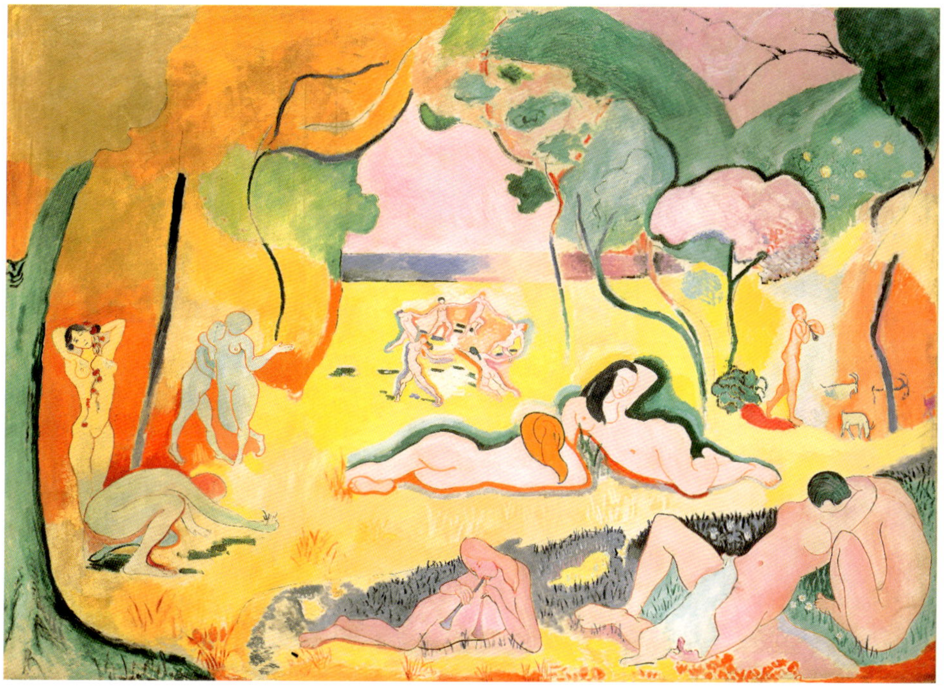

fig. 20. Henri Matisse
Le Bonheur de vivre, 1905-1906
Huile sur toile, 1,75 × 2,41 m
© 2005 The Barnes Foundation, Merion, Pa.

vaguement ; à cinquante ans, c'est en 1880, je formule l'idée d'unité sans pouvoir la rendre ; à soixante ans, je commence à voir la possibilité de rendre [c'est moi qui souligne][98]. »

Pour les deux peintres, la maturité artistique était le fruit d'un travail acharné, permettant à chacun de révéler ses « sensations » personnelles. Pissarro s'efforça de communiquer sa passion inaltérable pour le travail à tous les artistes dont il était proche, sans oublier ses propres enfants. Il tenta de convaincre Lucien, un aspirant-artiste qui visitait Londres et y passait du bon temps, qu'il atteindrait la « perfection » s'il pouvait se passionner pour son art, parce que « les dimanches et jours de fête seraient des jours de bonheur, attendus avec impatience[99] » ! Pissarro ne réussit sans doute pas à convaincre son fils de la justesse de son idée, mais il parvint certainement à transmettre à Cézanne son obsession contagieuse et chronique du travail. Matisse, qui à l'instar de Cézanne et de Pissarro ne fut pas un peintre précoce, concevait son œuvre comme une quête obsessionnelle et exclusive : « De *Le Bonheur de vivre* (fig. 20) - j'avais trente-cinq ans - à ce découpage - j'en ai quatre-vingt-deux -, je suis resté le même [...] parce que, tout ce temps, j'ai cherché les mêmes choses, que j'ai peut-être réalisées avec des moyens différents[100]. »

La même idée, plus développée et formulée différemment, se retrouve dans les conversations de Cézanne avec Joachim Gasquet : « Je dois rester chez moi, ne voir personne, travailler... Ma place, ma place ! Ce serait d'être content de moi. Et je ne le suis pas. Je ne le serai jamais. Je ne puis l'être. Jusqu'à la guerre[101], tu le sais, j'ai vécu dans les emmerdements, j'ai perdu ma vie. Ce n'est qu'à L'Estaque, en réfléchissant, quand j'ai bien compris Pissarro, un peintre comme moi, que ton petit connaît... C'était un acharné. L'amour enragé du travail m'a pris. Ce n'est pas que je n'aie pas travaillé avant, j'ai toujours travaillé[102]. »

Cézanne avait toujours travaillé mais Pissarro fit de lui un bourreau de travail. Étonnamment, Pissarro utilisa exactement les mêmes mots que Cézanne - « travail acharné » - pour décrire l'attitude de Gauguin envers le travail. Après plusieurs années d'étude auprès de Pissarro, Gauguin décida de quitter sa famille et son emploi pour se consacrer exclusivement à la peinture. Pissarro conclut avec une pointe de cynisme que Gauguin « compte, par un travail acharné, conquérir une place dans l'art[103] ». Mais ce goût obsessionnel du travail, Gauguin le tenait de Pissarro lui-même.

Le travail selon Pissarro ne laissait aucune place aux vacances, aux pauses, aux périodes d'inactivité. Il était un moyen de réguler la vie et la santé : « La peinture, l'art en général m'enchante, c'est ma vie, que me fait le reste[104] ! » On peut dire que Pissarro accordait au travail une valeur quasi rédemptrice. Il prétendit même, à un moment, se faire moine pour avoir le luxe de se consacrer uniquement à sa tâche : « Il me faut rentrer en moi-même comme les moines des temps passés et tranquillement, patiemment échafauder l'œuvre [...]. Je travaille beaucoup de tête, il s'agit d'exécuter[105]. » Le besoin obsessionnel de travailler et de retravailler sans cesse est aussi l'une des caractéristiques de Cézanne, apprise au contact de Pissarro. Il écrivit à sa mère (dès 1874, quand il voyait Pissarro

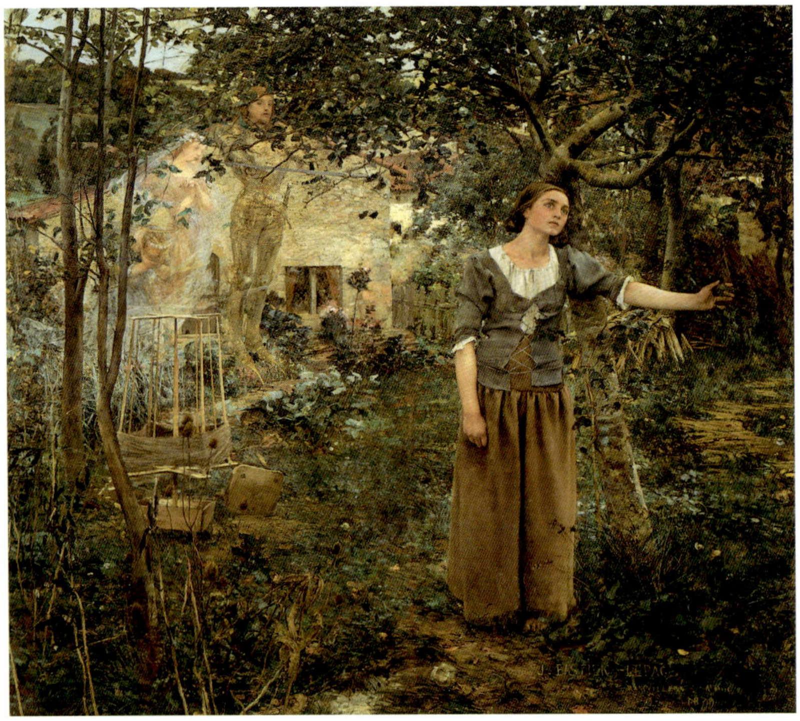

fig. 21. Jules Bastien-Lepage
Jeanne d'Arc, 1879
Huile sur toile, 2,54 × 2,794 m
New York, The Metropolitan Museum of Art,
don d'Erwin Davis, 1889 (89.21.1)

Pissarro et Cézanne développèrent une conception du travail qui excède de beaucoup sa définition commune. Le travail acquérait pour eux une dimension ontologique car il était un moyen de se « réaliser ». Pour ces deux artistes, sans le travail, il était impossible de devenir soi-même. On comprend donc que les deux hommes aient accordé tant d'importance au *travail* en lui-même. Ils refusaient l'idée qu'une œuvre d'art devait être créée d'après un ensemble de conventions et de formules toutes faites, estimant au contraire que, pour juger une œuvre, il fallait tenir compte du moi de l'artiste (de sa sensation, dans le vocabulaire de Pissarro et de Cézanne ; de son tempérament ou de sa personnalité, dans celui de Zola [111]). La fidélité à soi-même est l'une des notions constitutives de l'art moderne. Pissarro formula le problème abruptement en distinguant ceux qui produisaient des œuvres de qualité selon les règles académiques de ceux qui créent ce qu'il appelle de « l'art » : « Je me rappelle qu'à l'académie, il y en avait qui étaient joliment habiles, qui dessinaient cela avec une sûreté surprenante ; plus tard, j'ai revu ces mêmes artistes à l'œuvre : c'était toujours la même habileté, et rien de plus ;

très régulièrement) : « J'ai à travailler toujours, non pas pour arriver au fini, qui fait l'admiration des imbéciles [106]. » Pissarro emploie presque exactement les mêmes mots dans une lettre à Claude Monet où il annonce qu'il est toujours débordé de travail - même en 1890 - et se plaint que, malgré toute l'énergie qu'il met dans ses tableaux, « l'on nous reproche de ne pas finir [107] ».

Peu avant sa disparition en 1906 - sa mère était morte alors depuis longtemps -, Cézanne tenait des propos quasiment similaires à un ami : « Je travaille toujours, et cela sans m'inquiéter de la critique ou des critiques, tel que doit le faire un vrai artiste. Le travail doit me donner raison [108]. » Dans un courrier à Zola, il affirmait que seul le travail pouvait apporter une pleine satisfaction de soi [109] et, dans la dernière lettre à son fils, une semaine avant de mourir, il écrivait que le travail lui procurait une « satisfaction morale [110] ».

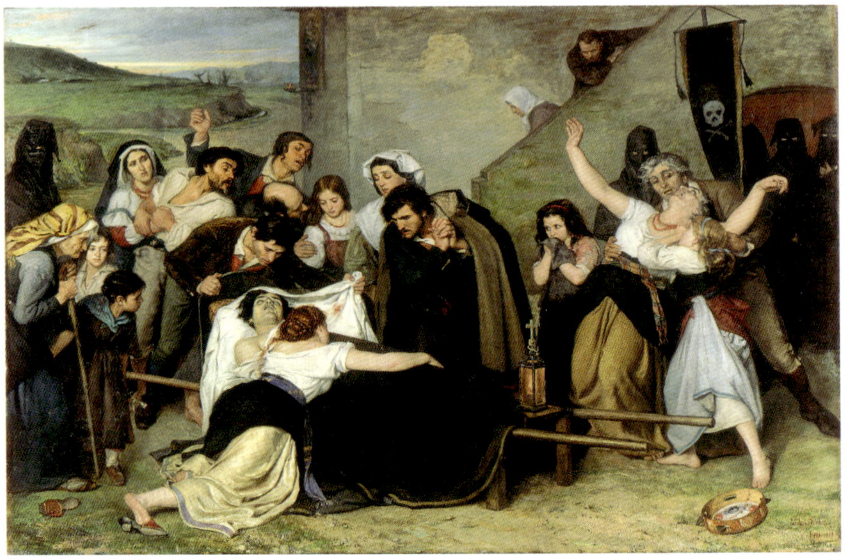

fig. 22. Charles-Émile Carolus-Duran
L'Homme assassiné, 1865
Huile sur toile, 2,8 × 4,2 m
Lille, musée des Beaux-Arts

mais rappelle-toi donc [Jules] Bastien-Lepage [fig. 21]! et [Charles-Émile] Carolus-Duran [fig. 22]! Eh bien, non, ce n'est pas de l'art[112] ! »

La distinction entre les artistes qui possèdent une maîtrise technique et ceux qui produisent de l'art véritable a orienté la pratique de la peinture moderne jusqu'à la fin du XXe siècle. La réévaluation radicale de ce qui fait une œuvre est l'un des glissements majeurs de la modernité, qui réorienta le système de valeurs du monde de l'art. Près d'un siècle plus tard, Sol LeWitt pouvait faire écho à Pissarro et à Cézanne, presque mot pour mot, en écrivant dans l'une de ses « *Sentences on Conceptual Art* » : « Lorsqu'un artiste apprend son métier trop parfaitement, il fait de l'art lisse[113]. » Pissarro aurait été d'accord avec LeWitt, et sans doute même plus sévère encore : pour lui, ce « métier lisse » ne méritait pas même le nom d'« art »[114].

Mais, en refusant de nommer « art » ce que produisent les artistes habiles, Pissarro en arrive à une contradiction. Ils sont des artistes adroits, mais ne produisent pas de l'art : ils ne font que des objets bien exécutés. Rencontrant la même difficulté, Zola la résout en inversant les termes employés par Pissarro. Pour lui, « l'art » est justement ce que produisent les artistes habiles : ce n'est rien de plus que de la technique (comme le suggère l'étymologie latine, *ars*), de l'artisanat, la maîtrise des outils et des matières. Ce que ces artistes réalisent est adroit plus qu'artistique. Zola ne recherche pas l'art au sens de maîtrise technique mais la « vie » ! En réponse au jugement de Pissarro sur Bastien-Lepage et Carolus-Duran, le romancier aurait dit : « Vous avez tort. Ces hommes font de l'art - mais c'est de l'art et rien de plus. C'est de l'art mort. Je veux des artistes qui créent la vie ! »

Si Zola et Pissarro emploient tous deux le mot « art », ils lui donnent des connotations contraires. Zola affirme que le terme lui déplaît car il contient l'idée d'un dispositif artificiel. Dans « l'art », il voit « l'artifice » : pour lui, l'art est à l'opposé de ce qu'incarnent les mots « homme », « nature », « beauté[115] ». Pour Pissarro, justement, l'art est la réunion de l'homme et de la nature. Les deux hommes sont malgré tout fondamentalement d'accord sur ce qu'ils recherchent dans une œuvre « d'art ». Zola écrit : « Je ne suis pour aucune école, parce que je suis pour la vérité humaine, qui exclut toute coterie et tout système [...]. Je veux qu'on fasse de la vie, moi ; je veux qu'on soit vivant, qu'on crée à nouveau, en dehors de tout, selon ses propres yeux et son propre tempérament[116]. »

Pissarro aurait acquiescé, tout en le formulant différemment. À quelques nuances sémantiques près, Zola, Pissarro et Cézanne se rejoignaient dans leur volonté de transformer le monde de l'art en supprimant le règne des coteries et le contrôle du jury, afin de permettre aux artistes de se concentrer sur « la vérité et la vie » (la devise de Zola). Plus tard, Cézanne allait faire écho à la distinction établie par Pissarro entre l'art véritable et l'habileté en se plaignant que l'un de ses bons amis, Achille Emperaire (fig. 35, 36), n'ait jamais été reconnu par les académiciens : « J'ai encore un brave ami de ce temps-là, eh bien, il n'est pas arrivé, n'empêche pas qu'il est bougrement plus peinture que tous les galvaudeux à médailles et décorations, que c'est à faire suer[117]. »

En dernier ressort, pour les trois hommes, le travail - le « travail sérieux » - est la définition même de l'artiste moderne. Mais il ne s'agit pas de n'importe quelle activité artistique, entreprise avec un zèle attentif et un dévouement industrieux. Les « travailleurs sérieux » (tels que les définissent Zola, Cézanne et Pissarro) sont ceux qui créent la *vie* dans leur travail et qui se mettent à vivre par leur travail. Le travail sérieux est une sorte de processus d'autogenèse par lequel un artiste participe à sa propre création en tant qu'artiste. Les « travailleurs sérieux » sont « les artistes libres, ceux qui vivent en dehors, qui cherchent ailleurs et plus loin les réalités âpres et fortes de la nature[118] ». C'est dans *L'Événement*, au cours d'une série d'articles publiés entre février et mai 1866, que Zola défendit les droits de ces travailleurs sérieux contre les valeurs complaisantes des membres d'un système académique autosatisfait.

En 1866, Cézanne fit un portrait de son père lisant *L'Événement* (fig. 23). Voilà une scène étrange : ce banquier et homme d'affaires conservateur est représenté par son propre fils en train de lire un journal parisien d'avant-garde et progressiste. Cette œuvre monumentale et profondément émouvante se lit sur plusieurs registres. Avec ce portrait, Cézanne évoque la présence de son père, lequel avait exprimé ses réticences et même son opposition à la décision du jeune homme d'entreprendre une carrière de peintre. Sur le mur est accrochée l'une des natures mortes de Cézanne avec des poires, qui, dans la réalité, est traitée par des empâtements épais, sensuels et généreux (fig. 24). L'artiste parvient ici à juxtaposer sans heurt son propre travail et la présence de son père. Louis-Auguste ne réagit pas au tableau, mais semble accepter sereinement son existence. Il est absorbé dans la lecture de *L'Événement*, le

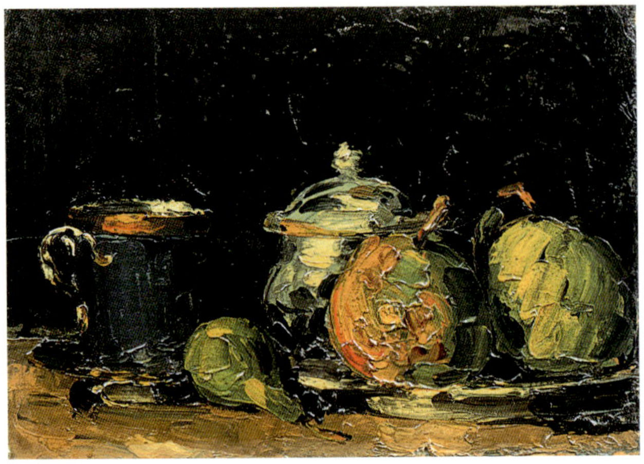

fig. 24. Paul Cézanne
Sucrier, poires et tasse bleue, 1865-1866
Huile sur toile, 0,3 × 0,41 m
Aix-en-Provence, musée Granet

journal où Zola avait publié son attaque polémique sur la partialité du jury et sa défense précise, formaliste, de ceux qui mettaient toute leur énergie et tous leurs espoirs dans le travail sérieux. Le syllogisme est remarquable et sa logique imparable : Cézanne reconnaît (picturalement) son père, qui reconnaît (par sa lecture) Zola, qui reconnaît et défend (dans son article) les droits légitimes de Manet, Pissarro et Cézanne. Cézanne savait parfaitement que la défense du « travail sérieux », malgré ses connotations avant-gardistes chez Zola, parlerait à Louis-Auguste Cézanne, autodidacte devenu homme d'affaires par son travail et son intelligence. Rien n'illustre mieux toute la profondeur de ce tableau monumental que ces quelques vers de Wallace Stevens (cité par T. J. Clark) :

« Adieu à une idée... Ni les annulations,
Ni les négations ne sont jamais dernières.
Le père siège dans l'espace – où qu'il s'assoie
De regard morne, en homme qui connaît la force
Aux buissons de ses yeux. Et il dit non à non
Et oui à oui. Il dit oui à non ; disant oui
Il dit adieu...[119] »

Si le père de Cézanne disait lui aussi « non » aux « non » de son fils – s'il refusait de reconnaître le sérieux de sa contestation –, alors il contribuait malgré lui à sa rébellion. En fin de compte, Louis-Auguste semble toutefois dire « oui » au « non » de Paul, reconnaissant tacitement que ce sont les valeurs mêmes qu'il lui avait inculquées qui donnaient au jeune artiste la force de dire « non » et de tourner le dos au système.

Enfin, on peut aussi replacer l'histoire de cette exposition dans celle plus vaste décrite par Thomas Crow. Les débuts de l'art moderne furent une « histoire de pères absents, d'enfants restés sans pères et des substituts qu'ils leur cherchaient. Les fils en question étaient des peintres, et ils ont réalisé ensemble un grand projet artistique[120] ».

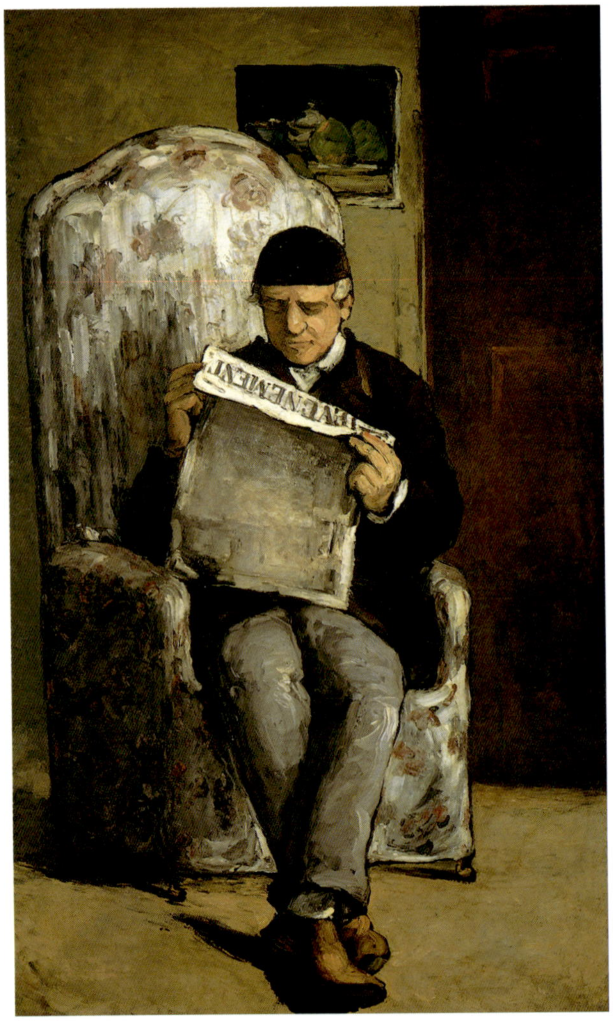

fig. 23. Paul Cézanne
Le Père de l'artiste, 1866
Huile sur toile, 1,985 × 1,193 m
Washington, D.C., National Gallery of Art,
Mr. and Mrs. Paul Mellon Collection

De la « peinture au couteau » à la « peinture au pistolet »

En quoi consistait le « travail sérieux » évoqué par Cézanne, Pissarro et Zola ? Dans sa première lettre connue à Pissarro, datée de 1865, Cézanne annonce qu'il va, en compagnie d'Oller, apporter des toiles au jury du Salon qui « feront rougir l'Institut de rage et de désespoir[121] » ; il conclut par ces mots : « J'espère que vous aurez fait quelque beau paysage[122]. » De toute évidence, la « beauté » à laquelle Cézanne fait ici référence n'a que peu à voir avec celle défendue par Alexandre Cabanel, William Bouguereau et la plupart des peintres de la tradition académique qu'ils représentaient. Leur définition du « beau » ne pouvait être mise en question : « Une œuvre est d'un bel *effet* [...] lorsque, ayant été scrupuleusement étudiée, elle demeure pénétrée et rayonnante, pour ainsi dire de l'inspiration qui l'a conçue et du génie qui l'a exécutée[123]. »

L'histoire est bien connue : le canon de cette beauté était censé avoir été porté à son plus haut degré de raffinement en Italie durant la Renaissance, et le rôle de l'Académie consistait à former des étudiants (ou même à les « modeler ») selon cette noble tradition italienne. Le baron Gros avouait lui-même : « Mon métier est de former des artistes et de les envoyer en Italie aux frais du gouvernement [grâce au prix de Rome][124]. »

La conception de la beauté défendue par Cézanne et Pissarro renversait le point de vue académique. Le même mot - « beau » - prenait un sens radicalement différent chez ces artistes. Pissarro utilise le terme dans une lettre à Oller où il explique ce que Cézanne, Guillemet et lui-même attendent de leur ami : « Tous les trois nous comptons sur un *beau* tableau de toi et surtout pas Jésuite [c'est moi qui souligne][125]. » « Beau », dans leur langage, signifie capable de choquer le système. Une « belle œuvre » -, ou au superlatif une œuvre « superbe » -, est jugée en fonction de son audace autre terme prisé par ces artistes avant-gardistes. Une lettre de Guillemet à Oller, du 12 septembre 1866, est une source contemporaine très importante sur le vocabulaire de référence de ces peintres. L'auteur décrit sur un ton facétieux et légèrement cynique la scène artistique française, avant de commenter les œuvres que Pissarro et Cézanne s'apprêtent à envoyer au Salon : « Mon cher Oller, L'art est dans le marasme le plus profond, les couleurs coûtent cher. Crédit est mort tué par les peintres, les commandes s'obstinent à ne point arriver et le jury lui-même, l'infâme, nous refuse l'entrée du sanctuaire !!! Le temps est atroce. La pituite règne dans la nature[126]. Seul Pissarro continue à faire des chefs-d'œuvre. Il aura cette année un Salon *superbe*[127]. Il a même l'*audace* d'envoyer une tartine réaliste à l'exposition universelle. L'innocent qui ne sait pas que la France ne veut montrer aux étrangers que les produits les moins hideux. Cézanne est à Aix où il a fait des études *superbes d'audace* : Manet ressemble à Ingres en comparaison. Que ton élève a donc fait de chemin : il est méconnaissable [c'est moi qui souligne][128]. »

Ce qui rapproche Cézanne et Pissarro, dans la lettre de Guillemet à Oller, c'est « l'audace superbe » - et donc la beauté, au sens moderne - des œuvres qu'ils créent. Pour décrire la toile de Pissarro (cat. 5), Guillemet emploie l'argot « tartine ». Le mot évoque une surface recouverte d'épaisses couches de matière moelleuse et onctueuse, étalées les unes sur les autres au couteau à palette, et met en valeur leur matérialité purement physique. Ces superpositions de couches de pâte colorée firent très forte impression sur les premiers critiques qui découvrirent les tableaux des deux artistes.

Les œuvres de jeunesse de Cézanne étaient quasiment tombées dans l'oubli jusqu'à ce qu'une exposition organisée par Sir Lawrence Gowing en 1988 attire l'attention sur ces toiles fascinantes et stupéfiantes[129]. Dans un article publié près d'un siècle avant l'exposition de Gowing, Cecilia Waern, l'une des premières femmes critiques dans l'histoire de l'art moderne, commenta les « épaisses toiles » de Cézanne qu'elle avait vues dans la boutique du père Tanguy. Selon elle, on aurait juré qu'elles avaient été peintes avec de la « boue », même si l'artiste était parfois heureusement inspiré dans le traitement de ses figures[130].

La lettre de Guillemet, écrite aux côtés de Pissarro après un bon déjeuner, dévoile au grand jour leurs convictions les plus intimes vers la fin des années 1860. L'une des phrases, en particulier, résonne comme un principe fondamental ou un axiome de ce petit groupe d'artistes : « Vois par taches ; le métier n'est rien, pâte et justesse : tel doit être le but à poursuivre[131]. » La « pâte », la « justesse » et la « vision par taches[132] » : tels sont les éléments essentiels du nouveau langage pictural que Pissarro et Cézanne, avec Guillemet, Oller et quelques autres, inventaient ensemble. Il est important de souligner combien ce langage allait orienter le reste de leur œuvre. Cézanne demeura toute sa vie attaché à ce thème précis de la « vision par taches de couleur ».

En 1903, dans son dernier entretien publié, Pissarro reprenait le thème de Cézanne en déclarant à un journaliste : « Je ne vois que des taches[133]. » Cette déclaration prouve de manière émouvante et incontestable que les débuts de la carrière artistique de Cézanne et de Pissarro dans les années 1860 ne furent pas simplement - comme avancé si souvent - une phase expérimentale qu'ils finirent tous deux par dépasser. La « tache » et la « touche » demeurèrent deux unités de construction fondamentales dans le langage pictural des deux peintres leur vie durant. Si l'on compare les portraits de jeunesse de l'oncle Dominique (cat. 7-9) et un paysage plus tardif de L'Estaque (cat. 83), exécutés par Cézanne, ce qui est extraordinaire c'est que les tableaux plus anciens sont composés d'innombrables « touches » de couleurs à l'huile, aux teintes crayeuses, accumulées, étalées sur la toile au couteau à palette. Même si Cézanne ne devait pas (toujours) conserver, dans ses œuvres ultérieures, les surfaces pâtissées de deux centimètres d'épaisseur de pâte picturale, sa manière de construire le tableau, « une touche après l'autre », ne varia guère[134].

Tout au long de leur carrière, la nouvelle conception de la peinture que développèrent les deux artistes fut caractérisée par une tension majeure. Celle-ci s'articulait autour de l'opposition entre la tache et la touche. Cézanne et Pissarro emploient fréquemment ces termes qui, donc, appellent quelque éclaircissement.

Le mot « tache » désigne dans le langage courant une zone de couleur distincte de son support ou de son fond, qui vient par accident, colorer ou maculer une surface donnée, comme une tache de vin sur une serviette. Le terme « touche » (à la différence de «tache») implique une forme d'action et de contrôle ; il évoque une zone définie de couleur appliquée au moyen d'un instrument ou d'un outil (un pinceau ou un couteau). En bref, la tache suggère un état passif (la tache nous échappe), tandis que la touche renvoie à une activité contrôlée. En outre, la tache (surtout dans le vocabulaire de Cézanne et de Pissarro) suppose la présence d'une couleur qui est déjà là, indépendamment de la volonté. Une « tache » de couleur nécessite un acte de vision pour être observée. Une « touche » de couleur, à l'inverse, se réfère à une action de la volonté et à un acte de construction. On comprend différemment, dès lors, le passage cité plus haut : « Vois par taches ; le métier n'est rien, pâte et justesse : tel doit être le but à poursuivre. »

Les yeux de l'artiste ne peuvent en rien contrôler les taches de couleurs qu'ils voient ; le métier (c'est-à-dire la maîtrise technique traditionnelle, apprise à l'école) est incapable de « transposer » ces taches. L'artiste a besoin d'un nouveau langage qui s'appuiera sur la pâte (la matière physique et gélatineuse sortant des tubes de couleur) et sur une justesse parfaite. Cet acte ciblé et contrôlé, qui consiste à prélever la quantité de peinture nécessaire sur les petits monticules de couleur placés sur la palette avant de la transférer sur la toile, s'appelle la « touche ». À chaque instant, tout peut mal tourner : la touche est l'acte d'objectivation de la tache. Maurice Merleau-Ponty est celui qui a le mieux analysé et exprimé cette tension paradoxale : « Qualité, lumière, couleur, profondeur, qui sont là-bas devant nous [c'est-à-dire les taches], n'y sont que parce qu'elles éveillent un écho dans notre corps [c'est-à-dire les touches], parce qu'il leur fait accueil. » Ce stimulus intérieur - ce que Merleau-Ponty nomme « cette formule charnelle de leur présence que les choses suscitent en moi » - déclenche l'acte de construction (l'élaboration de la toile « une touche après l'autre ») : « Un tracé, visible encore, où tout autre regard retrouvera les motifs qui soutiennent son inspection du monde[135]. »

Pissarro et Cézanne établirent tous deux un système de recherche - dans un même effort pour élaborer un réseau harmonique de relations chromatiques qui leur permettrait de capter ce qu'ils avaient devant les yeux (les taches). Les deux artistes se distinguent par le fait que Cézanne impliquait plus ouvertement le spectateur dans le processus de construction de ses surfaces. Il annonçait sur la toile sa manière de travailler. Pissarro, tout en partant des mêmes principes, se souciait davantage que Cézanne de parvenir à un effet d'unité régulière. Si, pour reprendre le vocabulaire de Merleau-Ponty, un tableau est « visible à la deuxième puissance[136] », on pourrait dire que la différence entre les deux artistes est que l'écart entre le « visible » et le « visible à la deuxième puissance » est plus extrême dans l'œuvre de Cézanne que dans celle de Pissarro. Toutefois, par la formule que tous deux cherchaient et par les termes qu'ils choisissaient d'exprimer, leur quête était identique.

Dans les années 1860, Pissarro et Cézanne adoptèrent ce nouveau langage et le poussèrent jusqu'à ses dernières limites. Selon la célèbre expression de Greenberg, les deux peintres travaillèrent furieusement [*with a vengeance*], appliquant couche de peinture après couche de peinture sur leurs toiles.

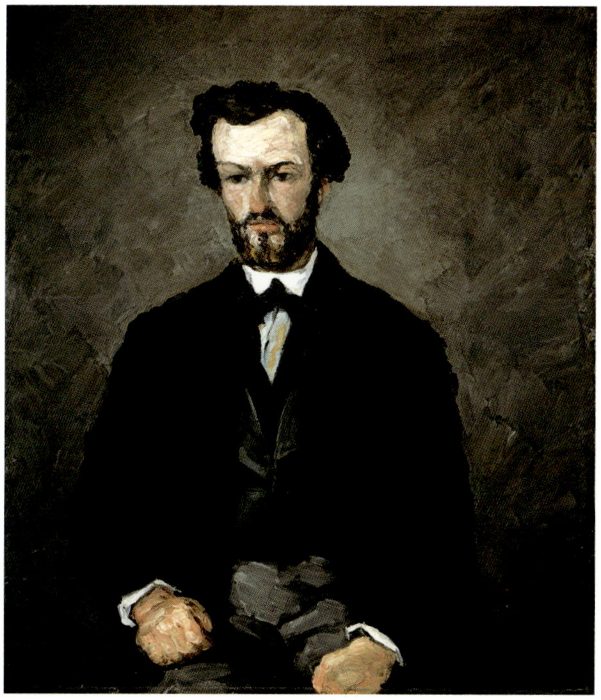

fig. 25. Paul Cézanne
Portrait d'Antony Valabrègue, 1866
Huile sur toile, 1,163 × 0,984 m
Washington, D.C., National Gallery of Art,
Mr. and Mrs. Paul Mellon Collection

La notion de pâte (empâtement ou simplement pâte) est primordiale dans leur recherche de cette époque. Cette manière de peindre - si visible dans la *Nature morte* ou *L'Oncle Dominique* (cat. 5, 7-9) - était la synecdoque d'un manifeste en elle-même et d'elle-même. Dans une lettre, Antony Valabrègue, un ami de Cézanne, commente son portrait par ce dernier (fig. 25) et explique pourquoi le tableau n'a aucune chance d'être accepté par le jury du Salon : « Paul sera sans doute refusé à l'exposition. Un philistin du jury s'est écrié en voyant mon portrait que c'était peint, non seulement au couteau, mais encore au *pistolet*. Une série de discussions se sont élevées déjà. [Charles-François] Daubigny a prononcé quelques mots de défense. Il a dit qu'il préférait les tableaux chargés de hardiesse aux nullités accueillies à chaque Salon. Il n'a pas eu l'avantage [c'est moi qui souligne][137]. » Cette métaphore balistique fut appliquée à plusieurs reprises à l'œuvre de Cézanne. Vollard mentionne que les critiques contemporains pensaient que Cézanne exécutait ses tableaux en tirant sur ses toiles avec un pistolet chargé de couleurs. On appelait cela la « peinture au pistolet[138] ».

Cette expression peut s'appliquer aux deux artistes dans les années 1860. La peinture en pleine pâte - la superposition de couches rugueuses, coriaces - devint un langage à part entière qui proclamait sa différence radicale. Ils imposèrent donc leur place dans l'histoire en manifestant un nouveau départ, une révolution en peinture. Guillemet a décrit cette révolution dans un argot estudiantin coloré : « Nous peignons sur un volcan ; le 93[139] de la peinture va tinter son glas funèbre : le Louvre brûlera, les musées, les antiques disparaîtront, et, comme l'a dit [Pierre-Joseph] Proudhon, des cendres de la vieille civilisation peut seul sortir l'art nouveau. La fièvre nous brûle ; aujourd'hui est séparé d'un siècle de demain. Les dieux d'aujourd'hui ne seront pas ceux du lendemain, aux armes, saisissons d'une main fébrile le *couteau* de l'insurrection, démolissons et construisons (*et monumentum exegi perennius*). Courage, frère. Serrons nos rangs : nous sommes trop peu pour ne pas faire cause commune - on nous fout à la porte ; nous leur foutrons la porte au nez. Les classiques trébuchent. Nieu[wer]kerke chancelle sur son fondement. Montons à l'assaut et terrassons l'infâme… Ne couper dans personne qu'en soi - construire, peindre en pleine pâte et danser sur le ventre des bourgeois terrifiés… Travaille ma vieille, bon courage, de la pâte, les taches justes, nous finirons par imposer notre manière de voir. Pissarro te dit mille choses aimables et nous te souhaitons tous avec Cézanne de te voir bientôt[140]. »

Le « couteau » dont il est question désigne à la fois une arme et un couteau à palette. La peinture - ou plus précisément la « pâte » - est présentée métaphoriquement comme une arme insurrectionnelle. La nature morte de Pissarro et les portraits de l'oncle Dominique exécutés par Cézanne ont beau avoir des thèmes très différents, il en émane une même force, une même puissance phénoménale. Cette force, ou cet impact - presque au sens militaire - ne manqua pas d'impressionner Barnett Newman un siècle plus tard. Évoquant les pommes de Cézanne lors d'un entretien avec Émile de Antonio, Newman affirma : « Pendant longtemps, je suis resté très hostile à ces pommes, parce qu'elles étaient comme des super pommes. Elles ressemblaient à des boulets de canon. Je les voyais comme des boulets de canon[141]. » En même temps, la franchise, la frontalité et la puissance directe de la surface, remplie de pigments condensés (la « pâte ») qui émanent de la nature morte, auraient suffi à rallier Newman à Pissarro : « Fantastique. Une totalité absolue », dit-il, « Je suppose qu'il en est ainsi parce que la lumière est égale d'un coin à l'autre. Pas de projecteurs - Courbet et Pissarro sont ainsi[142]. »

Dialogues en paroles et en peinture

En vérité, ce n'est pas l'instruction mais la provocation que je peux recevoir d'une autre âme[143].

RALPH WALDO EMERSON

La recherche commune de la simplicité : les termes des premières lettres entre Cézanne et Pissarro

COMME NOUS L'AVONS VU, au cours des années 1860, Cézanne et Pissarro jetèrent avec Oller, Guillemet, Guillaumin et Zola, et d'autres encore, les bases d'un nouveau langage artistique qui leur ouvrit diverses voies possibles. Ils ne se contentèrent pas de proclamer leur autonomie complète vis-à-vis des codes artistiques formels qui régissaient le système officiel : ils entreprirent aussi de lancer des offensives contre ce système par une série d'expositions concurrentes.

Le lien entre Pissarro et Cézanne reposait initialement davantage sur ce qu'ils contestaient que sur ce qu'ils cherchaient à imposer. À la fin des années 1860 et au début de la décennie suivante, avec la naissance de l'impressionnisme, leur coopération prit une forme nouvelle. Leur dialogue se centra davantage sur eux-mêmes, en tant qu'individus, et sur ce qu'ils tentaient d'accomplir en peinture, ensemble ou séparément. De nombreuses œuvres de cette époque ont une force profonde, qui ne se dément pas aujourd'hui.

Le philosophe et sociologue Jürgen Habermas a beaucoup écrit sur le processus d'individualisation par l'intermédiaire des autres ; il définit précisément le stade auquel Pissarro et Cézanne étaient parvenus à la fin de ce qu'on peut appeler leur « période militante » : « Situé dans l'horizon d'un monde vécu intersubjectivement partagé, chacun se conçoit comme un individu qui *se porte garant* de la continuité, établie de manière plus ou moins distincte, d'une biographie qu'on se réapproprie de manière plus ou moins consciente ; à la lumière de l'individualité qu'il a acquise, il aimerait être identifié à l'avenir comme un sujet responsable de ce qu'il est. Bref, c'est à partir de la vision éthique qu'a d'elle-même une première personne vis-à-vis d'une seconde, qu'il s'agit d'expliciter la signification du terme "individualité". Ne peut avoir un concept d'individualité renvoyant au-delà de la singularité pure et simple que celui qui sait qui il est et qui il aimerait être, à ses propres yeux et aux yeux d'autres personnes[144]. »

Rien ne saurait mieux symboliser la période exceptionnellement riche vécue par Pissarro et Cézanne au début des années 1870 que la paire de tableaux consacrés au motif identique de Louveciennes (cat. 22, 23). Cézanne exécuta sa toile d'après celle de Pissarro. Ces deux œuvres extraordinaires révèlent une grande proximité entre les deux peintres ; en même temps, chacun conserve sa propre identité, distincte de celle de l'autre. À cette époque, après plusieurs années d'interaction, chaque artiste savait qui il voulait être et comment il voulait apparaître aux yeux d'un *alter ego* privilégié. Le dialogue artistique entre les deux hommes prit une nouvelle tournure au milieu des années 1870, même si leur langage commun, élaboré ensemble, demeura celui que chacun, avec ses inflexions propres, utiliserait jusqu'à sa mort.

Le paradoxe ultime du combat mené par Cézanne et par Pissarro pendant toute la décennie impressionniste fut formulé avec concision par un critique à propos du tableau de Pissarro, *Bords de la Marne en hiver* (cat. 1), envoyé au Salon de 1866 : « Rien de plus vulgaire assurément que ce site, et pourtant je vous défie de passer devant sans le remarquer. C'est qu'il devient original par l'énergie abrupte de l'exécution qui souligne, en quelque sorte, ces laideurs, au lieu de chercher à les dissimuler. On voit que M. Pissarro n'est pas banal par impuissance d'être pittoresque. Il emploie au contraire un talent robuste et exubérant à faire ressortir les vulgarités du monde contemporain, à la façon du poète satirique, d'autant plus éloquent qu'il est d'une vérité plus brutale et moins arrangée[145]. » Cette

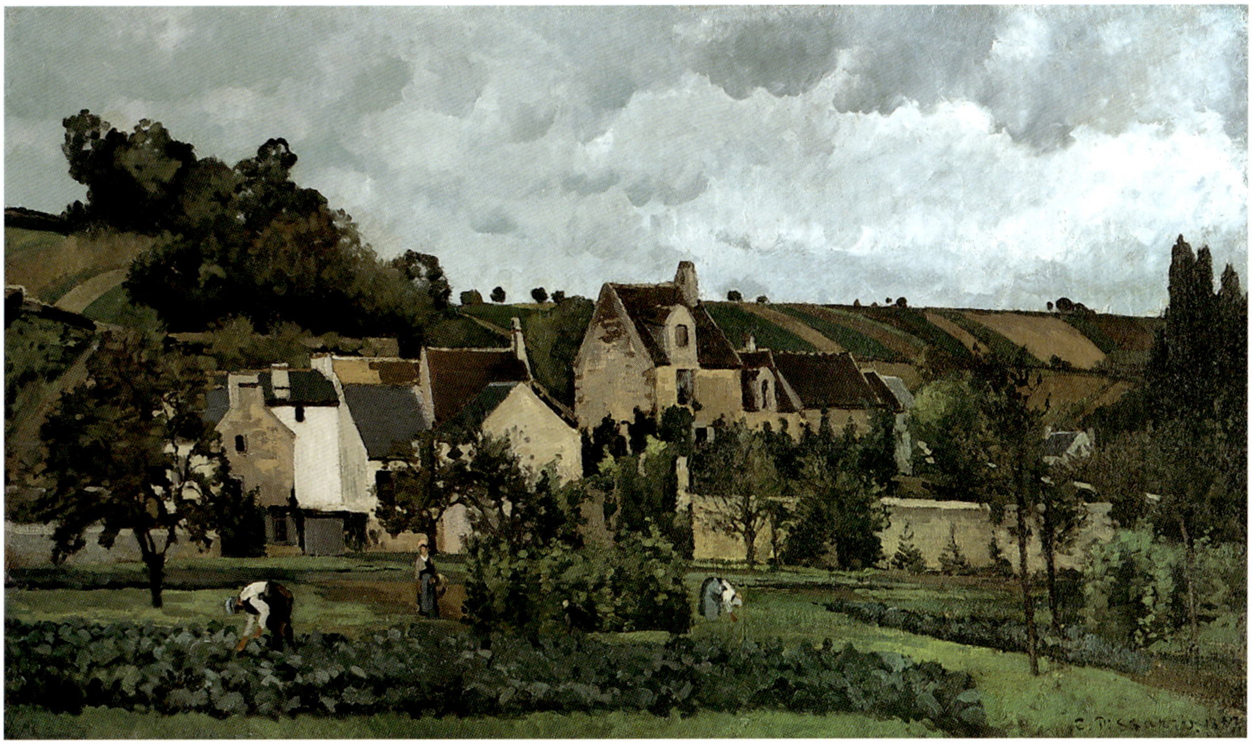

fig. 26. Camille Pissarro
L'Hermitage à Pontoise, 1867
Huile sur toile, 0,9 × 1,5 m. Cologne, Wallraf-Richartz-Museum

« vérité brutale et non arrangée » suffisait à conquérir Cézanne. Si Pissarro fut le premier critique à signaler l'importance des œuvres de jeunesse de Cézanne pour comprendre ses dernières recherches, Cézanne fut le premier critique à éprouver le plus grand respect pour les toiles exécutées par Pissarro à la fin des années 1860. John Rewald cite un peintre, Louis Le Bail[146], qui ayant travaillé avec Cézanne affirmait que ce dernier disait fréquemment que « s'il [Pissarro] avait continué à peindre comme il le faisait en 1870, il aurait été le plus fort de nous[147] ». Plus tard, au cours d'une conversation avec Gasquet, Cézanne sembla faire écho à cette formule, mais en l'utilisant pour se décrire lui-même : « Tout en étant le premier dans mon métier, je veux être simple. Ceux qui savent sont simples[148]. »

Dans la déclaration prononcée devant Le Bail, Cézanne se référait aux travaux de Pissarro réalisés à l'époque de la guerre franco-prussienne (1870-1871). Il connaissait également bien ses œuvres exécutées deux ou trois ans auparavant, qui lui avaient fait une forte impression (voir fig. 26 et cat. 90, 92, 94).

L'admiration de Cézanne pour les premières œuvres de son ami culmina dans l'emprunt d'un paysage de grand format peint par Pissarro en 1871 (cat. 22). Cézanne exécuta son propre tableau, de dimensions légèrement inférieures, d'après l'œuvre qu'il avait empruntée (cat. 23). Il s'agit là de l'un des témoignages les plus saisissants d'une interaction étroite entre deux artistes du début de l'ère moderne et d'un cas unique dans l'histoire de l'impressionnisme. Il faudra attendre Derain et Matisse, qui travaillèrent ensemble à Collioure en 1905, ou Braque et Picasso, qui collaborèrent étroitement durant les années précédant la Première Guerre Mondiale, pour rencontrer d'autres exemples de relations artistiques aussi intenses.

Les deux artistes partageaient le même principe fondamental en matière d'invention : « Ne te tracasse pas trop à chercher du *nouveau*, le nouveau ne se trouve pas dans le sujet, mais bien dans la façon de l'exprimer[149]. » Ce principe est peut-être l'un des legs les plus importants de Pissarro à Cézanne. Il repose toutefois sur un paradoxe : pour exprimer ses sensa-

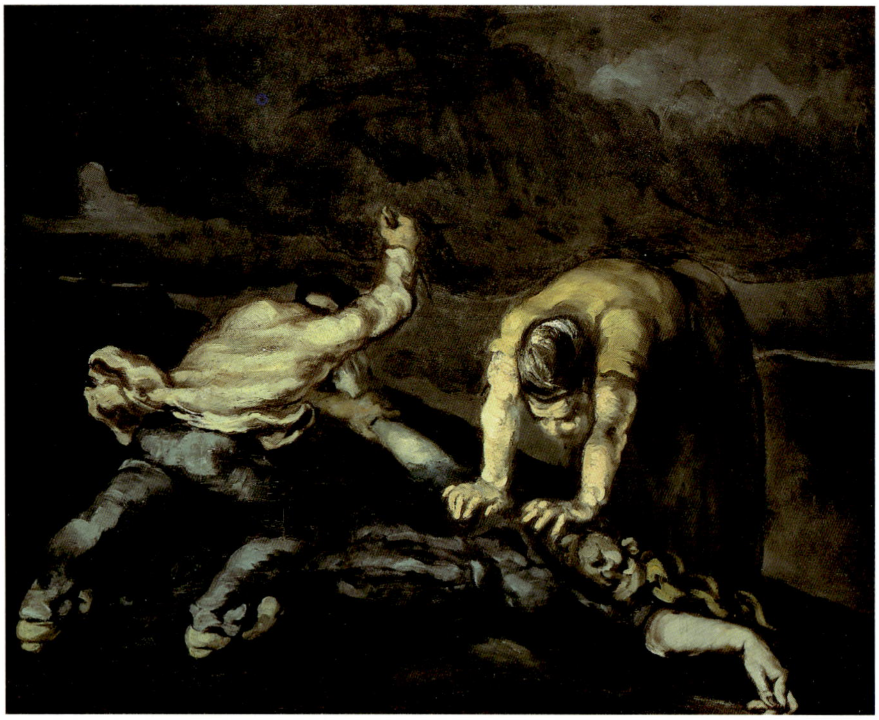

fig. 27. Paul Cézanne
Le Meurtre, vers 1870
Huile sur toile, 0,65 × 0,8 m
Liverpool, National Museums (Walker Art Gallery)

tions dans toute leur vigueur, il fallait des sujets aussi neutres et anodins que possible. Autrement dit, une rue de village offrait des possibilités artistiques bien supérieures à une scène de meurtre (fig. 27) pour refléter les sensations d'un artiste. Pissarro avait compris qu'un sujet *trop* intéressant (trop « nouveau », sentimental, horrifique, joli) risquait de prendre le pas sur ses sensations.

Ce postulat particulier s'avéra d'une importance immédiate et radicale pour Cézanne : il lui permit de transférer l'énergie de ses anciens thèmes dans une facture qui en conservait toute la puissance, mais en l'intériorisant et en la transformant en une nouvelle manière de peindre. La comparaison des deux tableaux de Louveciennes montre avec évidence que Cézanne est parti de l'œuvre de son ami, mais a poussé plus loin la simplification de la composition d'ensemble, en accordant moins d'attention à l'atmosphère dont le paysage est enveloppé (cat. 22, 23). Enfin, il est visible que Cézanne est déjà en train de s'affranchir de l'échelle subtile des harmonies de gris caractérisant le tableau de Pissarro, alors qu'il commence à mettre l'accent sur des tons particuliers (rouge vermillon, oranges, jaunes) de plus en plus appuyés. Il s'écarte progressivement de l'œuvre de son aîné.

Parallèlement à cette transition importante dans leur communication picturale, ils étaient en train de mener des réflexions qu'ils avaient initiées en commun vers un stade plus avancé. Il ne reste malheureusement que des fragments épars et incomplets de leur correspondance originale. La plupart des lettres subsistantes couvrent la décennie impressionniste. Et nous n'entendons qu'une seule voix : toutes les lettres écrites par Pissarro ont été perdues, et de Cézanne à Pissarro, seules sept ont été retrouvées [150]. Ce sont toutefois des documents essentiels, qui nous donnent un aperçu irremplaçable de la teneur de leurs échanges. Les lettres du début des années 1870 contrastent vivement avec leur correspondance antérieure.

La première lettre connue de Cézanne à Pissarro (mentionnée p. 35) est datée du 15 mars 1865 et débute par l'expression assez formelle « Monsieur Pissarro [151] ». Le ton est empreint de sollicitude, Cézanne manifestant une politesse peu coutumière. Il explique à Pissarro qu'il a proposé à Oller de l'aider à « porter » ses immenses toiles au Salon et qu'il fera de grands efforts pour se trouver à l'académie Suisse dès que Pissarro l'informera de sa venue. La missive s'achève sur cette phrase à double sens : « J'espère que vous aurez fait quelque beau paysage [152]. » Un an après, le solennel « Monsieur Pissarro » a laissé la place à une formule d'ouverture beaucoup plus cordiale et familière : « Mon cher ami [153] ». Si Pissarro et Cézanne se rencontrèrent vers 1861, ils ne devinrent donc amis intimes que plusieurs années après. La deuxième lettre révèle l'un des traits immuables de Cézanne : son goût des grossièretés et, à l'occasion, des injures les plus extrêmes [154]. Les membres de sa famille sont « emmerdants par-dessus tout » et « les plus sales êtres du monde [155] ». La lettre est écrite depuis Aix, au moment où Cézanne tente d'attirer Pissarro dans le Midi ; il l'informe que Guillemet a terminé un paysage, par temps gris, qu'il a trouvé très beau [156]. L'implication est évidente : si Guillemet peut y parvenir, on imagine ce que Pissarro lui-même pourrait accomplir ! La lettre fut écrite en 1866 (la même année que la célèbre lettre de Cézanne à Nieuwerkerke) ; comme Pissarro, Cézanne refuse d'envoyer des œuvres au Salon de Marseille et en profite pour dire « merde pour le Jury [157] ».

Guillemet a écrit une note à Pissarro au dos de la lettre de Cézanne, où il évoque les tableaux de ce dernier : « Cézanne a fait des peintures très belles. Il refait blond et je suis sûr que vous serez content de trois ou quatre toiles qu'il va rapporter [158]. » L'expression « il refait blond » signifie qu'il (ré)utilise des tonalités blondes. Cette métaphore chromatique, « faire blond », n'était pas inconnue de Pissarro, puisque son ancien mentor, Corot, préconisait l'emploi de cette tonalité : il avait donné à Pissarro ce qui allait s'avérer l'un des premiers conseils relatifs à la théorie des couleurs que Pissarro et Cézanne - tout comme Georges-Pierre Seurat et Henri Matisse - allaient mettre en œuvre tout au long de leur carrière. Corot recommandait avec insistance à Pissarro d'être attentif aux valeurs des couleurs : « Puisque vous êtes un artiste, vous n'avez pas besoin de conseils. Sauf celui-ci pourtant : il faut avant tout étudier les valeurs. Nous ne voyons pas de la même façon ; vous voyez vert, et moi je vois gris et blond. Mais ce n'est pas une raison pour que vous ne travailliez pas les valeurs, car cela est au fond de tout [159]. »

« Voir gris et blond » suggère davantage une relation de modulation entre des valeurs qu'une couleur dominante, ou ce que Cézanne allait finalement nommer les « sensations colorantes » de chacun - on pourrait presque parler de la couleur d'une personnalité particulière. Et même lorsque Pissarro emploie l'expression de Corot pour décrire les œuvres de sa première série rouennaise en 1883 - « J'ai déballé mes études, mes peintures, tout me paraît très blond [160] » -, il veut, lui aussi, désigner la couleur qui structurait ses sensations. La couleur apparaît aux deux artistes comme le médium (au sens de médiation) entre la nature et la sensation propre de l'artiste. L'examen d'un grand nombre de leurs toiles, exécutées au fil des décennies, montre indubitablement que d'année en année leur vision colorante a considérablement évolué. En 1875, par exemple, à l'apogée de leur échange, les deux peintres semblaient décidés à « faire vert », presque furieusement (voir cat. 64, 65).

Pissarro, Cézanne et l'impressionnisme

Les quinze années (1870-1885) durant lesquelles l'amitié artistique entre Pissarro et Cézanne s'épanouit coïncident avec l'ère impressionniste. Au début de la décennie 1870, le rêve et la menace de faire sécession du Salon et de fédérer un groupe d'artistes indépendants étaient devenus réalité. Monet et Pissarro avaient été les forces motrices de cet événement [161]. Un article explosif publié en 1873 par Paul Alexis, un ami de Zola, servit de signal ultime. Le jury du Salon était innocent, affirmait le critique, « parce qu'en matière d'art, tout jury ne pourra jamais être qu'inconscient et aveugle. Au lieu de crier contre lui - ce qui ne sert à rien -, soyez pratiques : supprimez-le [162] ». Notons que le vocabulaire idéologique qui avait inspiré les imprécations de Cézanne et de Pissarro contre le système six ou sept ans plus tôt avait désormais trouvé une arène publique et un objectif concret. L'appel démocratique et ouvert de Cézanne [163] était relayé par Alexis : ces peintres « souhaitent l'adhésion de tous les travailleurs » à leur nouvelle association car ils espèrent représenter tous les « intérêts » des artistes et non des « systèmes » de préférences [164].

La première exposition impressionniste, qui se tint en 1874, souleva d'immenses espoirs chez ses participants : pour la première fois, ils avaient leur destin entre leurs mains. Il ne s'agissait plus simplement de choquer le système, mais de porter vers un plus large public le message de la nouvelle peinture. Les critiques et les artistes travaillèrent de concert pour transmettre ce message. Même le virulent Cézanne se montra soudain beaucoup plus diplomate et pédagogue que durant la décennie précédente. Dans une lettre charmante à sa mère, il évoque l'une des raisons d'être du groupe impressionniste, à savoir l'établissement d'un réseau de soutien mutuel entre pairs et d'échange critique. Pissarro formulait un objectif similaire lorsqu'il affirmait : « Quand on fait une chose avec toute son âme et tout ce que l'on a de noble en soi [165], on trouve toujours un sosie qui vous comprend ; point n'est besoin d'être légion. N'est-ce pas là tout ce que doit désirer l'artiste [166] ! »

Au sein du groupe des impressionnistes, toutefois, Pissarro dut défendre Cézanne. L'intérêt et l'admiration personnels que lui portait Pissarro comptaient beaucoup pour Cézanne : « Pissarro n'est pas à Paris depuis environ un mois et demi, il se trouve en Bretagne, mais je sais qu'il a bonne opinion de moi, qui ai très bonne opinion de moi-même [167].» En langage psychanalytique, on pourrait dire que l'approbation de Pissarro leva la barrière de son auto-approbation. Cézanne poursuit : «Je commence à me trouver plus fort que tous ceux qui m'entourent, et vous savez que la bonne opinion que j'ai sur mon compte n'est venue qu'à bon escient [168].» Cette affirmation nuance l'interprétation commune, initiée par Fry, selon laquelle, sous l'influence de Pissarro, Cézanne aurait dû se contenir. Les deux artistes s'admiraient de toute évidence suffisamment pour souhaiter conquérir la reconnaissance de l'autre; mais leur relation les libéra aussi et leur permit d'explorer de nouvelles problématiques picturales.

Ces problématiques étaient ancrées dans une idéologie et un langage communs, qui gagnèrent en intensité et en complexité tout au long des années 1870. Les deux artistes avaient déjà éprouvé les bases à partir desquelles ils allaient continuer de travailler et de communiquer avec le monde. «Le langage, lorsqu'il signifie, est une personne parlant à une autre, même lorsque cet autre est le destinataire intérieur de soi-même [169]», a écrit le critique Michael Holquist. Le dialogue pictural entre Pissarro et Cézanne illustre cette conception de la communication verbale.

Pendant les quinze années de l'impressionnisme, Cézanne et Pissarro se parlèrent et se répondirent par la peinture et par les mots. Ils exécutèrent au cours de cette période-clé plusieurs centaines d'œuvres, dont environ vingt-quatre forment des paires consacrées à un même motif, peint par chacun des deux artistes. En dehors de ces recherches très étroitement liées, leur dialogue consista principalement en un échange permanent. L'essentiel était la relation entre chaque énoncé pictural et la réponse qu'il suscitait. Cette relation participait de leur objectif commun : explorer sans relâche de nouvelles manières de peindre et rechercher comment produire un équivalent pictural de leurs sensations intérieures (ils nommaient cela «exécuter»). Même les toiles formant des paires qui furent peintes simultanément ne sont pas identiques, malgré leurs nombreuses ressemblances. Ce qui relie le tableau de l'un à un tableau de l'autre est toujours différent. Comme l'a souligné Holquist, la nature triangulaire du dialogue ouvre la perspective du présent vers le futur et vers l'espoir.

Tout dialogue repose sur la conviction que ce qui est échangé n'est pas dénué de valeur, mais a une signification. Dans ce cas, il devient d'autant plus poignant que les deux interlocuteurs ont l'impression d'être incompris dans le présent. Il est toujours sage «d'espérer qu'hors de la tyrannie du présent, il peut exister un destinataire possible qui les comprendra [170]». Pissarro se réfère à son destinataire comme à un «sosie [171]» (une âme sœur ou un double) - un *alter ego*. Selon toute probabilité, le peintre pensait à Cézanne lorsqu'il utilisa cette expression dans une lettre à son fils en 1883. Pissarro affirme que cette personne doit être capable de déceler la qualité de son travail, de se montrer patiente et indulgente [172]. L'évocation de Pissarro a des accents nostalgiques, en 1883, alors que la relation avec Cézanne devient de plus en plus tendue. Sa lettre semble en fait indiquer qu'à cette date, avec l'éloignement progressif de Cézanne, l'existence d'un tel «sosie» devenait de plus en plus incertaine. La joie de l'échange entre les deux artistes paraît s'être éteinte peu à peu. Tout dialogue porte l'espoir d'une résolution possible des différends - il est par essence tourné vers l'avenir. En même temps, rien ne garantit cette résolution.

La tension inhérente à tout dialogue est ce qui le rend à la fois excitant et fragile. La philosophe Hannah Arendt a décrit la dynamique fragile qui est à l'œuvre dans ce genre d'échange : «Pour porter un jugement sur ces sentiments, on peut difficilement se passer de soulever la question de l'égoïsme, ou plutôt, la question de l'ouverture à autrui, qui est en fait la condition préalable de l'"humanité" dans tous les sens du terme. Or, il paraît évident que partager de la joie est absolument supérieur, de ce point de vue, à partager de la souffrance. C'est la joie, et non la souffrance, qui est loquace, et le véritable dialogue humain diffère de la simple discussion, en ce qu'il est entièrement pénétré du plaisir que procurent l'autre et ce qu'il dit [173].»

Il ne fait aucun doute qu'au-delà de leur ambition commune de fonder un nouveau langage artistique, Pissarro et Cézanne voulaient aussi l'utiliser, vivre et éprouver leur peinture en sortant du cadre triste et aliénant du solipsisme. Mais un dialogue d'une telle intensité peut aussi renforcer l'expérience individuelle. Chaque tableau de Cézanne ou de Pissarro peut être lu à la lumière de la phrase de Walter Benjamin, dans une sorte de visée autoréférentielle : «Nul poème n'est destiné au lecteur, nul tableau à l'amateur, nulle symphonie à l'auditeur [174].» On peut formuler la pensée de Benjamin autrement, en disant que TOUS les poèmes et TOUS les tableaux sont, en fait, destinés à un lecteur ou à un spectateur particulier, qui sera capable de reconstruire l'intention et le message complets de l'œuvre d'art. Le problème est que ce lecteur ou spectateur parfait est difficile à trouver; il n'existe peut-être même pas. Les « surdestinataires » sont rares. Pissarro et Cézanne le savaient parfaitement. Il était profondément gratifiant pour chacun d'avoir trouvé un regard fiable, à même de proposer des avis et des critiques justes et respectueux. Mais assurer la fonction d'un « surdestinataire » peut devenir une tâche écrasante : l'intégrité est un élément vital dans ce type d'échange; toutefois, une sincérité excessive peut aussi provoquer des blessures insurmontables. Une telle relation repose donc sur un équilibre fragile entre des forces psychologiques complémentaires et opposées.

Pissarro et Cézanne demeurèrent chacun le « surdestinataire » de l'autre pendant plus de deux décennies. Leur dialogue prenait en général la forme suivante : ils recevaient l'énoncé de l'autre comme une réponse à un message antérieur (une œuvre d'art) et comme une incitation à produire un nouveau message (une œuvre d'art). Leur dialogue pictural aurait pu (en théorie) être sans fin, mais cela n'était pas de tout repos. Il impliquait d'être attentif à chaque instant et de s'accommoder d'un avenir toujours incertain. Par exemple, le tempérament de Cézanne, sa tendance à changer brusquement d'humeur, sont bien connus. On peut aisément conclure que cette relation exigea parfois de grands efforts de la part de Pissarro. Mais il ne fait pas de doute que cet échange intersubjectif était, par ailleurs, soutenu et animé par une amitié réelle et sincère. L'épouse de Pissarro, Julie (« Madame Pissarro », selon l'expression habituelle de Cézanne), joua aussi un rôle important dans cette amitié. Le portrait au crayon très touchant que Cézanne fit de la jeune femme (fig. 28) témoigne de l'intimité que partageaient non seulement Cézanne et Pissarro mais également leurs deux familles.

Julie Pissarro était une femme à l'esprit pratique solidement ancré. Tandis que son mari était souvent occupé à réfléchir à la signification théorique et politique du concept d'autonomie, dans l'anarchisme ou en art, elle veillait à ce que les enfants fussent nourris et à ce que leur foyer ne fût pas la proie des agents de recouvrement et des créanciers. Elle aussi accueillit chaleureusement Cézanne, sa compagne qu'il n'avait pas épousée, Hortense Fiquet, et leur fils de six mois, Paul, lorsqu'ils décidèrent de s'établir près de Pontoise afin que les deux peintres pussent travailler ensemble régulière-

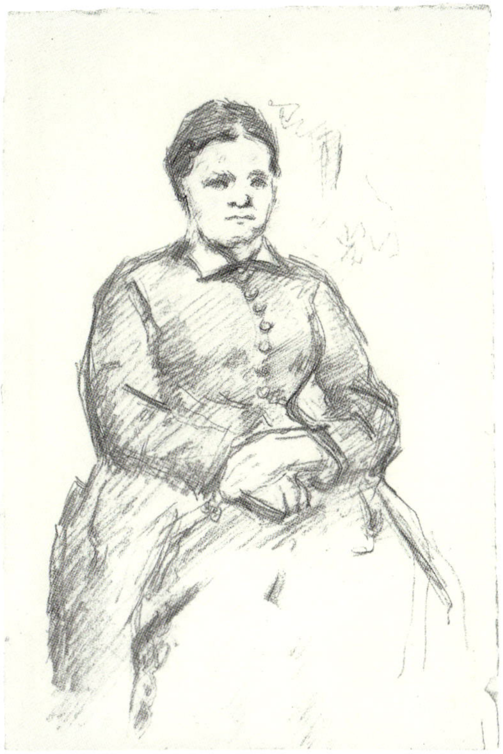

fig. 28. Paul Cézanne
Portrait de Madame Pissarro, vers 1874
Crayon sur papier, 38,1 × 27,9 cm
The William Woodward III Trust

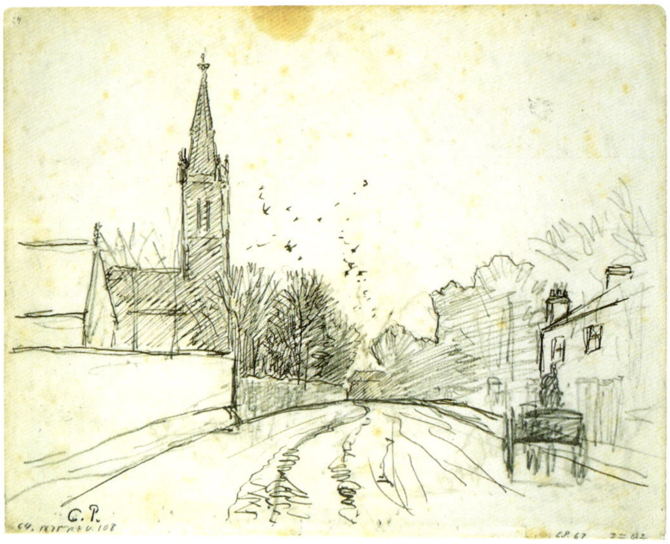

fig. 29. Camille Pissarro
Upper Norwood, Londres, avec All Saints Church, 1871
Plume et encre brune sur crayon, 12,7 × 10,2 cm
Oxford, Ashmolean Museum

ment. En 1872, les Pissarro avaient déjà trois enfants, dont un nourrisson, Georges, né seulement quelques mois avant le fils des Cézanne. Julie procura sans doute à Cézanne et à sa famille ce qu'ils ne trouvaient pas dans le Midi : un environnement familial accueillant et réconfortant. Cézanne n'avait pas informé son père qu'il vivait avec Hortense, encore moins qu'elle lui avait donné un enfant. Pour des raisons à la fois sociales et religieuses, Julie n'avait, elle-même, jamais été acceptée par sa belle-mère, et elle souffrit certainement de l'attitude exclusive et élitiste qui obligeait Cézanne et Hortense à rester éloignés de la famille du peintre. Ces facteurs contribuèrent de toute évidence à rendre plus intense la relation entre les Pissarro et les Cézanne, et Cézanne tint toute sa vie Madame Pissarro en grande estime pour ce qu'elle avait fait pour lui et sa famille.

Chaque itération picturale provoquait (pour utiliser un terme qui fait écho à Emerson[175]) le mouvement suivant du partenaire. Pissarro, qui quitta la France durant la guerre franco-prussienne, prit conscience, après son arrivée à Londres (voir fig. 29), de ce qui lui manquait loin de son pays : la solidarité et la camaraderie de ses amis, même si Monet et Daubigny étaient aussi en Angleterre. « Ce n'est qu'à l'étranger que l'on sent combien la France est belle, grande, hospitalière, quelle différence ici [à Londres], on ne recueille que le mépris, l'indifférence, et même la grossièreté, parmi les confrères, la jalousie et la défiance la plus égoïste - ici il n'y a point d'art, tout est affaire de commerce[176]. »

Le plaisir de rencontrer des yeux bienveillants et sensibles est tout ce dont un artiste a besoin, affirme Pissarro dans la lettre où il s'attarde sur l'importance de rencontrer une âme sœur. Par ailleurs, il évoque également sa peur, certains jours, de retourner ses toiles posées contre le mur et de découvrir qu'il a créé des monstres[177], des créatures méconnaissables et incompréhensibles qui font fuir celui qui les regarde et qui échappent au langage. Le rôle de l'âme sœur ou du « surdestinataire », selon Pissarro, c'est de permettre à l'artiste qui a produit ses propres monstres de les regarder en face et d'en tirer les leçons. Pissarro recourut aussi à la métaphore du monstre à propos de Cézanne pour inciter le collectionneur et critique d'art Théodore Duret à acheter l'une des œuvres de son ami. Son argument de vente était le suivant : « Dès le moment que vous cherchez des moutons à cinq pattes[178], je crois que Cézanne pourra vous satisfaire, car il a des études fort étranges et vues d'une façon unique [voir fig. 30][179]. »

Des débuts de l'impressionnisme (au tournant des années 1870) à la fin sa vie (1906), la connotation de « monstruosité » fut attachée à l'œuvre de Cézanne, tant sous la plume de Pissarro que dans les récits des collègues qui lui rendaient visite, mais également dans les écrits des historiens d'art eux-mêmes. Fry offre un parfait exemple de ce type d'interprétation appliqué à l'œuvre de jeunesse de Cézanne : Cézanne l'impressionniste, guéri de ses hallucinations par le sage Pissarro, aurait enfin pu mûrir. Fry décrit ainsi les « visions intérieures » du jeune Cézanne : « Elles révèlent une puissance dramatique extraordinaire, une audace sans bornes, née d'une certitude intérieure profonde, et, par-dessus tout, une singularité et une étrangeté qui font penser à des hallucinations[180]. »

Deux artistes, R. P. Rivière et Jacques-Félix-Simon Schnerb, qui rendirent visite à Cézanne au cours de ses dernières années, ont expliqué de manière très convaincante la source de cette « monstruosité » associée à l'œuvre du peintre. Sa vie durant, Cézanne détesta la normalité. Ce qu'on appelait « l'œil photographique » n'était pas pour lui. « Quant au dessin proprement dit, à celui qu'on peut arbitrairement séparer de la couleur, Cézanne déclarait avec vivacité son horreur de l'œil photographique, du dessin d'exactitude automatique enseigné dans cette École des beaux-arts [181].» Rivière et Schnerb exposent ensuite les caractéristiques principales de cet art «monstrueux» : «Ce n'est pas que [Cézanne] défendît l'*incorrection* superficielle de son dessin, cette incorrection qui n'est ni négligence, ni impuissance, mais qui provient plutôt d'une excessive sincérité - s'il est permis d'accoupler ces deux mots -, d'une excessive défiance de l'adresse purement manuelle, méfiance de tout mouvement où l'œil dirigerait la main sans que la raison intervînt [182].»

«Incorrection» et «excessive sincérité», disent Rivière et Schnerb; «absence dérangeante de proportion», «intoxication» ou encore «exaltations romantiques», écrit Fry à propos de *L'Orgie* (fig. 30) [183]. Tels sont les termes qu'utilisent critiques et historiens d'art pour décrire l'œuvre de Cézanne. Il est significatif que, peu après l'avant-dernière exposition impressionniste, en 1882, Pissarro ait parlé en termes voisins de sa propre peinture : «Rappelle-toi que je suis de tempérament rustique, mélancolique, d'aspect grossier et sauvage, ce n'est qu'à la longue que je puis plaire s'il y a dans celui qui me regarde un grain d'indulgence [184].» À divers stades de leur carrière, les deux artistes jugèrent leurs propres œuvres grossières, crues, étranges - de vrais «monstres», pour reprendre l'expression de Pissarro. Il est presque certain qu'une «sincérité exagérée» contribua à rapprocher Cézanne et Pissarro, et les incita à produire des œuvres qui ressemblaient parfois à des «monstres», de leur propre point de vue et de celui des autres. Chacun trouva dans l'autre un interlocuteur capable, non seulement de comprendre les monstres ainsi générés, mais aussi de soutenir, d'encourager et de légitimer l'autre dans ses recherches personnelles.

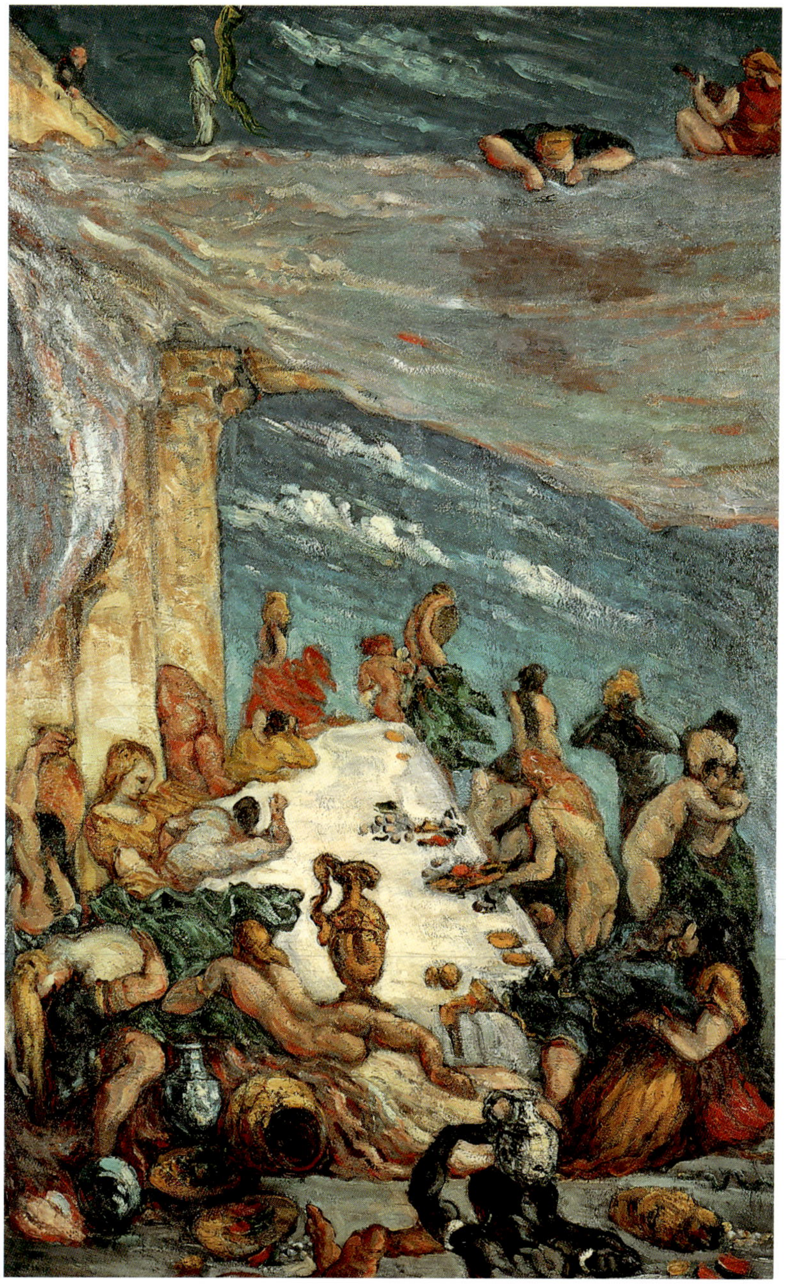

fig. 30. Paul Cézanne
Le Festin ou *L'Orgie*, vers 1867
Huile sur toile, 1,3 × 0,81 m
Collection particulière

Paradoxalement, toutefois, les deux artistes aspiraient au même idéal : l'harmonie. De quelle sorte d'harmonie s'agissait-il ? «L'art est une harmonie parallèle à la nature» est sans doute la phrase la plus célèbre de Cézanne [185]. Trois semaines à peine avant la grande rétrospective consacrée à l'œuvre de Cézanne par Vollard, en 1895, et moins de deux ans avant que Cézanne ne formulât cette idée, Pissarro résumait ainsi le sens de l'entreprise impressionniste : «Voilà la vraie voie impression-

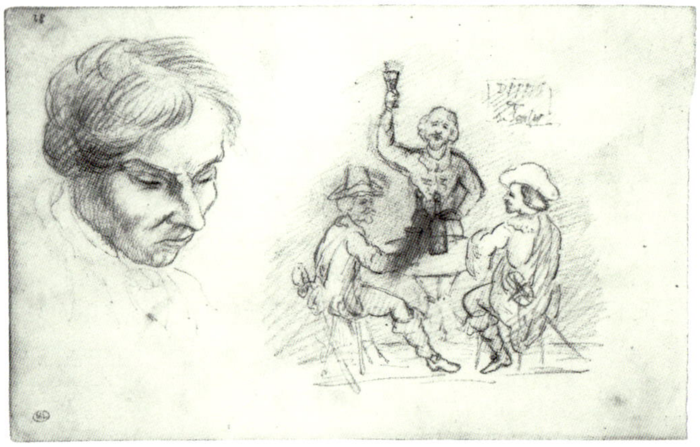

fig. 31. Paul Cézanne
Scène de cabaret et portrait, vers 1856-1861
Crayon sur papier, 15 × 23,5 cm
Paris, musée du Louvre, département des Arts graphiques, fonds du musée d'Orsay

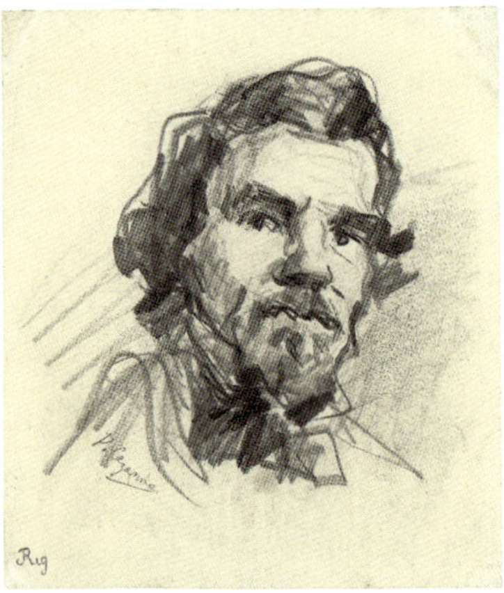

fig. 32. Paul Cézanne
Portrait de Delacroix, vers 1864-1866
Mine de plomb sur papier, 14 × 13 cm
Avignon, musée Calvet, don de Joseph Rignault, 1947

niste, sans couleurs tapageuses, mais harmoniques et en valeur [186].» Il concluait que cela attirait l'attention car c'était fort rare [187]. Dans ses *Confidences*, Cézanne répond à la question «Quelle est votre couleur préférée?» par «l'harmonie générale [188]».

Si Pissarro et Cézanne partagèrent le même vocabulaire durant toute la décennie impressionniste, l'équilibre entre ces forces opposées («l'harmonie» contre «l'incorrection») différait grandement de l'un à l'autre. Dans les tableaux de Pissarro, rien ne semblait faire saillie; il était plus soucieux que Cézanne d'intégrer les différentes valeurs des tons dans un ensemble unifié. Quant à Cézanne, une tache de couleur particulière pouvait ressortir, une bouteille lui sembler asymétrique, c'est ainsi qu'il les peindrait sur sa toile ou sur sa feuille de papier, sans le moindre scrupule. Rivière et Schnerb décrivent ainsi sa méthode : «Cézanne ne faisait donc pas mine d'ignorer l'asymétrie de ses bouteilles, la perspective défectueuse de ses assiettes. Montrant une de ses aquarelles, il corrigeait de l'ongle une bouteille qui n'était pas verticale et il disait, comme en s'excusant : "Je suis un primitif, j'ai l'œil paresseux. Je me suis présenté deux fois à l'École, mais je ne fais pas l'ensemble : une tête m'intéresse, je la fais trop grosse [189]."»

Devant l'œuvre graphique des deux artistes, on mesure leur proximité et leurs divergences. Nombre de ces dessins corroborent l'affirmation de Cézanne, notamment *Scène*

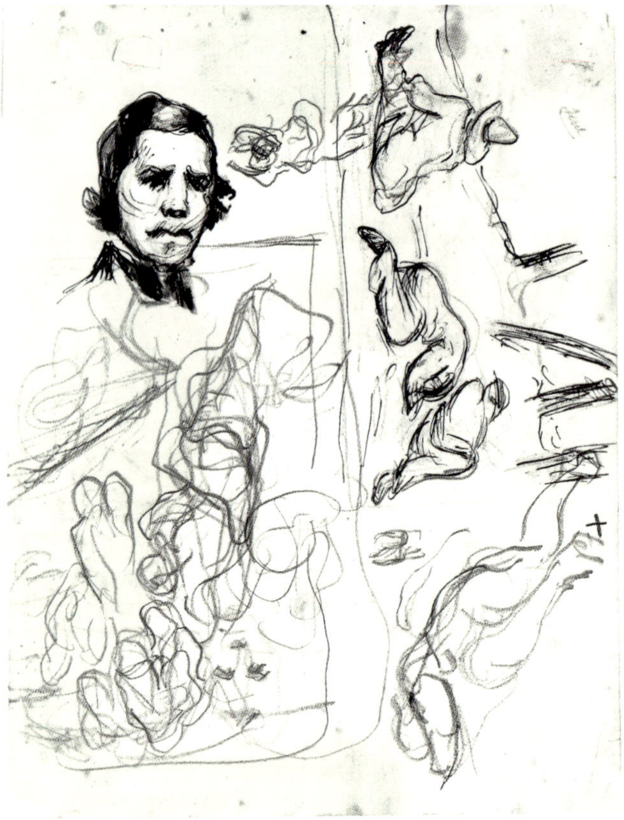

fig. 33. Paul Cézanne
Portrait de Delacroix, avec esquisses, vers 1864-1868
Crayon, plume et lavis sur papier, 23,9 × 17,7 cm
Bâle, Kunstsammlung, Kupferstichkabinett

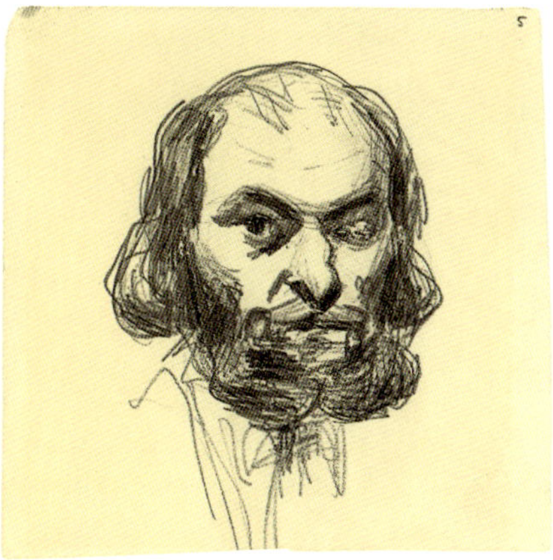

fig. 34. Paul Cézanne
Portrait d'homme, vers 1868-1870
Crayon sur papier, 13,6 × 13,6 cm
Collection particulière

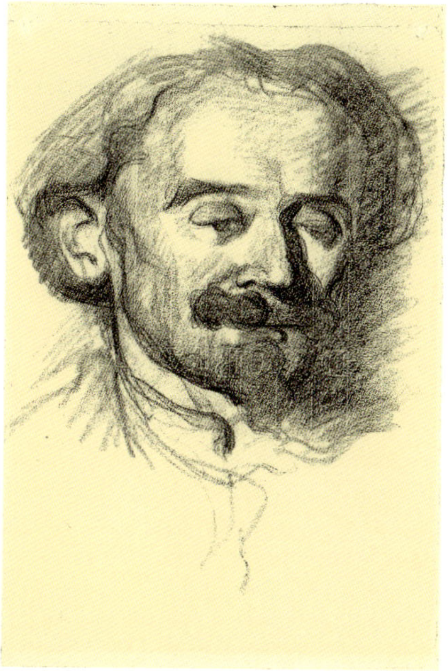

fig. 35. Paul Cézanne
Tête d'Achille Emperaire, vers 1867-1870
Fusain sur papier, 43,2 × 31,9 cm
Bâle, Kunstsammlung, Kupferstichkabinett

de cabaret et portrait (fig. 31), *Portrait de Delacroix* (fig. 32), *Portrait de Delacroix, avec esquisses* (fig. 33) - où la tête de Delacroix est aussi grande que chacune des figures dessinées sur la feuille - et le *Portrait d'homme* quasi caricatural (fig. 34) - qui a longtemps été pris pour un autoportrait. Les témoignages les plus saisissants, dans l'œuvre de jeunesse, sont certainement les deux portraits au crayon et au fusain d'Achille Emperaire, l'ami de Cézanne (fig. 35, 36), et le tableau monumental (aujourd'hui dans les collections du musée d'Orsay) où son ami au corps invalide, fragile et ratatiné, semble perdu dans un immense fauteuil. La tête démesurée posée sur ce corps crée un contraste puissant avec le reste du portrait en pied.

À la fin de l'ère impressionniste, on trouve des exemples de portraits dont les têtes intéressaient manifestement Cézanne (pour reprendre ses termes) et qui finissaient disproportionnées : les portraits de Madame Cézanne (1886-1887) et de Jules Peyron (vers 1885-1887) en sont la parfaite illustration (fig. 37, 38). Cézanne fit sa remarque à Rivière et Schnerb sur la taille des têtes dans ses portraits seulement deux ans avant de mourir, et il avait probablement à l'esprit des œuvres récentes plutôt que des travaux anciens. Ses autoportraits, du début à la fin de sa carrière, attestent de cet intérêt particulier. Le *Portrait de l'artiste* (1875 ; fig. 39) préfigure un autre autoportrait (vers 1902-1906 ; fig. 40), le thème culminant avec son dernier tableau, *Le Jardinier Vallier* (1906 ; fig. 41). On remarque de telles amplifications et des modes de composition analogues dans maints

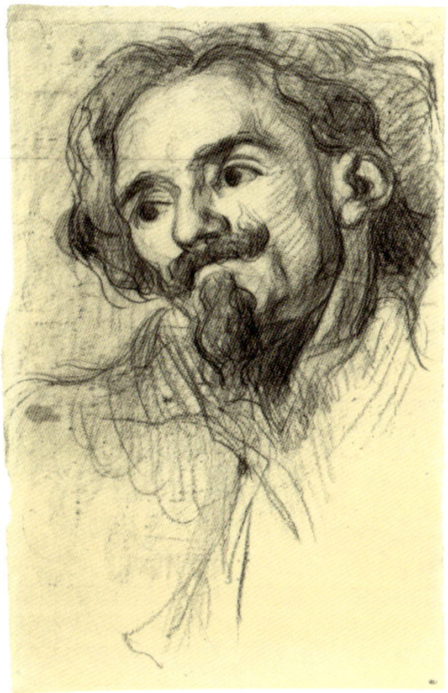

fig. 36. Paul Cézanne
Portrait d'Achille Emperaire, vers 1869-1870
Fusain et crayon sur papier chamois, 49,6 × 31,8 cm
Paris, musée du Louvre, département des Arts graphiques, fonds du musée d'Orsay

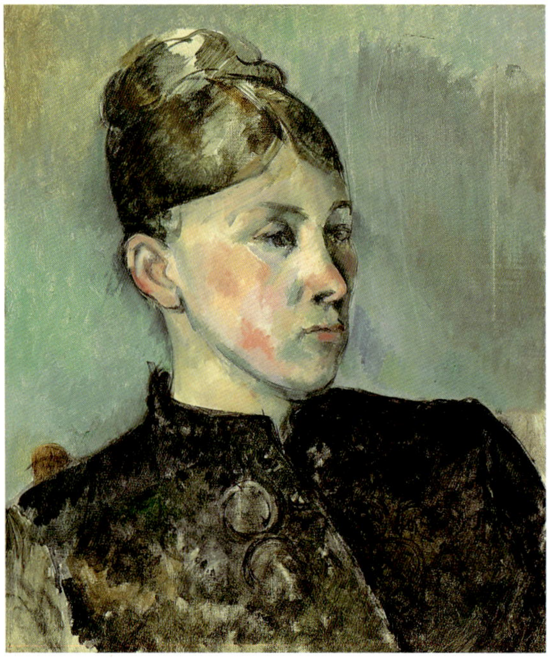

fig. 37. Paul Cézanne
Portrait de Madame Cézanne, 1886-1887
Huile sur toile, 0,479 × 0,387 m
Philadelphie, Philadelphia Museum of Art,
The Samuel S. White 3rd and Vera White Collection, 1967

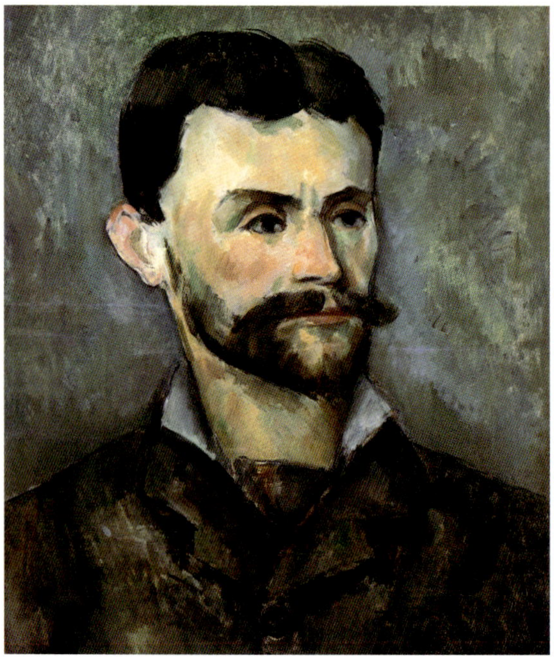

fig. 38. Paul Cézanne
Jules Peyron, vers 1885-1887
Huile sur toile, 0,464 × 0,381 m
Cambridge, Mass., Harvard University Art Museums, avec l'aimable autorisation du Fogg Art Museum, don de Mr. et Mrs. Joseph Pulitzer J^{r}

dessins de Pissarro. Ses *Trois études de Lucien, bébé* (vers 1863 ; fig. 42) peuvent être ainsi comparées à celles que Cézanne exécuta de son fils.

Dans l'ensemble d'études fascinantes dessinées par Cézanne et acquises par Pissarro (voir fig. 43), on note une tendance obsessionnelle à répéter le même détail. Ce goût de la répétition fut approfondi par les deux artistes. Cézanne et Pissarro auraient presque pu rester au même endroit toute leur vie sans jamais s'ennuyer. Ils semblaient absorbés et déterminés à creuser un thème précis ou un modèle particulier une fois qu'ils l'avaient sélectionné. Aux répétitions de gestes dans les études de Cézanne répondent de nombreux dessins de Pissarro exécutés tout au long de sa carrière : ainsi, par exemple, le groupe d'œuvres montrant des paysannes couchées, penchées, accroupies sur le sol ou travaillant aux champs (fig. 44-47). Pour ce qui est de la répétition du même geste sur une feuille de papier donnée, les dessins réalisés par Cézanne dans les années 1860 ont dû frapper Pissarro au début de la décennie 1880, au moment où lui-même cherchait à vérifier comment une pose (saisie dans un instantané) pouvait varier de manière si infime qu'elle créait un mouvement - qui se rapproche plus du cinéma que d'autre chose (même si cette forme d'art n'avait pas encore été inventée). La relation entre les dessins de Cézanne et ceux de Pissarro est saisissante. Elle suggère fortement, elle aussi, que chacun observait sans cesse l'œuvre de l'autre et invite à étendre le cadre chronologique de leur collaboration au-delà des limites habituelles.

Ainsi que l'a signalé Jean-Claude Lebensztejn, la mémoire joue un rôle crucial dans l'art de Cézanne [190]. Sa place n'est pas moindre chez Pissarro : « Je suis plus que jamais pour l'impression par le souvenir [191]. » Les deux artistes utilisent la mémoire comme une médiation créative et, selon les termes de

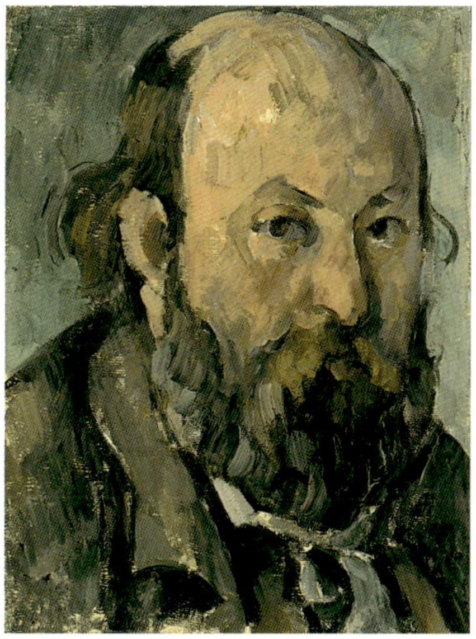

fig. 39. Paul Cézanne
Portrait de l'artiste, 1875
Huile sur toile, 0,255 × 0,19 m
Villa Flora Winterthur,
Fondation Hahnloser-Jaeggli

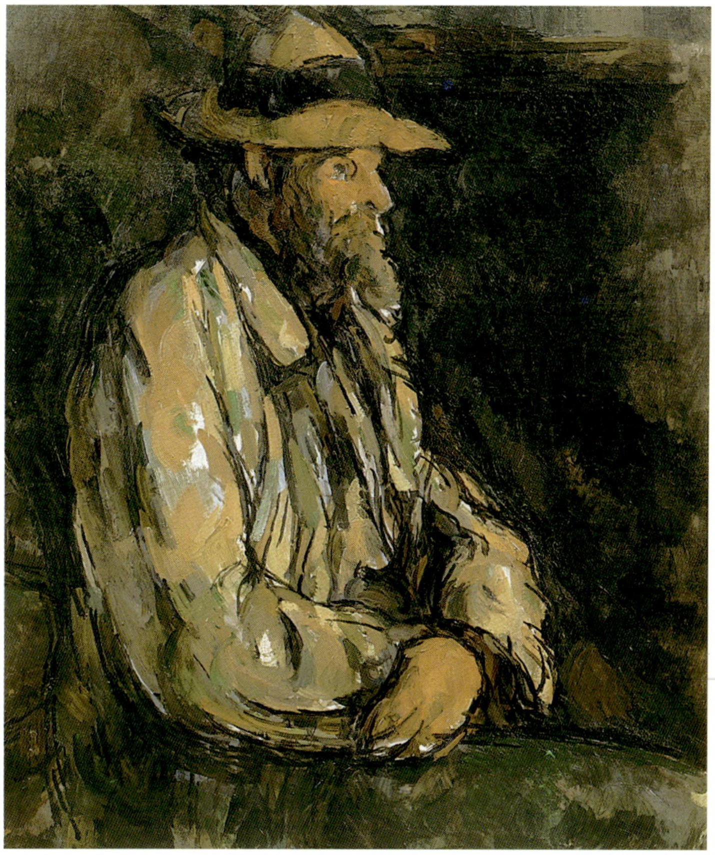

fig. 41. Paul Cézanne
Le Jardinier Vallier, 1906
Huile sur toile, 0,65 × 0,54 m
New York, collection particulière

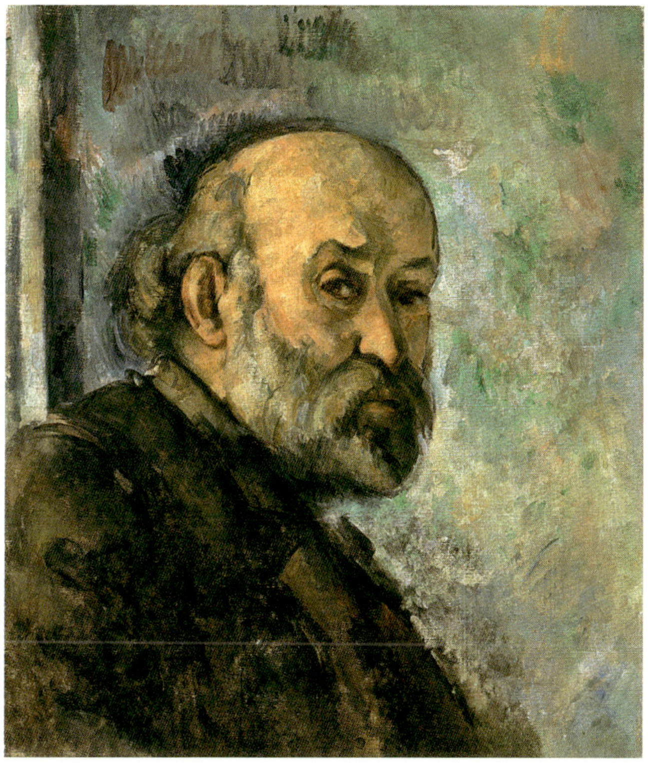

fig. 40. Paul Cézanne
Portrait de l'artiste, vers 1902-1906
Huile sur toile, 0,55 × 0,46 m
Collection particulière,
avec l'aimable autorisation de Wildenstein & Co.

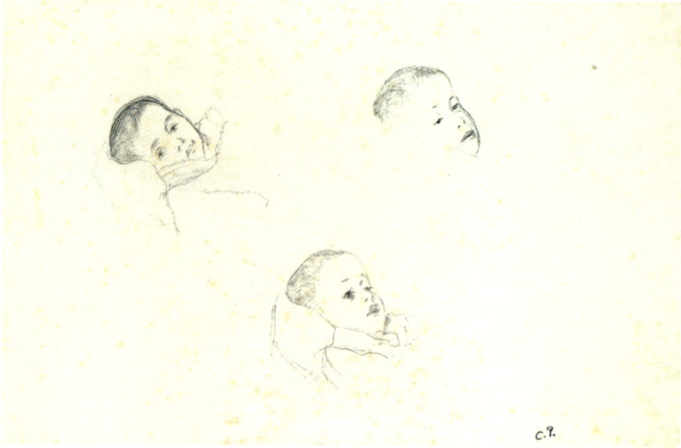

fig. 42. Camille Pissarro
Trois études de Lucien, bébé, vers 1863
Crayon sur papier, 21,5 × 33,1 cm
Oxford, Ashmolean Museum

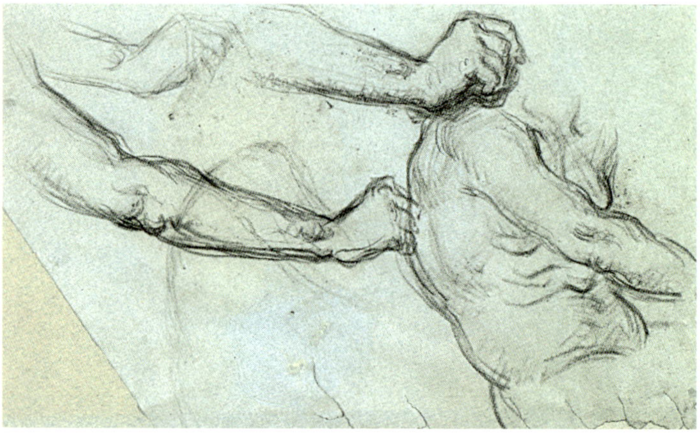

fig. 43. Paul Cézanne
Études de bras, 1867-1869
Pastel noir et crayon sur papier bleu, 17 × 25,1 cm
Collection Stephen Mazoh

Pissarro, comme une manière d'approcher « la vérité entrevue, sentie [192] ». La mémoire permet aussi la connaissance de l'œuvre de l'autre. Chaque artiste se réfère à son collègue selon trois temporalités : au présent, lorsqu'il répond à ce que l'autre est en train de faire ; au futur, lorsqu'il anticipe le prochain mouvement de l'autre ; au passé, lorsqu'il revient ou réfléchit sur ce que l'autre a fait. Après 1885 (date de leur ultime dialogue pictural), ils n'allaient plus se référer l'un à l'autre que par la mémoire.

Comme nous l'avons vu, lorsqu'ils travaillaient ensemble, Cézanne et Pissarro étaient tous deux très attachés au principe de distinction entre l'art et l'habileté technique - une division qui allait faire partie intégrante de toute définition du modernisme [193]. Ils réitérèrent ces positions leur vie durant. Pissarro cita des exemples précis pour comparer Ingres et Hippolyte Flandrin : « Les Flandrin sont bien mieux faits, plus corrects que Ingres ! Cependant quel artiste que Ingres [194] ! » Qui sait si la mère de Cézanne comprenait cette distinction décisive entre le « métier », nécessaire à une œuvre « bien exécutée » (selon la formule de Pissarro), et une œuvre d'art véritable, reflet de la vérité intérieure (ou de la sensation) de son auteur. Il semble que cette distinction subtile ait aussi échappé à certains des proches de Cézanne - sa femme, par exemple. Hortense Fiquet, alors veuve, fit cette confidence à Matisse,

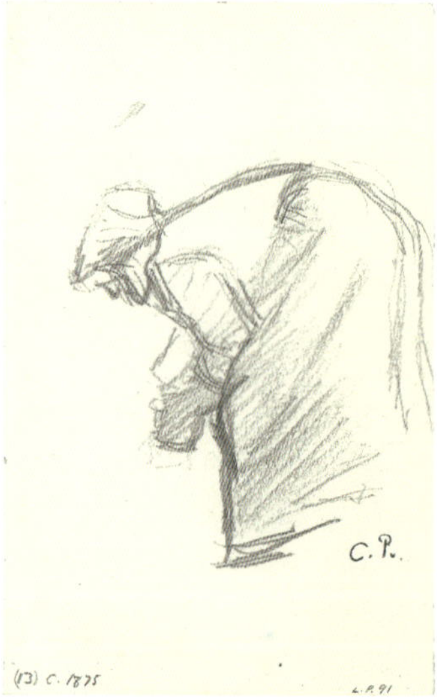

fig. 44. Camille Pissarro
Étude d'une femme penchée, vers 1875
Crayon sur papier, 15 × 9,3 cm
Oxford, Ashmolean Museum

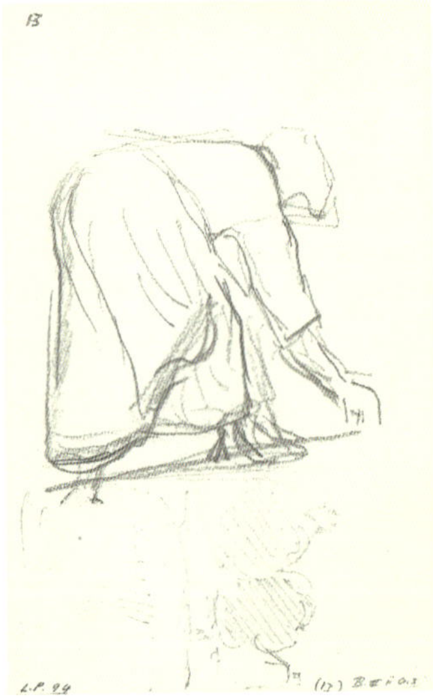

fig. 45. Camille Pissarro
Étude d'une femme penchée, 3/4 profil, vers 1875
Crayon sur papier, 14,9 × 9,3 cm
Oxford, Ashmolean Museum

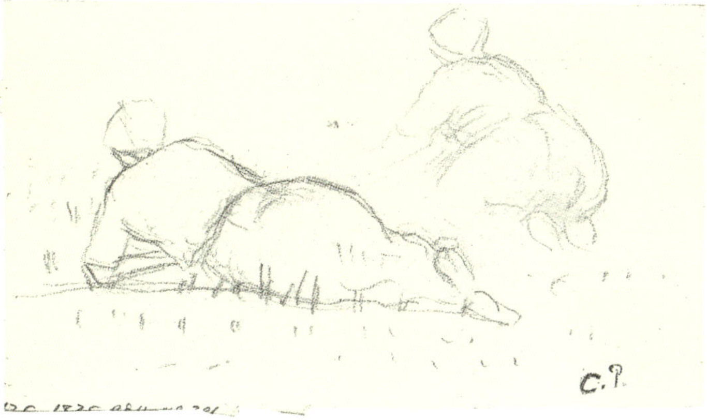

fig. 46. Camille Pissarro
Paysannes travaillant aux champs, vers 1875
Crayon sur papier, 15 × 9,3 cm
Oxford, Ashmolean Museum

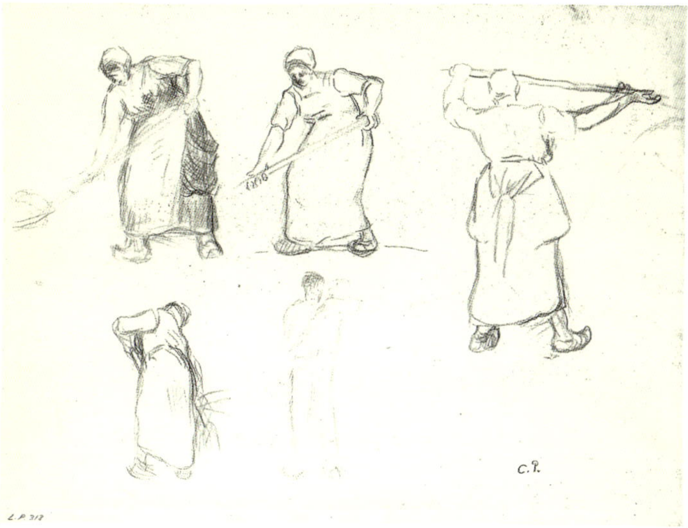

fig. 47. Camille Pissarro
Cinq études de paysans faisant la moisson, vers 1875
Crayon sur papier, 23 × 30,1 cm
Oxford, Ashmolean Museum

son voisin de table lors d'un dîner : « Vous savez, Cézanne ne savait pas ce qu'il faisait. Il ne savait pas comment finir ses tableaux. Renoir, Monet, eux, savaient leur métier de peintre[195]... » Matisse ne fut aucunement convaincu par cet argument maintes fois répété. Cézanne, selon lui, savait exactement ce qu'il faisait. Matisse ne rencontra jamais Cézanne, mais connut Pissarro. Les deux artistes eurent de nombreuses discussions pour savoir si Cézanne « finissait » ses tableaux ou non. Pour Matisse, les choix de Cézanne ne faisaient aucun doute. Il affirma, comme en réponse à Hortense Fiquet : « Je suis fort étonné que l'on puisse se demander si la leçon du peintre de *La Maison du pendu* et des *Joueurs de cartes* est bonne ou néfaste. Si vous saviez toute la force morale, tout l'encouragement que me donna pendant toute ma vie son merveilleux exemple ! Aux moments de doute, quand je me cherchais encore, effrayé parfois de mes découvertes, je pensais : "Si Cézanne a raison, j'ai raison", et je savais que Cézanne ne s'était pas trompé. Il y a, voyez-vous, dans l'œuvre de Cézanne des lois d'architecture qui sont bien utiles à un jeune peintre. Il eut, entre les plus grands, ce mérite de vouloir, donnant à sa tâche de peintre sa plus haute mission, que les tons fussent des forces dans un tableau[196]. »

Les termes employés par Matisse pour évoquer Cézanne pourraient être aisément transposés à la relation entre Pissarro et Cézanne : chaque artiste donnait à l'autre le sentiment qu'il avait raison. Matisse se montrait très précis sur plusieurs aspects de la peinture de Cézanne. Il avait raison de placer sur le même plan *La Maison du pendu* (1873 ; cat. 36) - le tableau majeur des années impressionnistes du peintre - et *Les Joueurs de cartes* (1890-1892 ; fig. 48), deux œuvres parmi les plus abouties de Cézanne qui participaient d'une même logique créatrice. Cézanne avait certainement le premier tableau en tête lorsqu'il écrivit à sa mère, et celui-ci joua un rôle décisif dans le dialogue artistique incessant entre lui et Pissarro à l'époque. *La Maison du pendu* fut aussi une œuvre qui affirma la présence de Cézanne sur la scène publique et dans les premières manifestations de l'art moderne. Matisse identifie également avec beaucoup de lucidité les ingrédients spécifiques qui composent cette toile.

De fait, *La Maison du pendu* est une œuvre très structurée, fruit d'une longue élaboration[197], malgré la configuration irrégulière et bizarre du terrain qu'elle dépeint. Cézanne et Pissarro entreprirent tous deux d'étudier les principes qui

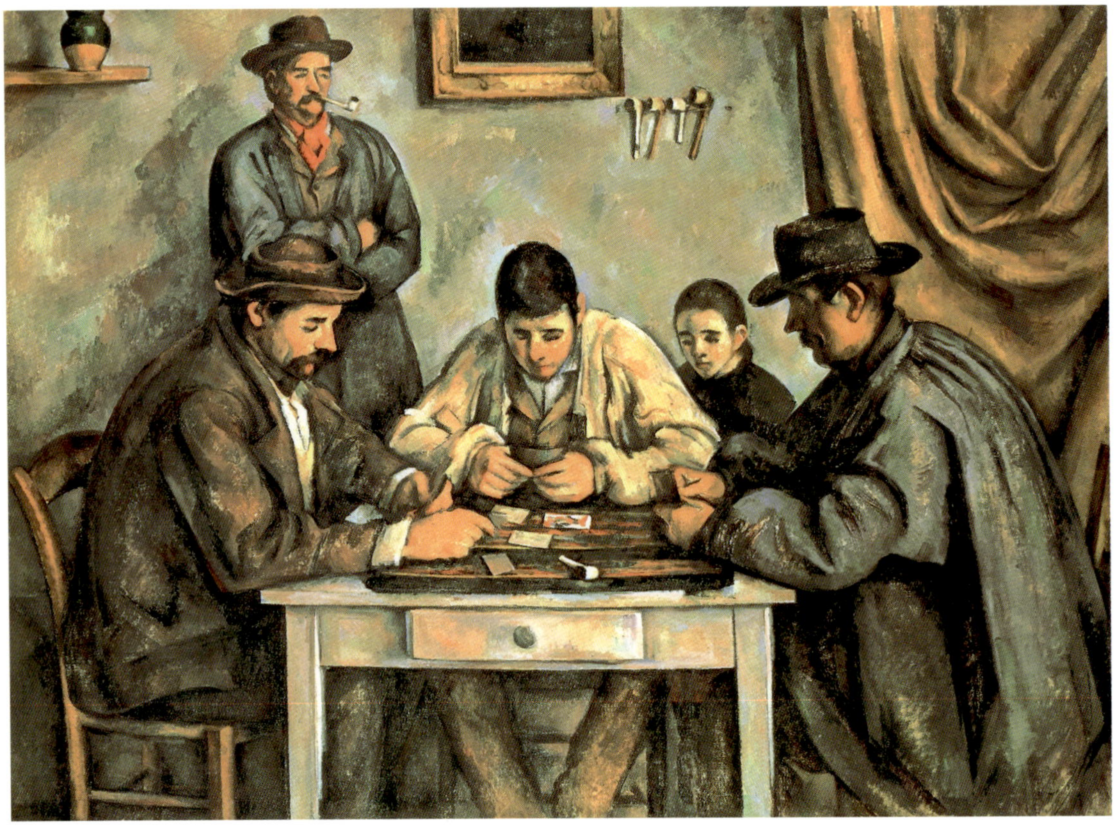

fig. 48. Paul Cézanne
Les Joueurs de cartes,
1890-1892
Huile sur toile, 1,35 × 1,816 m
© The Barnes Foundation,
Merion, Pa.

régissaient l'élaboration de leurs tableaux de paysages, tout au long des années 1870. Ils furent peut-être en partie aidés en cela par leur connaissance de certaines peintures italiennes de Corot [198]. *La Maison du pendu* présente des parallèles précis et étroits avec *Chemin montant, rue de la Côte-du-Jalet, Pontoise* et *Maisons à l'Hermitage, Pontoise* (1875; cat. 57, 58). Les deux peintres semblent s'être amusés à élaborer des compositions fondées sur des lois de construction solides et rigoureuses, alors même que les motifs choisis menacent de s'écrouler ou, du moins, reposent sur un axe bancal.

Outre ces règles de construction méticuleuses, les innovations techniques des deux artistes sont tout aussi fascinantes. Les recherches menées par les laboratoires des musées de France au cours des vingt dernières années [199], complétées par les analyses récentes de Jim Coddington au Museum of Modern Art de New York, ont montré, grâce à des radiographies de leurs œuvres, que Cézanne et Pissarro s'étaient mis à développer une technique particulière par laquelle les cernes des objets peints (maisons, arbres) étaient tracés «en réserve». Le résultat concret, évident aux rayons X et observable à l'œil nu, est un minuscule sillon d'un demi-millimètre de toile non peinte qui «dessine» une ligne - une ligne de non-matière - autour des objets (fig. 49, 51). Cette technique étrange consiste à soutenir les contours des objets «en réserve». L'artiste relève littéralement son pinceau tout autour des troncs d'arbres, des murs, des toits, afin de créer une minuscule dénivellation qui souligne les volumes des objets dépeints [200]. La définition la plus concise de la réserve a été donnée par Rivière et Schnerb : «Une forme n'existe que par les formes voisines [201].» Ou encore : «Cézanne ne cherchait pas à représenter les formes par une ligne. Le contour n'existait pour lui qu'en tant que lieu où une forme finit et où une autre forme commence [202].»

Cette manière d'établir une division entre deux zones peintes au moyen d'un filament sans peinture qui les sépare peut sembler très moderne. Elle est née des expériences

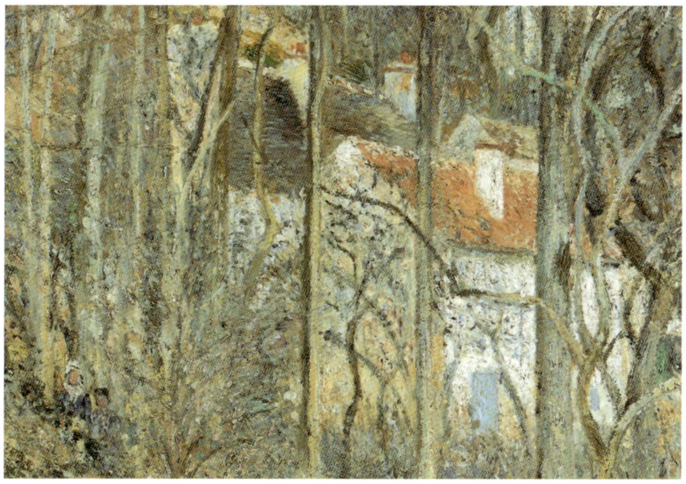

fig. 49. Camille Pissarro
La Côte des Bœufs, Pontoise, 1877 (détail de cat. 76)

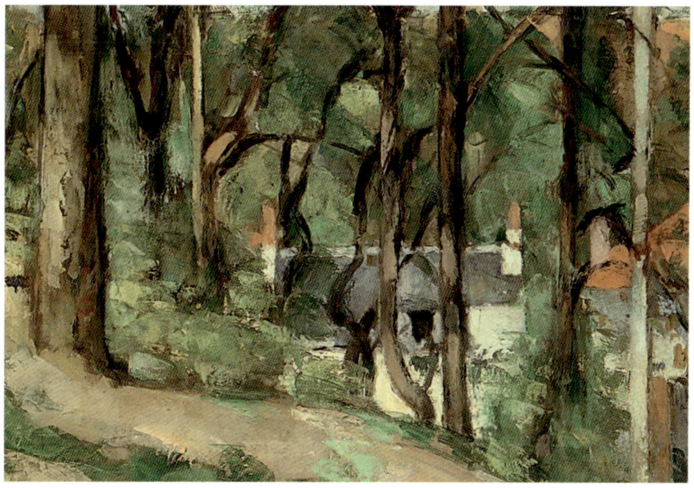

fig. 50. Paul Cézanne
La Côte des Bœufs, Pontoise, 1877 (détail de cat. 77)

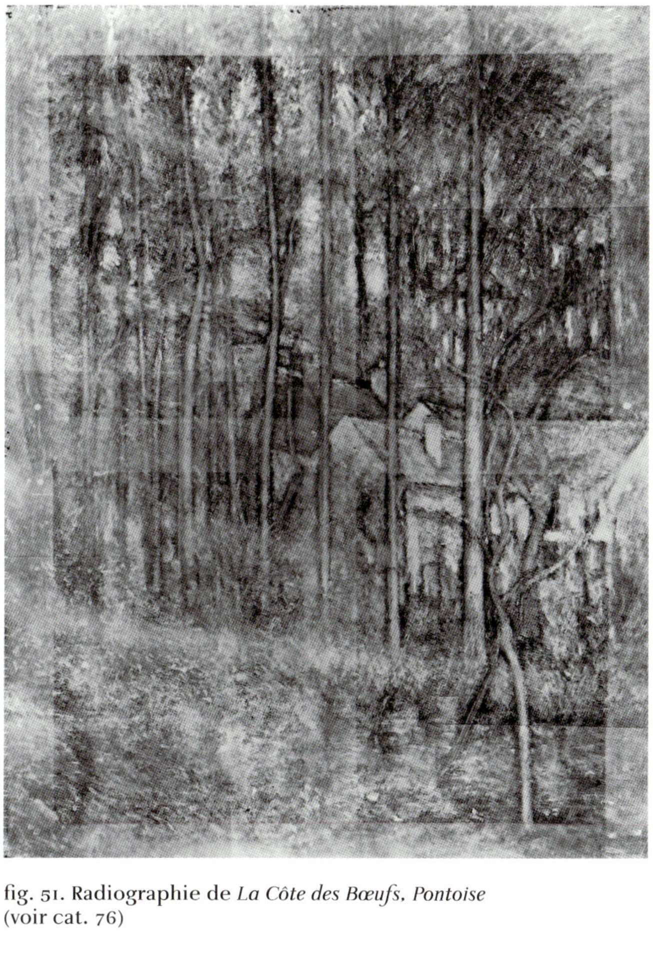

fig. 51. Radiographie de *La Côte des Bœufs, Pontoise*
(voir cat. 76)

communes de Pissarro et de Cézanne à la fin des années 1860 et dans la décennie suivante. Jean-Paul Sartre lui-même aurait pu prendre ces deux toiles pour modèles lorsqu'il définissait une image peinte comme un « manque défini ». Sartre inventa une expression juste qui convient particulièrement bien à Pissarro et à Cézanne s'agissant de cet exemple précis de la peinture en réserve : l'objet « se dessine en creux [203] ». Cette découverte relativement récente ouvre évidemment de nouvelles pistes de recherche. Par exemple, avant Pissarro et Cézanne, qui d'autre aurait pu peindre ainsi ? Courbet, dans une certaine mesure, puisqu'il grattait ses toiles avec son couteau à palette, de manière à laisser de fines plaques de peinture contiguës les unes aux autres ; il pourrait donc être l'un des initiateurs de cette technique. D'autres artistes ont-ils peint « en réserve » avant le XIXᵉ siècle ? Ces questions, pour l'instant, restent en suspens et appellent de nouvelles recherches.

La conséquence principale de cette technique est qu'elle établit un contraste de volumes discret mais tangible entre les objets et leurs contours, ainsi qu'entre les objets et les fonds. Les objets peints semblent sortir de la toile : ils sont « surélevés » (un peu à la manière d'un soufflé) par l'accumulation de couches de peinture sèche. Dans une radiographie, les rayons X traversent les contours marqués en négatif, qui n'ont pas été peints, traçant ainsi un cerne « noir » autour des objets peints,

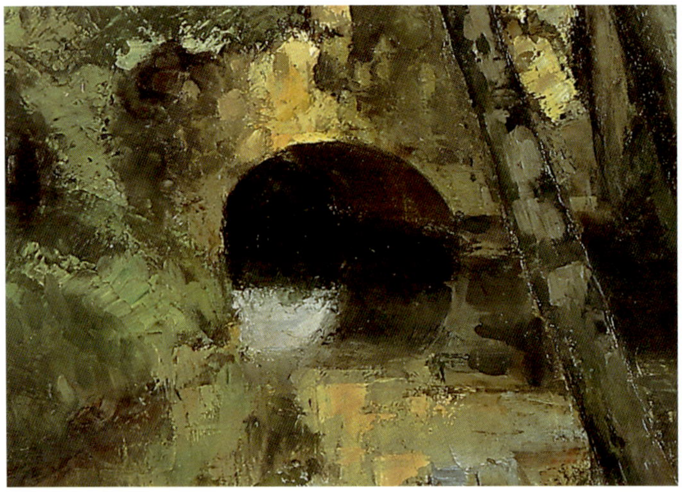

fig. 52. Camille Pissarro
Le Petit Pont, Pontoise, 1875
(détail de cat. 64)

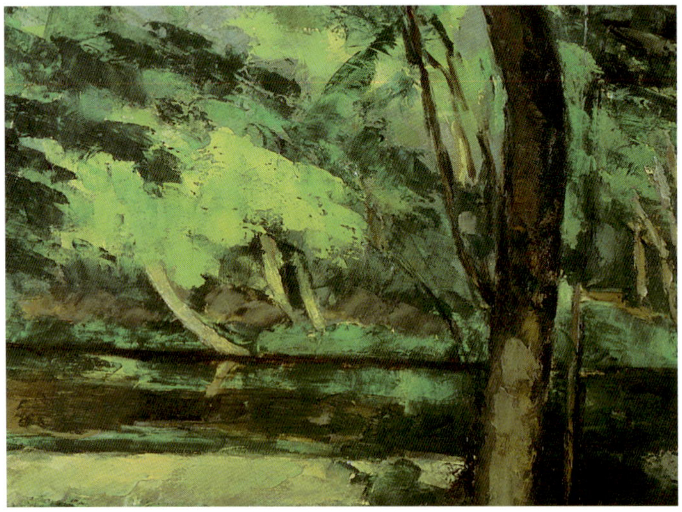

fig. 53. Paul Cézanne
L'Étang des sœurs à Osny, près de Pontoise, vers 1875
(détail de cat. 63)

là où, en fait, il n'y a pas de peinture (voir fig. 51). À l'examen d'une radiographie les maisons et les arbres paraissent avoir été dessinés avec un épais fusain d'une large ligne noire, alors qu'en réalité, la ligne correspond littéralement à rien ou, plus précisément, elle correspond aux rayons qui traversent librement la toile, sans l'obstacle de la peinture. Ces lignes (qui signalent les filaments où la toile n'est pas peinte) désignent les contours des objets par leur absence. Elles sont très visibles dans *Vue sur la côte des Mathurins, Pontoise* (1873 ; cat. 40) de Pissarro et dans *La Maison du docteur Gachet, Auvers-sur-Oise* (vers 1872-1874 ; cat. 38) de Cézanne, et, plus tard, dans *La Côte des Bœufs, Pontoise* [204] (1877 ; cat. 76) peint par Pissarro. Cette innovation technique peut être interprétée comme un prolongement de la méthode de construction par taches et de l'élimination du dessin ou des contours nettement délinées. Elle allait avoir de grandes répercussions sur toute l'histoire de l'art moderne.

Il ne faudrait toutefois pas en déduire que Cézanne et Pissarro étaient tellement attachés à leur nouvelle découverte technique qu'ils l'appliquaient à chacune de leurs œuvres. En réalité, tout au long de leur carrière, les deux artistes - et c'est ce qui les caractérise le mieux - évitèrent soigneusement de recourir à des formules systématiques qui auraient risqué de figer leur pratique picturale dans un ensemble de paramètres donnés. Si l'on prend comme exemple l'année 1875, des toiles telles que *Le Petit Pont, Pontoise* de Pissarro et *L'Étang des sœurs à Osny, près de Pontoise* [205] de Cézanne, ou *Vue sur la maison des Mathurins, Pontoise* de Pissarro et *Le Clos des Mathurins à Pontoise* de Cézanne (cat. 54, 55, 63, 64) dévoilent une autre sorte d'innovation technique : tous deux y ont appliqué la peinture avec un couteau à palette mais ils ont juxtaposé ces zones de matière lisse, qu'une lame métallique flexible a généreusement étalées sur la toile, à des traces de brosse chargée de peinture fraîche (fig. 52, 53). Le contraste de texture entre la peinture en réserve et cette technique particulière est étonnant : Cézanne et Pissarro donnent l'impression d'avoir cherché absolument à faire des expériences avec deux techniques d'application de la peinture radicalement opposées. La seconde ne se contente pas, en effet, de pulvériser les acquis de la peinture en réserve ; elle semble aussi relancer le jeu pictural dans une direction opposée, pour voir jusqu'où chaque artiste est capable de pousser son métier. La coexistence singulière de ces deux méthodes ne dura qu'une année environ, vers 1875. D'autres problématiques picturales surgirent ensuite, centrées sur le traitement de l'effervescence dense et complexe de myriades d'effets visuels dans la nature. Observons, par exemple, *Le Jardin de Maubuisson, Pontoise, printemps* de Pissarro et *Le Jardin de Maubuisson, Pontoise* de Cézanne (1877 ; cat. 68, 69). Enfin, la découverte par Cézanne de ce qu'on appelle la « touche constructive » rajouta un nouvel élément à cette panoplie de techniques qui compliqua le dialogue déjà

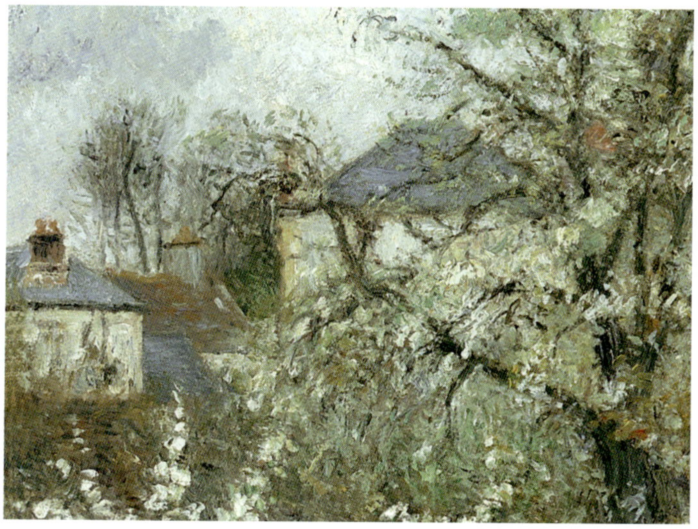

fig. 54. Camille Pissarro
Le Jardin de Maubuisson, Pontoise, printemps, 1877
(détail de cat. 68)

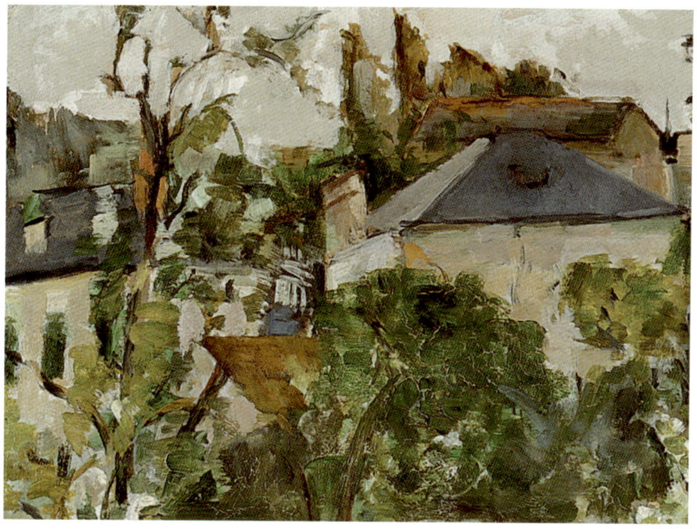

fig. 55. Paul Cézanne
Le Jardin de Maubuisson, Pontoise, 1877
(détail de cat. 69)

très riche entre les deux artistes[206] (voir « Pissarro, Cézanne, et la crise de l'impressionnisme », p. 59-64).

Autre considération importante qui limite tout effort pour caractériser ce que les deux peintres cherchaient à accomplir au cours de la décennie impressionniste : même lorsqu'ils étaient assis côte à côte devant le même motif, Cézanne et Pissarro ne recouraient pas nécessairement à la même technique simultanément. Cela devint particulièrement vrai pour les œuvres qu'ils présentèrent à la troisième exposition impressionniste, en 1877. Regardons notamment les deux tableaux intitulés *La Côte des Bœufs, Pontoise* (cat. 76, 77 et fig. 49, 50). Ils représentent la même parcelle de paysage, le même site. Dans les deux cas, les solutions techniques choisies par chaque artiste semblent être aux antipodes de ce que fait l'autre. Si l'on compare ces deux toiles - à l'aide de photographies en lumière rasante ou de radiographies -, on découvre que Pissarro (cat. 76) a travaillé essentiellement avec un pinceau sec et accumulé peu à peu une épaisse croûte de pigments, qui forme une couche d'un demi-centimètre de matière grenue. Cette croûte de pigments liés à l'huile acquiert toute sa lisibilité et sa force grâce à la technique de la réserve (fig. 51) : les troncs d'arbres densément amassés et les unités architecturales du fond sont cernés par de minces sillons de matière non peinte, et ceux-ci sont tellement visibles en lumière rasante que l'on a presque l'impression de regarder la carte en trois dimensions d'un paysage de collines, avec ses vallons et ses rivières.

Radicalement différent, le tableau du même motif par Cézanne (cat. 77) semble proposer au spectateur la problématique inverse. Il est délibérément peint par aplats : la surface est élaborée au couteau à palette, qui permet de diffuser la matière en couches très fines et lisses, superposées les unes aux autres (fig. 50). Il serait toutefois erroné de supposer que Cézanne avait décidé de revenir à leur manière de 1875 (la juxtaposition inédite du travail au couteau et au pinceau). En choisissant un mode d'application de la peinture complètement opposé, Cézanne donne l'impression, à ce moment précis, de faire de l'anti-Pissarro. On pourrait faire le même genre d'observation (avec une opposition peut-être moins tranchée) en comparant *Le Jardin de Maubuisson, Pontoise, printemps* de Pissarro et *Le Jardin de Maubuisson, Pontoise* de Cézanne (fig. 54, 55).

Il s'avère donc absolument impossible d'identifier *une* série de procédés techniques pour Pissarro, pour Cézanne, ou même pour Pissarro et Cézanne. Même si l'on peut affirmer, à ce stade de notre étude, que les deux artistes étaient très attentifs aux pistes ouvertes par la peinture en réserve, celle-ci était loin d'épuiser leur prodigieuse audace technique et leur curiosité. Ils partageaient une certitude : il fallait sans cesse explorer de nouveaux procédés, de nouvelles voies picturales. Et ils disaient vrai lorsqu'ils affirmaient que leur but était de « rendre » (de traduire) leurs « sensations » en peinture, mais que le processus était difficile et complexe parce qu'il évoluait sans cesse et, de ce fait, était presque impossible à mener à bien. En dernier ressort, leurs œuvres sont rétives à toute catégorisation en séquences chronologiques bien définies. Les deux artistes n'hésitaient pas à revenir à la technique de la peinture sans réserve après leur découverte de la « peinture en réserve »; cela ne les empêchait pas non plus de réemployer cette technique, indépendamment ou ensemble, lorsqu'ils le jugeaient souhaitable. Il en va de même pour la méthode de la « touche constructive [207] ». L'œuvre qu'ils exécutèrent en commun prit la forme d'une conversation : il fallait être deux pour la mener à terme ; chacun réagissait à l'autre ; et, comme dans une conversation, il était impossible de prédire *a priori* l'évolution ou le terme de leur échange pictural. Le début n'importait pas plus que la fin. Seul primait le processus même de l'échange. Leur seule règle était de prendre en considération ce que l'autre venait de proposer (en peinture).

En 1874, certains des critiques de la première exposition impressionniste, soucieux de trouver un dénominateur commun aux membres de ce jeune groupe, expliquèrent que ces artistes semblaient barbouiller les trois-quarts de leur toile de peinture noire et blanche avant d'y piquer au hasard des taches rouges et bleues [208]. De tous ces « artistes de la tache », Cézanne fut repéré par l'un des rares collectionneurs de la première heure, qui acheta plusieurs de ses toiles : le chanteur d'opéra Jean-Baptiste Faure. Le critique Émile Cardon s'en prit en fait à Faure lui-même, comme s'il était responsable des péchés de Cézanne : « Il est vrai que M. Faure a toujours aimé à se singulariser. Acheter des Cézanne, c'est un moyen comme un autre de se signaler et de se faire une réclame unique [209]. » Le critique reproche à Faure ce qui a pu être reproché de nos jours au géant britannique de la publicité, Charles Saatchi : il achetait des œuvres d'art pour faire « sensation [210] » et utilisait l'opération à des fins publicitaires.

Faure était bien connu de Pissarro et de Cézanne. En 1875, il vendit sa collection de tableaux de Camille Corot, Eugène Delacroix, Jean-François Millet et Théodore Rousseau, de sorte qu'il put acquérir des œuvres majeures de Claude Monet, Alfred Sisley, Pissarro et Edgar Degas. Il acheta à Durand-Ruel le plus grand tableau jamais peint par Pissarro, *Les Coteaux de l'Hermitage, Pontoise* (vers 1867 ; cat. 92), qui se trouve aujourd'hui au Guggenheim Museum de New York. Cette toile avait produit sur Cézanne une forte et durable impression. Le célèbre *Moulin sur la Couleuvre à Pontoise* (vers 1881 ; cat. 93) - exécuté près de vingt ans après leur première rencontre - serait difficilement concevable sans l'existence des *Coteaux de l'Hermitage, Pontoise* (le tableau de Faure), que Cézanne conservait au premier plan de son imagination picturale. Cet exemple complique un peu les termes de leur échange artistique. En 1881, lorsqu'il peignait avec son ami, Cézanne semblait plus s'intéresser à ce que Pissarro avait accompli en 1867. Ce constat contribua peut-être à amorcer la fin de leur relation. Peu de commentaires peuvent heurter un artiste autant que de s'entendre dire que son travail du moment n'est pas aussi bon ou intéressant que ses œuvres passées.

Autre raison de leur éloignement progressif dans les années 1880 : Cézanne n'avait pas réussi à persuader Pissarro de venir le rejoindre en Provence pour prolonger leur échange artistique sur son propre terrain. Dans l'une de ses plus belles lettres à Pissarro, écrite en 1876, Cézanne essaie d'attirer son vieil ami dans le sud de la France. Pour le convaincre, il lui explique qu'il y trouvera son bonheur de peintre, qu'il y découvrira ce dont ils s'étaient depuis toujours fait une spécialité : les défis « impossibles ». Cézanne savait parfaitement ce qu'il avançait et à qui il le disait. Leurs projets artistiques de prédilection étaient ceux qui se révélaient tellement difficiles qu'ils leur faisaient perdre la raison : « Je voudrais bien ne pas parler de choses *impossibles*, et cependant je fais toujours les projets les plus improbables à réaliser. Je me figure que le pays où je suis vous serait à merveille [c'est moi qui souligne] [211]. » Quelques années plus tard, Pissarro faisait presque directement écho à cette lettre lorsqu'il décrivait à son fils sa première série de tableaux de Rouen. Il avait commencé quelques esquisses mais « le lendemain, *impossible* de continuer, tout était bousculé, les motifs n'existaient plus, c'est *pas possible*, on est obligé de les faire en une fois [c'est moi qui souligne] [212] ». Dans cette quête de l'*impossible*, Pissarro avait certainement trouvé en Cézanne son *alter ego* et vice versa.

La campagne près de L'Estaque, décrite par Cézanne dans sa lettre, aurait parfaitement convenu à Pissarro parce qu'il aurait pu y affronter des tâches purement *impossibles*. Pissarro ne mordit pourtant pas à l'hameçon et - sans doute en grande partie pour des raisons familiales, mais aussi à cause d'une certaine répulsion pour la mer - ne partit jamais rejoindre Cézanne dans le Midi. Ce dernier continua d'écrire à Pissarro, de lui raconter son travail à L'Estaque et ce qu'il manquait, dans un langage que les deux hommes avaient inventé ensemble [213]. Cézanne cita spécifiquement *La Mer à L'Estaque* (1876) - l'un de ses premiers tableaux exécutés dans le Midi, à partir de leur expérience artistique commune (fig. 56). Il explique qu'il a entrepris deux motifs maritimes pour le collectionneur Victor Chocquet. Le paysage, selon Cézanne, ressemble à une série de cartes à jouer sur un fond coloré. Il raconte comment il a vu un toit rouge se détacher sur la mer, en arrière-plan, au point qu'on avait l'impression de pouvoir le soulever, comme on ramasse une carte sur une table. Cette description pose problème. On ne sait pas exactement sur quoi porte la métaphore : sur le paysage que l'artiste voit devant lui ou sur le tableau qu'il vient d'exécuter ? *La Mer à L'Estaque* n'est pas une toile de grand format, mais Cézanne explique qu'il lui faudra revenir pour la « pousser jusqu'au bout [214] ». L'expression « pousser un tableau jusqu'au bout » est aussi employée par Pissarro. Dans l'une des nombreuses maximes qu'il transmet à son fils Lucien, il affirme : « Je te recommande une chose, c'est de faire toujours son possible, de pousser jusqu'au bout ce que l'on a commencé. Cependant, je constate, par moi-même, ici la difficulté, ou plutôt les difficultés, toujours inattendues qui viennent vous assaillir en plein air [215]. »

De manière très révélatrice, Cézanne mesure son projet de peinture à L'Estaque à l'aune des grands projets que Pissarro (et lui-même) avait entrepris à Pontoise. Il expose son intention de passer au minimum un mois à la campagne, « car il faut faire des toiles de deux mètres au moins, comme celle par vous vendue à Faure [216] ». De fait, le tableau de Faure (cat. 92), malgré ses dimensions, pouvait sembler aux yeux de Cézanne avoir été composé comme un jeu de cartes. Un aplat de couleur massif - un brun très saturé ou un bleu ardoise pour les toits - était apposé à un autre aplat, beige ou de couleur crème celui-là (pour rendre les surfaces crayeuses des murs). Chaque élément (chaque « carte à jouer ») forme une unité en soi, et l'on a l'impression de pouvoir les soulever du reste de la toile, les uns après les autres (métaphoriquement). Évidemment, le recours à des aplats de couleur massifs, alors que les contours délimitant les objets ont été laissés en réserve, accentue l'effet

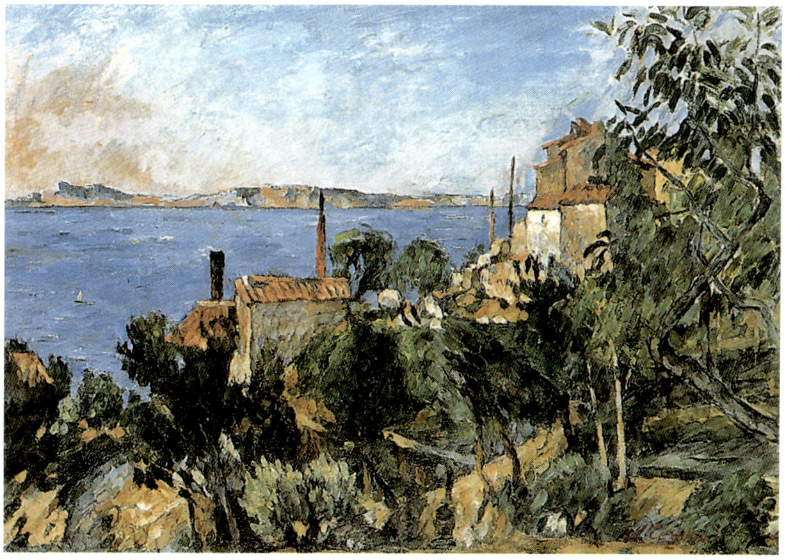

fig. 56. Paul Cézanne
La Mer à L'Estaque, 1876
Huile sur toile, 0,42 × 0,59 m
Succession docteur Rau

de « jeu de cartes » décrit par Cézanne. Le tableau acheté par Faure était sans aucun doute l'une des œuvres de Pissarro que Cézanne préférait. Il l'influença beaucoup et influença sa vision de L'Estaque. On dirait presque que Cézanne emprunte les yeux de Pissarro afin de mettre en forme sa propre vision de L'Estaque.

Cézanne fait aussi valoir que les motifs à L'Estaque sont si grands qu'ils nécessitent beaucoup de *travail* et d'énergie, et que deux personnes ne seraient pas de trop pour affronter pareil défi : « Il y a des motifs qui demanderaient trois ou quatre mois de travail, qu'on pourrait trouver, car la végétation n'y change pas. Ce sont des oliviers et des pins qui gardent toujours leurs feuilles [217]. » Même la nature est de leur côté, semble dire Cézanne. Puisque les arbres du Midi ne perdent pas leurs feuilles, Pissarro pourrait aller et venir à sa guise, sans que son travail en pâtisse. La nature évolue au ralenti dans le sud : elle fournit donc un cadre idéal pour des artistes qui, tels Pissarro et Cézanne, travaillent lentement.

John Elderfield, conservateur en chef des peintures et des sculptures au Museum of Modern Art, a souligné dans une conférence non publiée que Cézanne avait abordé son motif un peu comme un lézard s'imprégnant de soleil - une métaphore empruntée à Pierre Bonnard : « Selon Bonnard,

Cézanne demeurait assis sans bouger dans le paysage, comme un lézard au soleil, attendant patiemment et observant l'évolution de la scène jusqu'à ce qu'apparût ce qu'il voulait capturer dans sa peinture. Cette description se fonde sur des témoignages directs qui racontent que Cézanne pouvait ne pas toucher à ses pinceaux pendant très longtemps, à la fois avant de se mettre à peindre et entre deux coups de pinceau - un intervalle qui ne cessa de croître, à mesure que l'histoire était colportée, pour atteindre la durée improbable de vingt minutes entre deux coups de pinceau [218]. »

Autre avantage du Midi, que Cézanne utilisa comme argument pour persuader Pissarro de venir l'y retrouver : la qualité de la lumière. Cézanne avait coutume de dire qu'il préférait peindre dans « une lumière gris pâle ». Dans une lettre de 1874, il avait évoqué un autre tableau de Pissarro, *La Barrière du chemin de fer, aux Pâtis près Pontoise* (1873-1874 ; cat. 82), pour décrire le spectacle qui s'offrait à lui dans le sud. Là encore, sa stratégie consistait à inviter Pissarro à venir voir par lui-même le lieu où il travaillait, afin d'y découvrir que la nature ressemble exactement à ses propres tableaux : « Maintenant que je viens de revoir ce pays-ci, je crois qu'il vous satisferait totalement, car il rappelle étonnamment votre étude en plein soleil et en plein été de la *Barrière du chemin de fer* [219]. »

Dès 1874, Cézanne espérait donc, à mots couverts, que Pissarro le rejoindrait dans le Midi : le climat serait beaucoup plus propice à la santé de ses enfants (qui étaient souvent malades) et rien ne viendrait le déranger dans son travail. Cézanne ne manquait pas d'arguments convaincants pour attirer Pissarro chez lui. Dans une lettre de 1876, il lui écrit : « Le soleil y est si effrayant qu'il me semble que les objets s'enlèvent en silhouette non pas seulement en blanc ou noir, mais en bleu, en rouge, en brun, en violet. Je puis me tromper, mais il me semble que c'est l'antipode du modelé. Que nos paysagistes d'Auvers seraient heureux ici [220]. » Autrement dit, la nature, sous l'effet de la lumière, paraît devoir être peinte en réserve [221] - l'invention technique décisive qu'ils avaient élaborée ensemble. Selon Cézanne, la lumière du Midi, en faisant ressortir les éléments de la nature comme les deux artistes l'avaient fait dans leurs tableaux du nord, semblait imiter leur propre travail. En 1905, un an avant sa mort et près de trente ans après avoir écrit cette lettre fascinante à Pissarro, Cézanne détaillait dans une lettre à Bernard les conséquences ultimes de cette technique particulière consistant à juxtaposer des aplats de couleur, sans aucune forme de « modelé » (ou d'ombre) intermédiaire, ni de dessin. « Or vieux, soixante-dix ans environ [222], les sensations colorantes qui donnent la lumière sont chez moi causes d'abstractions qui ne me permettent pas de couvrir ma toile, ni de poursuivre la délimitation des objets quand les points de contact sont ténus, délicats [223]. »

La description de Cézanne correspond très précisément à la définition de la « peinture en réserve », mais poussée à sa limite la plus extrême, que Matisse allait explorer plus avant vers la même époque. L'artiste laisse ouvertes les lignes de contact entre les objets : « D'où il ressort, avertit Cézanne, que mon image ou tableau est incomplète [224]. » Chaque partie, chaque composante peut en apparence être enlevée de la surface de la toile, comme une carte à jouer de la table - ou comme un aplat de couleur de la toile, dans le tableau de Faure (cat. 92). Le sud était pour Cézanne le laboratoire idéal où les deux artistes pourraient poursuivre leurs découvertes picturales.

Cézanne ne réussit pourtant jamais à convaincre Pissarro de venir peindre avec lui les motifs des environs de la montagne Sainte-Victoire ou de L'Estaque. Même s'il n'existe aucun document pour corroborer ma conclusion, je suis sûr que Cézanne dut en être amèrement déçu.

Les deux artistes se retrouvèrent une nouvelle fois à Pontoise, en 1881, et travaillèrent étroitement ensemble pendant quelques mois, puis très probablement encore une fois, pour une durée beaucoup plus courte, pendant l'été 1882. Ils exécutèrent leurs deux derniers tableaux formant une paire, assis côte à côte, vingt ans après leur première rencontre (cat. 96, 97). Si la datation de la suite d'œuvres de 1881 proposée par Rewald est correcte, alors, certaines de celles exécutées par Cézanne à ce moment-là étaient fondées sur des motifs et des toiles peints par Pissarro plusieurs années auparavant. Ainsi *L'Hermitage à Pontoise* (cat. 95) reprend-il le motif du *Jardin de Maubuisson, Pontoise*, peint par Pissarro en 1867-1869 (cat. 94). Autre exemple : *La Route tournante à Auvers-sur-Oise* (cat. 89) s'appuie sur un thème que Pissarro avait travaillé sept ans plus tôt (cat. 88). À la différence de l'œuvre de Pissarro, dont la surface est lisse et régulière, celle de Cézanne est couverte de salves de matière picturale, jetées sur la toile avec une rapidité étourdissante et une maîtrise qui ne l'est pas moins. L'examen infraréflectographique de *La Route tournante à Auvers-sur-Oise* révèle les lignes très lâches, mais néanmoins clairement décelables, d'un dessin préparatoire au crayon qui semble avoir indiqué grossièrement l'agencement des éléments essentiels de la composition.

Au premier coup d'œil, on pourrait penser que ces tableaux forment des paires, alors qu'en réalité, dans chaque cas, le tableau de Cézanne et celui de Pissarro ont été exécutés à plusieurs années d'écart. Une autre toile de Cézanne reprend un motif - un pont - que Pissarro avait peint quelques années auparavant (cat. 86, 87). Lorsqu'on les observe ensemble, il est manifeste que toutes ces œuvres recourent à des techniques très différentes, malgré la parenté de leurs sujets. Elles se distinguent autant par leur texture que par leur gamme chromatique. Cela peut s'expliquer en partie par le fait que, des premières années impressionnistes à la décennie 1880, les deux artistes avaient expérimenté de nombreux procédés techniques. Il n'est donc guère surprenant qu'une œuvre de 1881 de l'un diffère autant d'un tableau exécuté par l'autre lors des débuts de l'impressionnisme. Ce qui est étonnant, c'est que Cézanne ait décidé, en 1881, de revenir sur certains des motifs peints par Pissarro en 1867 ou en 1873-1874 (voir cat. 86, 90, 92). Cézanne semble avoir décidé de reprendre l'échange avec le Pissarro des premiers temps, par le souvenir, tout en jugeant qu'il n'avait rien à tirer de l'observation des œuvres de ce dernier exécutées en 1881, ni d'une collaboration avec lui. La crise couvait.

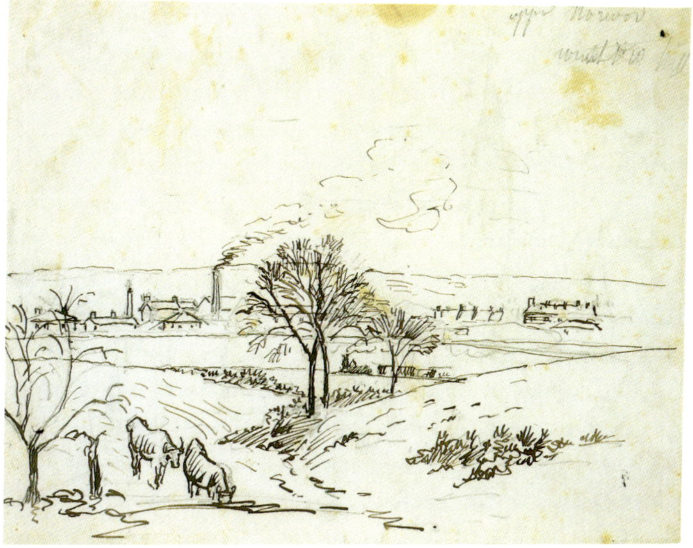

fig. 57. Camille Pissarro
Vaches s'abreuvant, paysage à South Norwood, 1871
Plume et encre brune sur crayon, 10,2 × 12,7 cm
Oxford, Ashmolean Museum

Pissarro, Cézanne, et la crise de l'impressionnisme

Les tentatives pour peindre sans modelé [225], c'est-à-dire en se passant des subtiles gradations de valeurs (du clair au foncé), provoquèrent les prémices d'une crise entre Cézanne et Pissarro. Au modelé, les deux artistes préféraient ce que Cézanne appela vers la fin de sa vie la « modulation » : la création d'une sensation de profondeur ou de relief par la juxtaposition de simples contrastes de couleurs. Mais ces innovations portaient en elles les germes d'une crise. À ce moment-clé, du milieu à la fin des années 1880, Pissarro et Cézanne optèrent pour des solutions picturales totalement différentes dans leur volonté d'approfondir leur art.

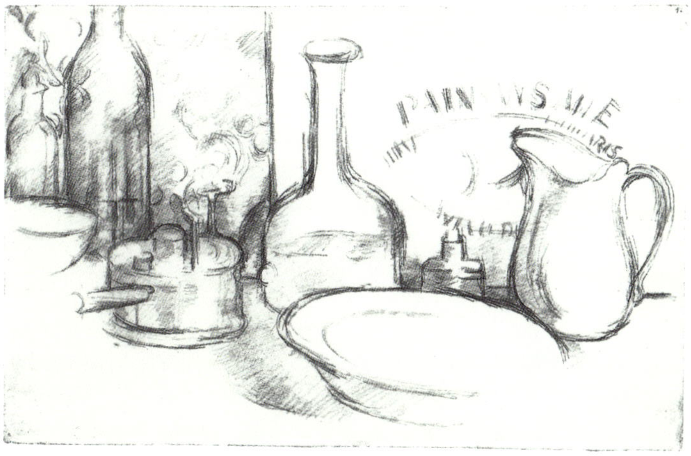

fig. 58. Paul Cézanne
Nature morte : « pain sans mie », 1887-1890
Crayon sur papier, 31,8 × 49,2 cm
Collection particulière

Comme nous l'avons vu, la peinture en réserve consiste, pour l'essentiel, à isoler et à juxtaposer des aplats de couleur avec très peu, voire pas du tout, de modelé et sans recourir au dessin. Cette méthode revient donc à peindre sans lignes : les lignes de séparation entre les différentes zones colorées (par exemple, entre le mur d'une maison et le toit) sont en réalité des non-lignes ou, plus précisément, ce sont des lignes sans peinture, des filaments de non-matière. Avant que Matisse n'explore les conséquences ultimes de cette dichotomie [226], Cézanne et Pissarro mirent à l'épreuve et critiquèrent radicalement la hiérarchie traditionnelle entre le dessin et la peinture, tout au long de la décennie impressionniste. En fait, pour les deux artistes, le dessin devint le plus souvent une activité autonome, qui n'était en rien subordonnée à la peinture [227] (fig. 57, 58). Inversement, la peinture produisait son propre dessin par la juxtaposition de zones de couleurs. Une fois que les liens traditionnels entre le dessin et la peinture avaient commencé à se relâcher, c'est tout le système de la tradition qui se mit à vaciller. La notion de « crise » était donc inscrite au cœur même de la relation Cézanne/Pissarro depuis le début.

L'autonomie de la couleur et la désintégration (littérale) des contours (traditionnellement dessinés au crayon ou au fusain, ou indiqués au pinceau par un lavis) provoquèrent une libération qui allait essentiellement s'orienter dans deux directions. La couleur pouvait être décomposée en une myriade de touches de peinture fractionnées qui, combinées selon certaines règles, produiraient un sentiment plus abouti de la réalité lorsqu'elles se trouveraient reflétées sur la rétine. C'est dans cette voie que se dirigèrent Georges Seurat et Paul Signac, et Pissarro les suivit peu après son dernier contact avec Cézanne. Au milieu des années 1880 l'autre orientation possible était d'accorder plus de liberté que jamais à la couleur et de lui permettre de dicter sa propre logique ou son propre système sur la toile. C'est la voie que choisit Cézanne. L'art devenait, dès lors, un système d'harmonies parallèles aux sensations de l'artiste et à la nature. On connaît la célèbre formule de Cézanne « L'art est une harmonie parallèle à la nature », dont il fit l'une de ses devises préférées [228]. « Parallèle » signifie aussi « équivalent », impliquant par là même que l'art n'est plus soumis à la nature, comme Cézanne le souligna aussitôt dans la même lettre, en faisant référence à ces « imbéciles » qui pensent que la nature est supérieure à l'art.

En fin de compte, même si Pissarro et Cézanne optèrent pour des orientations techniques et artistiques différentes, ils continuèrent de recourir au même langage pour expliquer leurs buts et leurs intentions. Lorsqu'il évoquait ses ambitions techniques, Pissarro employait un synonyme du mot « harmonie », préférant « accord », qui désigne l'harmonie entre deux notes de musique : « Lorsque je commence un tableau, la première chose que je cherche à fixer, c'est l'accord. Entre ce ciel et ce terrain et cette eau, il y a nécessairement une relation. Ce ne peut être qu'une relation d'accords, et c'est là la grande difficulté de la peinture [229]. »

Au milieu des années 1880, Pissarro et Cézanne avaient poussé leurs recherches si loin que leur peinture aurait pu évoluer vers maintes directions. La dernière phase de leur interaction qui ait laissé des traces n'a quasiment pas été retracée par les historiens de l'art car il n'existe aucun document permettant d'établir avec certitude que les deux artistes se rencontrèrent. Cependant, étant donné la fréquence des voyages de Cézanne dans le nord de la France, ses visites à Zola et ses séjours à Paris, il serait bien extraordinaire qu'il n'ait pas vu son vieil ami. Je suppose donc que les deux hommes se retrouvèrent, ou, du moins, ce qui est plus important, qu'ils furent indirectement au courant du travail de l'autre en 1885 - soit par l'intermédiaire de Zola, soit par l'entremise des quelques amis et marchands très proches qu'ils continuaient de partager. Les sceptiques feront valoir qu'un événement non documenté n'est pas un événement. Je répondrai à cela que les ressemblances extrêmes entre la texture des toiles de Pissarro et celles de Cézanne constituent en elles-mêmes un document majeur qui montre que chacun savait parfaitement ce que l'autre faisait (voir cat. 103, 104). Malgré des finances précaires, Pissarro réussit tout de même à « s'offrir » quelques études de Cézanne vendues par le père Tanguy, le célèbre marchand d'art : une petite esquisse à l'huile du milieu des années 1860, dont le sujet était librement inspiré de la mythologie [230], et trois dessins préparatoires [231] (voir fig. 43).

Ne fût-ce que par l'intermédiaire du père Tanguy, Cézanne et Pissarro continuaient donc d'être informés du travail de chacun à ce moment critique de leurs carrières. Pissarro, toujours ardent défenseur de Cézanne, convainquit même Signac d'acheter une toile de son ami [232] (cat. 103). Dans une lettre à son fils Lucien de 1884, Pissarro décrit une situation politique confuse en la comparant à un tableau de Cézanne : « C'est comme un tableau de Cézanne que tu te fourrerais sous le nez [233]. » Pour bien comprendre la situation politique, de même que pour bien saisir un tableau de Cézanne, il faut se tenir à la bonne distance : ni trop loin, ni trop près. Les détails de plusieurs planches de ce catalogue illustrent parfaitement cette affirmation de Pissarro (voir pages 77, 147 et 204).

Tout cela contribue à prouver que Pissarro et Cézanne avaient encore bien conscience l'un de l'autre dans la première moitié des années 1880. Que l'on observe le *Village encadré par des arbres* de Cézanne (vers 1881 ; cat. 100), une esquisse à l'huile d'un paysage d'Osny, très sèche et d'une fraîcheur exquise (vers 1883; cat. 102) ou le tableau *L'Église et le Manoir d'Éragny* (1884; cat. 101) de Pissarro, des plaques de couleur flottant à la surface des trois toiles sont perceptibles, quel que soit leur auteur. En outre, les trois surfaces sont décomposées en courants de touches colorées orientées en diagonale. Au vu de ces ressemblances, il n'est pas possible d'imaginer que l'auteur du *Paysage à Osny* ait pu ignorer les œuvres de Cézanne du milieu des années 1880. Les parallèles entre le tableau de Pissarro et celui de Cézanne sont saisissants. Pourtant, en 1886 ou 1887, tout change : Pissarro semble avoir commencé à recourir à de légers échafaudages dessinés au lavis pour maintenir ensemble ces mosaïques de traces colorées. Vingt ans plus tard, dans une lettre à Bernard de 1905, Cézanne abordait avec une lucidité stupéfiante les problèmes qui entachèrent la fin de l'impressionnisme et précipitèrent sa crise. Dans cette missive écrite un an, jour pour jour, avant sa mort, et dans laquelle l'artiste vieillissant faisait à Bernard sa promesse célèbre de lui dire « la vérité en peinture [234] », Cézanne expose précisément la méthode utilisée dans ses œuvres tardives, en la distinguant de celle des néo-impressionnistes et en l'y opposant. Cézanne avait terminé sa précédente lettre à Bernard en déclarant que l'étude modifiait la vision d'un peintre et en concluant que les théories anarchistes trouvaient là une confirmation [235].

Cézanne commence sa lettre suivante (presque comme s'il dirigeait un séminaire sur « la vérité en peinture ») en reprenant la même idée. La « thèse » de Cézanne (comme il la nomme lui-même) est qu'un artiste, quel que soit son « tempérament » - fort ou faible -, doit s'évertuer d'oublier toutes ses perceptions antérieures avant de s'asseoir devant sa toile. Cette étape préliminaire lui permet de « donner l'image de ce que nous voyons [236] » - une image entièrement détachée des perceptions antérieures. Cette recommandation demeura une idée-charnière dans toute l'idéologie de l'art moderne : le mythe d'un retour à une sorte de regard détaché qui permettrait de voir la réalité avec des yeux neufs. Un demi-siècle plus tard, Jackson Pollock exprimait la même conviction lorsqu'il soutenait que la meilleure manière d'aborder ses tableaux était d'adopter un « regard passif ». Alors qu'on lui demandait, au cours d'un entretien, « comment regarder une peinture de Pollock », il répondait : « Je pense qu'on ne doit pas chercher, mais regarder passivement - essayer de recevoir ce que le tableau a à offrir et ne pas apporter un sujet ou une idée préconçue de ce qu'on va chercher [237]. »

C'est en observant la peinture des années précédentes - et notamment celle de son ami, alors disparu - que Cézanne s'efforça de mieux comprendre le point de divergence atteint par Pissarro et lui-même vers le milieu des années 1880. Ce faisant, il prit conscience du fait qu'il n'était guère possible de « donner l'image de ce que nous voyons » avec un détachement absolu. La critique du néo-impressionnisme qui naît de sa réflexion est fascinante, mais certainement pas neutre. Vers la fin de sa vie, comme il a déjà été dit, il écrivit : « [L]es sensations colorantes qui donnent la lumière sont chez moi causes d'abstractions qui ne me permettent pas de couvrir ma toile, ni de poursuivre la délimitation des objets quand les points de contact sont ténus, délicats ; d'où il ressort que mon image ou tableau est incomplète [238]. »

Dans ce texte de 1905, Cézanne décrit avec ses propres mots ce que la peinture en réserve signifiait pour les deux artistes : les délinéations des objets restaient inachevées et les points de contact entre eux, aussi infimes fussent-ils, nus et vides. Le vieux Cézanne déduit logiquement de cette technique (qu'il avait explorée en compagnie de Pissarro trente ou quarante ans plus tôt) qu'il en est venu à peindre « par abstractions » (c'est-à-dire en juxtaposant des aplats de couleur saturée sur toute la surface de sa toile) et qu'il lui est donc ainsi impossible d'achever un grand nombre de ses tableaux. Ce texte constitue un bel exercice d'autocritique. Il n'est pas surprenant que Bernard ait été tellement fasciné par la promesse de connaître « la vérité en peinture ».

La même lettre contient toutefois un passage très elliptique, assez difficile à suivre car Cézanne (à l'instar du Pissarro épistolier) suppose souvent que le lecteur peut suppléer aux raisonnements intermédiaires qu'il passe sous silence. Suivant le fil logique de la peinture « par abstractions » (ou de ce que Pissarro et Cézanne nommaient la « peinture par taches »), Cézanne résumait ce qui s'était passé dans la seconde moitié des années 1880. En contrepartie à sa technique de peinture par abstractions, il écrit : « D'un autre côté, les plans tombent les uns sur les autres, d'où est sorti le néo-impressionnisme qui circonscrit les contours d'un trait noir, défaut qu'il faut combattre à toute force [239]. »

Le ton de Cézanne se fait vigoureux. La lettre fut écrite presque vingt ans après les débuts du néo-impressionnisme - un mouvement qui disparut vite et n'affecta pas directement Cézanne. Il l'évoque pourtant en 1905 comme s'il s'agissait d'un fléau toujours menaçant. Pourquoi ? Parce que Cézanne y perdit, pour un temps, Pissarro, son meilleur ami et son allié.

Dans cette lettre d'une intelligence concise et synthétique, Cézanne n'enseignait pas seulement à Bernard « la vérité en peinture ». Il lui offrait aussi un résumé historique des débuts de la peinture moderne. Voici une brève reconstitution de l'enchaînement logique et du dilemme que Cézanne propose à son cadet : 1. Les *sensations colorantes* conduisent le peintre à recouvrir sa toile d'abstractions (ou de « taches »). 2. Par définition, ces taches ou ces abstractions - comme tant de blocs de couleur - ne permettent pas à l'artiste de recouvrir sa toile comme le faisaient Ingres ou Flandrin, qui appliquaient la peinture sans interruption, sur toute la surface de leurs toiles. 3. Cette méthode de peinture par taches ou par abstractions fait ressembler les objets à des cartes à jouer qui peuvent être soulevées de la toile. 4. La première solution est de laisser ces taches de couleur s'organiser sur la toile sans se chevaucher : privées de contours pour les délimiter ou de dessin, les taches flottent par elles-mêmes et le tableau paraît nécessairement inachevé, même si les couleurs (quand le tableau est réussi) s'organisent, presque d'elles-mêmes[240] (c'est la vraie différence entre Cézanne et Pissarro : Pissarro peut appliquer la peinture sur la toile de la même manière que Cézanne, il n'osera jamais vraiment « pousser » cette logique à son terme). 5. La seconde solution est de laisser les taches de couleur se chevaucher : les plans de couleur semblent alors tomber les uns sur les autres. Il ne reste plus d'autre choix que d'insérer une structure et une organisation dans cette mosaïque de couleurs. Telle est, selon Cézanne, la solution néo-impressionniste, qui commence (pour Pissarro) par la réintroduction de contours dessinés en noir afin de délimiter les objets.

La première solution (numéro 4) était la conséquence logique et ultime de la peinture en réserve, suivant Cézanne. La seconde (numéro 5) correspond au système mis en place par Pissarro, dans sa version du néo-impressionnisme, pour contrebalancer le sentiment « d'inachèvement » du tableau et l'autonomie des taches de couleur. Dans la description que Cézanne fait à Bernard, le néo-impressionnisme (ou, dans l'esprit de Cézanne, le néo-impressionnisme interprété par Pissarro) part des mêmes prémisses que sa propre peinture : dans les deux systèmes, les sensations colorées incitent l'artiste à recouvrir sa toile de taches de couleur. Mais tandis que Cézanne, partant de ces prémisses, en arrive à faire coexister (flotter) ces plans de couleur sur la toile, selon leur logique propre, le parti pris néo-impressionniste de Pissarro laisse ces plans de couleur « tomber les uns sur les autres ». Pour éviter que les couleurs paraissent avoir été simplement jetées les unes sur les autres, au hasard, sur la toile, le Pissarro néo-impressionniste avait besoin de réintroduire un dispositif d'ordonnancement classique. Ce fut le terrible « contour noir », qui contrôlait les couleurs en les empêchant de « tomber les un[e]s sur les autres ». En réintroduisant donc ces lignes noires (en réintroduisant donc le dessin dans la peinture), Pissarro trahissait, du point de vue de Cézanne, ce pour quoi ils s'étaient battus depuis le début des années 1860 (voir fig. 61, 62).

Rewald apporta un commentaire intéressant (mais à mon avis partiellement incorrect) sur cette lettre-séminaire adressée par Cézanne à Bernard sur l'histoire de la peinture moderne. Selon Rewald, Cézanne ne visait pas Seurat - et je le suis sur ce point. Robert Herbert et Douglas Druick, qui ont passé plus de temps que quiconque à observer en détail les œuvres de ce peintre, m'ont confirmé, dans de récentes conversations, n'avoir jamais vu de toile de Seurat où il ait utilisé des contours noirs pour délinéer les objets ou les figures

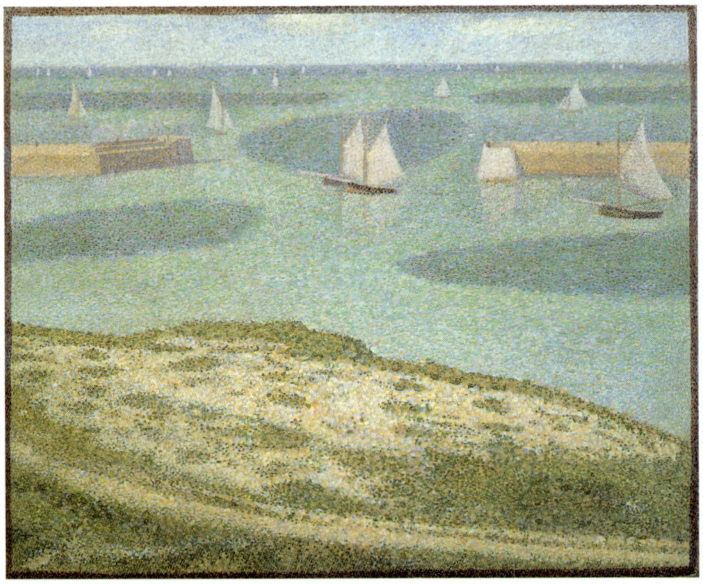

fig. 59. Georges-Pierre Seurat
Port-en-Bessin, entrée de l'avant-port, 1888
Huile sur toile, 0,549 × 0,651 m
New York, The Museum of Modern Art,
Lillie P. Bliss Collection

(voir fig. 59). Rewald supposait que Cézanne se référait au cloisonnisme, c'est-à-dire à une forme de peinture pratiquée par Émile Bernard lui-même, et par Louis Anquetin, qui traitait les objets en aplats épais de couleurs vives, cernés par des lignes noires très marquées (fig. 60). Pour Rewald, Cézanne ne savait donc pas exactement de quoi il parlait et aurait confondu le néo-impressionnisme avec le cloisonnisme.

Je pense que Rewald avait tort sur ce point. Cézanne ne parlait effectivement pas du néo-impressionnisme de Seurat, mais de celui de Pissarro. Cézanne avait une connaissance directe de ce mouvement pictural, non pas tant par Seurat que par son vieil ami. Et de fait, il avait raison : dès que Pissarro se lança dans l'aventure néo-impressionniste, des contours noirs se mirent à réapparaître dans son œuvre, en contradiction totale avec la pratique de la peinture en réserve. On regardera, par exemple, *L'Église et le manoir d'Éragny* et *Paysage à Osny* (cat. 101, 102), ainsi que la *Femme étendant du linge* (fig. 61), esquisse préparatoire à l'huile pour le tableau du même nom (fig. 62), exécutée dans une facture qui rappelle le dernier échange entre les deux artistes. Les stries de traces de pinceau obliques qui recouvrent le sol révèlent des segments de contours noirs tout autour des deux figures. C'était l'exacte antithèse de la peinture en réserve et un renoncement soudain à tout ce que Cézanne et Pissarro avaient établi au début des années 1870.

Les délinéaments noirs cernant les objets étaient un défaut « qu'il faut combattre à toute force », selon Cézanne. Les deux peintres partageaient cet avis dans les années 1870. En 1886, Pissarro abandonna ce principe et se mit à explorer un langage entièrement différent. Cézanne, quant à lui, demeura fidèle à leurs découvertes antérieures et s'efforça de voir jusqu'où il pouvait les pousser. Les deux artistes n'avaient, dès lors, plus grand-chose à se dire. L'ironie réside dans le fait que c'est sans doute grâce aux leçons des Cézanne du milieu des années 1880 et à leurs premières touches de peinture « flottantes » que Pissarro put se tourner vers Seurat et Signac, et adopter le néo-impressionnisme, tout en y apportant ses propres inflexions (comme l'introduction de tracés noirs au lavis pour délimiter les objets peints). Et c'est après en être arrivés à peindre presque exactement de la même manière (cat. 103, 104) que Cézanne et Pissarro empruntèrent des chemins divergents, qui n'allaient plus jamais se croiser véritablement. Leur peinture était-elle devenue trop proche pour que ce fût viable ? Cézanne avait-il peur de tomber sous l'emprise de son vieil ami ? (Vers la fin de sa vie, l'une de ses expressions favorites traduisait cette peur qu'on lui « mette le grappin » dessus.) Il est impossible de connaître la réponse avec certitude.

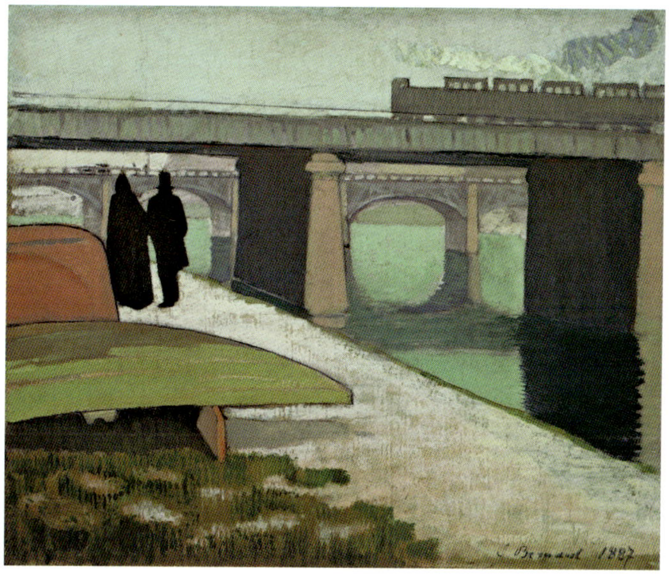
fig. 60. Émile Bernard
Le Pont de fer à Asnières, 1887
Huile sur toile, 0,459 × 0,542 m
New York, The Museum of Modern Art, Grace Rainey Rogers Fund

La séparation entre Cézanne et Pissarro fut brusque. Il ne semble pas que cette rupture ait été précédée d'un dialogue, comme si elle était l'aboutissement naturel et inévitable d'une relation qui avait duré plus de vingt ans. De manière caractéristique, Cézanne quitta la région parisienne soudainement, sans aucune explication. Pissarro en prit acte, simplement, comme s'il n'y avait rien d'inhabituel, par l'intermédiaire d'un tiers : « On m'a dit que Cézanne était reparti pour Marseille [241]. » Le ton très factuel de ce constat, extrait d'une lettre de Pissarro à Monet, suggère qu'il ne voyait rien d'anormal dans cette brève nouvelle. Les deux hommes ne devaient pourtant pratiquement plus se revoir.

Sur le plan pictural, Cézanne et Pissarro avaient commencé d'emprunter des chemins très divergents. Comme on l'a laissé entendre précédemment, le refus opposé par Pissarro aux invitations répétées de Cézanne de venir s'installer dans le Midi joua peut-être un rôle dans la dissolution de leur amitié. Si Cézanne décida de séjourner avec Renoir à La Roche-Guyon en juillet 1885 plutôt que chez les Pissarro, c'est peut-être

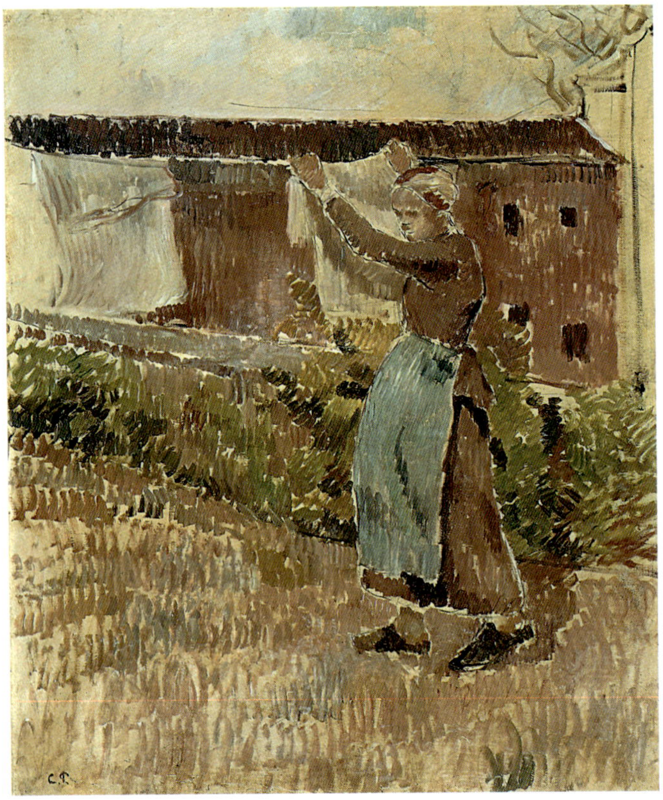

fig. 61. Camille Pissarro
Femme étendant du linge, vers 1887
Huile sur panneau, 0,733 × 0,597 m
Paris, galerie Adler

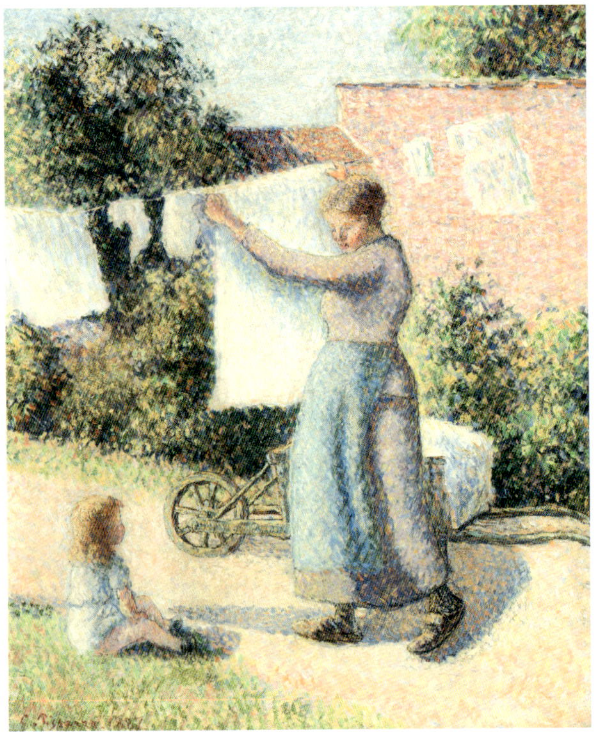

fig. 62. Camille Pissarro
Femme étendant du linge, *Éragny* 1887
Huile sur toile, 0,41 × 0,325 m
Paris, musée d'Orsay

parce que Renoir lui avait rendu visite à deux reprises, en 1882 puis en 1883, lors de son voyage avec Monet le long des côtes méditerranéennes françaises et italiennes.

Et même si Pissarro avait rejoint Cézanne, il est peu probable que celui-ci, vieillissant, aurait toléré longtemps la compagnie permanente d'un artiste - fût-ce celle d'un ami aussi proche que Pissarro. Comme l'a fort pertinemment souligné Lebensztejn, Cézanne était chatouilleux sur tout ce qui touchait à son intimité ou à son espace privé [242]. En 1885, le peintre était plus « chatouilleux » que jamais au sujet de sa vie personnelle, lui qui, venant de commencer une liaison, demandait à Zola de bien vouloir recevoir pour lui les lettres de son amie [243].

Edmond Jaloux a résumé nos propres conclusions sur le sujet : « Il était difficile de conserver longtemps son amitié. Tous les griefs lui étaient bons pour se débarrasser de quelqu'un. La moindre influence, la moindre intimité lui paraissaient dangereuses [244]. » Finalement, le plus surprenant, peut-être, dans l'amitié entre Pissarro et Cézanne, est qu'elle ait duré si longtemps et que ses effets aient contribué à déterminer en grande partie le reste de la carrière artistique des deux artistes.

Retour sur le passé - derniers regards

L'Histoire en marche et l'exposition Vollard : Pissarro critique de Cézanne

La grande rétrospective de l'œuvre de Cézanne, organisée par Ambroise Vollard dans sa galerie parisienne en novembre 1895, permit au public de découvrir pour la première fois le parcours artistique de Cézanne. Cette date marqua aussi l'entrée du peintre dans l'histoire du modernisme. L'exposition chez Vollard fit une grande impression sur Pissarro, qui la mentionne plusieurs fois dans sa correspondance, au risque de se répéter. Selon lui, cet événement artistique majeur consacrait l'importance de Cézanne et venait confirmer, bien que tardivement, son admiration de toujours pour l'œuvre de son ami. Pissarro évoque la rétrospective pour la première fois dans une lettre à l'une de ses nièces : « Chez Vollard, il y a une exposition de Cézanne très complète. Des natures mortes d'un fini étonnant, des choses inachevées, mais vraiment extraordinaires de sauvagerie et de caractère[245]. » La fin de la phrase allait s'avérer fausse : « Je crois que ce sera peu compris[246]. » Environ une semaine plus tard, dans un courrier adressé à son fils, il revient sur le sujet en affirmant combien il est rare de trouver de « vrais peintres » qui sachent « mettre en accord deux tons[247] ». Il cite une série d'artistes, y compris Signac et Gauguin, qui ne remplissent pas ces critères. De son point de vue, seul Cézanne y satisfait. Pissarro cite une nouvelle fois le contraste entre les natures mortes de Cézanne, « d'un achevé irréprochable », et celles qu'il a « laissées en plan ». Il juge cependant que les dernières sont plus belles encore que les premières, partageant ainsi de manière anticipée l'opinion de Cézanne dans sa lettre de 1905 à Bernard.

Pissarro évoque aussi, dans sa missive, les paysages de Cézanne, ses nus, quelques têtes inachevées - toutes œuvres qui sont à ses yeux « grandioses et si peintre, si souples[248] ». La raison ultime de cette réussite retentissante est que, dans chaque œuvre, on retrouve la *sensation* de Cézanne. L'exposition des toiles de son vieil ami fut pour Pissarro à la fois une révélation et une confirmation. Il admirait « le côté curieux, déconcertant, de Cézanne » qu'il ressentait « depuis nombre d'années[249] ». Degas et Renoir contribuèrent à renforcer l'enthousiasme de Pissarro et lui firent sentir qu'il avait vu juste depuis le début. Cependant, la certitude que Cézanne était l'un des rares « vrais peintres » allait se payer : tout le monde n'était pas prêt à créditer Pissarro d'avoir compris si tôt l'importance de l'artiste.

Les retrouvailles de Pissarro avec Cézanne et sa peinture furent sans doute une surprise heureuse et encourageante, d'autant que, depuis leur séparation, en 1885, jusqu'à l'exposition chez Vollard, Cézanne avait accumulé les difficultés et que son équilibre affectif semblait de plus en plus précaire. Il est probable que Cézanne et Pissarro se virent peu entre 1885 et 1895. Nous savons que Cézanne avait pris un pied-à-terre à Paris, quai d'Anjou, sur l'île Saint-Louis, en 1888, grâce aux revenus procurés par la succession de son père qui lui permettaient de vivre plus confortablement. Mais ce fait ne le rapprocha pas de ses anciens compagnons. Au contraire, il s'isola complètement pendant les vingt dernières années de sa carrière, comme en témoignèrent certains de ses amis les plus proches. Renoir (qui, d'entre tous les impressionnistes, semble être resté le plus loyal envers Cézanne après qu'il eut cessé de voir Pissarro) alla séjourner chez lui à Aix au début de 1888. Mais il fut bientôt contraint de partir en raison de « l'avarice noire qui règne dans la maison[250] ». Guillaumin (avec qui Pissarro et Cézanne avaient travaillé à la fin des années 1860 et au début de la décennie suivante) affirma au marchand d'art

Eugène Murer que Cézanne avait été interné dans une « maison de fous [251] ». Cézanne avait invité Oller, son ancien ami et mentor à l'académie Suisse, à l'accompagner à Aix après la rétrospective chez Vollard, mais il quitta Paris sans l'avertir. Lorsque Oller s'enquit de ce qui s'était passé, il reçut une lettre d'insultes virtuelles et Cézanne rompit tout contact avec lui quelques semaines plus tard [252]. Malgré ces difficultés croissantes, Cézanne continuait d'avoir des liens avec quelques personnalités-clés, notamment Monet, le collectionneur Chocquet (qui mourut en 1891) et divers marchands, dont Tanguy, Paul Durand-Ruel et, enfin, Vollard. Il ne fait pas de doute que, grâce à toutes ces relations, Cézanne voyait les travaux récents de ses anciens collègues, y compris ceux de Pissarro.

Le peintre n'avait donc pas sombré dans un oubli total. Plusieurs critiques, marchands d'art et collectionneurs avaient déjà commencé à s'intéresser à son travail. Cette reconnaissance tardive de la place de Cézanne dans l'histoire s'accomplit néanmoins sans Pissarro, lequel en conçut un sentiment de frustration et d'injustice. Félix Fénéon, qui avait toujours été proche de Pissarro, fut le premier auteur à parler de « tradition Cézanne [253] ». Dès 1891, il désignait ceux qui appartenaient à cette nouvelle tradition : Paul Sérusier, Jens Ferdinand Willumsen, Émile Bernard, Émile Schuffenecker, Charles Laval, Henri-Gabriel Ibels, Charles Filliger et Maurice Denis. Rien à propos de Pissarro. Selon Fénéon, la réputation de Cézanne se propageait grâce à la génération des nabis.

Mais ce qui provoqua l'amertume de Pissarro, ce fut un article de Bernard sur Cézanne, qui parut en 1891 [254]. Alors que la couverture du journal comportait une eau-forte de Pissarro représentant Cézanne (voir cat. 18 et la Chronologie), le nom de Pissarro était à peine mentionné. Pire, Bernard s'enorgueillissait de présenter un artiste qui n'avait pas encore connu la célébrité : « Inconnu ou plutôt méconnu, il a, lui, aimé l'art jusqu'à renoncer à se faire une notoriété par les amitiés et les cénacles. Non méprisant, mais entier, il a renoncé à faire part de ses efforts [255]. » Pissarro lut ce passage comme une gifle et le prit comme une injure personnelle.

Cet essai pionnier de Bernard occupa pendant longtemps une place prééminente dans la bibliothèque des premiers historiens du modernisme, et son auteur en retira un grand crédit. Un an après la mort de Cézanne, Bernard se référait à son premier essai comme à l'« un des premiers hommages à son maître d'alors [256] ». Ne brillant pas par son humilité, Bernard alla jusqu'à prétendre que presque personne avant lui n'avait prêté attention à Cézanne. La seule exception, à ses yeux, n'était pas un artiste mais un marchand d'art, le célèbre père Tanguy [257], qui avait reconnu dans l'œuvre de Cézanne « la peinture de l'avenir ».

L'équanimité légendaire de Pissarro fut mise à rude épreuve lorsqu'il découvrit que Bernard affirmait que Cézanne avait surtout été influencé par Monet [258]. Pissarro, blessé, écrivit à son fils : « Ce pauvre ignorant [Bernard] prétend que Cézanne a été un moment sous l'influence de Monet, un comble, qu'en dis-tu [259] ? » Pissarro ne se contenta pas d'éprouver de la colère : il imagina que c'était le résultat d'une conspiration orchestrée par Gauguin. D'après lui, Gauguin tentait de réfuter le rôle formateur de Pissarro dans son propre développement pictural comme dans celui de tout autre artiste.

Pissarro, certes, montrait les signes d'une certaine paranoïa, mais la réalité était plus complexe : Bernard, Fénéon (que l'on ne pouvait soupçonner d'hostilité envers Pissarro), Georges Lecomte (l'auteur de l'une des premières monographies sur Pissarro [260]) et Gustave Geffroy - qui tous, à l'exception de Bernard, étaient de bons amis de Pissarro - voyaient en Cézanne le précurseur d'une nouvelle conception de la peinture. Pour Pissarro, en revanche, il était difficile de réconcilier le Cézanne qu'il connaissait et celui que l'histoire commençait à présenter tel un marginal et un pionnier - un artiste qui ne devait rien à personne et qui avait inventé une nouvelle forme d'art par lui-même. L'introduction de Geffroy sur l'impressionnisme résumait, en 1893, la perception générale. Il se concentra sur Monet, Pissarro, Renoir, Manet, Degas et Jean-François Raffaëlli. Il ajouta cependant les mots suivants : « Pour être absolument complet, à ces six études, il faudrait ajouter une notice sur Cézanne, qui fut une manière de précurseur d'un autre art [261]. »

Nous savons que Pissarro et Cézanne se virent à nouveau en 1895, avant l'ouverture de la rétrospective consacrée à Cézanne, bien que la littérature sur l'impressionnisme le mentionne rarement. Pissarro a raconté être tombé sur son vieil ami dans la galerie de Durand-Ruel, le 25 mai 1895. On pourrait penser que cette rencontre - après un silence de près de dix ans de part et d'autre - fut intense et bouleversante. Mais Pissarro relate ces retrouvailles avec autant de détachement que si les deux hommes avaient toujours l'habitude de se voir fréquemment. Il se contente de mentionner Cézanne dans une lettre à son fils, de manière très neutre, pour souligner qu'ils étaient du même avis et qu'ils considéraient tous deux la série de tableaux de la cathédrale de Rouen par Monet comme une monumentale réussite artistique [262]. Mis à part l'épisode néo-impressionniste de Pissarro, les deux artistes continuèrent de parler le même langage et de voir les choses de la même façon jusqu'à leur mort, malgré les silences prolongés.

La question des influences réciproques n'avait pas perdu de son acuité pour Pissarro quand, vers la fin de sa vie, il observait le cézannisme prendre forme pour l'histoire : « Il a paru un article de [Camille] Mauclair [263] que je t'envoie, tu verras combien il est mal renseigné, comme beaucoup de ces critiques qui n'y comprennent rien. Ils ne se doutent pas que Cézanne a subi des influences comme nous tous et que cela en somme ne retire rien de ses qualités ; ils ne savent pas que Cézanne a subi d'abord l'influence de Delacroix, Courbet, Manet, et même [Alphonse] Legros, comme nous tous ; il a subi mon influence à Pontoise et moi la sienne. Tu te rappelles les sorties de Zola et [Antoine-Ferdinand] Béliard à ce propos ; ils croyaient qu'on inventait la peinture de toutes pièces et que l'on était original quand on ne ressemblait à personne. Ce qu'il y a de curieux, c'est que dans cette exposition de Cézanne chez Vollard on voit la parenté qu'il y a dans certains paysages d'Auvers, Pontoise et les miens. Parbleu, nous étions toujours ensemble ! Mais ce qu'il y a de certain, chacun gardait la seule chose qui compte, "sa sensation"... Ce serait facile à démontrer... (sont-ils assez niais [264] !). »

Ce texte, qui laisse percevoir la frustration de Pissarro, mêle deux types d'arguments. Le premier est d'ordre philosophique : il a trait à l'antinomie entre originalité et influence. Le second est sémantique : tous deux, Pissarro et Cézanne, avaient donné à la notion « d'influence » une nouvelle signification. Pissarro se réfère à des conversations anciennes, sans doute très vives, qu'il avait eues avec Zola à ce propos. Nous avons vu la valorisation extrême de l'originalité dans la pensée de Zola : le romancier soutenait que l'artiste original ne devait rien à personne et surgissait de nulle part. Pissarro défendait l'idée contraire : tout artiste était soumis à des influences diverses et celles-ci ne diminuaient en rien son originalité (là encore, Pissarro et Cézanne sont absolument du même avis). La conception de l'histoire de l'art moderne chez Pissarro repose sur ce paradoxe : l'artiste moderne doit suivre « la tradition des maîtres sans les piller [265] ». Il cite en exemple Manet, qui « procède » de Francisco Goya, mais qui « apporte une autre vision », que Goya lui-même n'aurait jamais pu développer. Il mentionne aussi Corot, lequel « reflète » Claude Lorrain tout en le transformant [266]. Le second type d'argument est plus spécifique : il consiste à dresser la liste de ceux qui ont influencé Cézanne, Pissarro en tête. La notion d'« influence » introduite ici par Pissarro est pourtant radicalement nouvelle puisqu'il avoue lui-même qu'elle était pleinement réciproque. Pissarro influença Cézanne autant que Cézanne influença Pissarro - l'essentiel était la préservation de la sensation (ou de l'individualité) de chacun.

La réponse de Pissarro à l'engouement soudain de la critique pour Cézanne fut en fin de compte complexe et ambivalente. La frustration de ne pas voir son empreinte précoce sur Cézanne reconnue est contrebalancée (dans une certaine mesure) par le fait que l'histoire lui donnait raison. Il jubile, par exemple, quand il apprend que Renoir et Degas se sont battus pour un dessin de Cézanne qu'ils voulaient tous les deux acheter à Vollard - et finirent par tirer au sort celui qui en deviendrait « l'heureux propriétaire [267] ». Pissarro conclut par ces remarques empreintes d'autosatisfaction : « Degas si passionné des croquis de Cézanne, qu'en dis-tu ? [...] Voyais-je assez juste en 1861 quand moi et Oller nous avons été voir ce curieux provençal dans l'atelier Suisse où Cézanne faisait des académies à la risée de tous les impuissants de l'école [...]. Amusant comme tout ce réveil des anciens combattants [268] ! »

« Curieux » est le mot préféré de Pissarro dès qu'il s'agit de décrire Cézanne ou son œuvre. Et ce furent ces qualités « curieuses » - Pissarro utilise même le terme « sauvage » - qu'il retrouva dans les œuvres exposées chez Vollard. Ces qualités font le lien, selon lui, entre le jeune Cézanne et le peintre de la maturité. Pissarro estimait avoir occupé une position privilégiée, tout au long de sa collaboration avec Cézanne, qui lui permettait de mettre en valeur cette continuité.

débuts de leur échange et continuait de guetter chez le Cézanne tardif le « côté curieux, déconcertant » qu'il avait toujours connu au peintre dans sa jeunesse.

Après la grande exposition chez Vollard, les deux artistes n'eurent plus guère de contact avant de disparaître (Pissarro mourut en 1903, Cézanne en 1906). Pissarro avait trouvé dans cette rétrospective une réaffirmation et, en un sens, une justification *a posteriori* des convictions qu'il avait toujours défendues, même si ce sentiment était tempéré par le refus des critiques des années 1890 de reconnaître son intérêt précoce pour Cézanne. Pissarro poursuivit sa production de séries de paysages urbains, en alternance avec de très nombreuses vues du champ qui s'étendait sous les fenêtres de son atelier, à la campagne. Cézanne se consacra lui aussi à la peinture répétée des mêmes sites. Qu'il peignît la montagne Sainte-Victoire (fig. 64) ou les chemins qui le menaient de son atelier à celle-ci, il concentra tout son travail sur quelques kilomètres carrés durant les vingt dernières années de sa vie. Le parallèle est intéressant : après avoir sans cesse cherché de nouvelles sources de motifs lorsqu'ils travaillaient ensemble, les deux artistes s'en tinrent à la peinture d'un seul lieu (Éragny pour l'un, Aix pour l'autre) qui les absorba jusqu'à leur mort.

L'échange de près de vingt ans entre les deux hommes eut de nombreuses répercussions, à la fois sur leur vie et sur leur carrière. Le geste du vieux Cézanne, qui, après la mort de Pissarro, envoya des aquarelles dans une exposition des environs en signant « Paul Cézanne, élève de Pissarro [277] », en est un des témoignages les plus émouvants. Les préfigurations de leurs jeunes années, ou celles de leurs souvenirs, devinrent progressivement une partie de leur mémoire vers la fin. Ils partagèrent tout autant leurs anticipations que leurs souvenirs jusqu'en 1903. Puis Cézanne resta seul. Il devint en quelque sorte le dépositaire de leur capital de mémoire à tous les deux. En 1906, au cours du dernier mois de sa vie, Cézanne écrivit presque exclusivement à son fils - quinze lettres au total. Il en rédigea aussi une pour Bernard et une pour son marchand de couleurs. La mémoire et les souvenirs occupaient désormais une grande part de son existence imaginaire. Lorsqu'il demande à son fils de saluer sa mère de sa part, il ajoute : « et toutes les personnes qui se souviennent encore de moi », avant de nommer une personne en particulier, Madame Pissarro - la veuve de Pissarro [278].

Cézanne vivait alors dans un véritable isolement. Dans ses dernières lettres, il ne mentionne quasiment aucun artiste. Il lit beaucoup. Il continue de s'intéresser aux écrits de Charles Baudelaire, notamment à *L'Art romantique* et au texte sur Delacroix. Hormis Charles Camoin (qui lui rendit visite) et Bernard (qu'il ne cite qu'avec une certaine condescendance [279]), Cézanne n'évoque aucun peintre en dehors de Pissarro, qui (tout comme les frères Goncourt) avait « des propensions vers la couleur, représentative de lumière et d'air [280] ». Enfin, moins d'un mois avant de mourir, Cézanne cite Pissarro pour la dernière fois, presque dans le même souffle que « l'infortuné Bernard » qui est « congestionné par les souvenirs des musées [281] ». Le remède à la maladie du malheureux Bernard - nous pouvons le deviner maintenant - aurait été celui que Pissarro lui-même aurait prescrit : aller en plein air dans la nature. Le problème avec Bernard, c'est qu'il « ne voit pas assez sur nature [282] ». Ce constat confirme la justesse des vues de Pissarro. Selon Cézanne, « Pissarro ne se trompait donc pas, il allait un peu loin cependant, lorsqu'il disait qu'il fallait brûler les nécropoles de l'art [283] ». Quelques semaines avant sa mort, le Pissarro dont Cézanne se souvient est son compagnon des années 1860, celui-là même qui menaçait de brûler le Louvre. À la fin de leur relation, dans les années 1880, Pissarro avait, lui aussi, choisi de retenir les origines de leur amitié en achetant une série d'« études fort étranges » exécutées par son jeune ami une vingtaine d'années plus tôt. Du début à la fin, les deux artistes comptèrent beaucoup l'un pour l'autre.

Impressionnisme, post-impressionnisme : c'est moderne avant tout

« Chercher la perfection est absurde. » Avec cette phrase, écrite en 1883, Pissarro prônait une démarche radicalement moderne. Les sensations importent plus que la perfection : elles viennent naturellement, ce qui n'est pas le cas de la perfection. Un artiste n'a donc pas à rechercher ses sensations : on ne cherche pas ses sensations, on ne peut que les trouver. En ce sens, Pissarro anticipe Picasso, qui affirma dans une formule célèbre qu'il ne cherchait jamais : il trouvait. Formulant le problème autrement, Pissarro disait aussi que l'essentiel était de trouver le « caractère » : « En dessin, tout est bon à faire ! Le but est d'apprendre à voir les formes, mais avec ses propres yeux, même avec ses défauts[284]. » C'est dans les défauts intrinsèques aux œuvres de Cézanne, redécouverts lors de l'exposition chez Vollard, que résidait le secret de leur charme, depuis le début - ce que Pissarro appelait son « côté curieux[285] ».

Cézanne fut d'accord avec ce principe tout au long de sa carrière. Il est vain de rechercher la perfection. Bien plus, la fameuse « sensation » cultivée fièrement par les deux peintres était par essence liée à leurs défauts. La « sensation », dans cette acception, devient donc un antonyme de « perfection ». Délaissant cette dernière, l'artiste doit se conformer aux exigences de son motif. Les deux hommes ne cessèrent de partager ce précepte. « La nature, dit Cézanne à Gasquet, j'ai voulu la copier, je n'arrivais pas. J'avais beau chercher, tourner, la prendre dans tous les sens. Irréductible. De tous les côtés[286]. » Cézanne raconte toutefois la satisfaction qu'il éprouva lorsqu'il comprit que le soleil devait nécessairement être rendu par autre chose : la couleur. Dans l'une des dernières lettres à son fils, il loue Pissarro d'avoir été l'un des seuls à cultiver la couleur comme moyen de représenter la lumière.

Vers la même époque, Pissarro admonestait ses fils en ces termes : « J'espère que vous vous êtes mis au *travail sérieusement*, bûchez ferme votre dessin et les valeurs, *soyez très simples vis-à-vis de la nature* [c'est moi qui souligne][287]. » Même si Cézanne et Pissarro ne se voyaient plus guère, ils continuaient à parler exactement le même langage, celui qu'ils avaient élaboré dans les années 1860 et qu'ils énonçaient désormais individuellement. Les principes qu'ils avaient définis ensemble étaient toujours valables : l'obsession du travail sérieux, la recherche d'un langage simple obtenu au prix d'efforts intenses, une humilité servile devant la nature, qui devait permettre de se définir soi-même (ou de définir ses sensations).

Ces propos de Matisse, expliquant l'influence de Cézanne sur son œuvre, sont très révélateurs de l'influence qu'un artiste peut avoir sur un autre : « Cézanne, voyez-vous, est bien une sorte de bon Dieu de la peinture. Dangereuse, son influence ? Et puis après ? Tant pis pour ceux qui n'ont pas assez de force pour la subir ! Ne pas être assez robuste pour supporter sans faiblir une influence est une preuve d'impuissance. Je vous répéterai ce que je disais naguère à Guillaume Apollinaire : "Je n'ai, pour ma part, jamais évité l'influence des autres, j'aurais considéré cela comme une lâcheté et un manque de sincérité vis-à-vis de moi-même. Je crois que la personnalité de l'artiste s'affirme par les luttes qu'il a subies. Il faudrait être bien niais pour ne pas regarder dans quel sens travaillent les autres. Je m'étonne que certains puissent être dépourvus à ce point d'inquiétude pour croire avoir saisi d'emblée la vérité de leur art. Il m'est arrivé d'accepter des influences mais je crois avoir su toujours les dominer[288]." »

Cézanne lui-même avait évoqué Pissarro en des termes très similaires : « Quant au vieux Pissarro, ce fut un père pour moi. C'était un homme à consulter et quelque chose comme le bon Dieu[289]. » De fait, chaque artiste avait joué le rôle d'un dieu pour l'autre : chacun avait permis à l'autre d'exister artistiquement ; chacun justifiait les actes de l'autre ; chacun menaçait de sévir si la ligne de conduite fixée était violée ; chacun récompensait l'autre amplement pour ce qu'il avait accompli. Cézanne et Pissarro firent leur entrée dans l'arène de l'art moderne ensemble, dans les années 1860. Les principes qu'ils définirent leur servirent de règles jusqu'à la fin de leur carrière, même si leurs recherches produisirent des œuvres très diverses visuellement.

Aussi longtemps qu'ils restèrent étroitement en contact l'un avec l'autre - en personne ou par le biais de la mémoire -, aucun ne tint le rôle du maître ou du disciple. Cette thèse va, bien sûr, à l'encontre de ce qu'une grande partie de l'histoire de l'art nous a enseigné sur ces artistes. Fry, par exemple, écrit qu'à Auvers, Cézanne devint l'apprenti de Pissarro, « qui maîtrisait déjà pleinement sa méthode et qui possédait son style propre. Il fut, pour ainsi dire, son premier et unique apprenti[290] ». Aussi étonnant que cela paraisse, la réfutation de ce point de vue vint de Cézanne lui-même, qui employa précisément les termes que Fry allait plus tard utiliser. Se désignant, dans l'une de ses dernières expositions, comme un « élève de Pissarro » - alors que celui-ci était mort et que Cézanne avait « environ soixante-dix ans » -, Cézanne réfutait Fry (en anticipant son argument). En rappelant qu'il était l'élève de Pissarro, Cézanne soulignait qu'il n'était le disciple de personne, hormis de lui-même, et qu'il ne pouvait en être autrement. Ce fut peut-être là l'ultime leçon de Pissarro pour Cézanne : « Ce qui fait que nous sortons peut-être tous de Pissarro. Il a eu la veine de naître aux Antilles, là il a appris le dessin *sans maître*[291]. »

Catalogue

Avis au lecteur

Les dates mentionnées ci-après s'appuient pour la plupart sur celles adoptées dans *The Paintings of Paul Cézanne : A Catalogue Raisonné* de John Rewald et dans *Camille Pissarro : son art, son œuvre* de Ludovic Rodo Pissarro et Lionello Venturi. Les titres sont ceux établis par le nouveau catalogue raisonné des œuvres de Pissarro, édité par Joachim Pissarro et Claire Durand-Ruel Snollaerts et publié sous l'égide du Wildenstein Institute. Cette dernière publication a également fourni une source importante d'information sur la datation du travail de l'artiste. Les dates qui diffèrent de ces sources publiées sont de l'auteur.

« Brûler le Louvre » : technique et idéologie radicales dans les premières œuvres

Les années 1860 jouèrent un rôle primordial dans le développement artistique comme dans la carrière de Cézanne et de Pissarro ; elles constituèrent aussi une étape décisive dans la formation du vocabulaire de la peinture moderne. Celui-ci s'élabora à la fois en termes pratiques et théoriques. Sur le plan technique, Cézanne et Pissarro innovèrent en appliquant sur la toile d'épaisses couches de peinture, créant une surface picturale irrégulière et quasi sculpturale (voir la nature morte et le paysage de Pissarro [cat. 5, 6], et les portraits de l'oncle Dominique par Cézanne [cat. 7-9]). Sur le plan théorique, les deux artistes se parlèrent et s'écrivirent souvent, et ils eurent maints échanges avec des tiers. Contrairement à une idée répandue, les impressionnistes ont écrit de nombreux textes, exprimant leur idéologie artistique dans des lettres ou par l'intermédiaire d'articles (rédigés par des critiques) qui reflétaient leurs propres positions et conceptions[1]. Tant au point de vue de la théorie que de la pratique, Cézanne et Pissarro se considéraient comme des révolutionnaires qui ouvraient une nouvelle voie artistique radicale.

Cézanne prétendait que ses tableaux feraient « rougir l'Institut de rage et de désespoir[2] », tandis que Pissarro déclarait qu'il fallait brûler le Louvre. Tous deux firent d'une certaine façon table rase du passé - une table rase représentée (métaphoriquement et littéralement) par les surfaces lisses et fermes de matière terreuse qu'ils étalaient sur leurs natures mortes et par la toile monumentale de Pissarro *Bords de la Marne en hiver* (cat. 1). Il faut regarder ces œuvres en songeant à l'affirmation des deux artistes qui voulaient être perçus comme des « travailleurs sérieux » - une expression employée à la fois par Émile Zola et par Cézanne pour qualifier les aspirations professionnelles de ces nouveaux venus qui s'apprêtaient à transformer le monde de l'art.

Replacé dans ce contexte, le portrait exécuté par Cézanne de son père lisant *L'Événement* apparaît comme une œuvre-clé (cat. 2). Louis-Auguste est assis devant une nature morte à la facture empâtée, récemment terminée par son fils (voir fig. 24) ; il tient une copie du journal progressiste dans lequel Zola avait ardemment défendu le sens du « travail » de Cézanne et de Pissarro. La situation du père de Cézanne dans ce tableau est par essence moderne : il s'intéresse à un discours théorique (ou critique) qui vise à clarifier ou à légitimer les propositions d'un artiste particulier - ici, son fils. Dans l'art moderne, la théorie et la pratique (ou le discours et la peinture) devenaient indissociables. Les articles de Zola publiés dans *L'Événement* permettaient de fait au père de Cézanne de lire des propos parfaitement adaptés à de nombreuses œuvres des deux peintres visibles dans cette section. Cette affirmation, par exemple : « Il faut dire à ces juges [du Salon] que les expositions ont été créées pour donner largement de la publicité aux travailleurs sérieux[3]. » Ce genre de discours eut un effet idéologique et pratique décisif sur les décennies suivantes.

Joachim Pissarro

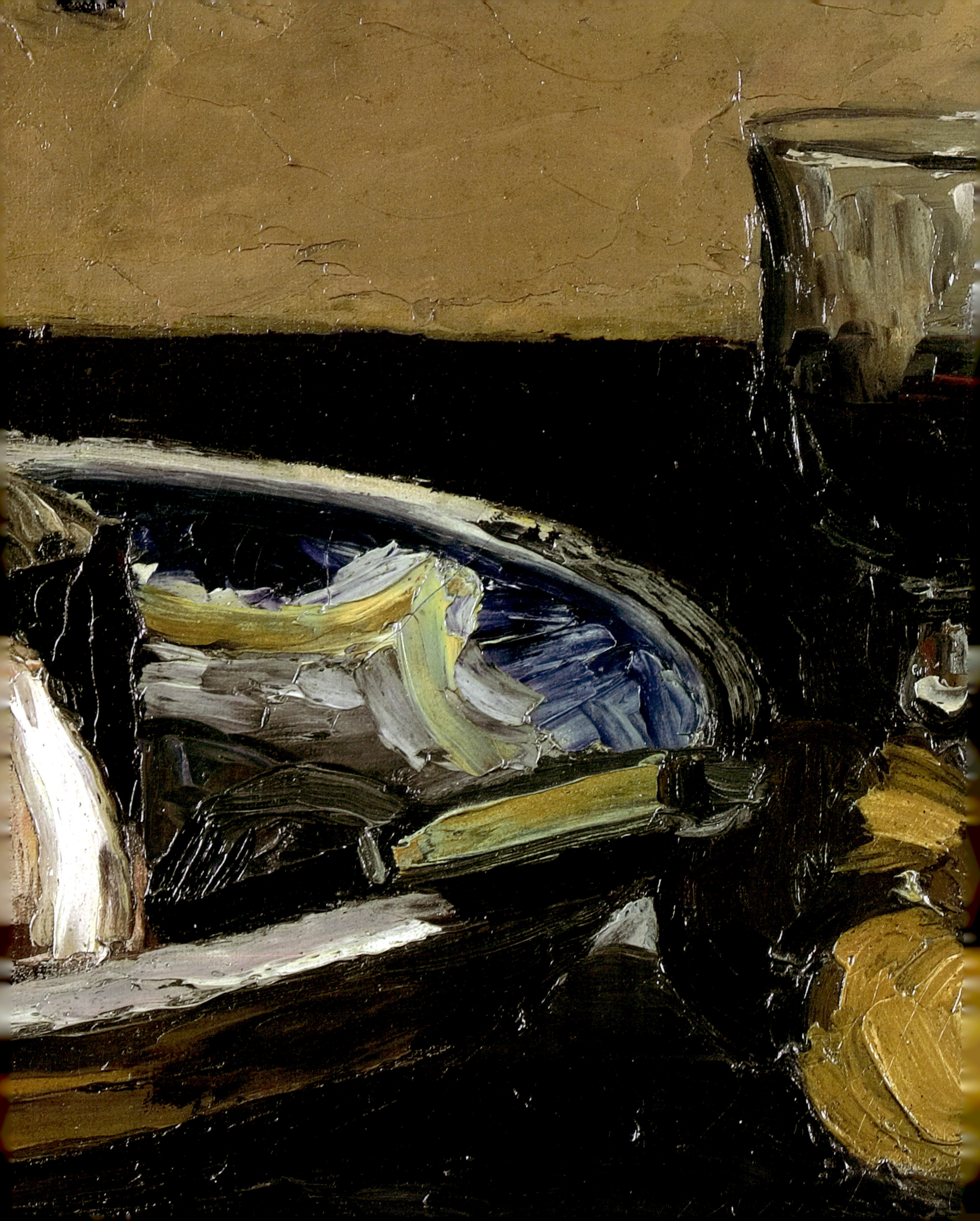

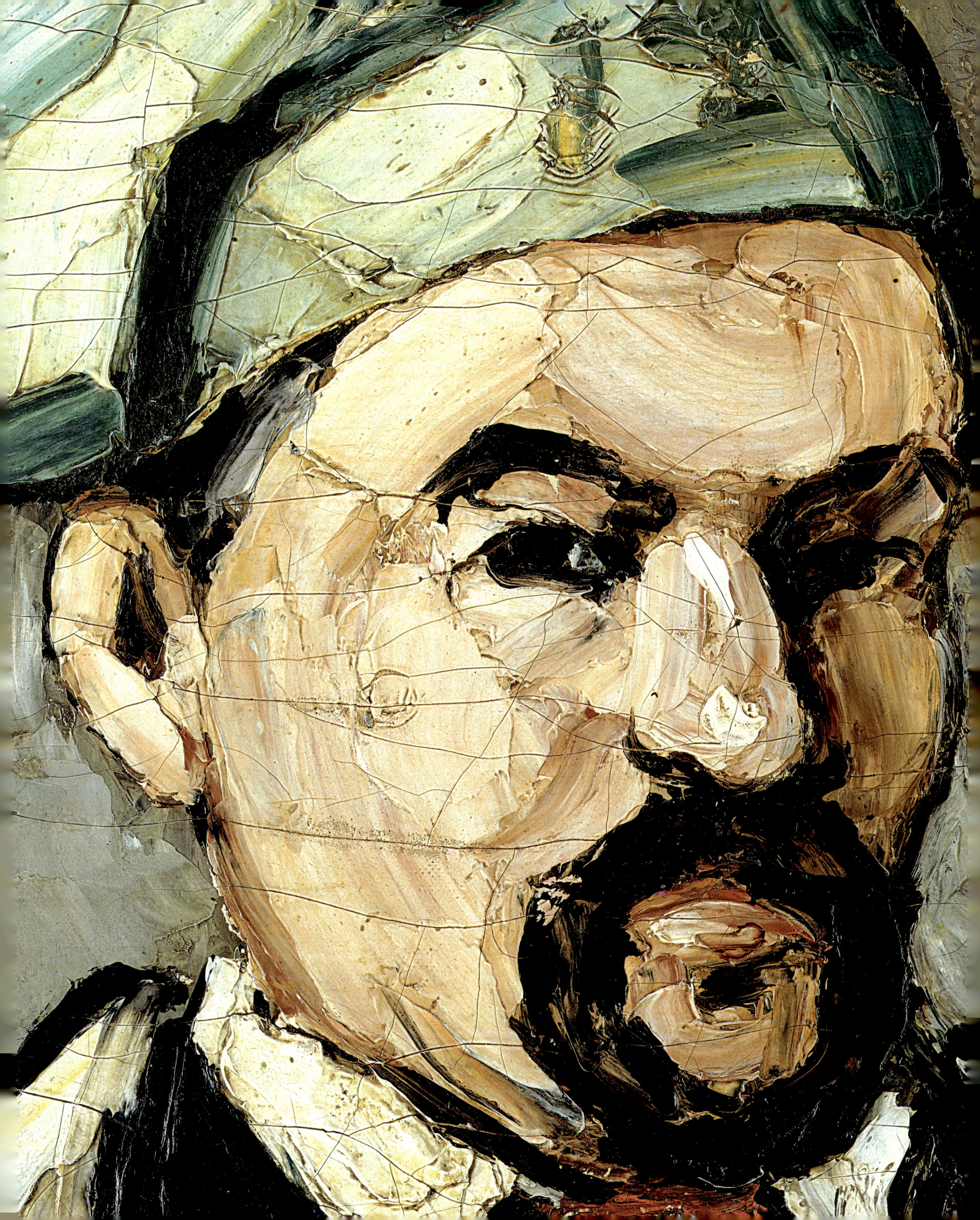

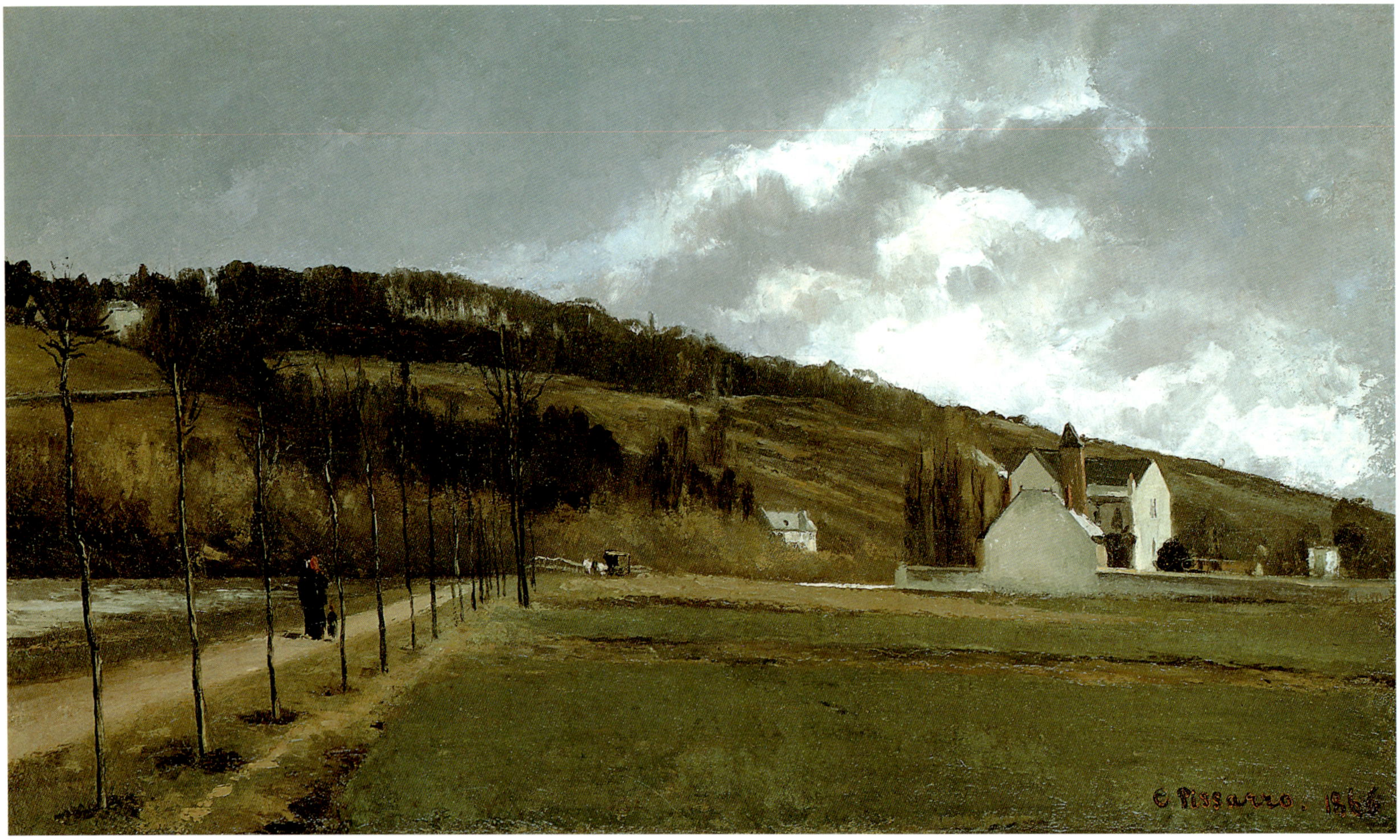

1. Camille Pissarro
Bords de la Marne en hiver, 1866
Huile sur toile, 0,918 x 1,502 m
The Art Institute of Chicago, Mr. and Mrs. Lewis Larned Coburn Memorial Fund, 1957

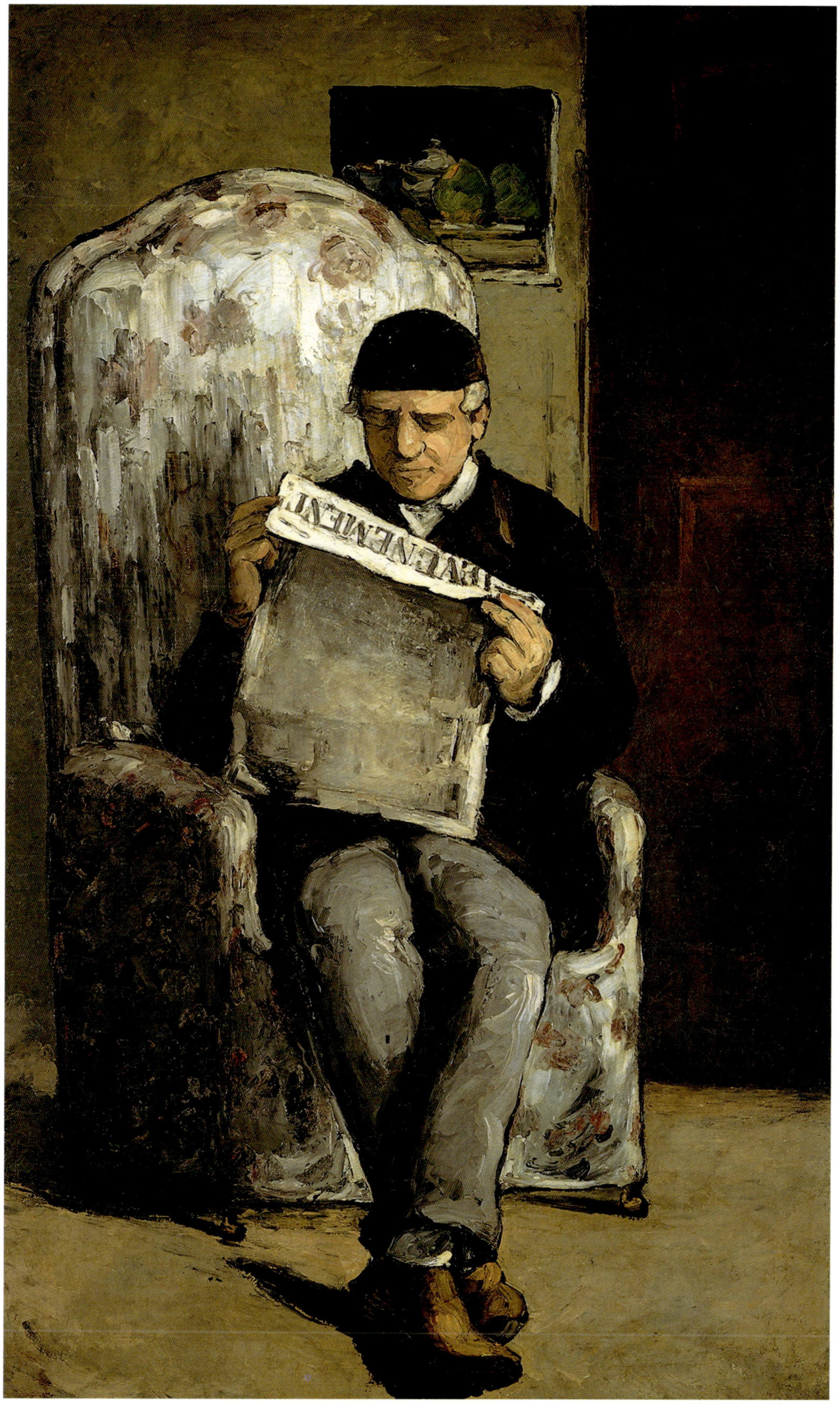

2. Paul Cézanne
Le Père de l'artiste, 1866
Huile sur toile, 1,985 x 1,193 m
Washington, D.C., National Gallery of Art, Mr. and Mrs. Paul Mellon Collection

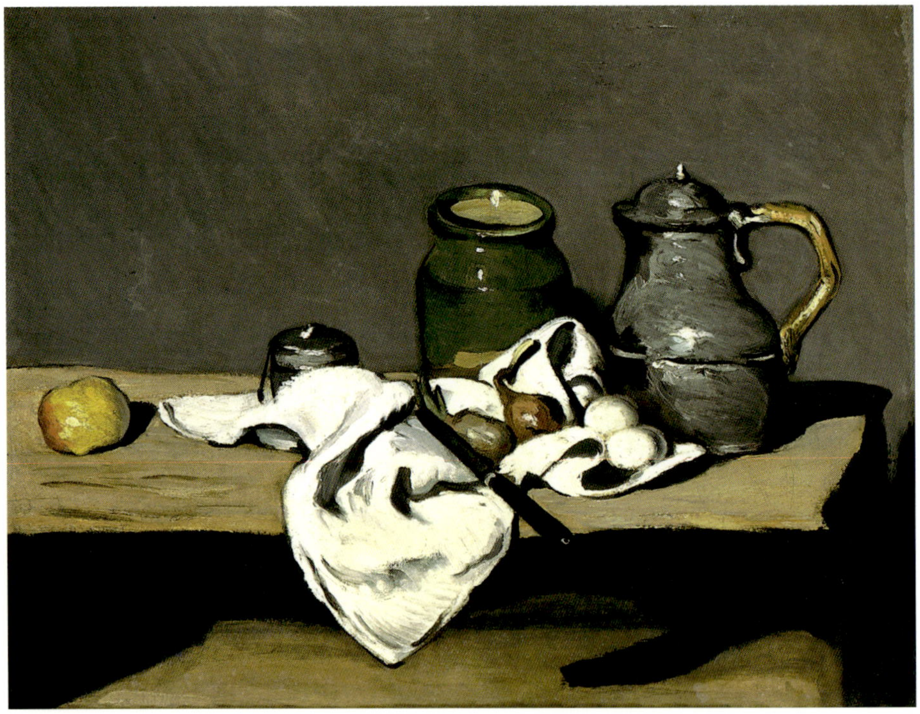

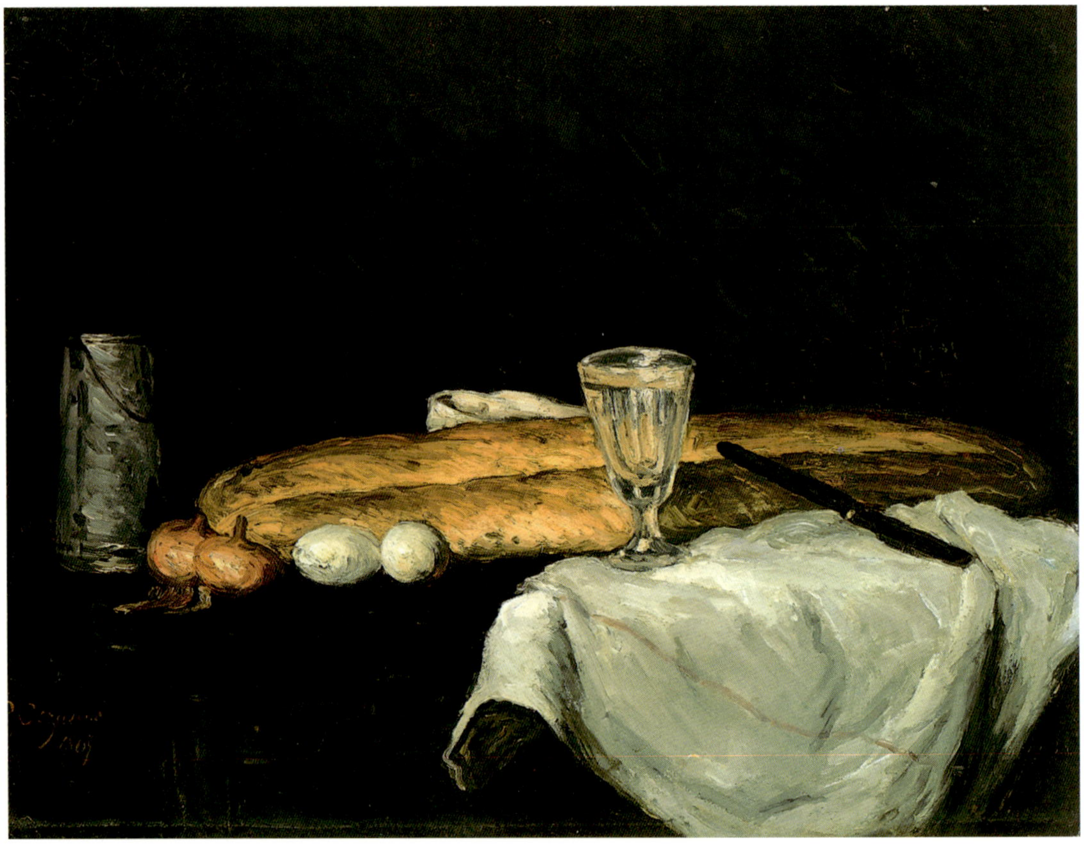

3. Paul Cézanne
Nature morte à la bouilloire, vers 1869
Huile sur toile, 0,64 × 0,81 m
Paris, musée d'Orsay, acquis sur les arrérages d'une donation anonyme canadienne, avec le concours des héritiers de Gaston de Bernheim de Villers et de la Société des amis du Louvre, 1963

4. Paul Cézanne
Nature morte : pain et œufs, 1865
Huile sur toile, 0,59 × 0,76 m
Cincinnati, Cincinnati Art Museum, donation Mary E. Johnston

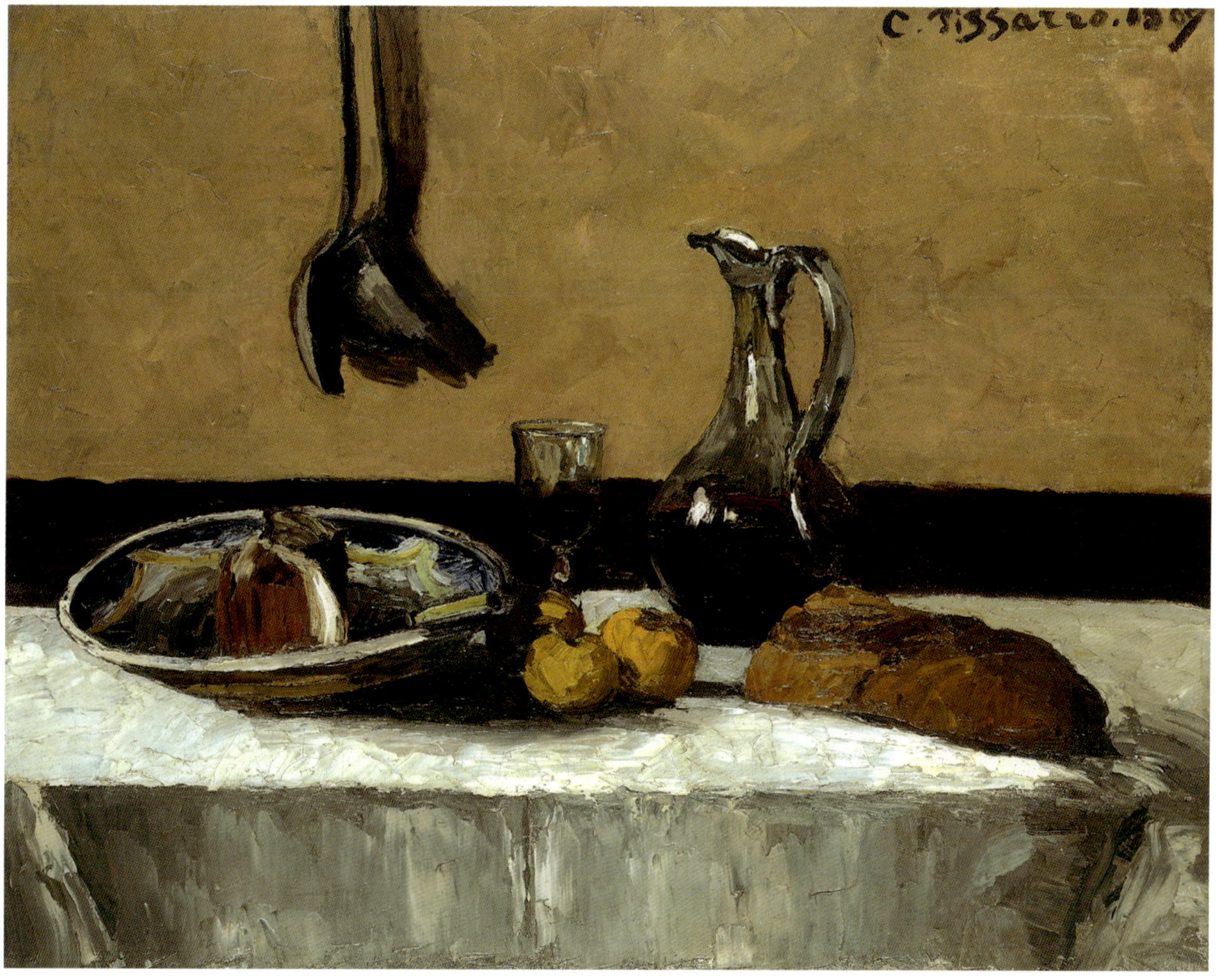

5. Camille Pissarro
Nature morte à la carafe de vin, 1867
Huile sur toile, 0,81 × 0,996 m
Toledo, Ohio, Toledo Museum of Art, acquis grâce aux fonds du Libbey Endowment, donation Edward Drummond Libbey, 1949

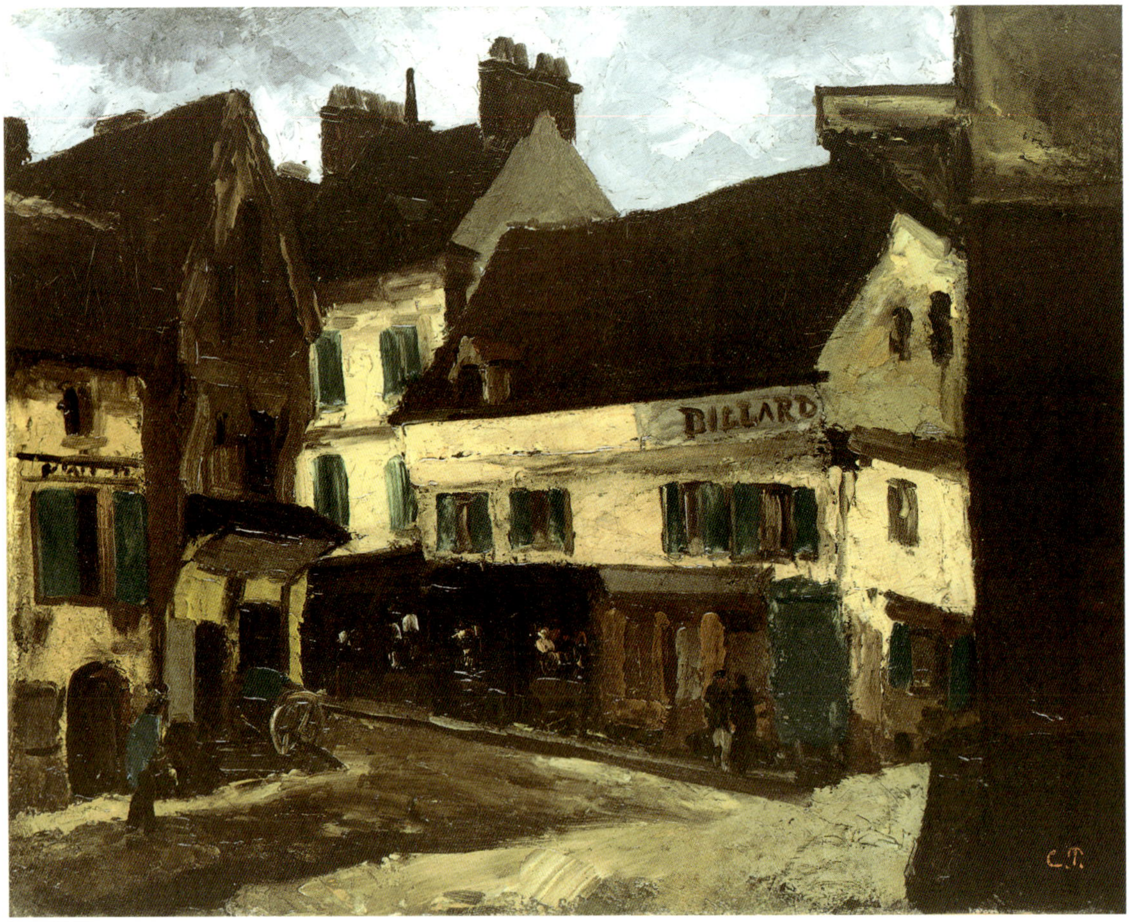

6. Camille Pissarro

Place à La Roche-Guyon, 1866-1867

Huile sur toile, 0,5 × 0,61 m

Berlin, Staatliche Museen zu Berlin, Nationalgalerie

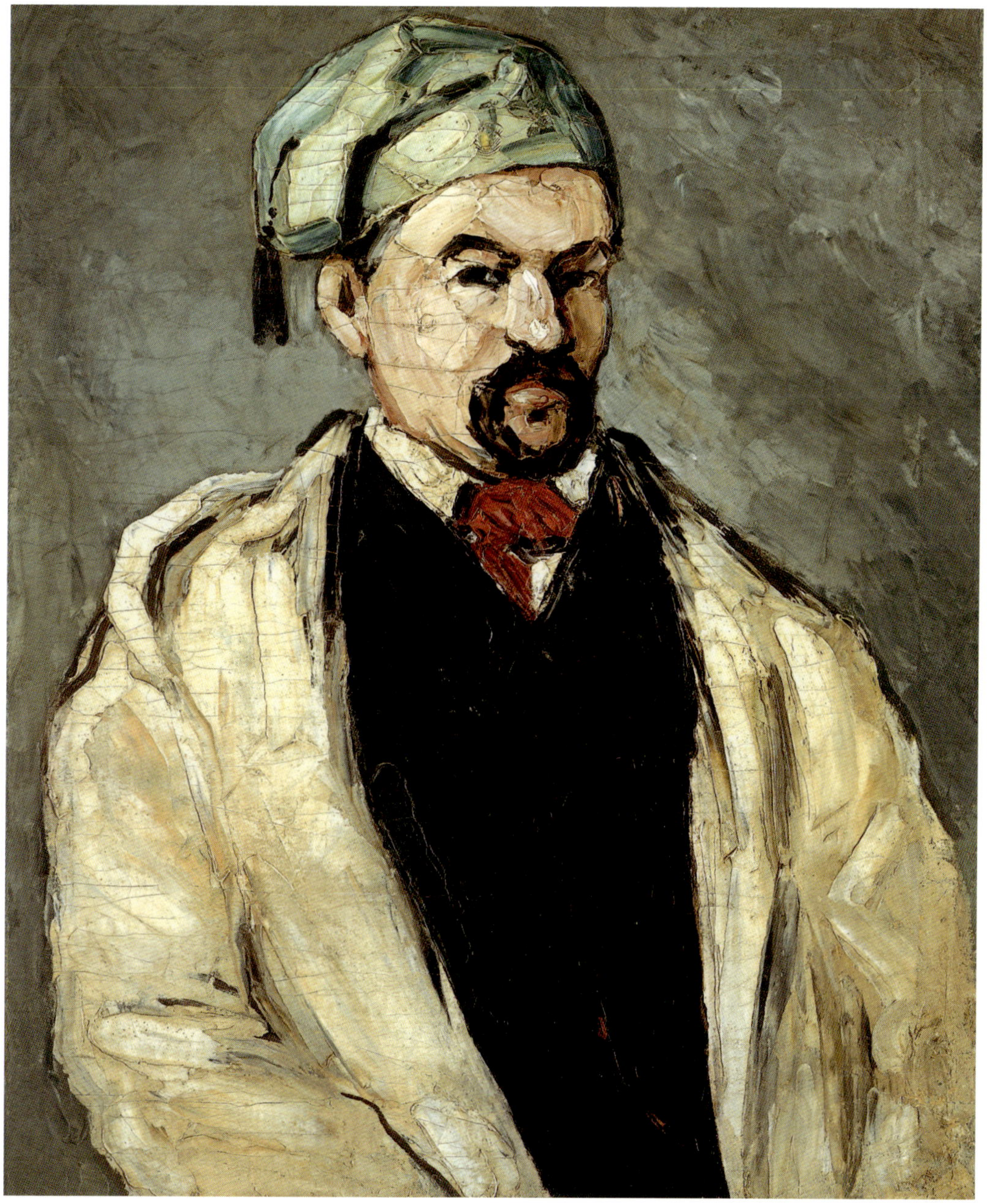

7. Paul Cézanne
Homme au bonnet de coton (*L'Oncle Dominique*), 1866
Huile sur toile, 0,797 × 0,641 m
New York, The Metropolitan Museum of Art, Wolfe Fund, 1951, transféré du Museum of Modern Art, Lillie P. Bliss Collection (53.140.1)

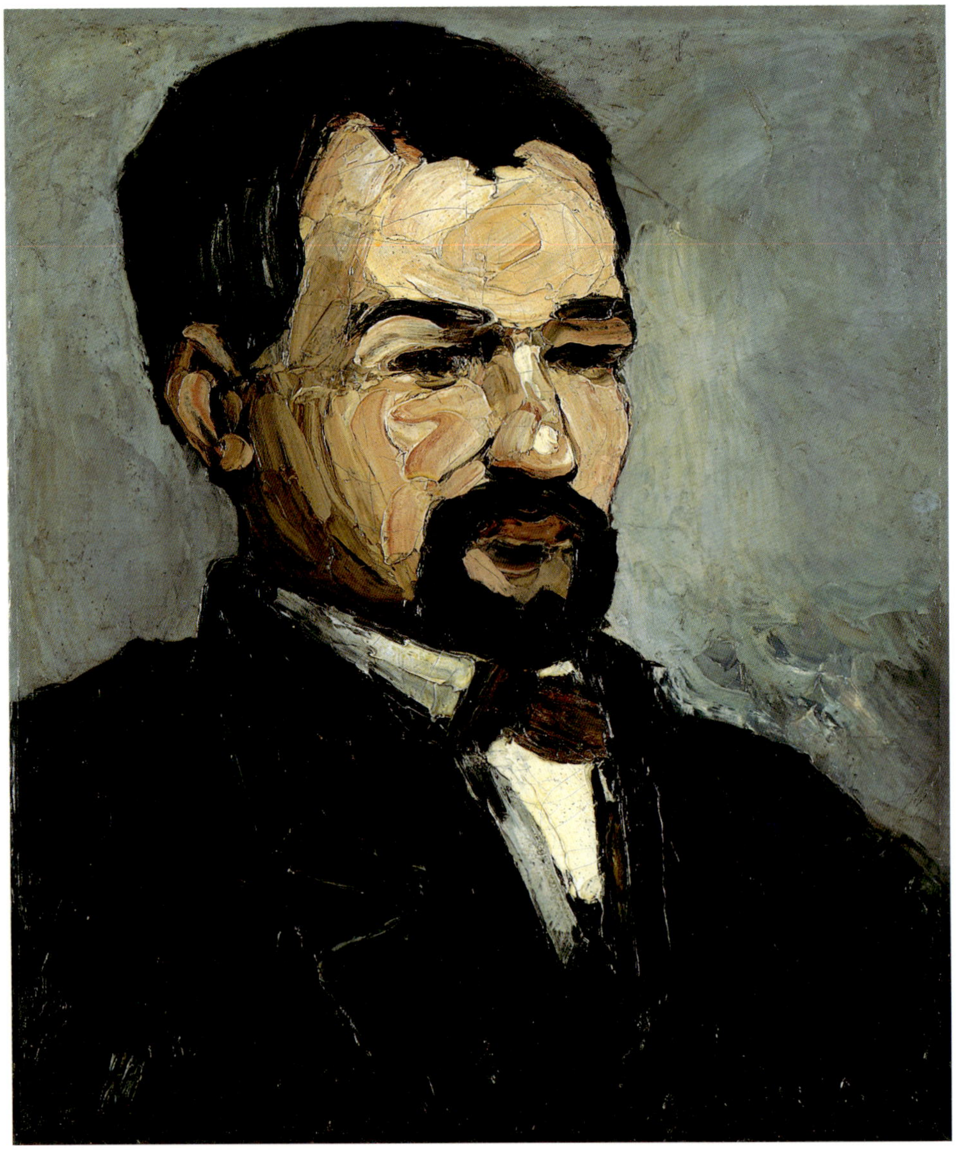

8. Paul Cézanne
L'Oncle Dominique, vers 1865-1867
Huile sur toile, 0,457 x 0,381 m
Pasadena, Norton Simon Art Foundation

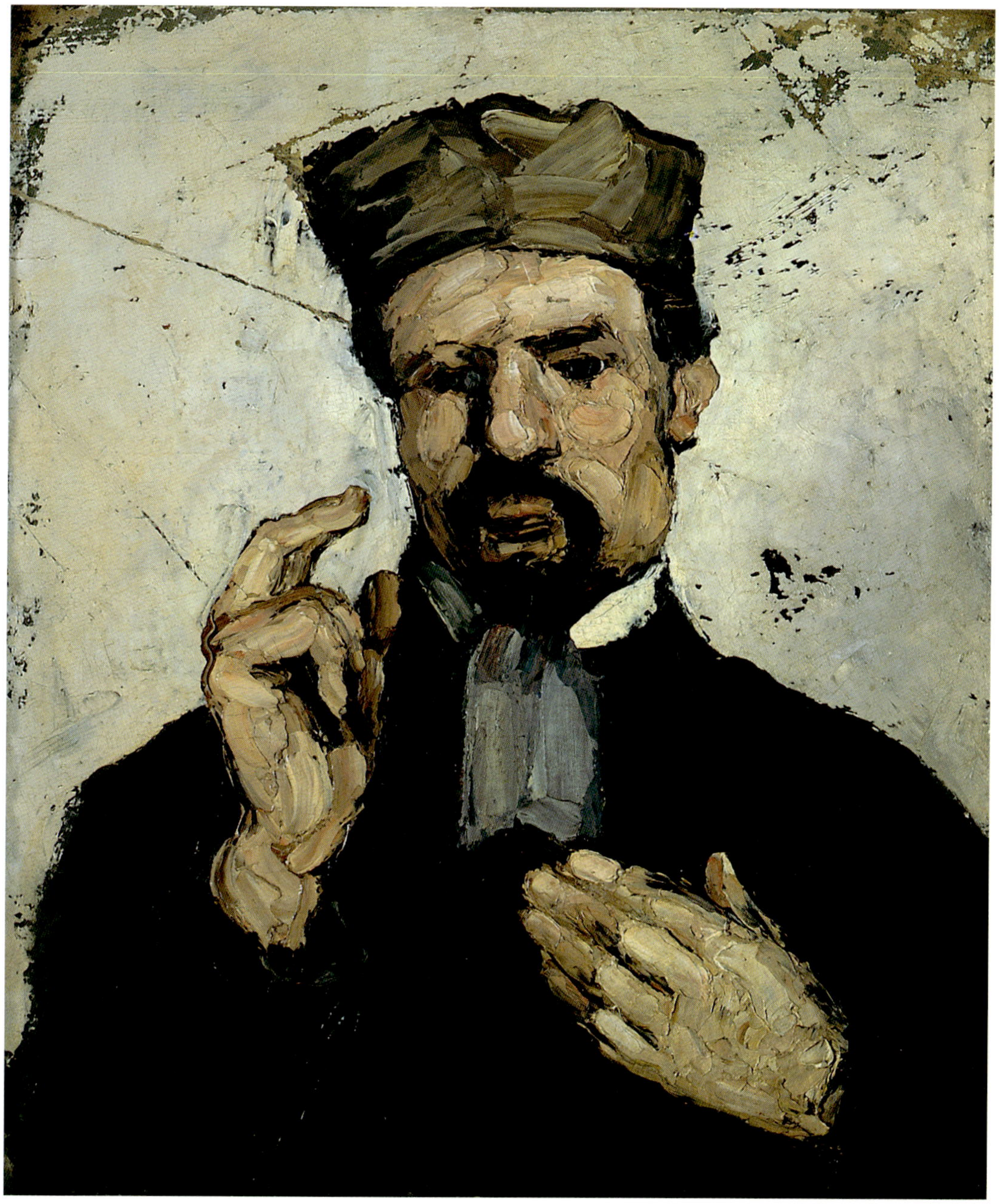

9. Paul Cézanne
L'Oncle Dominique en avocat, 1866
Huile sur toile, 0,65 x 0,54 m
Paris, musée d'Orsay, dation en paiement de droits de succession, 1991

Regards croisés : portraits et autoportraits

Deux autoportraits, l'un de Cézanne et l'autre de Pissarro (cat. 13, 14), disent avec éloquence qui étaient les deux artistes. Celui de Pissarro, montrant un homme barbu et partiellement chauve de quarante-cinq ans, évoque un personnage doux et non-conformiste, en même temps qu'une figure biblique, un père ou un mentor. L'autoportrait de Cézanne, peint alors que l'artiste avait la trentaine, présente aussi une figure en partie chauve et barbue, qui exprime un sentiment de rébellion.

Pissarro et Cézanne se rencontrèrent à Paris en 1861; dès les années 1870, ils avaient noué une profonde amitié, perceptible dans le jeu de références croisées qui relient le *Portrait de Paul Cézanne*, exécuté par Pissarro en 1874 (cat. 12), et la *Nature morte à la soupière*, peinte par Cézanne vers la même année (cat. 11). Le tableau de Pissarro *Rue de Gisors, la maison du père Gallien, Pontoise* (cat. 10), de 1873 - une scène rurale que l'on aperçoit partiellement dans les deux œuvres -, constitue leur lien le plus évident. C'est à Pontoise, dans l'atelier de Pissarro, que furent réalisés le portrait et la nature morte. Pissarro s'installa pour la seconde fois dans cette ville d'avril 1872 à la fin de 1882, et Cézanne l'y rejoignit souvent, notamment à partir de 1872.

Si ces deux œuvres témoignent d'un lien étroit parce qu'elles furent exécutées au même endroit et eurent le même propriétaire (Pissarro conserva son portrait de Cézanne toute sa vie et devint le premier propriétaire de la nature morte de Cézanne), ce sont surtout les tableaux inscrits à l'intérieur des tableaux qui laissent entrevoir la camaraderie et l'admiration mutuelle unissant les deux hommes. Theodore Reff fut le premier à le mettre en lumière[1]. En citant d'autres œuvres - une pratique ravivée par les impressionnistes -, Pissarro élaborait un réseau discursif complexe autour de la présence de Cézanne. Ce procédé permettait en retour à ce dernier de présenter un sujet très personnel sur fond d'œuvres de Pissarro, un maître qu'il admirait, qu'il influença et par qui il fut influencé.

Dans son *Portrait de Paul Cézanne* (cat. 12), Pissarro encadre la figure peu soignée de son ami d'éléments appartenant à des registres opposés. Il insère en bas à droite l'un de ses propres tableaux d'une vue sans prétention de Pontoise (cat. 10) et l'accompagne de références à des journaux politiques. À gauche, l'homme d'État Adolphe Thiers brandit un nourrisson que vient d'enfanter une figure allégorique de la France. La caricature originale, exécutée par André Gill, avait paru en 1872 dans l'hebdomadaire satirique *L'Éclipse* et faisait allusion à la lourde indemnité que la jeune République française devait verser à la Prusse après la guerre franco-prussienne. Chez Pissarro, l'homme politique semble offrir son trophée symbolique - un paquet d'argent - à Cézanne, qui l'ignore. En intégrant cette image, Pissarro glissait peut-être une allusion voilée à la dette de la France envers Cézanne[2], tout en faisant d'un homme politique dont il contestait vigoureusement les opinions conservatrices un admirateur du peintre.

À droite, Gustave Courbet lève son verre en l'honneur de Cézanne assis. La caricature de Léonce Petit illustrait un numéro du journal *Le Hanneton*, en 1867. Lorsque Pissarro exécuta ce portrait, Courbet avait déjà fui en exil et Thiers avait démissionné. Mais ces géants, aux vues politiques opposées, sont tous deux montrés rendant hommage à Cézanne. Par sa présence modeste mais massive, le peintre éclipse la figure de Thiers[3] et réduit celle de Courbet, malgré sa carrure imposante, à un spectateur miniature. Dans cette œuvre à la fois élogieuse et pleine d'humour, Pissarro mêle son propre goût pour la politique et l'admiration partagée des deux artistes pour Courbet dans un hommage à son ami.

Fereshteh Daftari

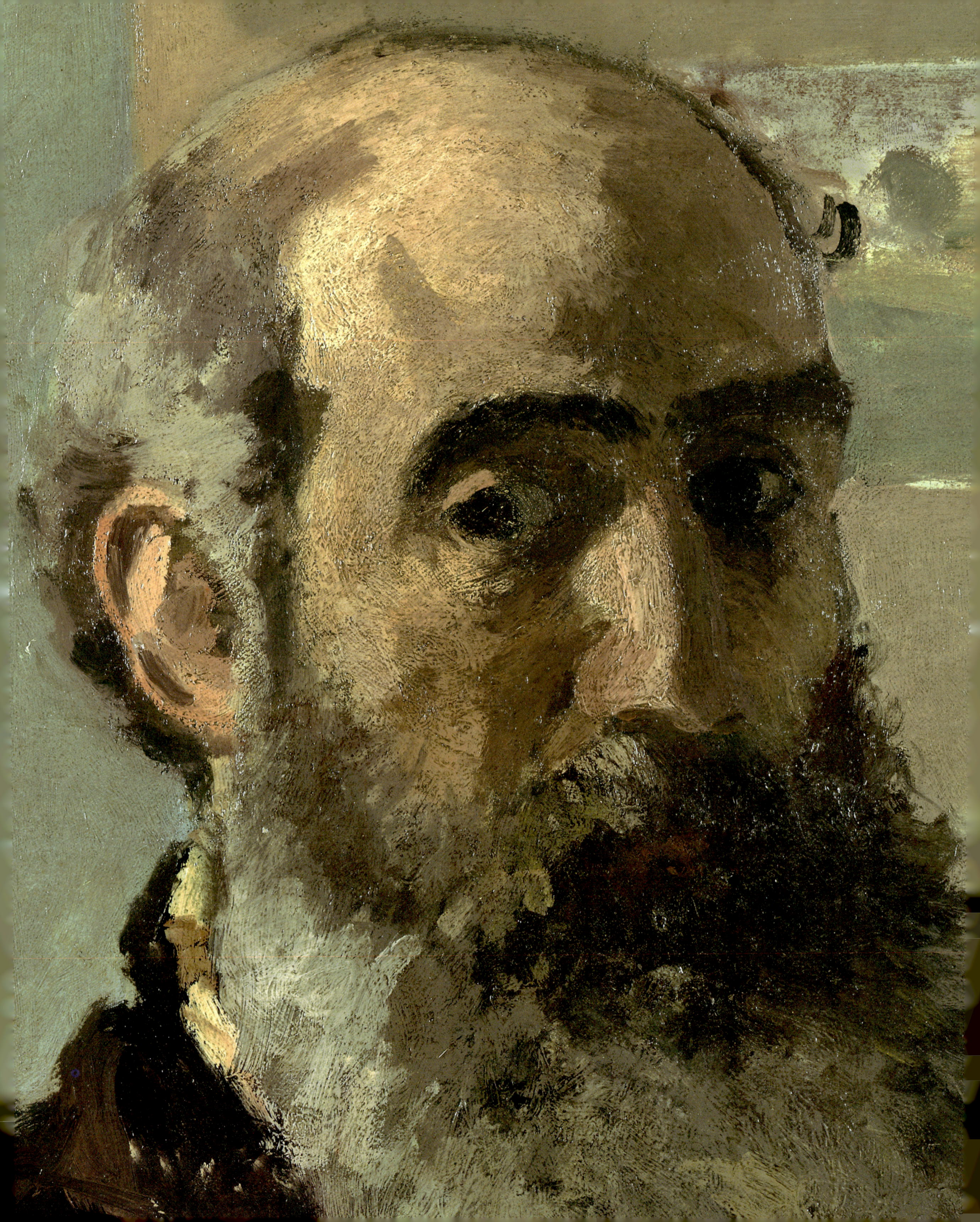

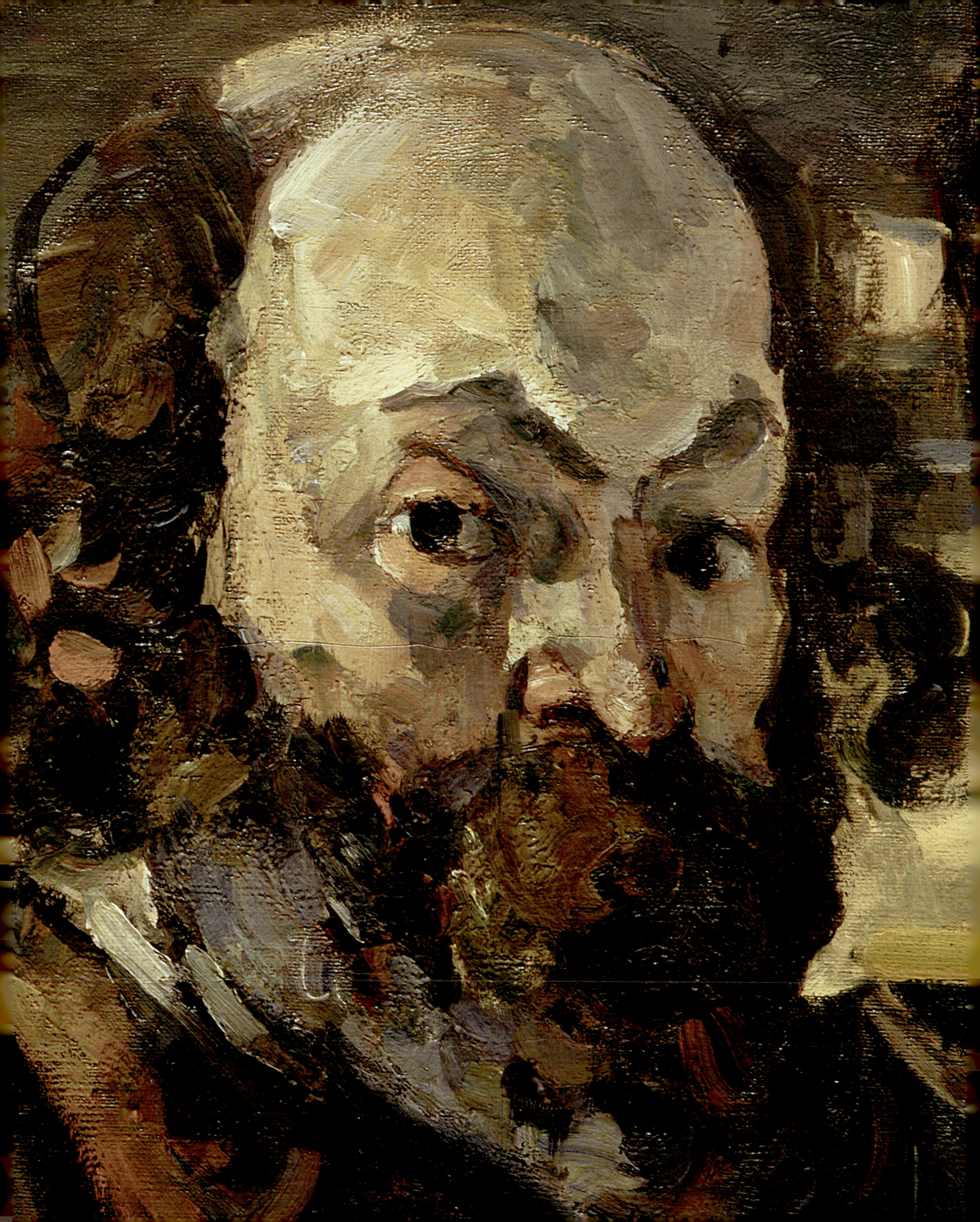

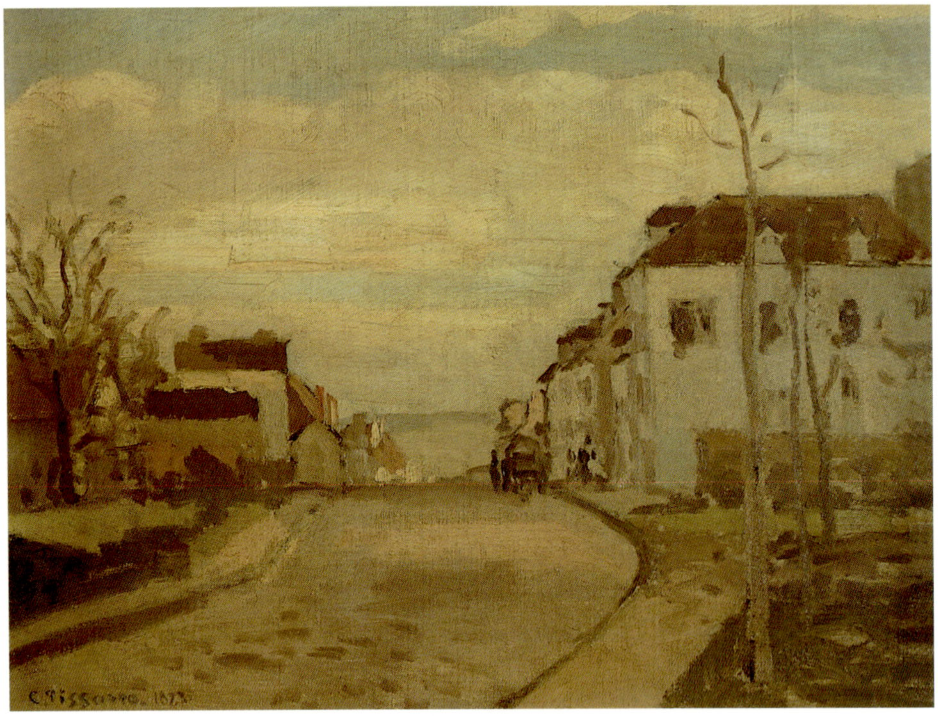

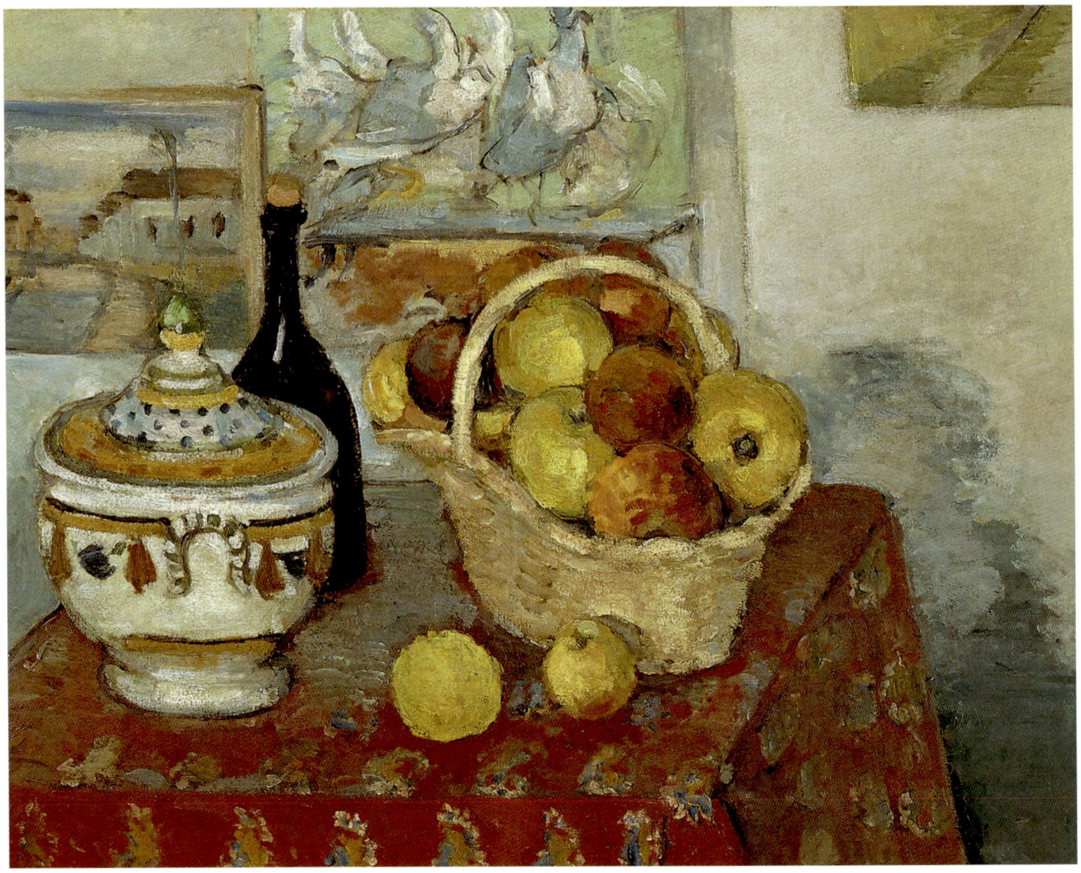

10. Camille Pissarro
Rue de Gisors, la maison du père Gallien, Pontoise, 1873
Huile sur toile, 0,362 x 0,454 m
Collection particulière

11. Paul Cézanne
Nature morte à la soupière, vers 1874
Huile sur toile, 0,65 x 0,815 m
Paris, musée d'Orsay, legs Auguste Pellerin, 1929

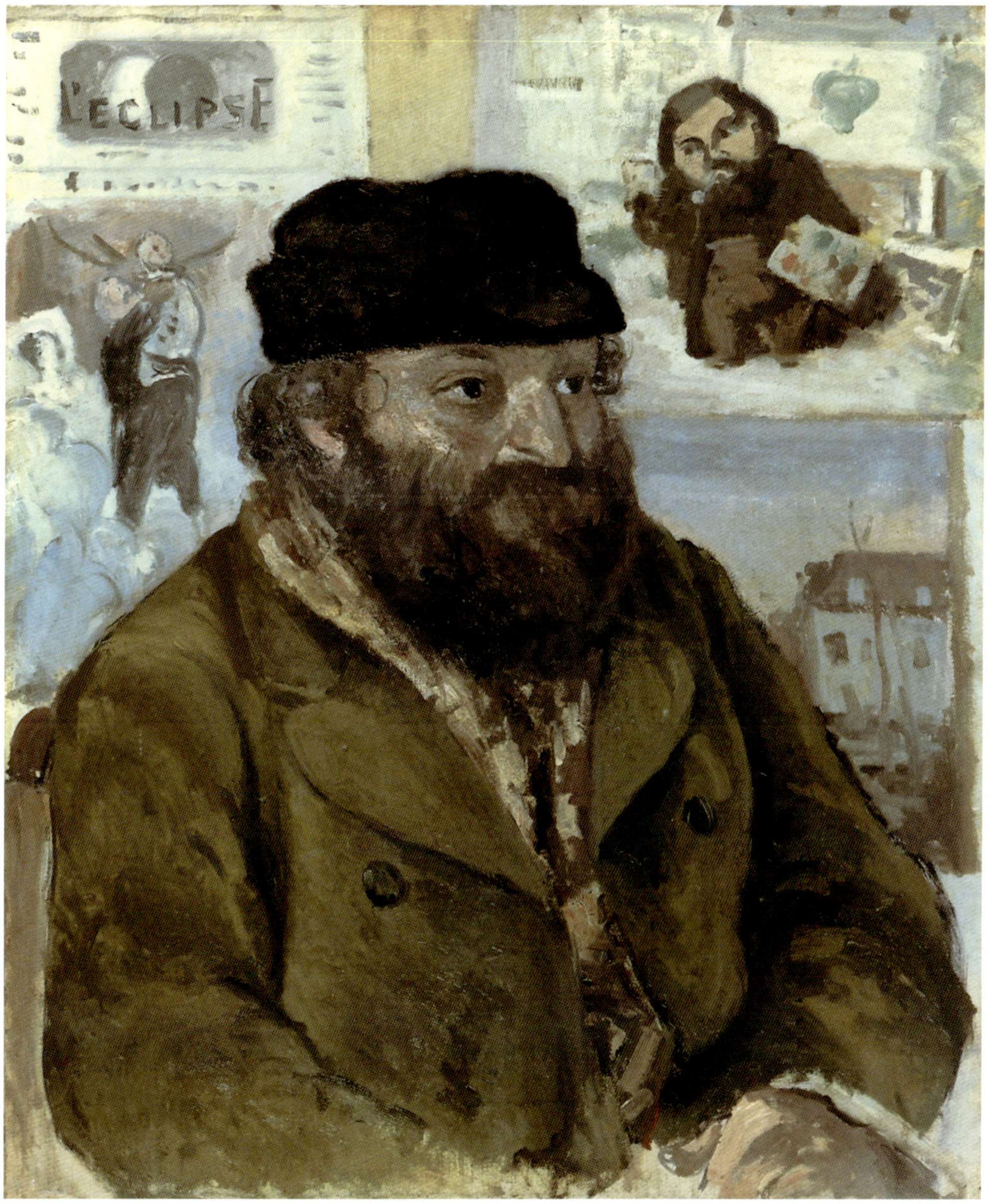

12. Camille Pissarro
Portrait de Paul Cézanne, 1874
Huile sur toile, 0,73 x 0,6 m
Collection Laurence Graff

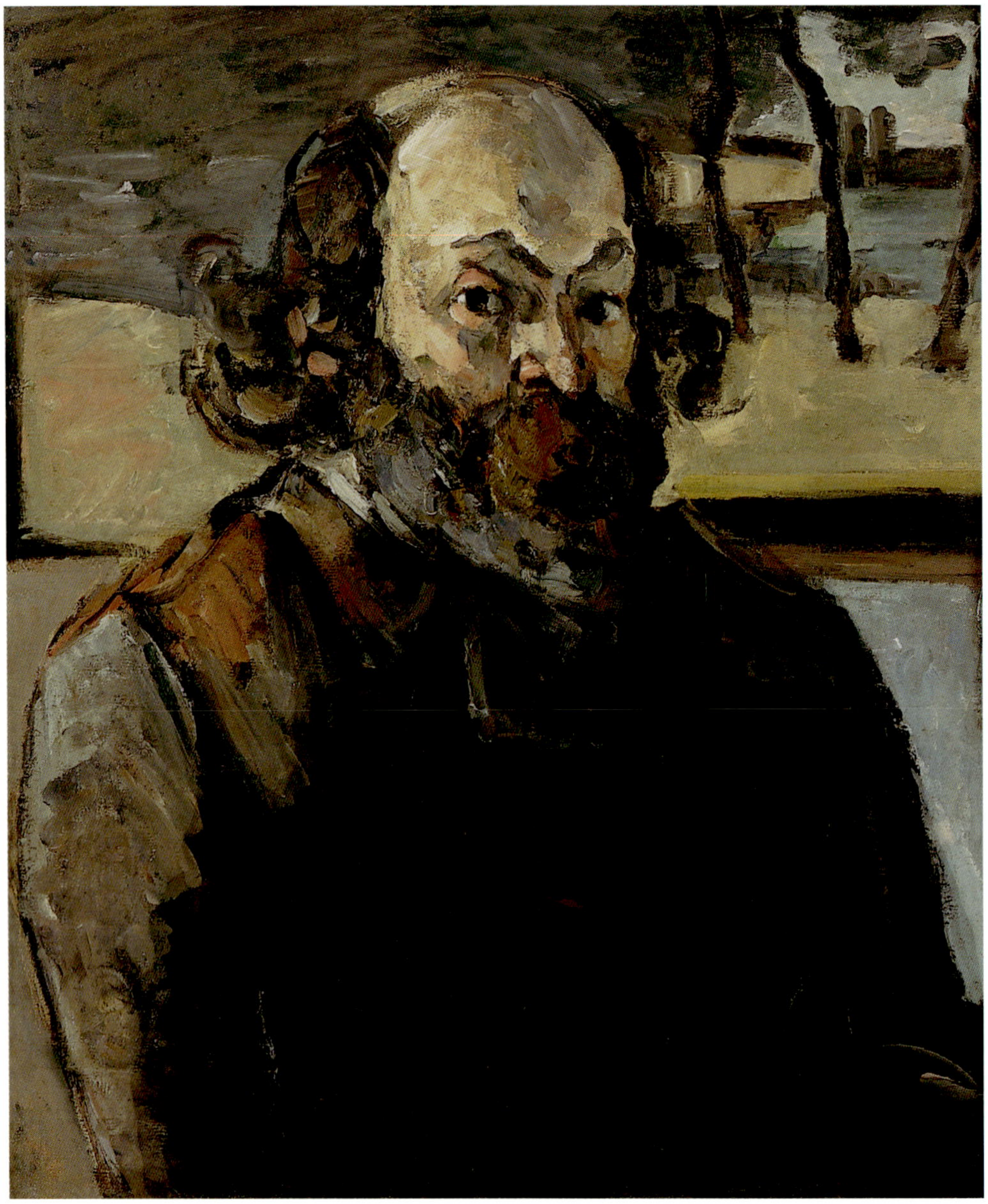

13. Paul Cézanne
Portrait de l'artiste, 1873-1876
Huile sur toile, 0,64 × 0,53 m
Paris, musée d'Orsay, donation Jacques Laroche, 1947, sous réserve d'usufruit jusqu'en 1969

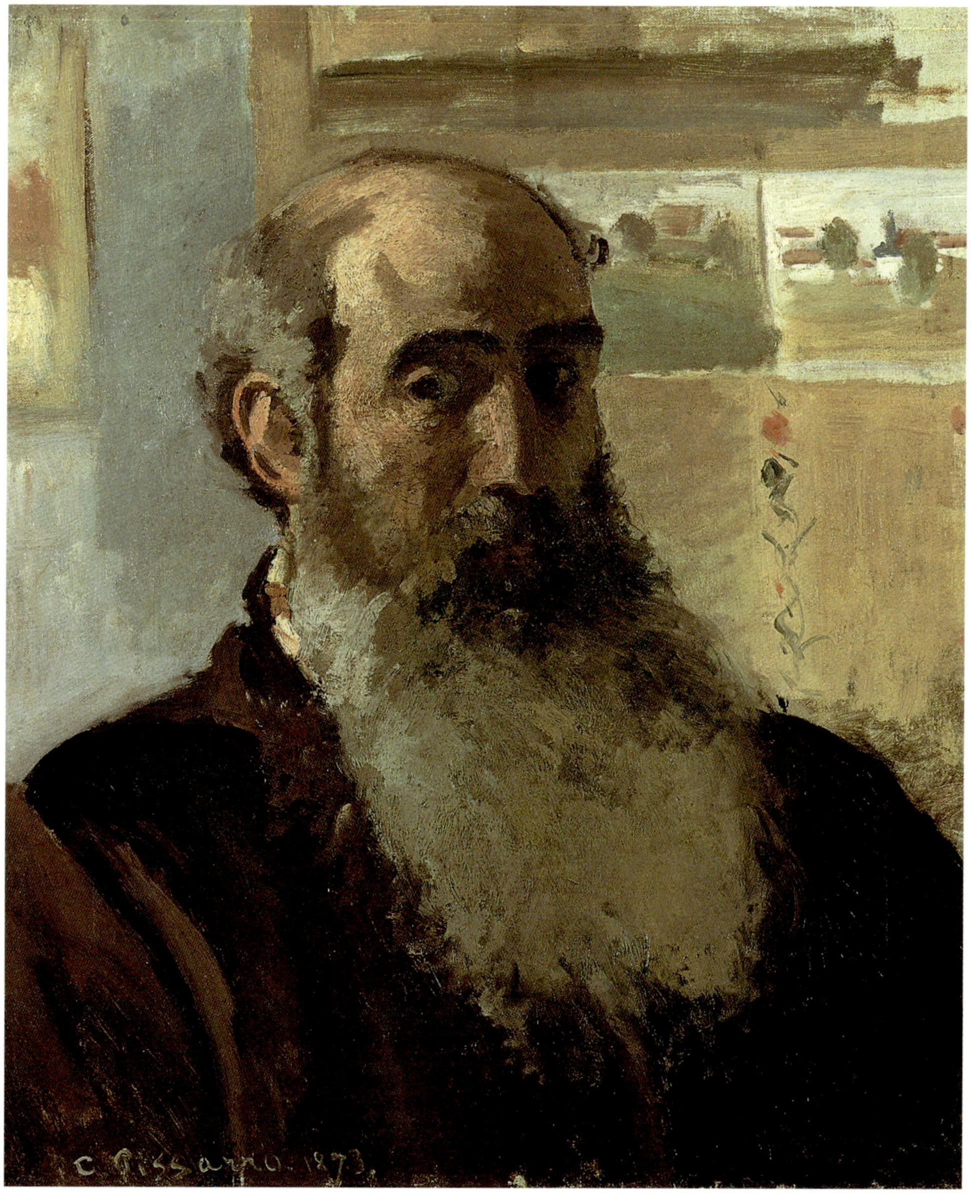

14. Camille Pissarro
Autoportrait, vers 1873
Huile sur toile, 0,56 x 0,467 m
Paris, musée d'Orsay, donation Paul-Émile Pissarro, fils de l'artiste, 1930, sous réserve d'usufruit jusqu'en 1947

Portraits sur papier : les dessins

Les œuvres graphiques de cette section révèlent l'intensité psychologique que Pissarro et Cézanne investirent dans leur longue amitié et rappellent l'intimité qu'ils partageaient lorsqu'ils travaillaient à Auvers-sur-Oise, à Pontoise et alentour, notamment durant les premières années où ils s'y retrouvèrent, entre 1872 et 1874. Dans son dessin *Pissarro allant au motif* (cat. 21), Cézanne a esquissé son ami en quelques traits rapides et sûrs. Malgré l'abstraction du visage et le modelé peu défini, on reconnaît sans peine, grâce au costume et à l'âge, une photographie contemporaine de Pissarro (voir la Chronologie). Dans *Camille Pissarro, vu de dos* (cat. 20), Cézanne va plus loin : il s'en tient aux lignes minimales, ne dessinant que ce qui est nécessaire pour caractériser le modèle. La tendresse avec laquelle il aborda le portrait de son collègue et ami est soulignée par la position vulnérable de Pissarro, assis dos au spectateur.

Dans un portrait de Pissarro vu de profil (cat. 17), Cézanne a saisi le sérieux de son aîné, qui semble surpris dans un moment de contemplation. Cézanne omet ici toute référence au contexte pour se concentrer sur ce qui évoque la personnalité de son sujet avec le plus de concision. Les traits anguleux du revers de veston et du chapeau de Pissarro préfigurent l'importance des questions de construction dans les œuvres de maturité de Cézanne. Très différent, le *Portrait de Pissarro, avec esquisses* (cat. 19) montre le peintre à l'œuvre, devant sa toile. Le traitement inhabituel de la perspective manifeste les qualités de dessinateur de Cézanne.

Ces œuvres graphiques apportent de surcroît un éclairage précieux sur la manière dont les deux artistes se voyaient eux-mêmes. Comparé au *Portrait de Cézanne coiffé d'un feutre* de Pissarro (vers 1874 ; cat. 15), l'*Autoportrait* de Cézanne dessiné trois ans plus tard (cat. 16) offre une image beaucoup plus vivante du peintre. Le visage arrondi, la barbe fournie et le chapeau à cornes, qui définissent Cézanne dans le dessin de Pissarro, lui donnent un caractère chaleureux et accessible. L'artiste a veillé à rendre les ombres délicates du visage et celle, plus abrupte, qui se projette sur l'épaule gauche. L'*Autoportrait* de Cézanne, en revanche, se limite aux traits nécessaires pour évoquer la personnalité d'un artiste à la fois grave et rebelle : yeux fixes, air déterminé, lèvres serrées, joues creuses. La barbe et le chapeau sont à peine détaillés, pour que rien ne détourne le spectateur du regard de l'artiste.

Dans son eau-forte de 1874 (cat. 18), Pissarro est plus proche de la vision que Cézanne avait de lui-même. Ce portrait, reproduit en couverture de la revue *Les Hommes d'aujourd'hui* en 1891 (voir la Chronologie), montre un Cézanne au regard scrutateur perçant sous une casquette. Comme dans la célèbre sculpture monumentale de Balzac[1], commencée par Auguste Rodin la même année, en 1891, la personnalité de Cézanne est rendue par une expression sévère et contemplative, tandis que son corps est dissimulé sous plusieurs épaisseurs de vêtements qui lui confèrent une présence solennelle et imposante. Cette impression est renforcée par les lignes sombres de la gravure et par les contours spectaculaires du pardessus de Cézanne qui occupent la moitié inférieure de la composition.

Jennifer Field

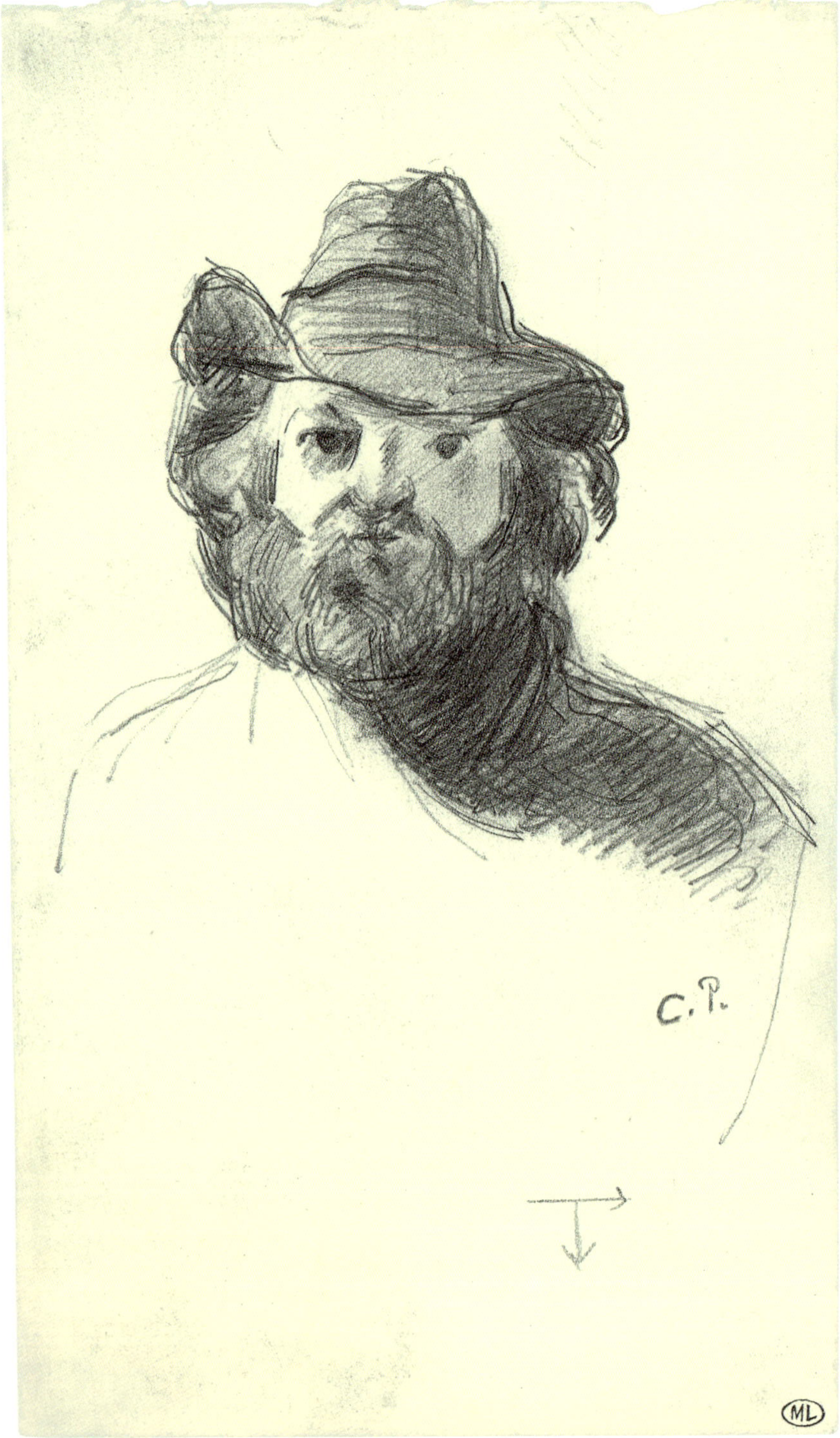

15. Camille Pissarro
Portrait de Cézanne coiffé d'un feutre, vers 1874
Mine de plomb sur papier, 24,2 x 13 cm
Paris, musée du Louvre, département des Arts graphiques, fonds du musée d'Orsay

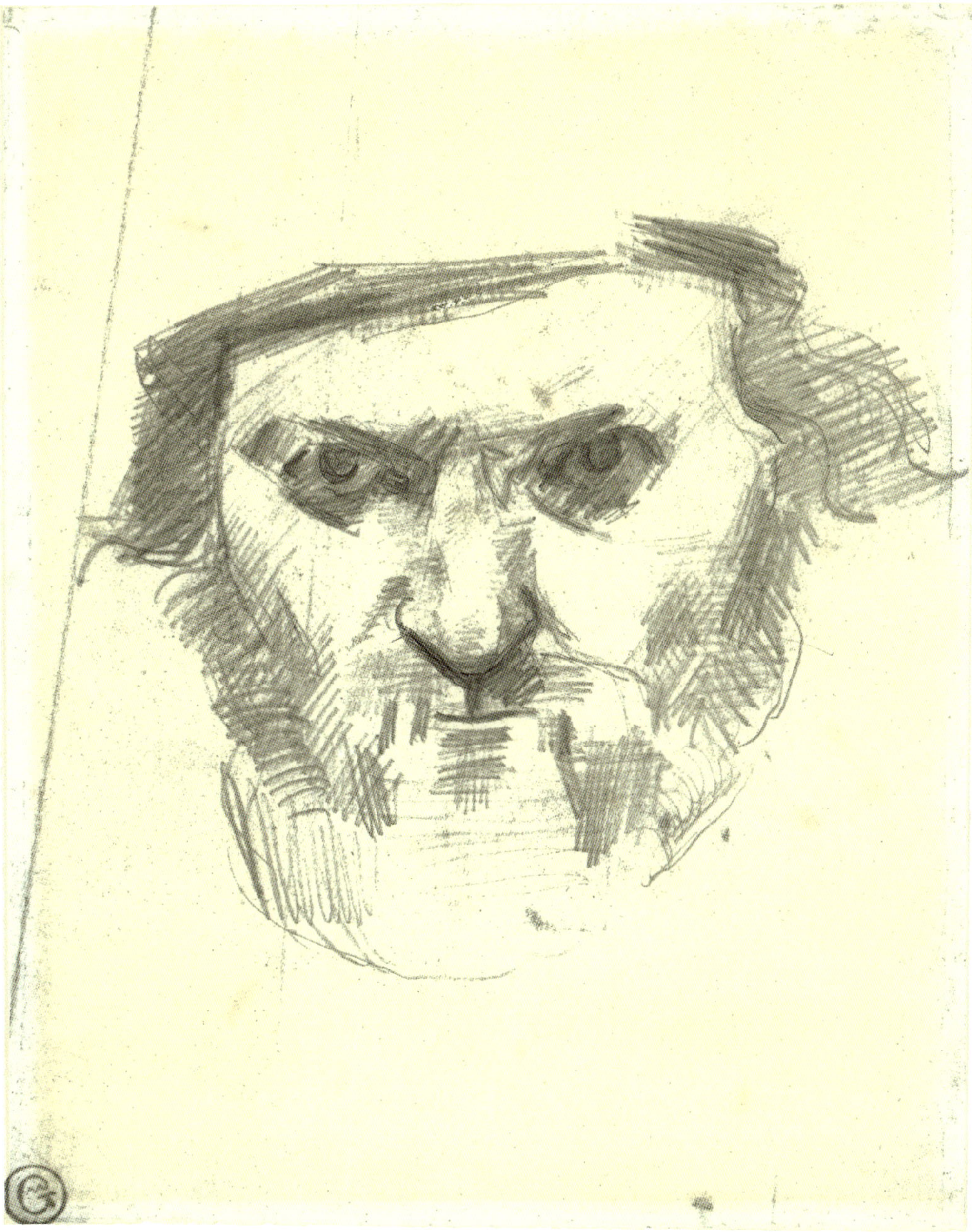

16. Paul Cézanne
Autoportrait, vers 1877
Crayon sur papier, 18,5 x 14,5 cm
Paris, collection particulière

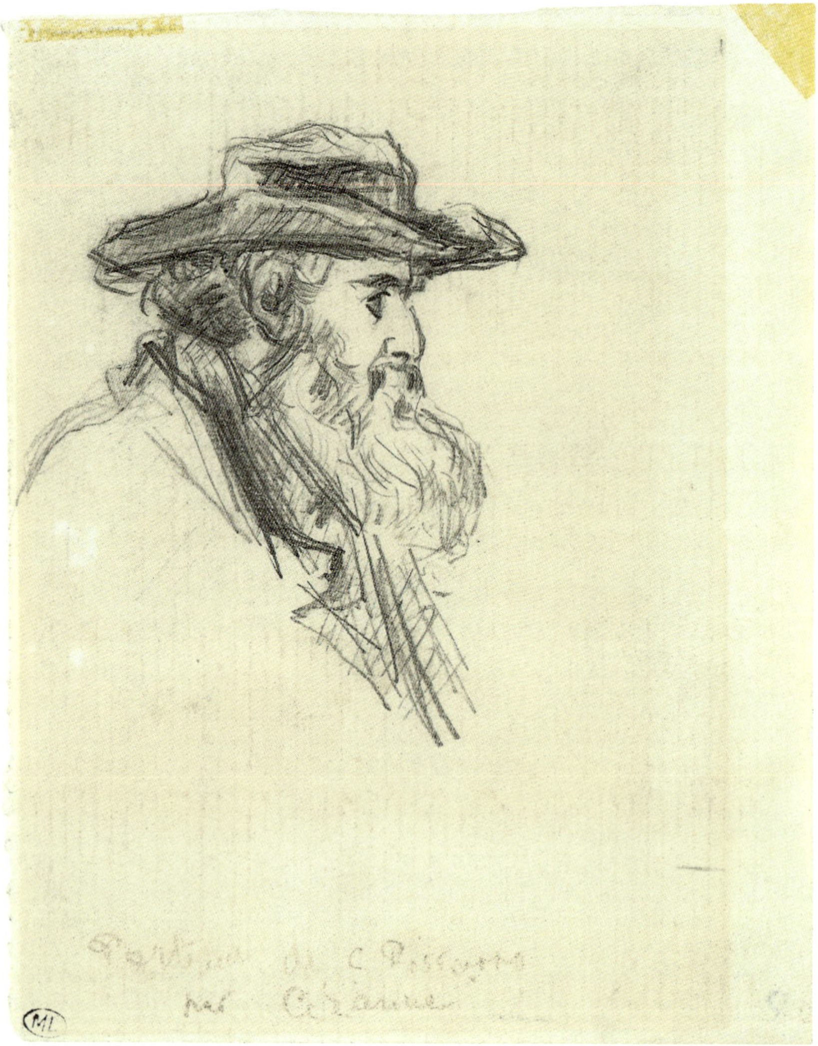

17. Paul Cézanne
Portrait de Camille Pissarro, vers 1873
Crayon sur vergé, 13,3 x 10,3 cm
Paris, musée du Louvre, département des Arts graphiques, fonds du musée d'Orsay, don de John Rewald, 1974, sous réserve d'usufruit jusqu'en 1994

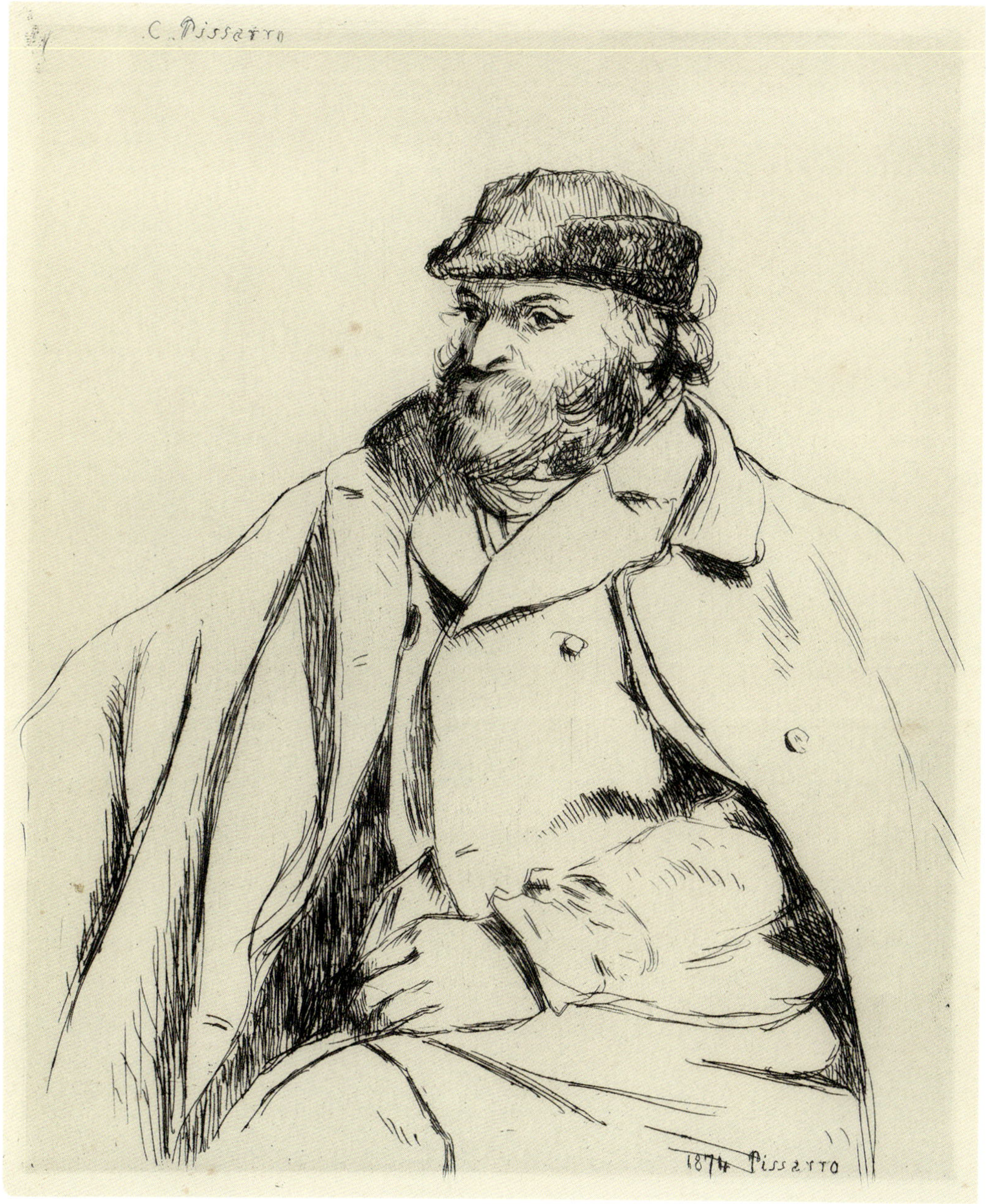

18. Camille Pissarro
Portrait de Paul Cézanne, 1874
Eau-forte, planche : 26,6 x 21,5 cm ; feuille : 44,5 x 34,6 cm
Boston, Museum of Fine Arts, donation Henri M. Petiet, confirmée par ses héritiers

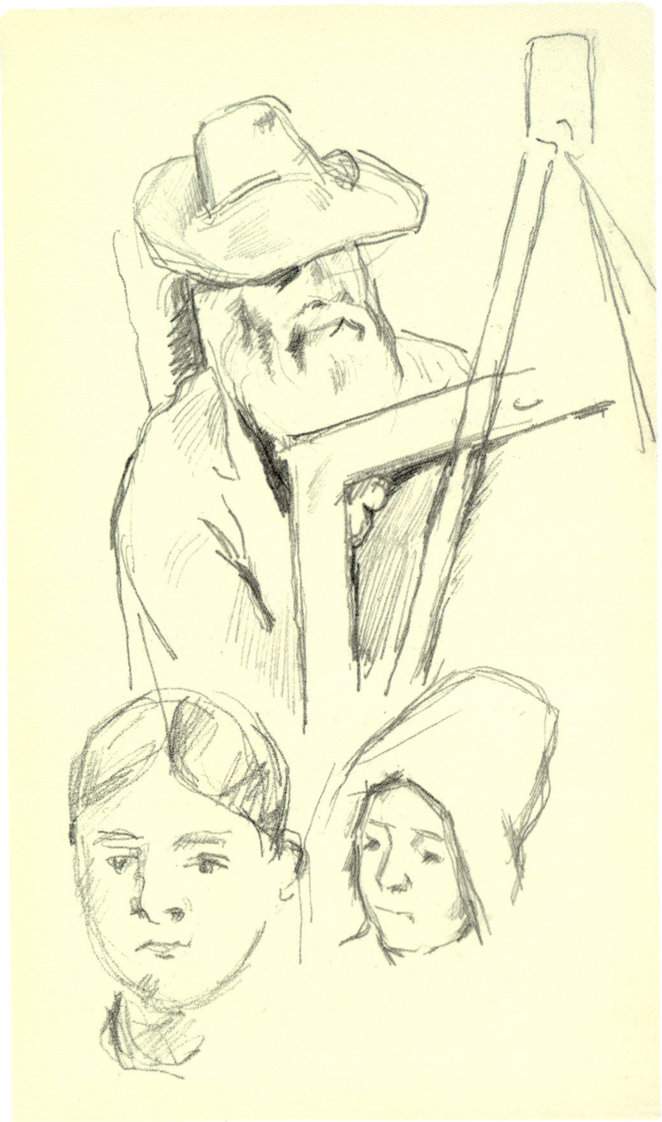

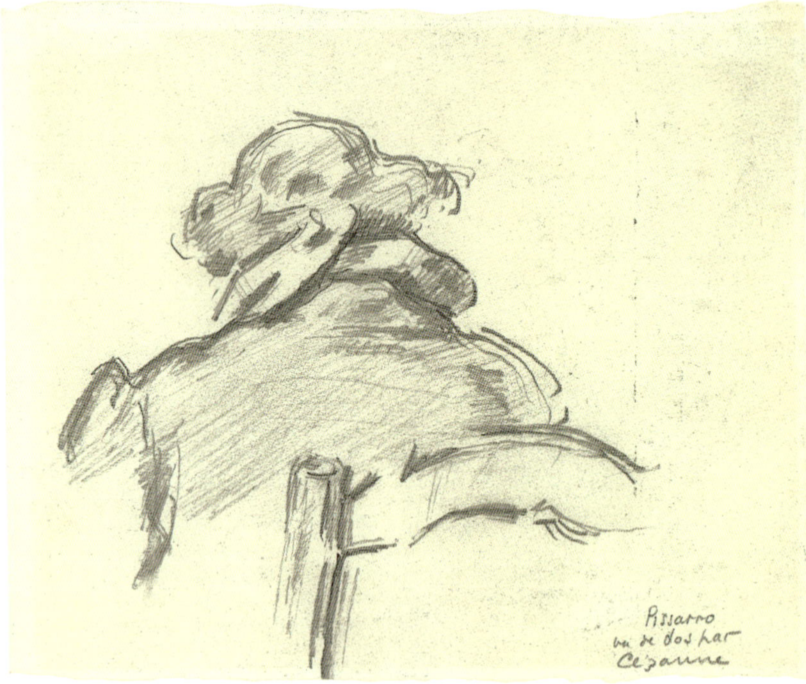

19. Paul Cézanne
Portrait de Pissarro, avec esquisses, 1874-1878
Crayon graphite sur papier, tiré d'un carnet d'études, environ 21,6 × 12,6 cm
New York, The Pierpont Morgan Library, donation Eugene V. & Clare E. Thaw Charitable Trust, en l'honneur du 75e anniversaire de la Morgan Library et du 50e anniversaire de l'Association of Fellows

20. Paul Cézanne
Camille Pissarro, vu de dos, 1874-1877
Crayon sur papier, 12,7 × 15,3 cm
Bâle, Kunstmuseum, Kupferstichkabinett, don de Martha et Robert von Hirsch, 1977

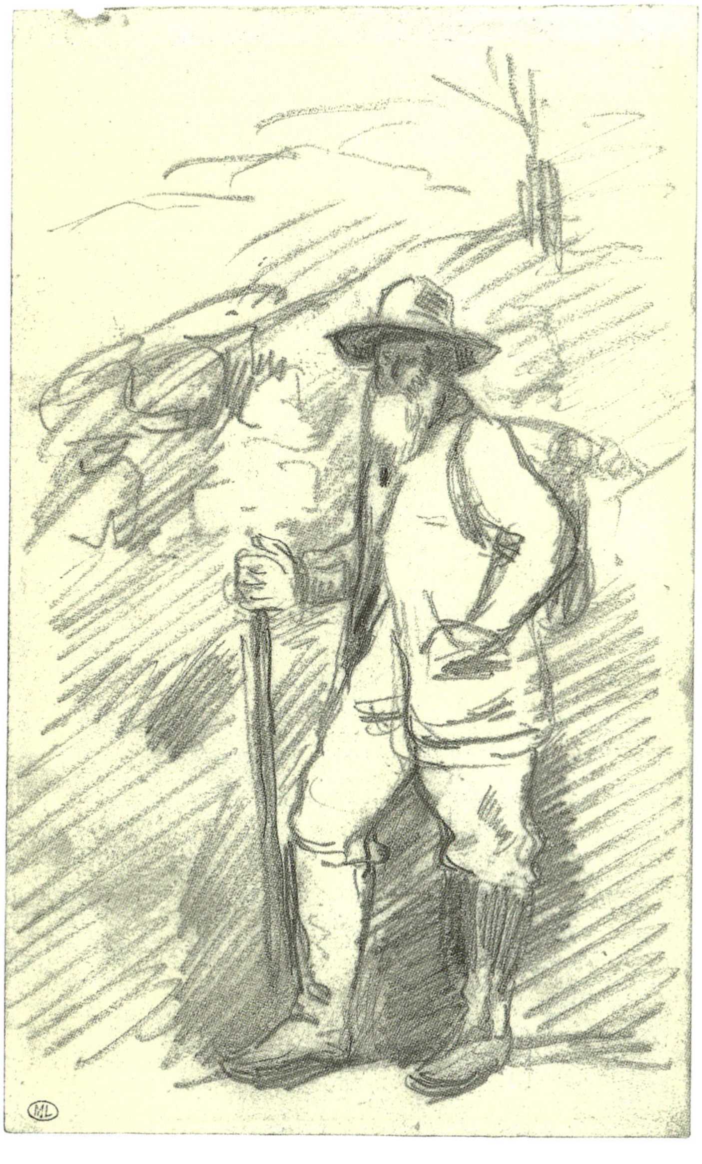

21. Paul Cézanne
Pissarro allant au motif, 1877
Mine de plomb sur papier, 19,5 × 11,3 cm
Paris, musée du Louvre, département des Arts graphiques,
fonds du musée d'Orsay

Louveciennes/Louveciennes :
« à chacun sa sensation »

Ces deux œuvres de Pissarro et de Cézanne (cat. 22, 23) forment une paire et constituent un point culminant dans l'histoire de l'impressionnisme. Cette fois-ci, Pissarro travailla seul, créant son tableau en 1871, une année avant Cézanne. Ce dernier emprunta la toile de son ami pour voir ce qu'il pouvait en faire. Lucien Pissarro, le fils aîné de Camille (qui avait environ neuf ans à l'époque), relate ainsi son souvenir des événements : « Il est impossible de dire qui influença l'autre. Tout ce que je peux dire c'est que Cézanne emprunta l'un des tableaux de père en 1870 pour en faire une copie, sans doute pour étudier comment il était peint. La copie de Cézanne existe toujours [...]. Il est bon de le dire parce qu'un jour on prétendra peut-être que c'est père qui copia Cézanne[1] ».

Vingt-cinq ans après ce dialogue pictural intense, Pissarro fit remarquer à l'occasion de la rétrospective consacrée à Cézanne chez Vollard en 1895 : « Ce qu'il y a de curieux c'est que dans cette exposition de Cézanne chez Vollard on voit la parenté qu'il y a dans certains paysages d'Auvers, Pontoise et les miens. Parbleu, nous étions toujours ensemble ! Mais ce qu'il y a de certain, chacun gardait la seule chose qui compte, "sa sensation"[2] ! »

De fait, la ressemblance entre les deux œuvres est saisissante, alors même qu'elles sont radicalement différentes. Le tableau de Cézanne est légèrement plus petit que celui de Pissarro, mais l'agencement des deux compositions est quasiment identique : de l'aqueduc (à droite) aux grands arbres (à gauche), du feuillage et des branchages des deux arbustes (au milieu, en haut) au sol automnal boueux (en bas), chaque élément, chaque pierre, chaque toit et chaque figure occupent le même espace et remplissent la même fonction dans les deux toiles. Il était, pour cette raison, difficile de les différencier lorsqu'elles n'étaient connues que par des photographies en noir et blanc. En réalité, chaque tableau possède une identité si forte que l'on se demande comment ils ont jamais pu être confondus.

Plusieurs éléments distinguent la toile de Cézanne de celle de Pissarro : la composition, en raison de la hauteur réduite, semble plus dense et resserrée ; les contrastes de tons sont plus prononcés (notamment les nuages, qui se détachent plus nettement du ciel, ou les ombres des figures) ; les couleurs sont plus intenses, en particulier les rouges (par exemple, le buisson à feuilles rouges situé dans l'angle formé par le muret et le grand tronc d'arbre vertical, à droite). Cézanne accorde moins d'attention à certains éléments. Il ne traite que sommairement les trois arbres de gauche, alors que Pissarro avait pris soin de peindre les détails (feuilles, brindilles, aspérités) de chacun. Enfin, la manière d'appliquer la peinture est différente : là où Pissarro avait employé trois ou quatre coups de pinceau, Cézanne en utilise un seul, plus long, plus large et plus hardi. De manière générale, Cézanne procède par simplification et par intensification, tandis que Pissarro préfère les gradations subtiles, élaborant des échelles chromatiques délicates et modulant des contrastes de valeurs très doux afin de produire un tableau plus uni et plus nuancé. La nouvelle manière de peindre de Pissarro en 1871, à son retour de Londres, où il avait observé la riche collection d'œuvres de Claude Lorrain et de J. M. W. Turner à la National Gallery, suscita une réponse de Cézanne : leur dialogue avait commencé.

Joachim Pissarro

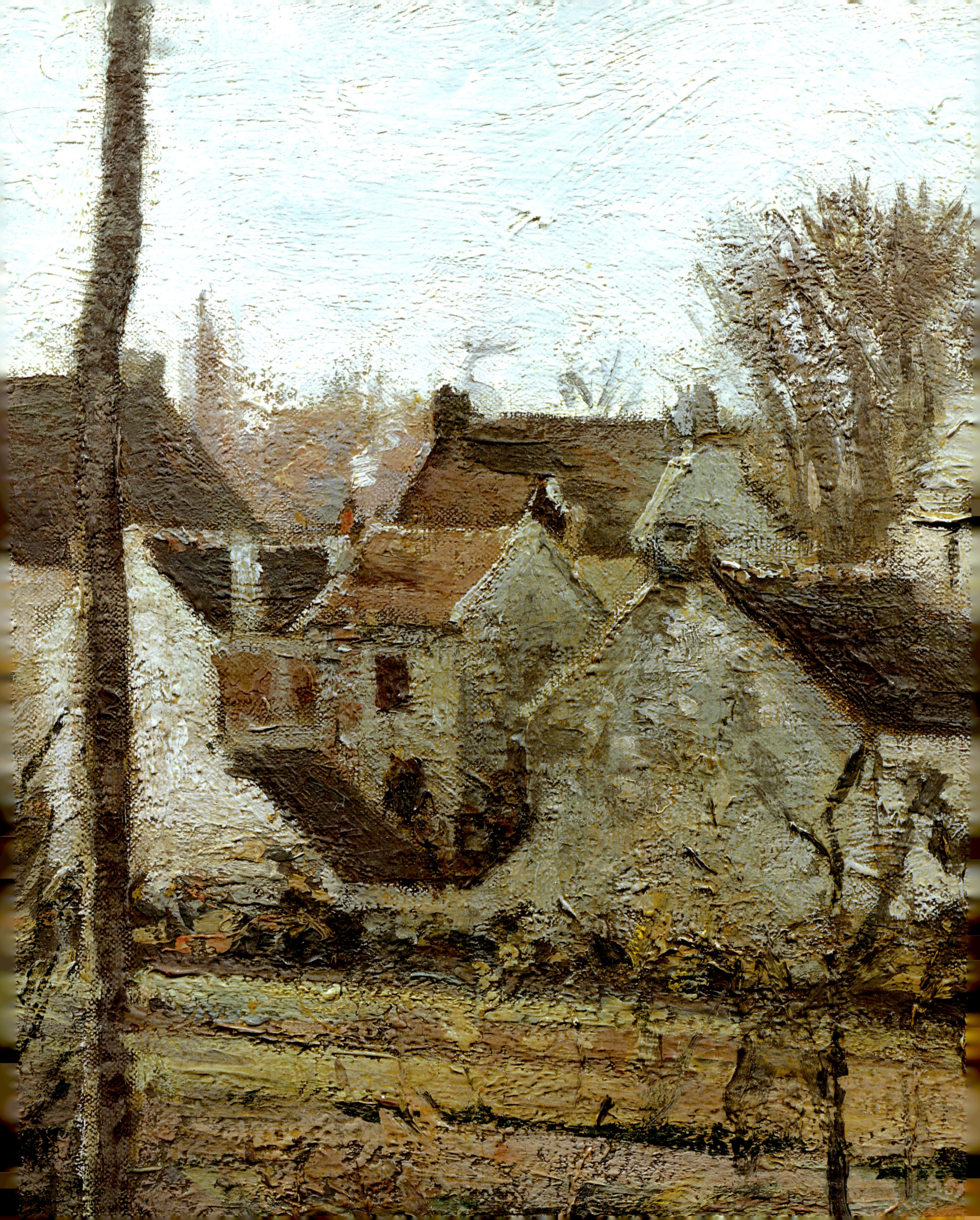

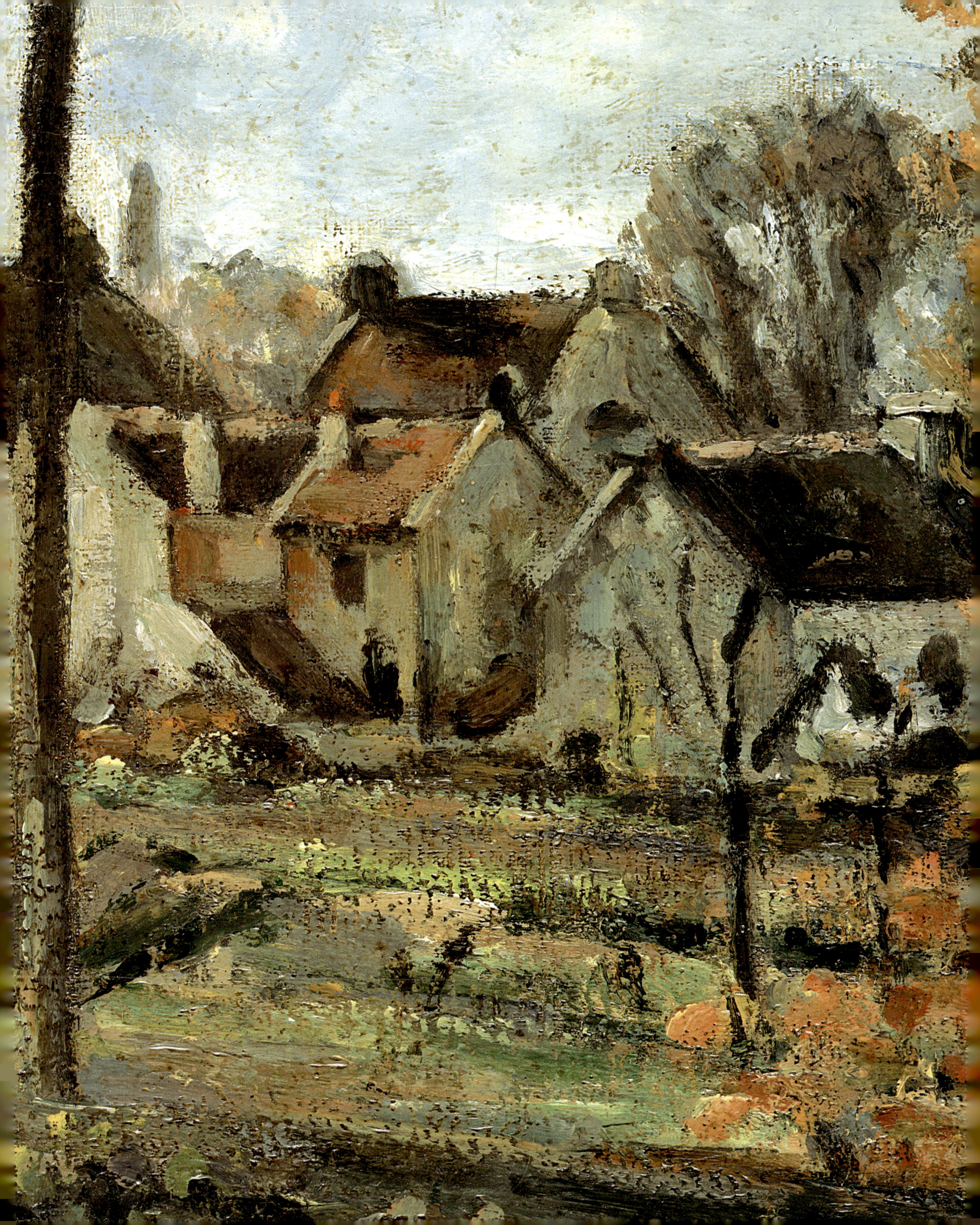

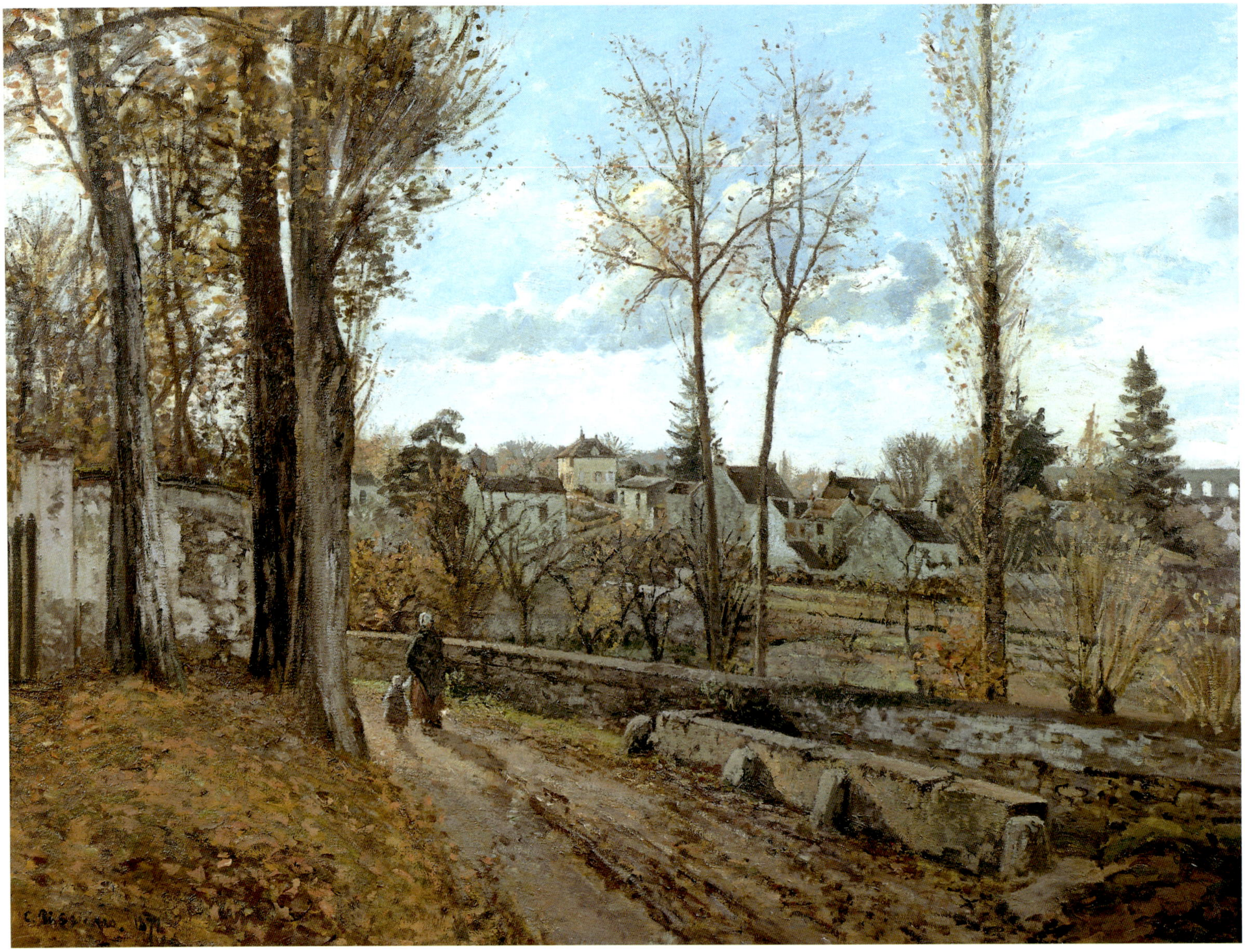

22. Camille Pissarro
Louveciennes, 1871
Huile sur toile, 0,9 x 1,165 m
Collection particulière

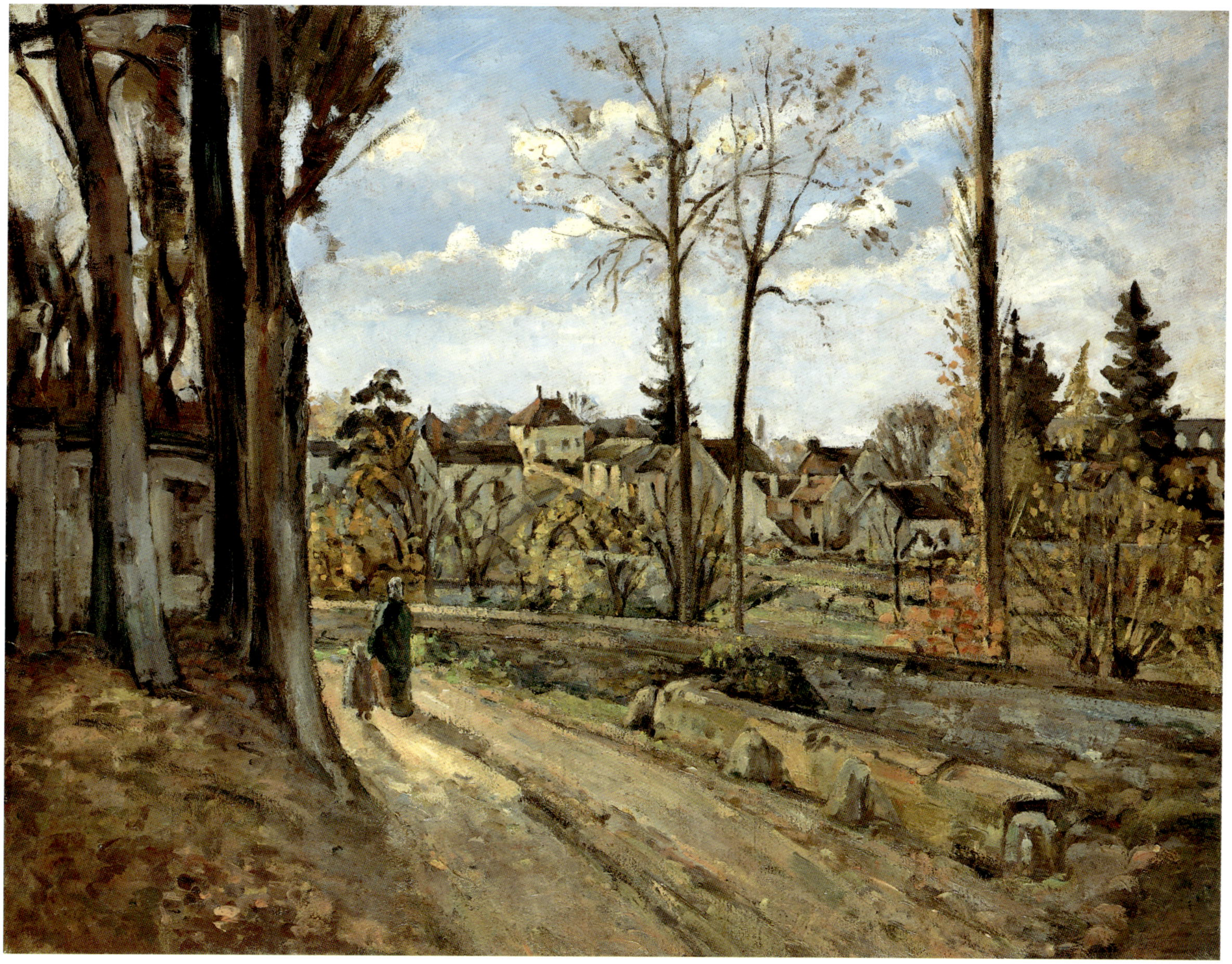

23. Paul Cézanne
Louveciennes, vers 1872
Huile sur toile, 0,73 × 0,92 m
Collection particulière, avec l'aimable autorisation de Wildenstein & Co.

Natures mortes des années 1870 : un genre classique « improprement » peint

Les natures mortes présentées dans cette section furent créées dans le sillage du Salon des Refusés de 1863 - un salon déterminant au cours duquel de nombreuses œuvres furent rejetées en raison de leur réalisme contemporain. L'Académie des beaux-arts considérait la nature morte comme un genre mineur et facile à vendre, bon pour ceux qui devaient vivre du commerce de leurs toiles ou qui n'avaient pas été formés au dessin des figures. En réaction aux critiques du jury lors du Salon de 1863, maints artistes d'avant-garde se tournèrent vers la nature morte pour exprimer leur révolte en s'opposant à la hiérarchie traditionnelle défendue par le dit jury.

Pour Pissarro et pour Cézanne, la nature morte permettait de perpétuer le réalisme de Gustave Courbet et d'étudier les éléments formels de la peinture sans les contraintes d'un contenu allégorique. Les objets qu'ils choisirent de peindre - pommes, flacons, poteries, couteaux, etc., comme on le voit dans les cat. 26 et 27 - leur donnèrent la possibilité d'explorer une variété de formes et de textures, tout en se concentrant sur les dispositifs formels.

Dans les natures mortes des cat. 24 et 25, les deux artistes ont restreint leur composition à un objet arrondi, placé au centre, sur un fond géométrique. Cézanne a rompu le schéma en introduisant une oblique puissante, qui part du bord droit, et en inclinant légèrement le motif du papier peint, de manière à nier la perspective scientifique. Pissarro, quant à lui, s'est appuyé sur la forme fondamentale de la poire pour rompre la géométrie de son tableau - un procédé que Cézanne allait souvent reprendre, à des fins similaires, tout au long de sa carrière.

Les deux artistes ont peint le même vase de Delft bleu et blanc dans deux compositions florales (cat. 28, 29), mais la ressemblance entre les deux toiles ne va pas plus loin. Pissarro recourt à une gamme chromatique douce, composée de tons pastel chauds, tandis que l'œuvre de Cézanne porte encore des réminiscences de sa palette « chargée » des années 1860 : le bas du tableau est bordé de noir, qui sert aussi à foncer les parties ombrées des feuilles vertes. Mais les bouquets de Cézanne se distinguent surtout par leurs jaunes et leurs mauves vifs, anticipant de près de trente ans la palette des peintres fauves.

Chrysanthèmes dans un vase chinois (cat. 30) de Pissarro illustre l'ambition réaliste des impressionnistes. Comme l'a souligné John McCoubrey, les natures mortes de ces peintres contenaient souvent des accessoires personnels, tels que « de la porcelaine précieuse, des livres et des statuettes traités en perspective ». Selon ce critique, « Cézanne jugeait que les informations sur le statut social et le goût véhiculées par ces objets n'étaient que des coquetteries superflues[1] ». Dans *Fleurs dans un vase bleu* (cat. 34), Cézanne a supprimé tout élément décoratif et réduit le fond à des aplats subtilement modulés de couleurs neutres.

Les œuvres réunies dans cette section révèlent, par leurs ressemblances autant que par leurs différences, comment Cézanne et Pissarro explorèrent le genre classique de la nature morte en recourant à un vocabulaire impressionniste pour développer chacun leur propre style.

Jennifer Field

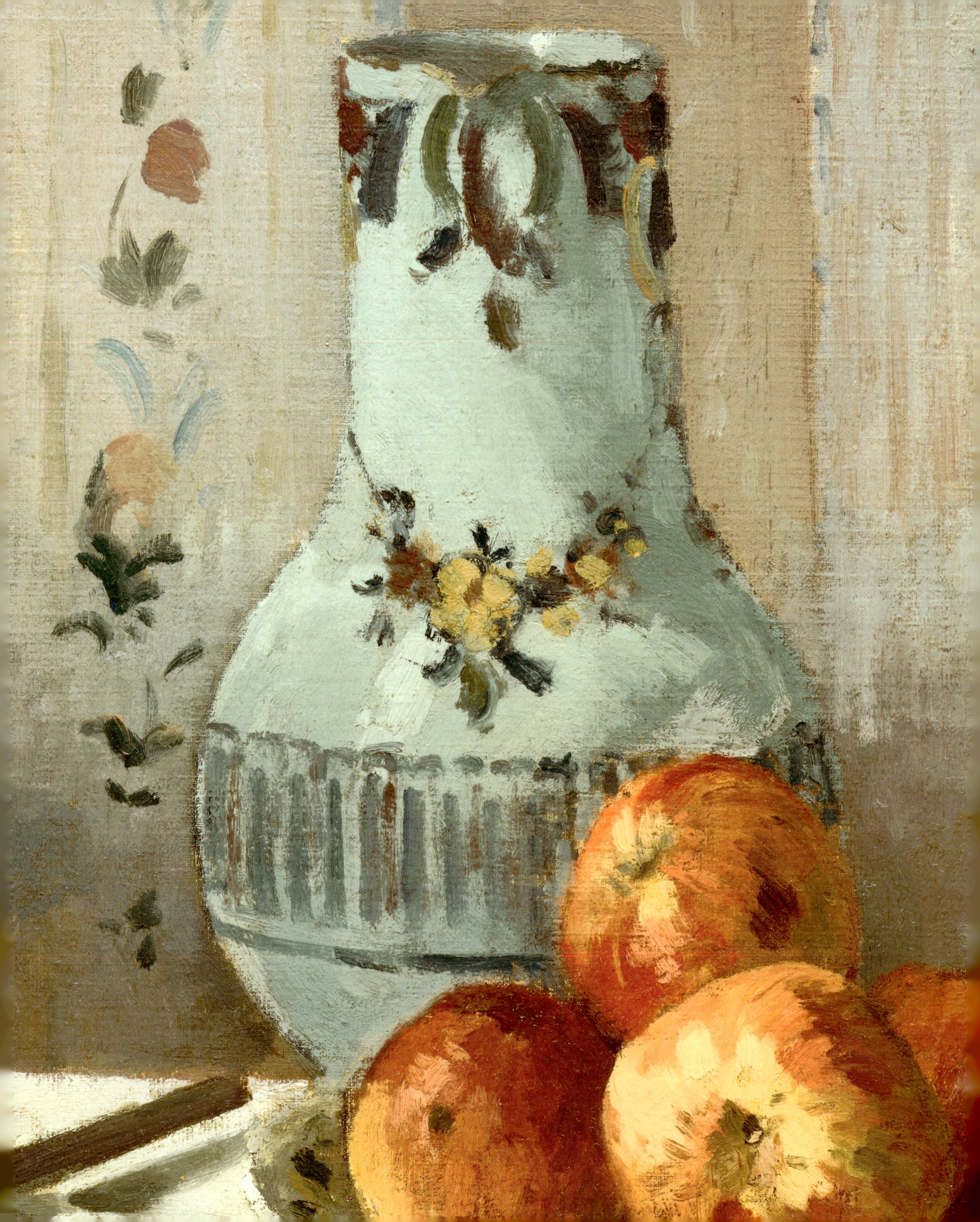

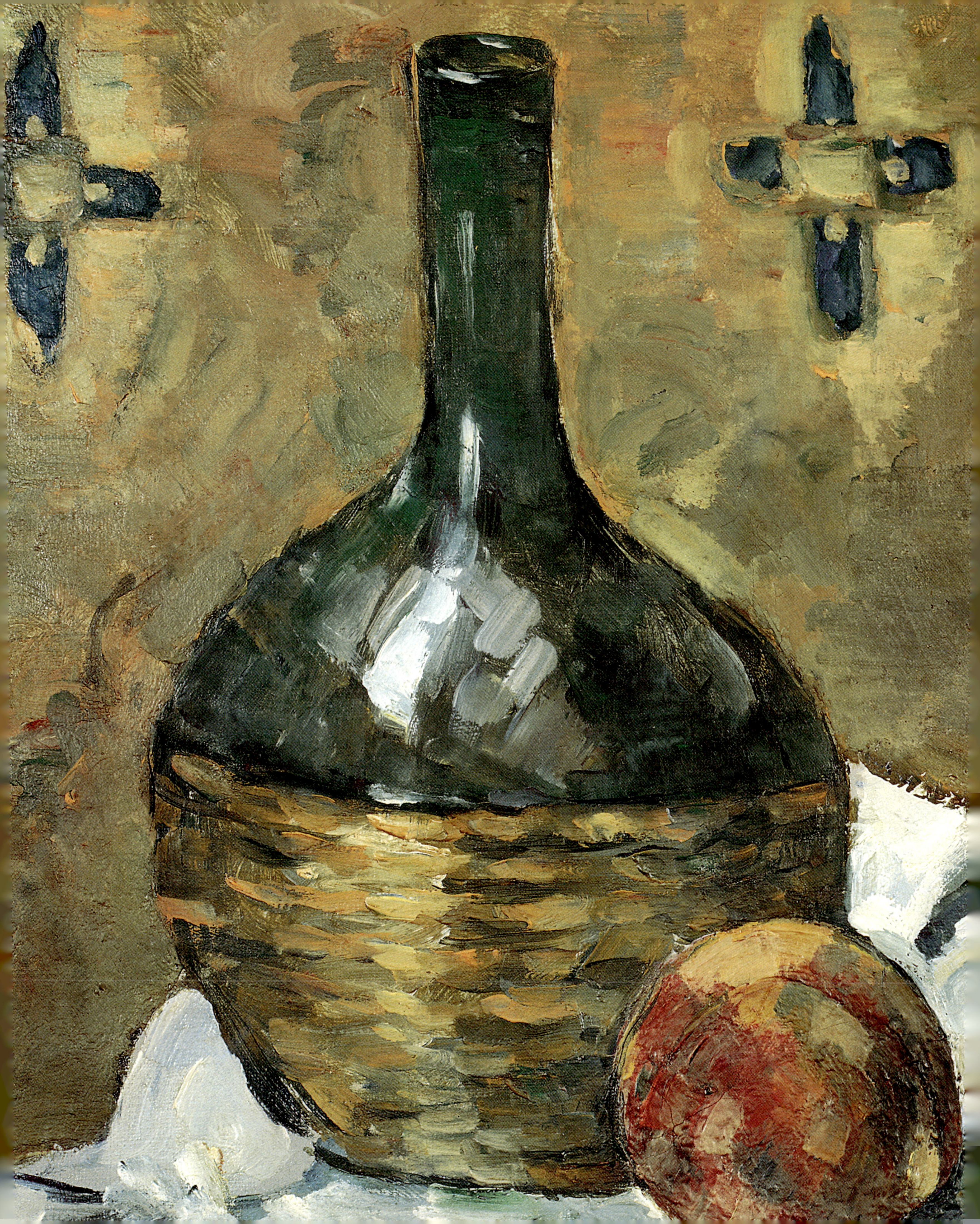

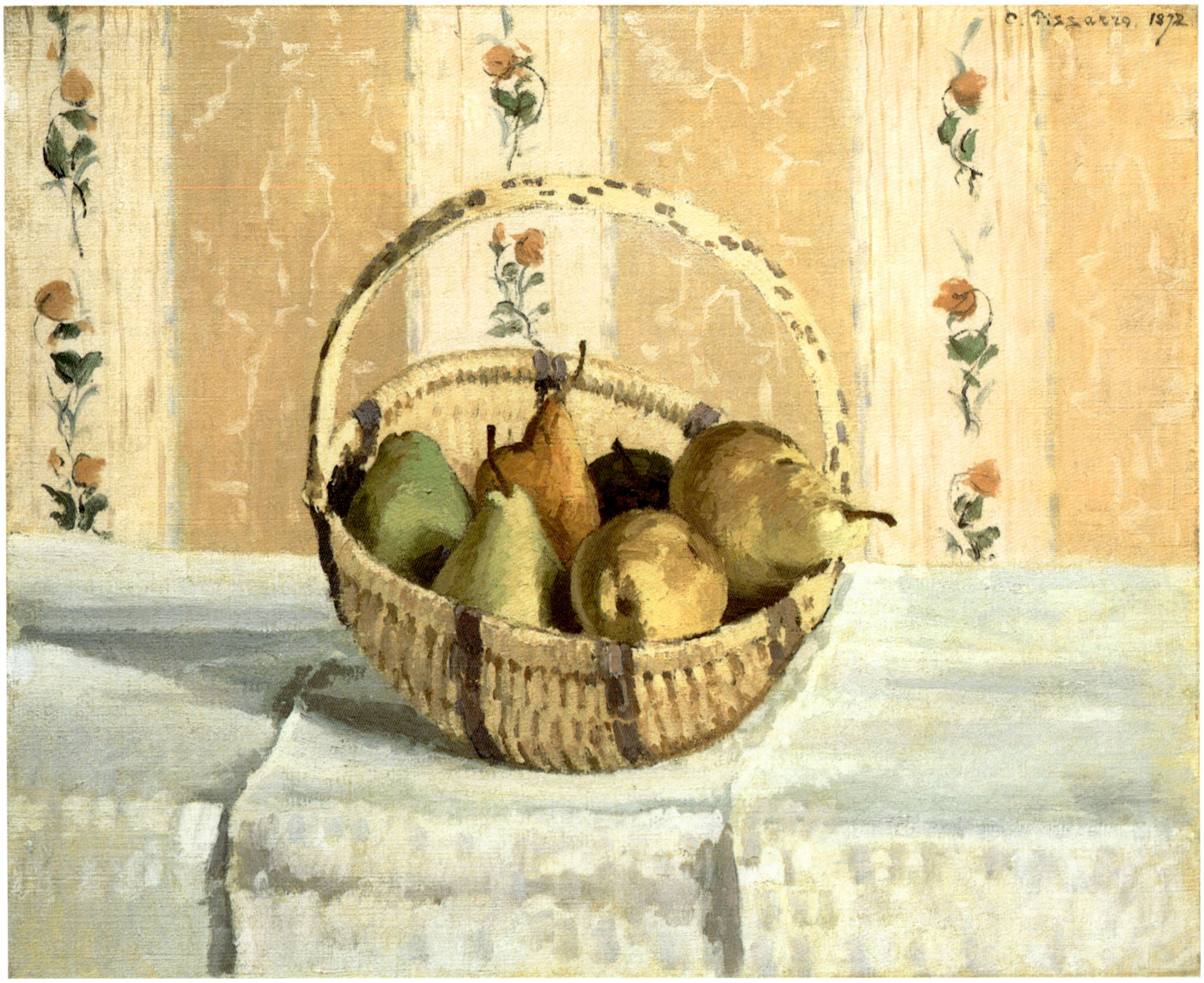

24. Camille Pissarro
Pommes et poires dans un panier rond, 1872
Huile sur toile, 0,457 × 0,552 m
Prêt de Mrs. Walter Scheuer

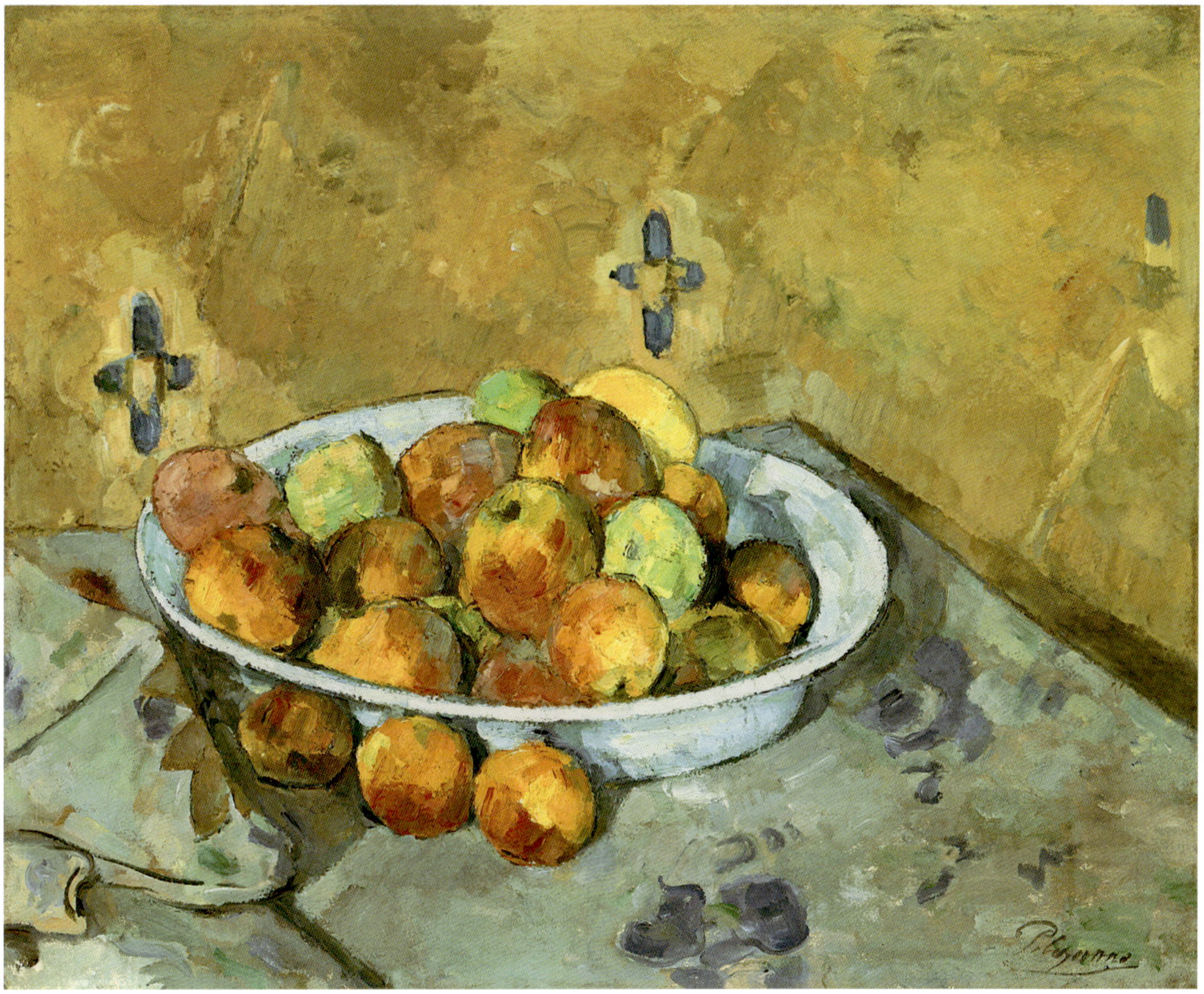

25. Paul Cézanne
Le Plat de pommes, vers 1874
Huile sur toile, 0,458 x 0,547 m
The Art Institute of Chicago, donation Kate L. Brewster, 1949

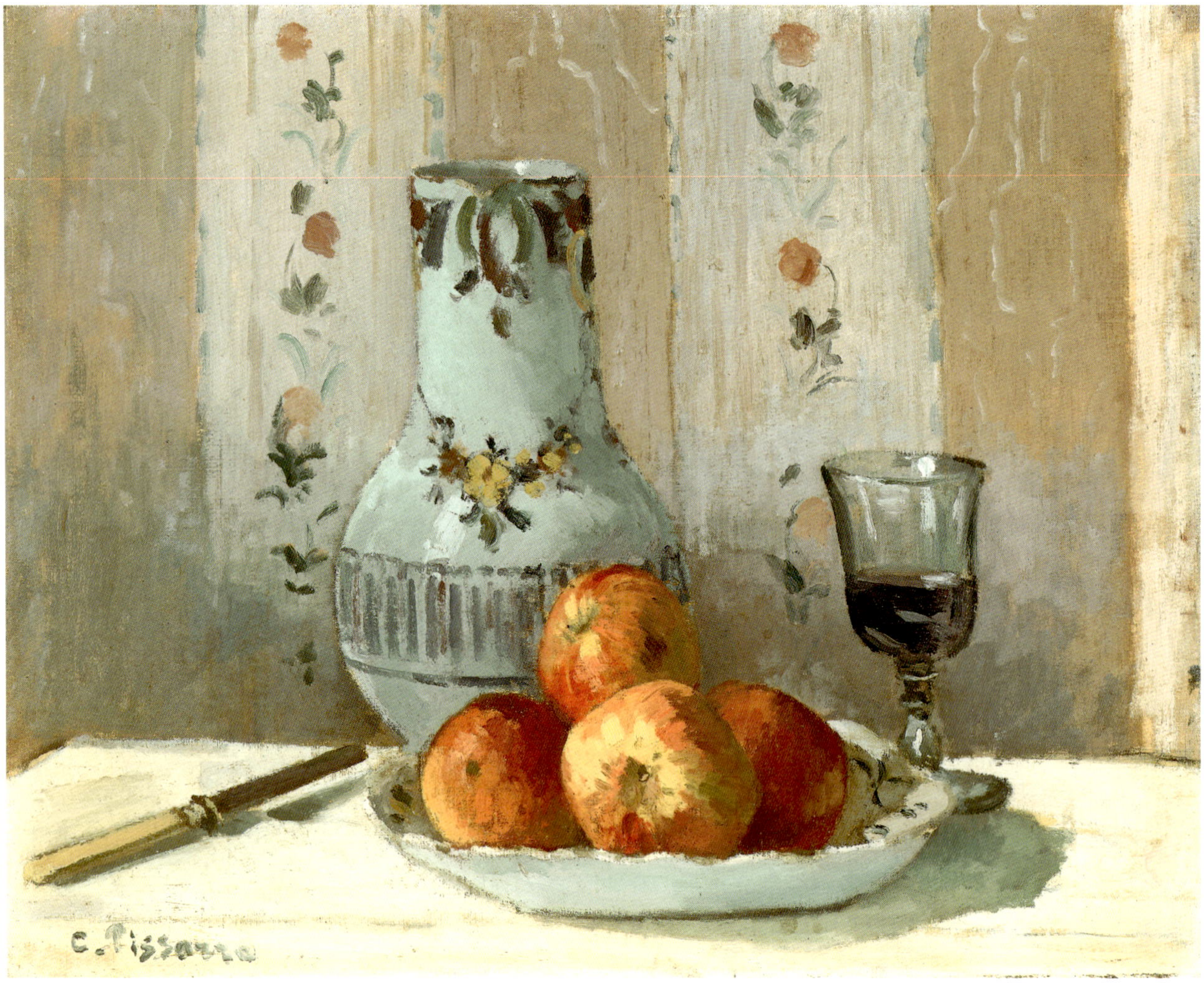

26. Camille Pissarro

Pommes châtaigniers et faïence sur une table, 1872

Huile sur toile, 0,464 × 0,565 m

New York, The Metropolitan Museum of Art, acquisition, don de Mr. et Mrs. Richard J. Bernhard, par échange, 1983 (1983.166)

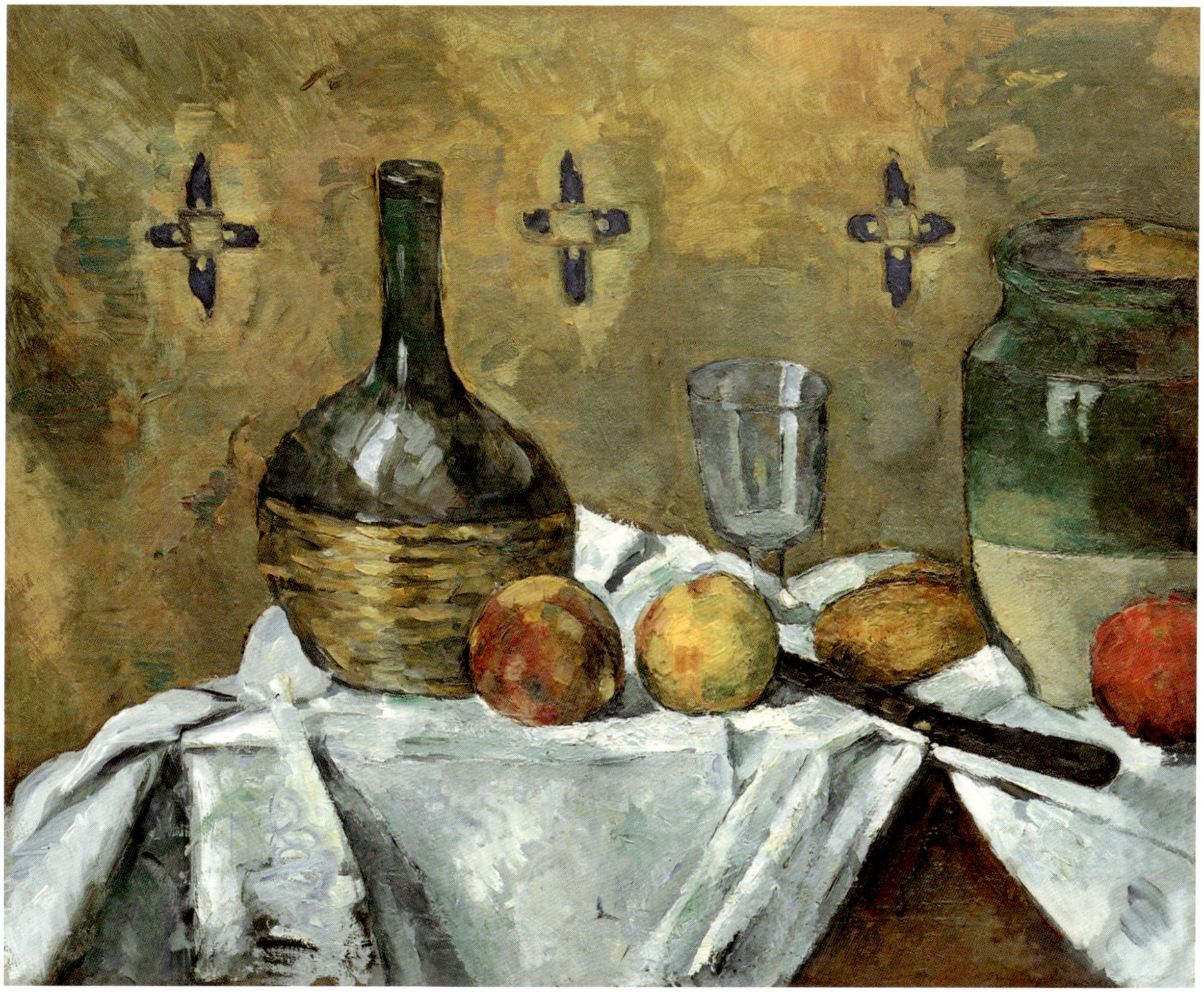

27. Paul Cézanne
Fiasque, verre et poterie, vers 1874
Huile sur toile, 0,457 × 0,553 m
New York, Solomon R. Guggenheim Museum, Thannhauser Collection, don de Justin K. Thannhauser, 1978

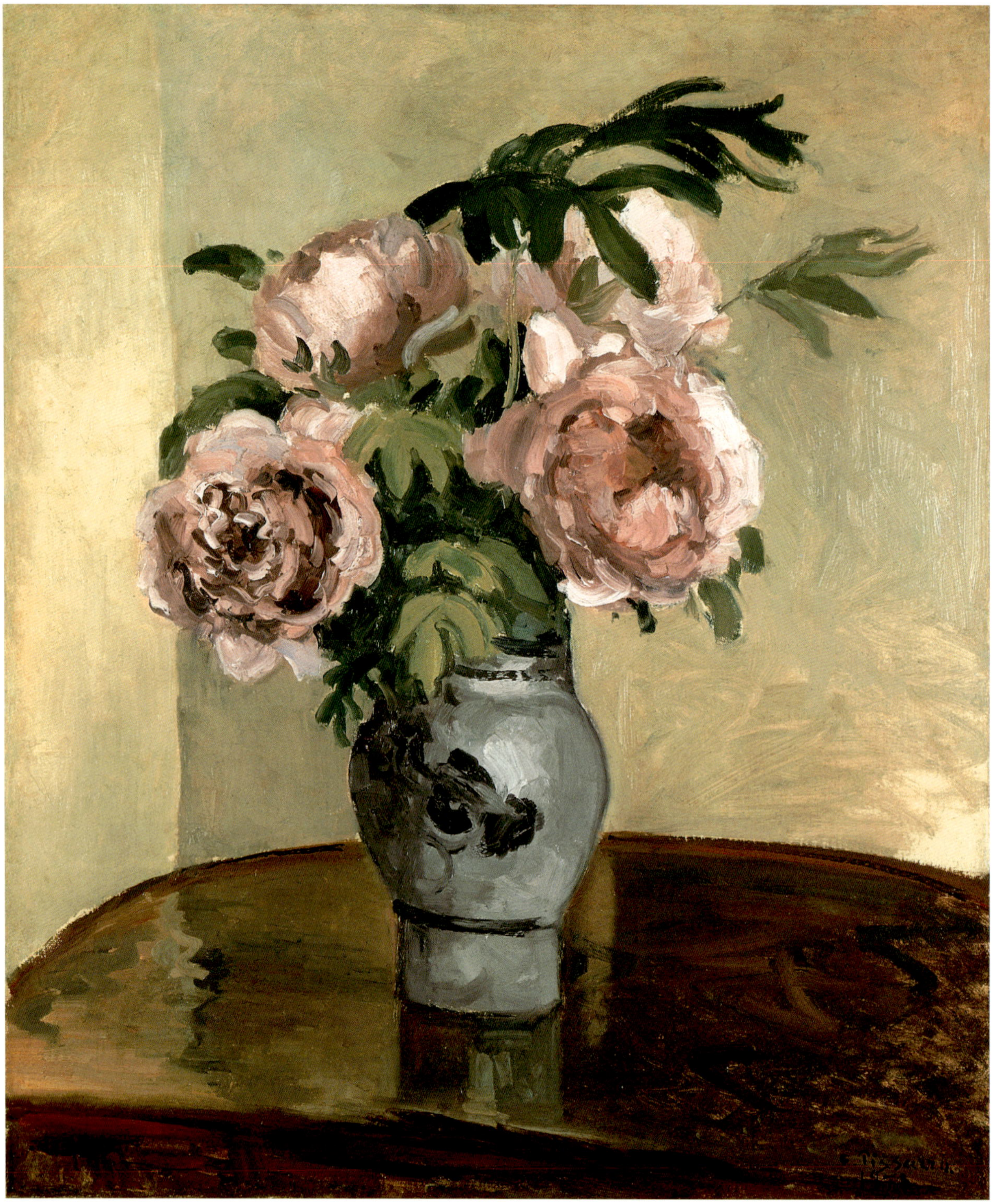

28. Camille Pissarro
Bouquet de pivoines roses, 1873
Huile sur toile, 0,73 × 0,6 m
Oxford, Ashmolean Museum, don de la famille Pissarro, 1951

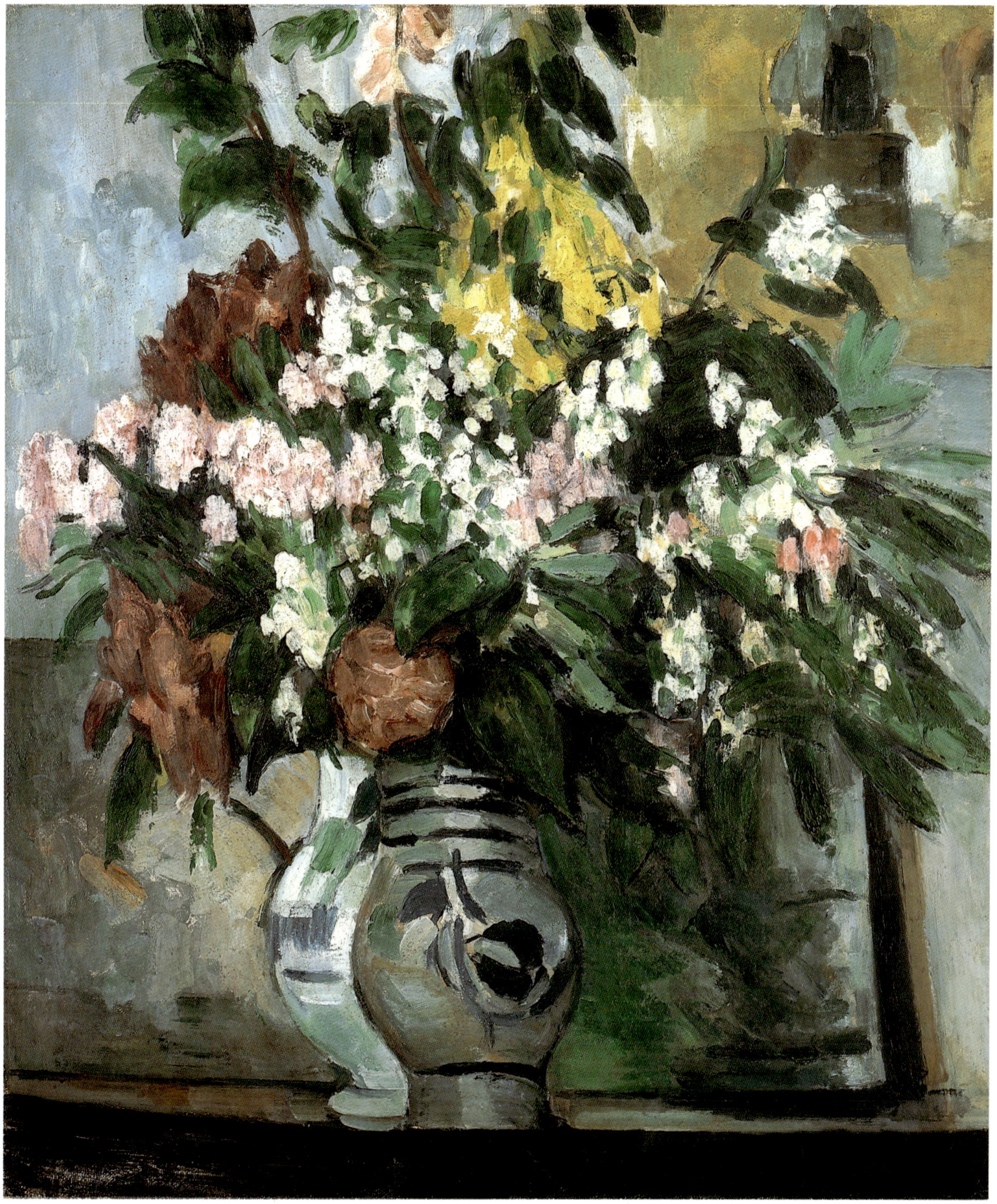

29. Paul Cézanne
Deux vases de fleurs, vers 1873-1874
Huile sur toile, 0,565 x 0,463 m
Collection Mr. and Mrs. Herbert Klapper

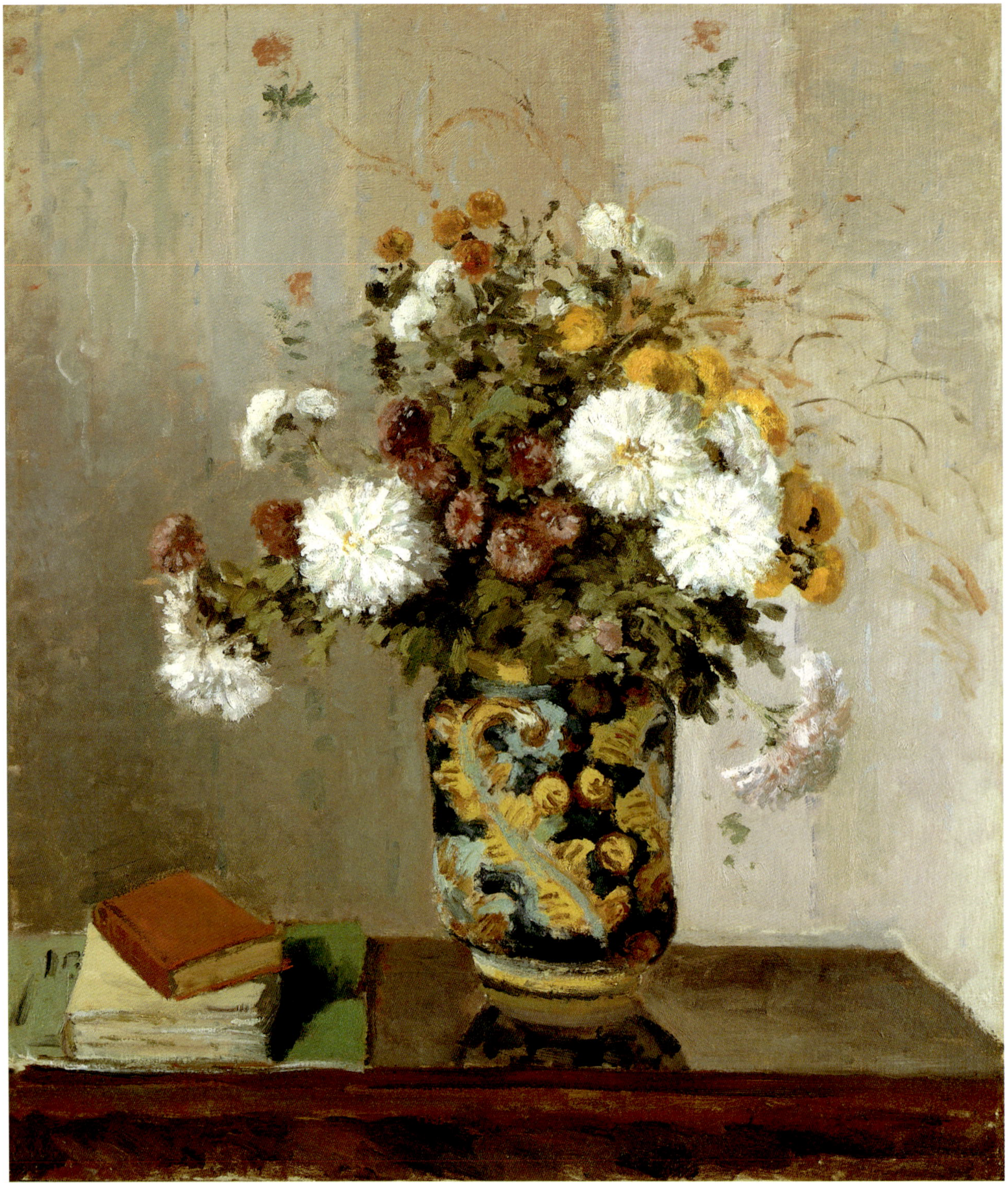

30. Camille Pissarro
Chrysanthèmes dans un vase chinois, 1873
Huile sur toile, 0,61 x 0,5 m
Dublin, National Gallery of Ireland

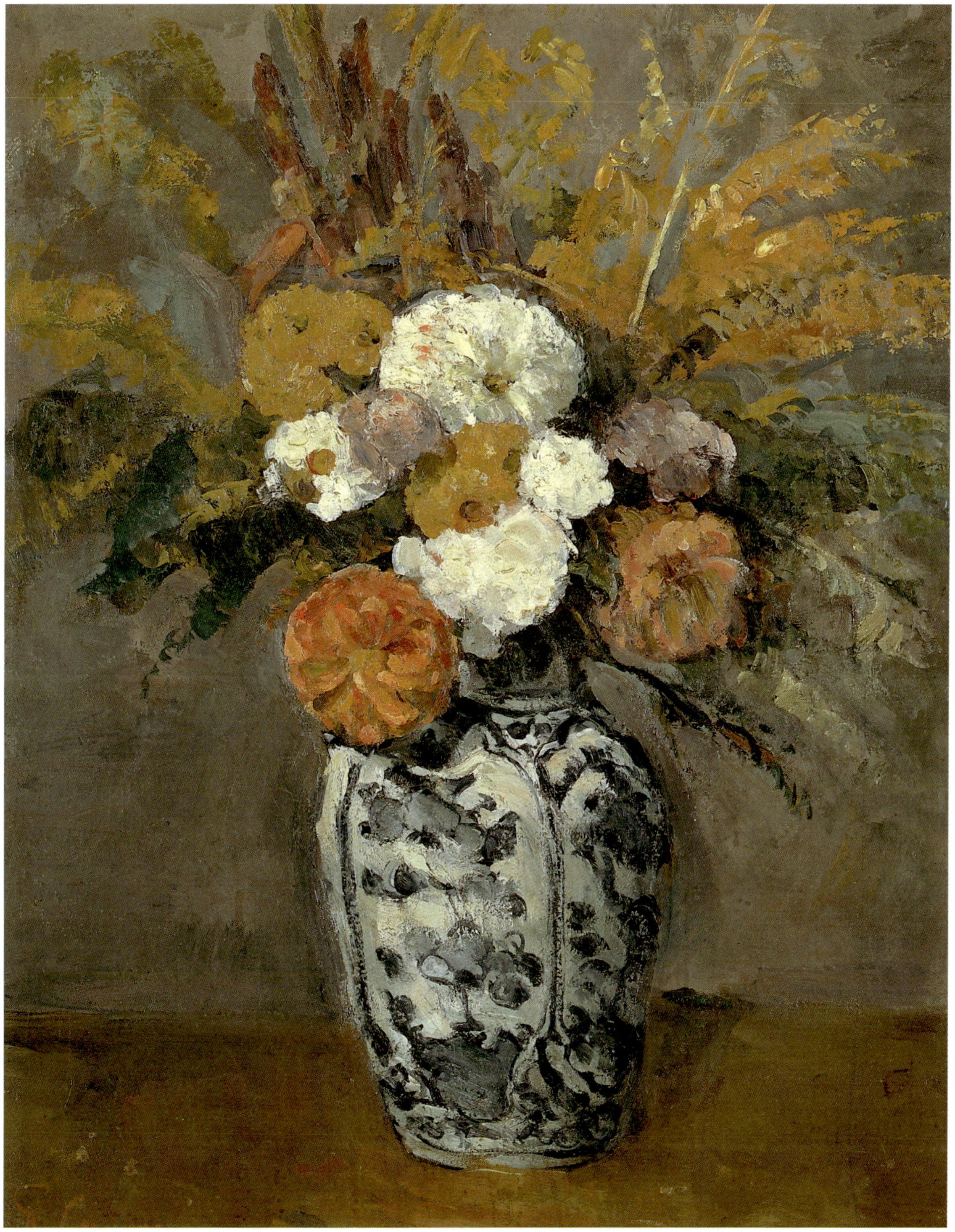

31. Paul Cézanne
Dahlias, vers 1873
Huile sur toile, 0,73 x 0,54 m
Paris, musée d'Orsay, legs du comte Isaac de Camondo, 1911

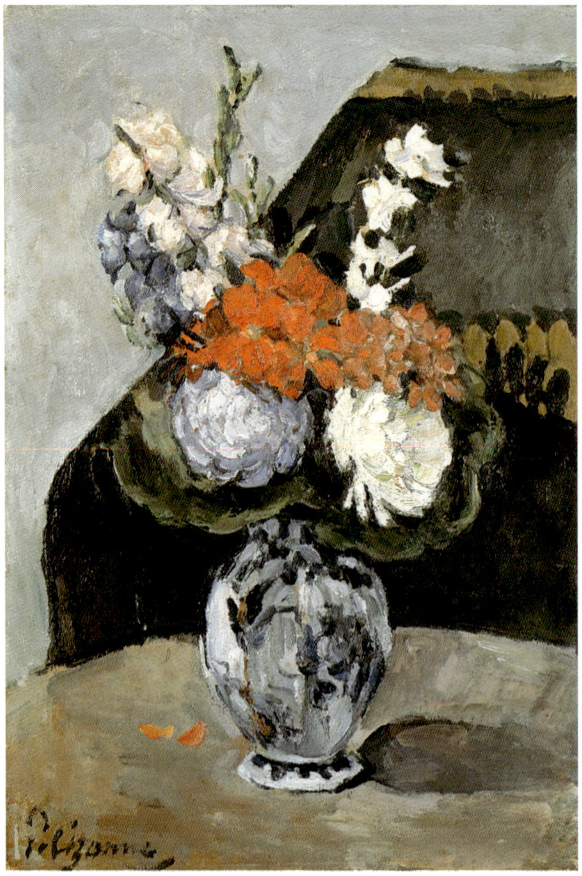

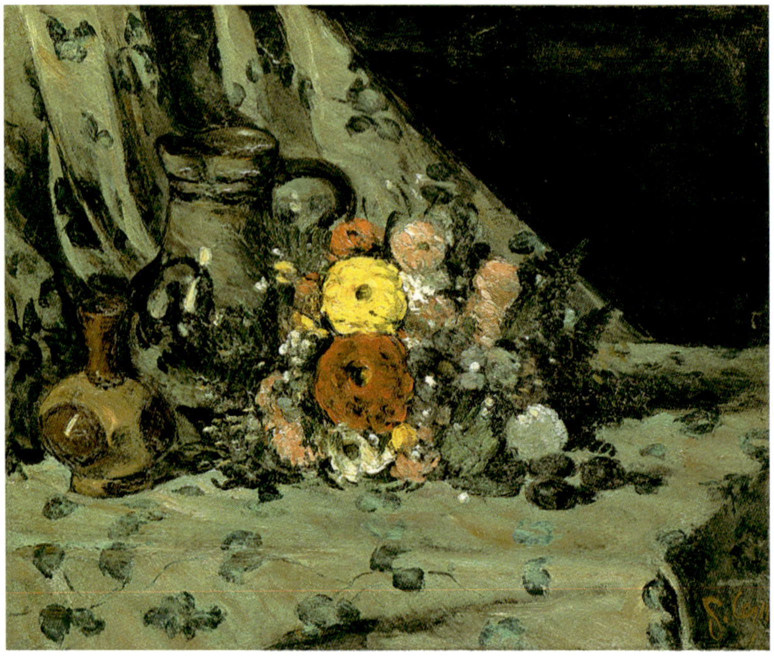

32. Paul Cézanne
Bouquet de fleurs dans un vase de Delft, vers 1873
Huile sur toile, 0,41 × 0,27 m
Paris, musée d'Orsay, don de Paul Gachet au musée du Jeu de Paume, 1951, dans les collections du musée d'Orsay depuis 1986

33. Paul Cézanne
Bouquet de dahlias jaunes, vers 1873
Huile sur toile, 0,54 × 0,64 m
Paris, musée d'Orsay, don de Paul Gachet, fils du docteur Paul Gachet, 1954

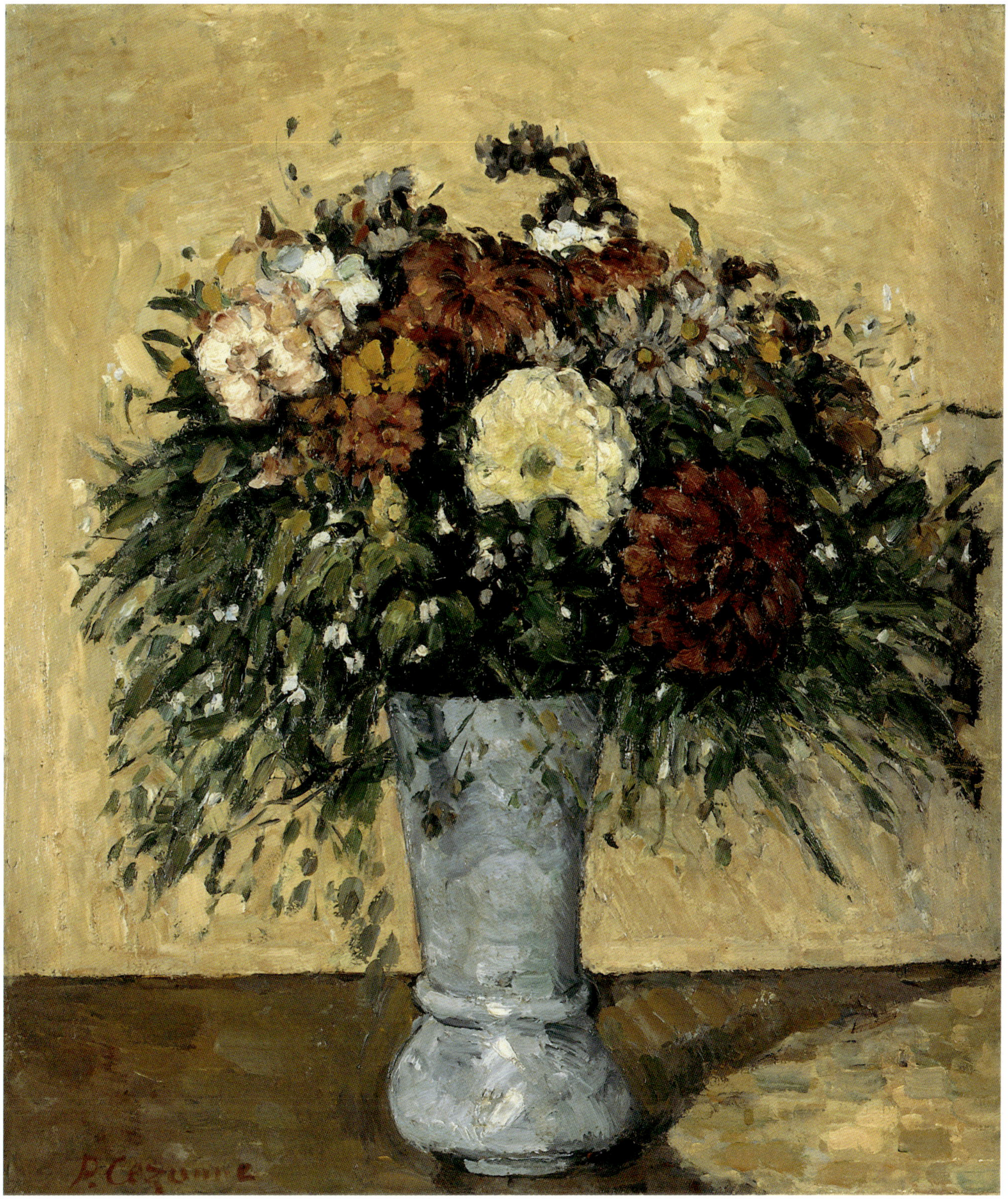

34. Paul Cézanne
Fleurs dans un vase bleu, vers 1874
Huile sur toile, 0,552 x 0,46 m
Saint-Pétersbourg, musée de l'Ermitage

Construire avec la peinture : maisons et rues d'Auvers et de Pontoise

Pontoise et Auvers-sur-Oise, les deux communes voisines, situées au nord-ouest de Paris, où s'enracinèrent l'échange artistique et l'amitié entre Pissarro et Cézanne, sont le thème qui relie les œuvres présentées dans cette section. Selon Pissarro, c'est à Pontoise que Cézanne « a subi mon influence et moi la sienne[1] ». Si l'on compare le tableau *Maison et arbre, quartier de l'Hermitage* de Cézanne (cat. 41) et ses peintures d'inspiration romantique des années 1860, il est possible de mesurer à quel point il s'est rapproché de la vision naturaliste de Pissarro, fondée sur l'observation directe de la nature. Cézanne délaisse les thèmes mythologiques au profit d'une maison ordinaire. La toile a été peinte en plein air, au même endroit que la version de Pissarro. La palette de chacun s'est éclaircie ; la sensibilité à la lumière et à l'atmosphère s'est intensifiée. Dans *La Maison du pendu, Auvers-sur-Oise* (cat. 36) - tableau considéré comme son chef-d'œuvre impressionniste -, Cézanne évite de jouer sur les connotations lugubres du titre pour rester au plus près de la lumière du jour qui enveloppe l'architecture. Aux côtés de Pissarro, Cézanne évolue vers une conception de la peinture en phase avec le monde extérieur.

L'influence s'exerça dans les deux sens. À l'instar de Cézanne, Pissarro se mit à cultiver l'ordre géométrique abstrait qui devenait une partie intégrante de la réflexion de son cadet. Dans certaines vues où l'architecture ne présente, comme souvent, aucune caractéristique remarquable (cat. 46, 49), Pissarro accentue les lignes. Dès le début des années 1870, l'intérêt pour l'équilibre et pour la structure transparaît aussi dans la manière d'appliquer la peinture sur la toile, avec une régularité qui préfigure les touches parallèles si particulières de Cézanne. À Auvers et à Pontoise, les deux artistes explorèrent l'intérêt pour la géométrie qui sous-tendait leur imagerie, en recouvrant la surface de leurs toiles de séquences de formes précises et de coups de pinceau systématiques (voir cat. 43, 44, 46).

Tout en se stimulant l'un l'autre dans la découverte de nouvelles voies, les deux peintres cherchaient d'abord à se définir eux-mêmes. L'aplatissement de l'espace pictural, par exemple, est un procédé typiquement cézannien. Pissarro, à l'inverse, permet à l'œil de vagabonder dans la profondeur spatiale. Leurs spécificités et leurs différences ressortent le plus clairement dans les tableaux qu'ils exécutèrent côte à côte[2], tandis qu'ils travaillaient et retravaillaient sur les mêmes motifs. Les *Petites maisons près de Pontoise* de Cézanne (cat. 44) et *La Récolte des pommes de terre, Pontoise* de Pissarro (cat. 43), exécutés tous deux vers 1874, en sont l'illustration. Les deux toiles sont définies par les touches « constructives » rigoureuses ou par les touches parallèles chères à Cézanne. Cependant, les maisons, occupant une place tellement centrale dans la composition de ce dernier, sont en retrait et comme fondues dans la nature chez Pissarro, qui met davantage en valeur les paysans et leurs activités. De fait, presque tous les tableaux de Pissarro dans cette section sont habités par une forme de présence humaine (voir cat. 35, 37, 40, 42, 47, 52).

En apprenant à comprendre l'un et l'autre, en 1872, ce qui les rapprochait et ce qui les distinguait, les deux artistes purent se lancer dans l'aventure impressionniste, à commencer par la première exposition de 1874. Cézanne y exposa *La Maison du pendu* aux côtés de paysages de Pissarro peints à Pontoise et dans les environs.

Fereshteh Daftari

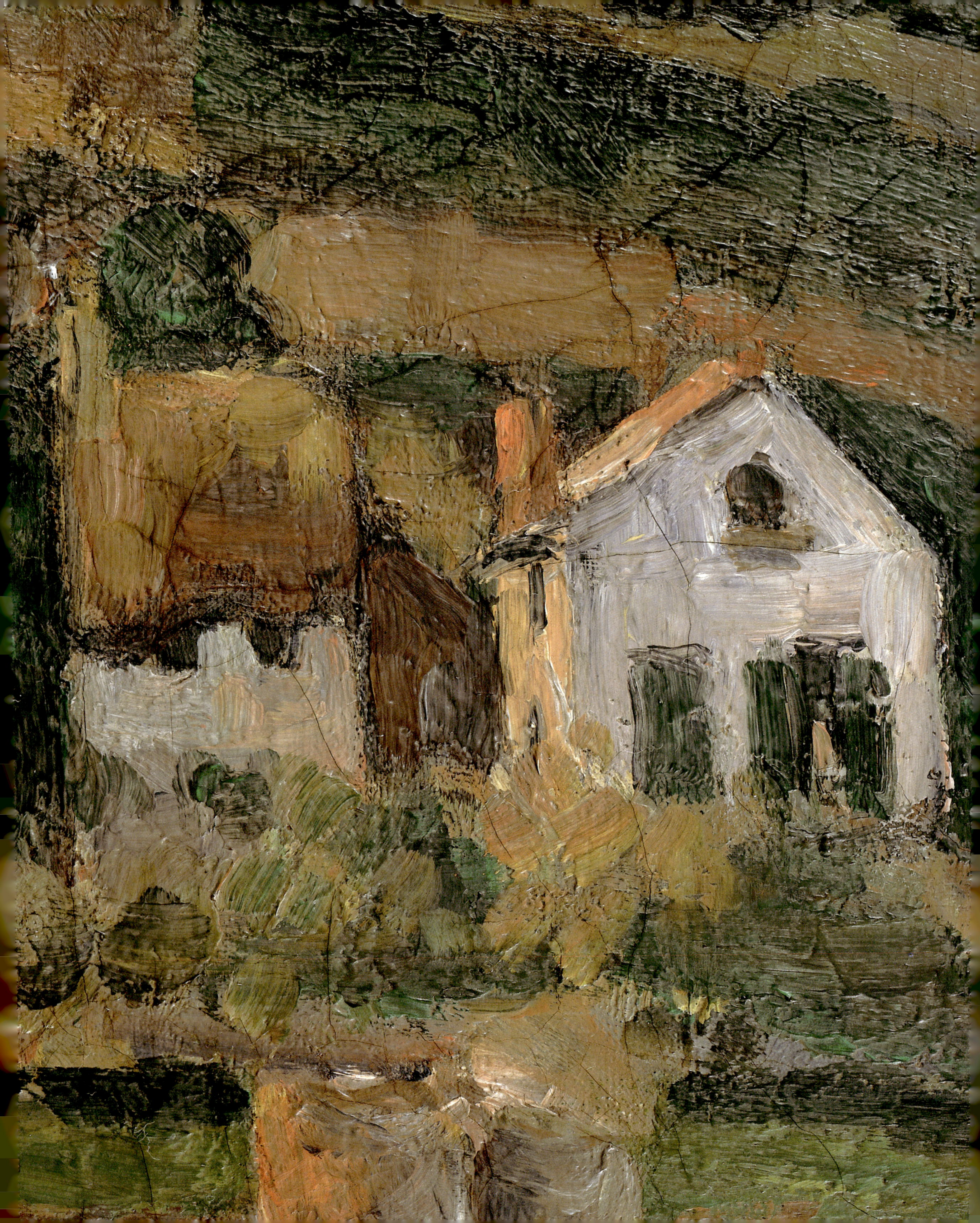

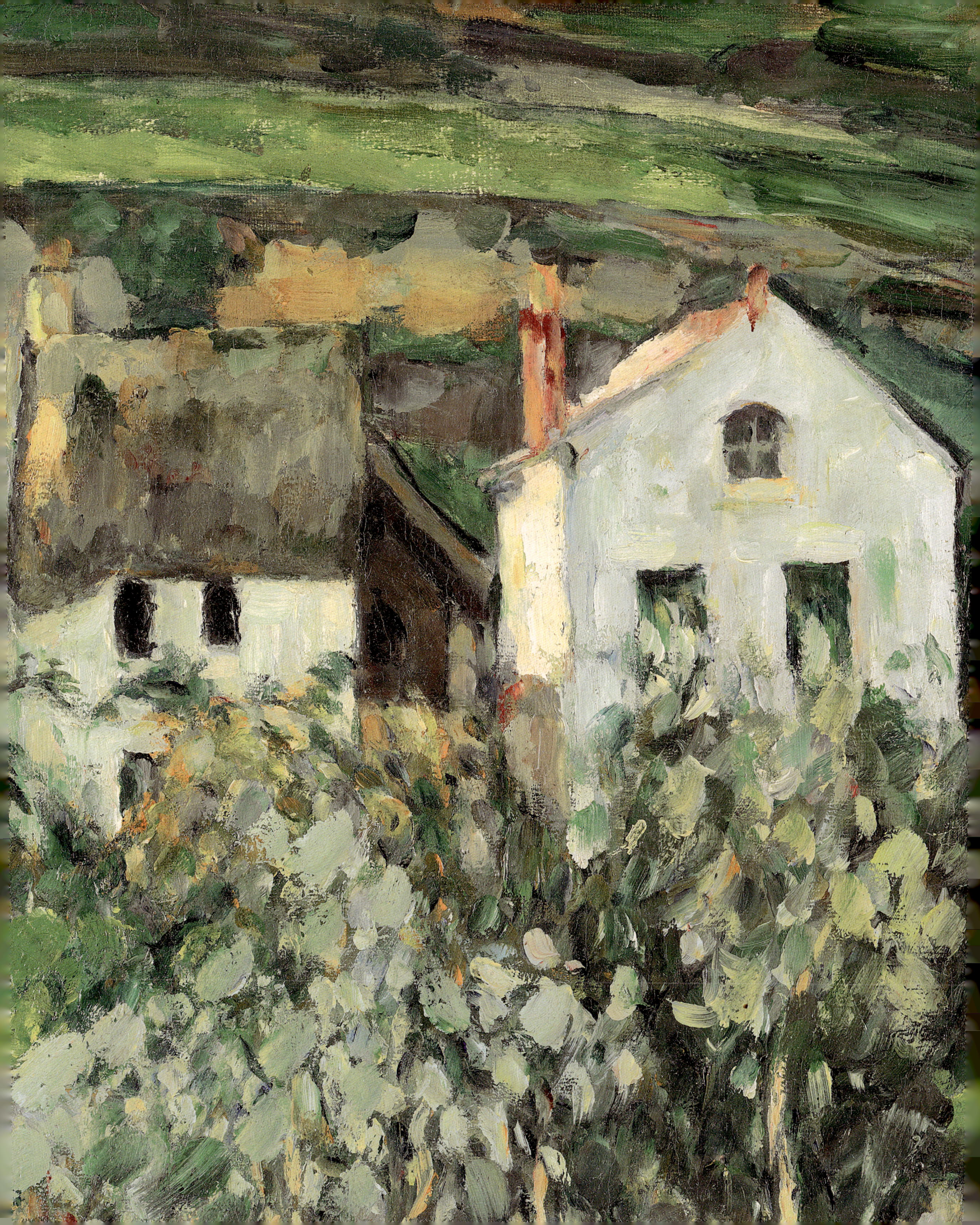

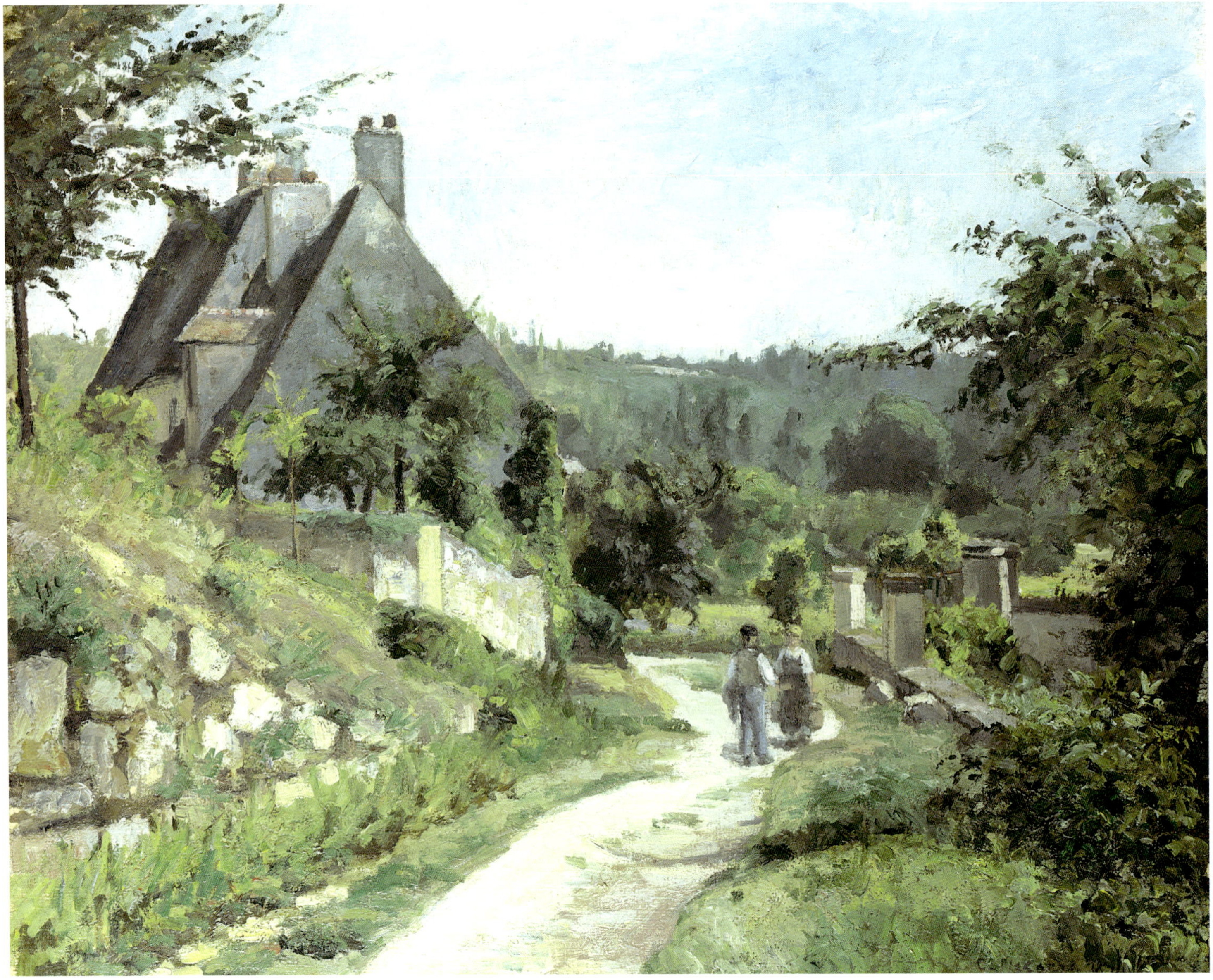

35. Camille Pissarro
La Causette, chemin du chou à Pontoise, 1874
Huile sur lin, 0,6 x 0,73 m
Collection particulière

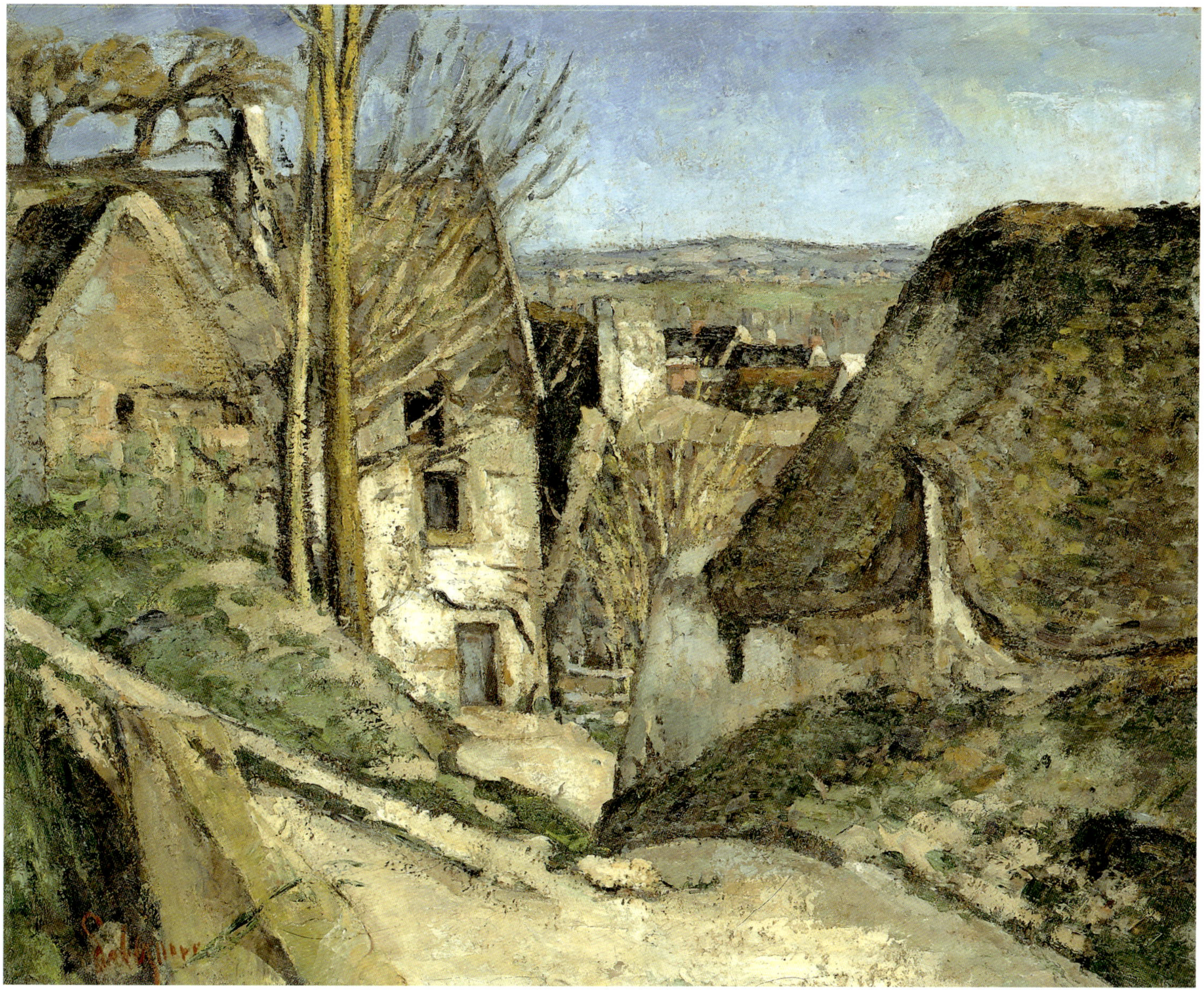

36. Paul Cézanne
La Maison du pendu, Auvers-sur-Oise, 1873
Huile sur toile, 0,55 × 0,66 m
Paris, musée d'Orsay, legs du comte Isaac de Camondo, 1911

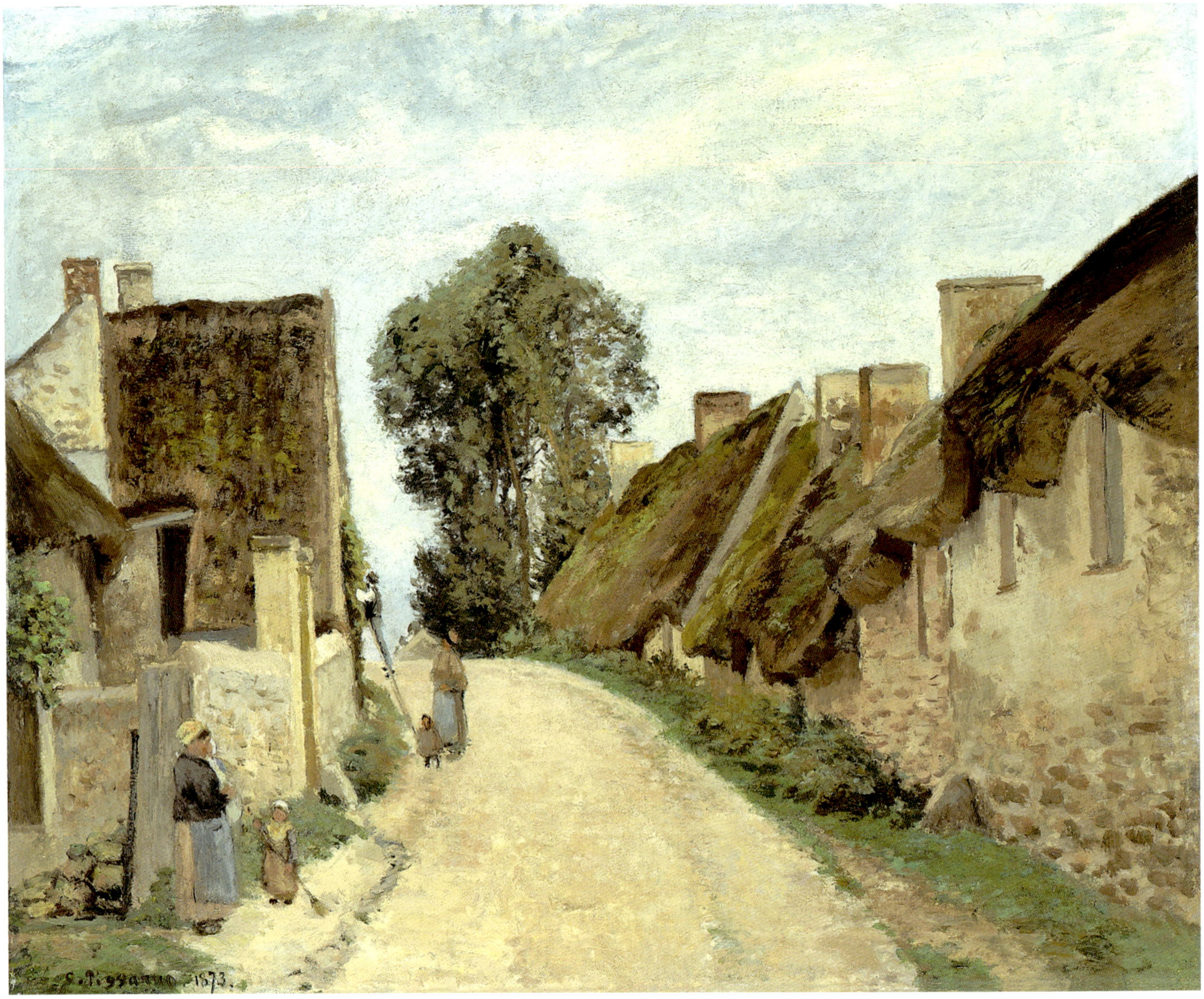

37. Camille Pissarro
Rue Rémy, Auvers-sur-Oise, 1873
Huile sur toile, 0,546 × 0,654 m
Collection Michael Vineberg and Anna de Benedictis Vineberg

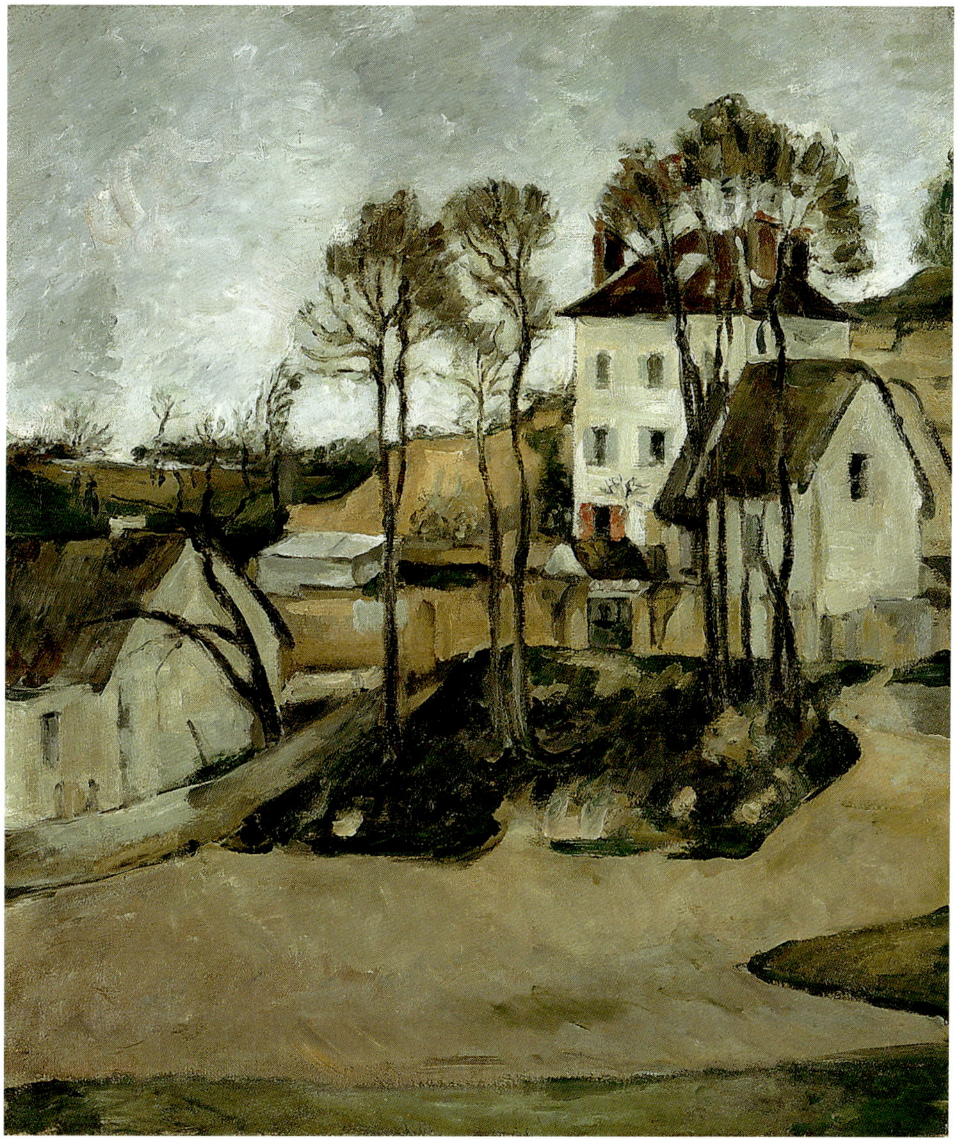

38. Paul Cézanne
La Maison du docteur Gachet, Auvers-sur-Oise, vers 1872-1874
Huile sur toile, 0,56 x 0,47 m
Collection Rudolf Staechelin, en dépôt permanent au Kunstmuseum de Bâle

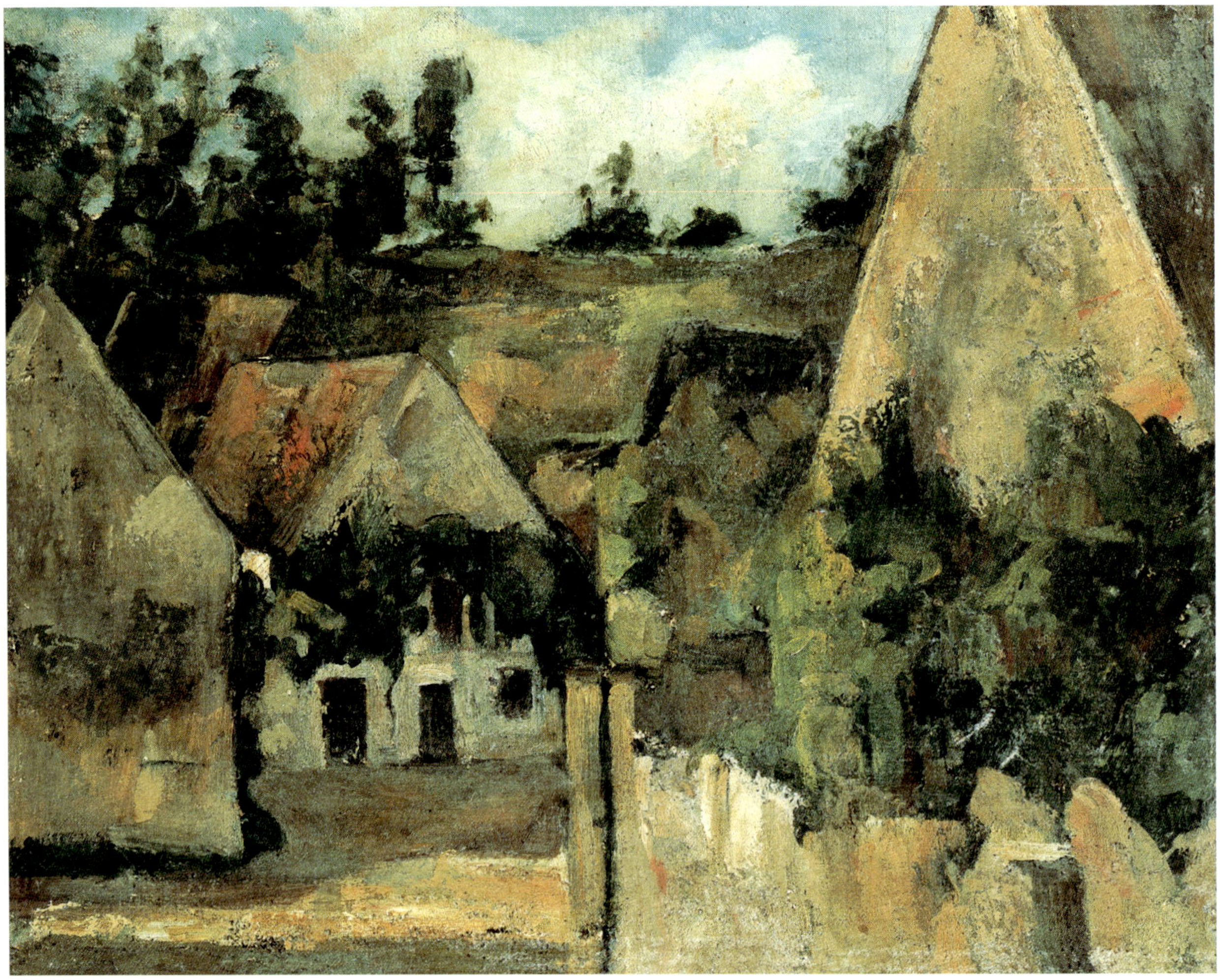

39. Paul Cézanne
Carrefour de la rue Rémy à Auvers-sur-Oise, vers 1872
Huile sur toile, 0,38 x 0,455 m
Paris, musée d'Orsay, don de Paul Gachet au musée du Jeu de Paume, 1954, dans les collections du musée d'Orsay depuis 1986

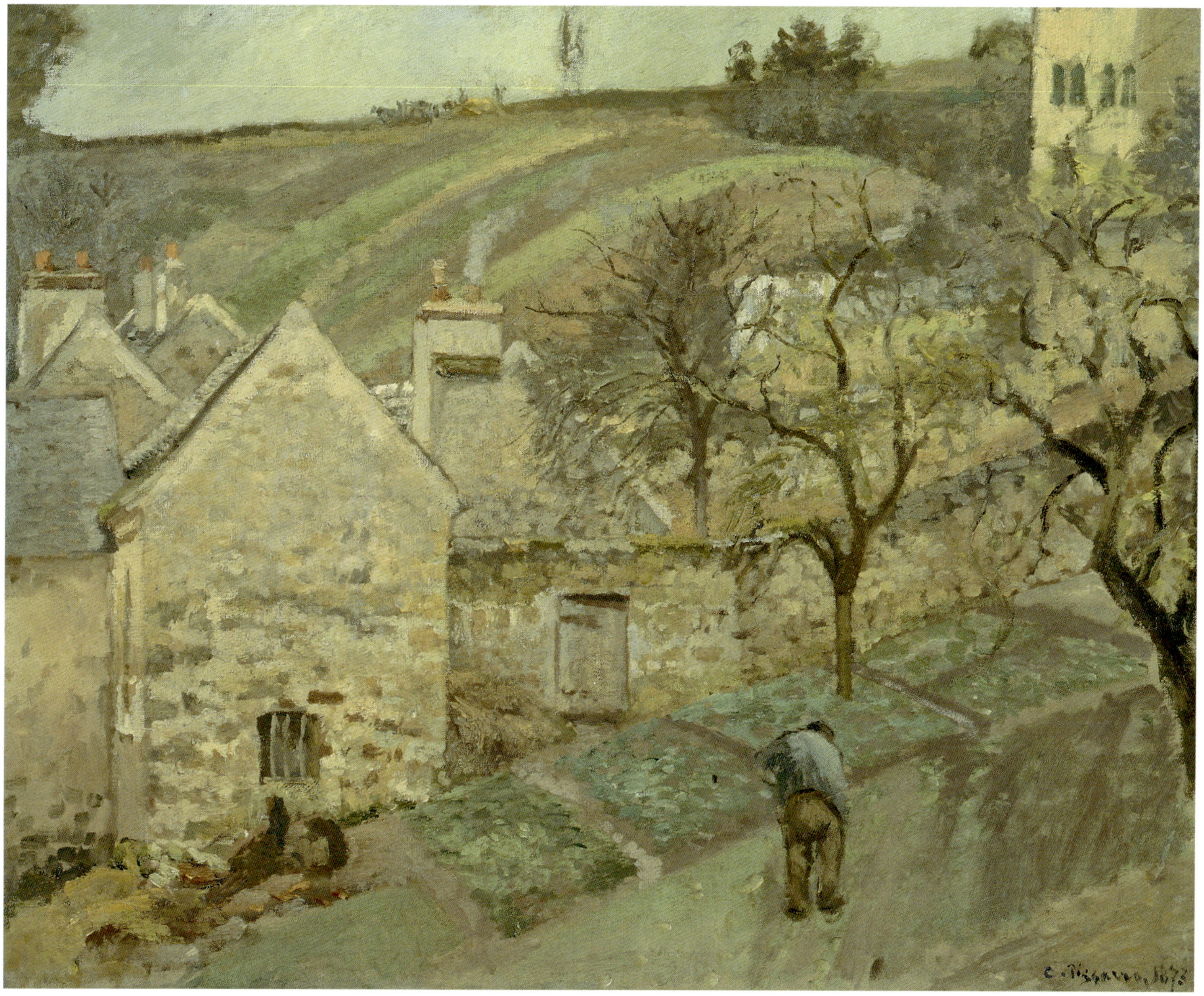

40. Camille Pissarro
Vue sur la côte des Mathurins, Pontoise, 1873
Huile sur toile, 0,61 × 0,73 m
Paris, musée d'Orsay, dation en paiement de droits de succession

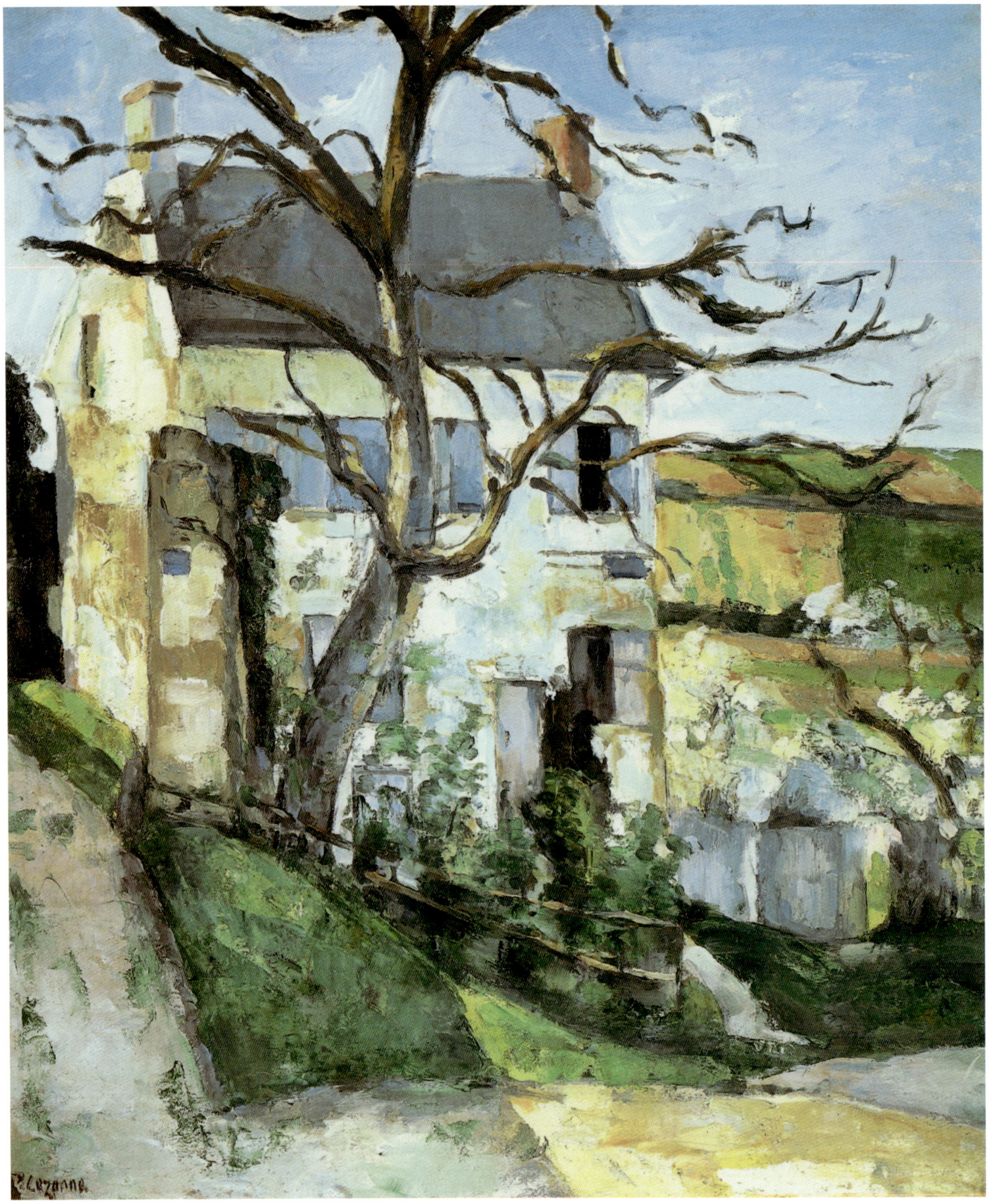

41. Paul Cézanne
Maison et arbre, quartier de l'Hermitage, vers 1874
Huile sur toile, 0,66 × 0,556 m
Californie, collection particulière

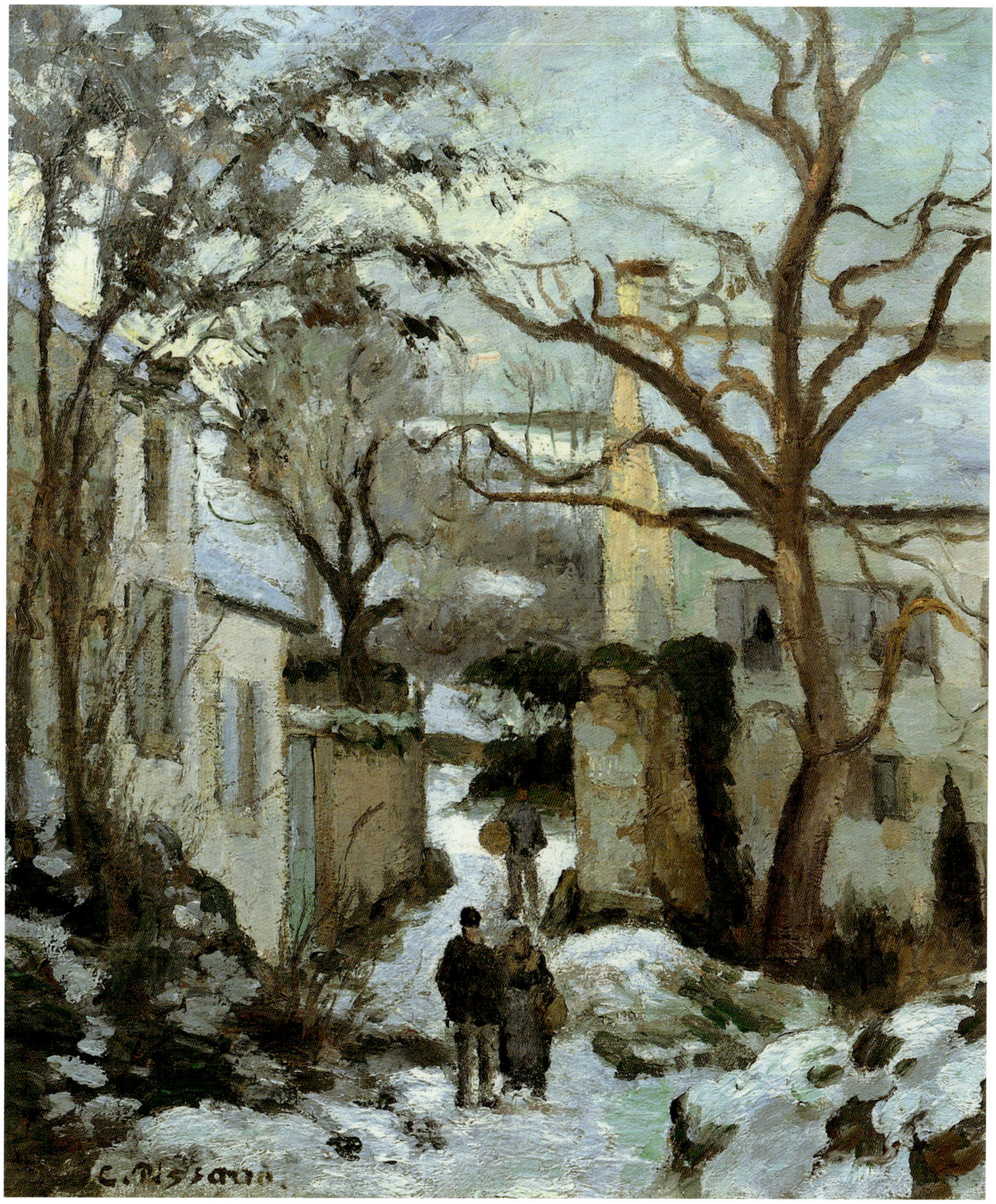

42. Camille Pissarro

La Maison Rondest sous la neige, Pontoise, vers 1874

Huile sur toile, 0,46 x 0,4 m

Cambridge, Mass., collection particulière

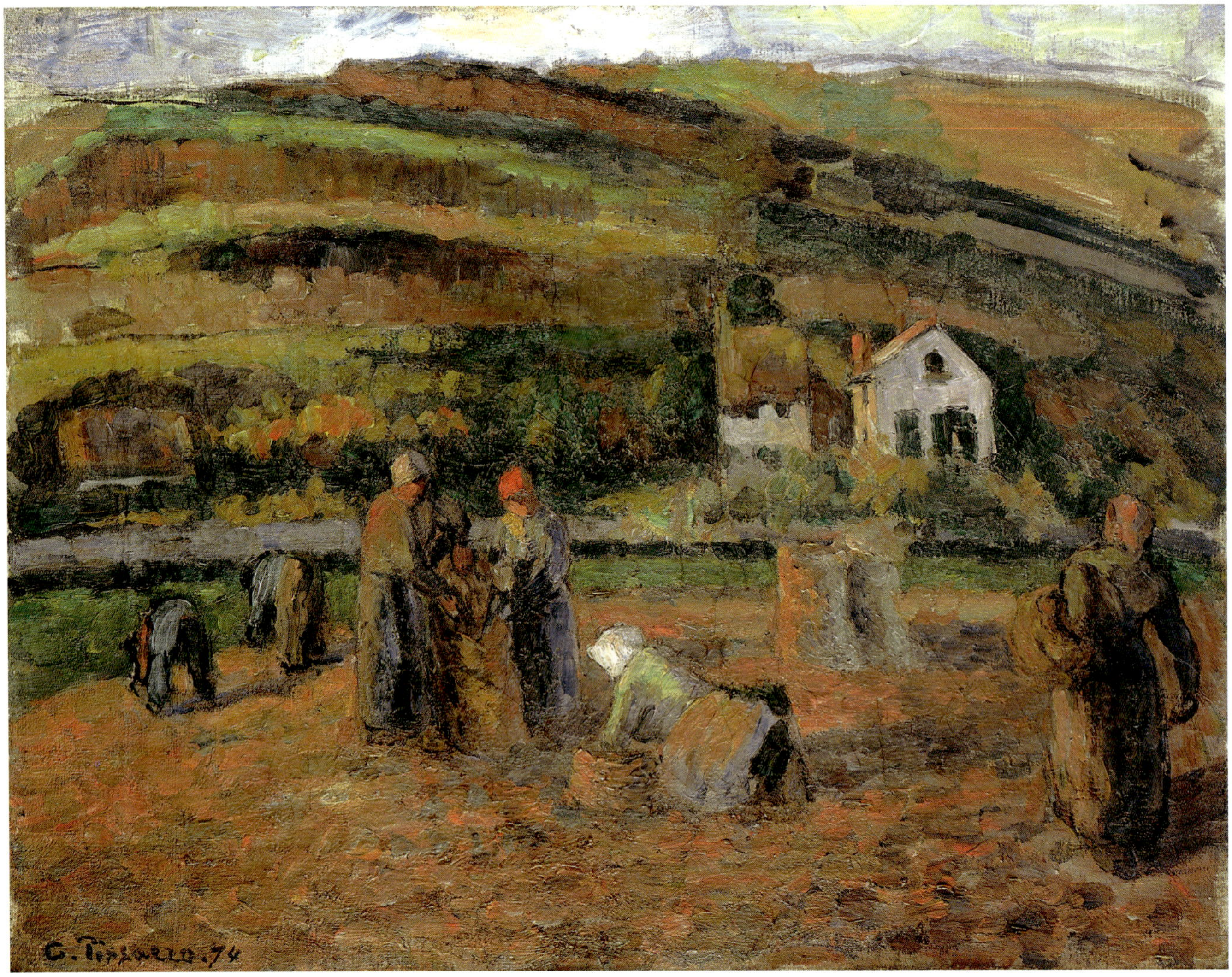

43. Camille Pissarro
La Récolte des pommes de terre, Pontoise, 1874
Huile sur toile, 0,335 x 0,415 m
Londres, collection particulière

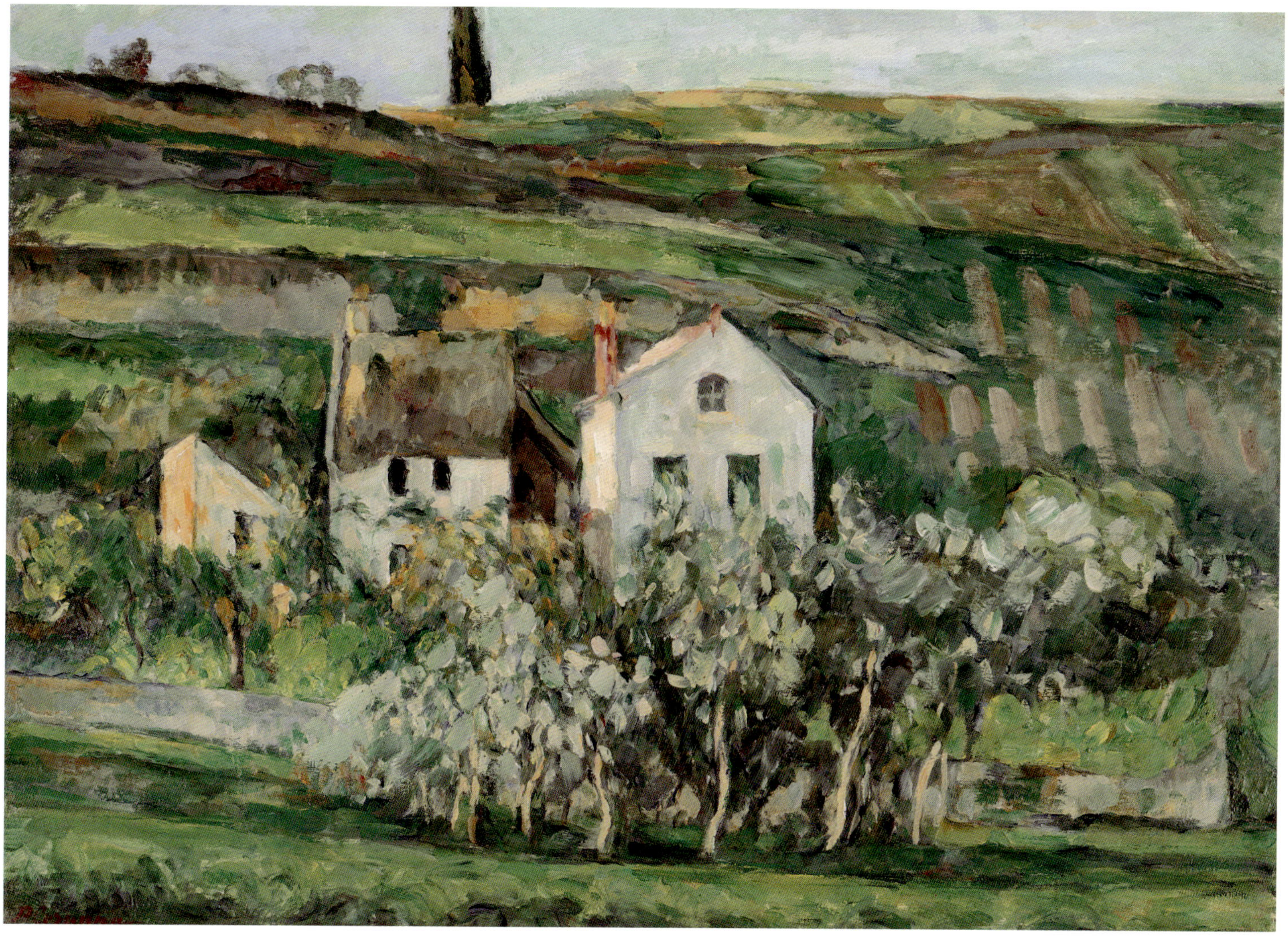

44. Paul Cézanne
Petites maisons près de Pontoise, vers 1874
Huile sur toile, 0,394 × 0,533 m
Cambridge, Mass., Harvard University Art Museums, avec l'aimable autorisation du Fogg Art Museum, legs Annie Swan Coburn

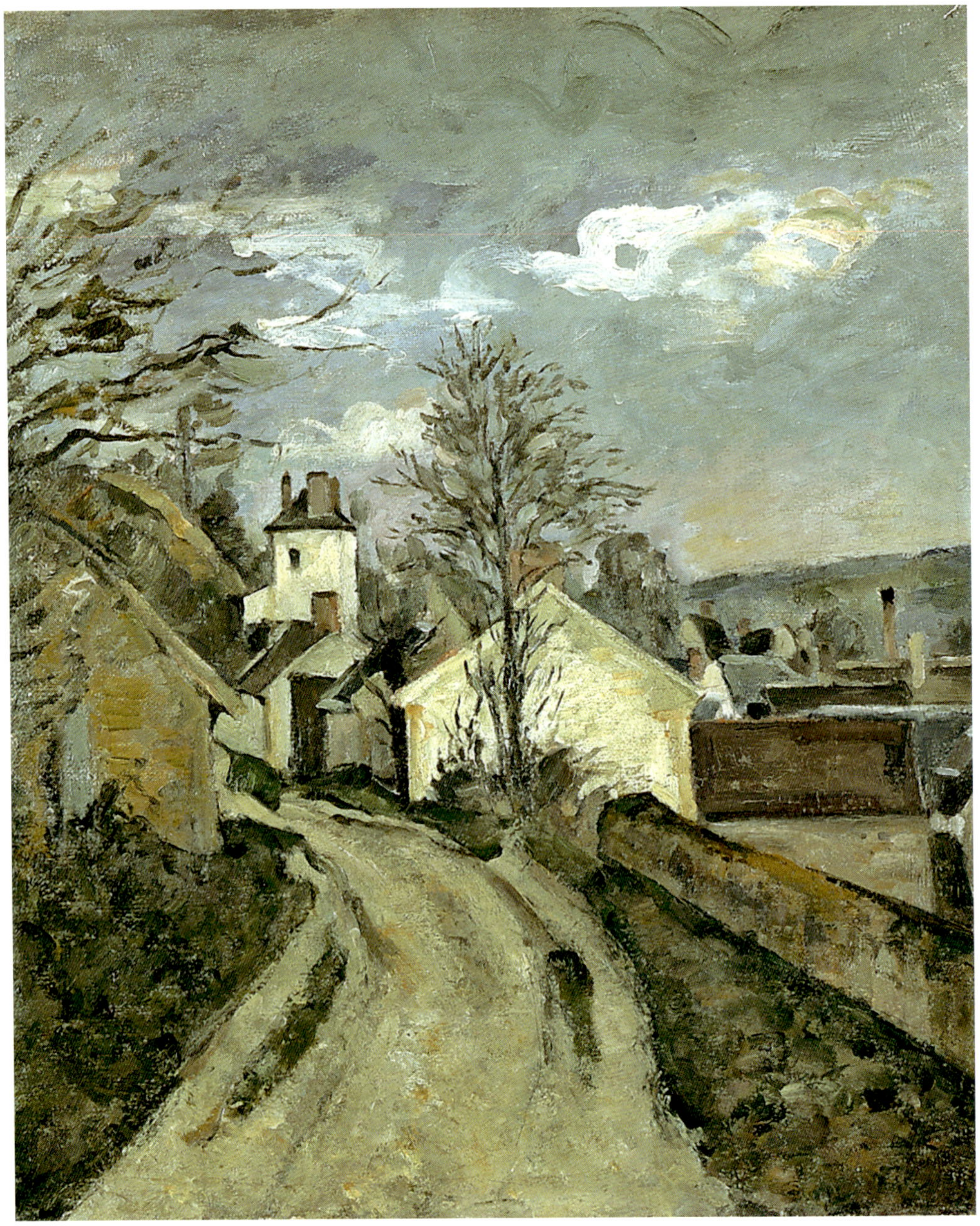

45. Paul Cézanne

La Maison du docteur Gachet à Auvers-sur-Oise, vers 1872-1874

Huile sur toile, 0,46 × 0,38 m

Paris, musée d'Orsay, don de Paul Gachet, 1951

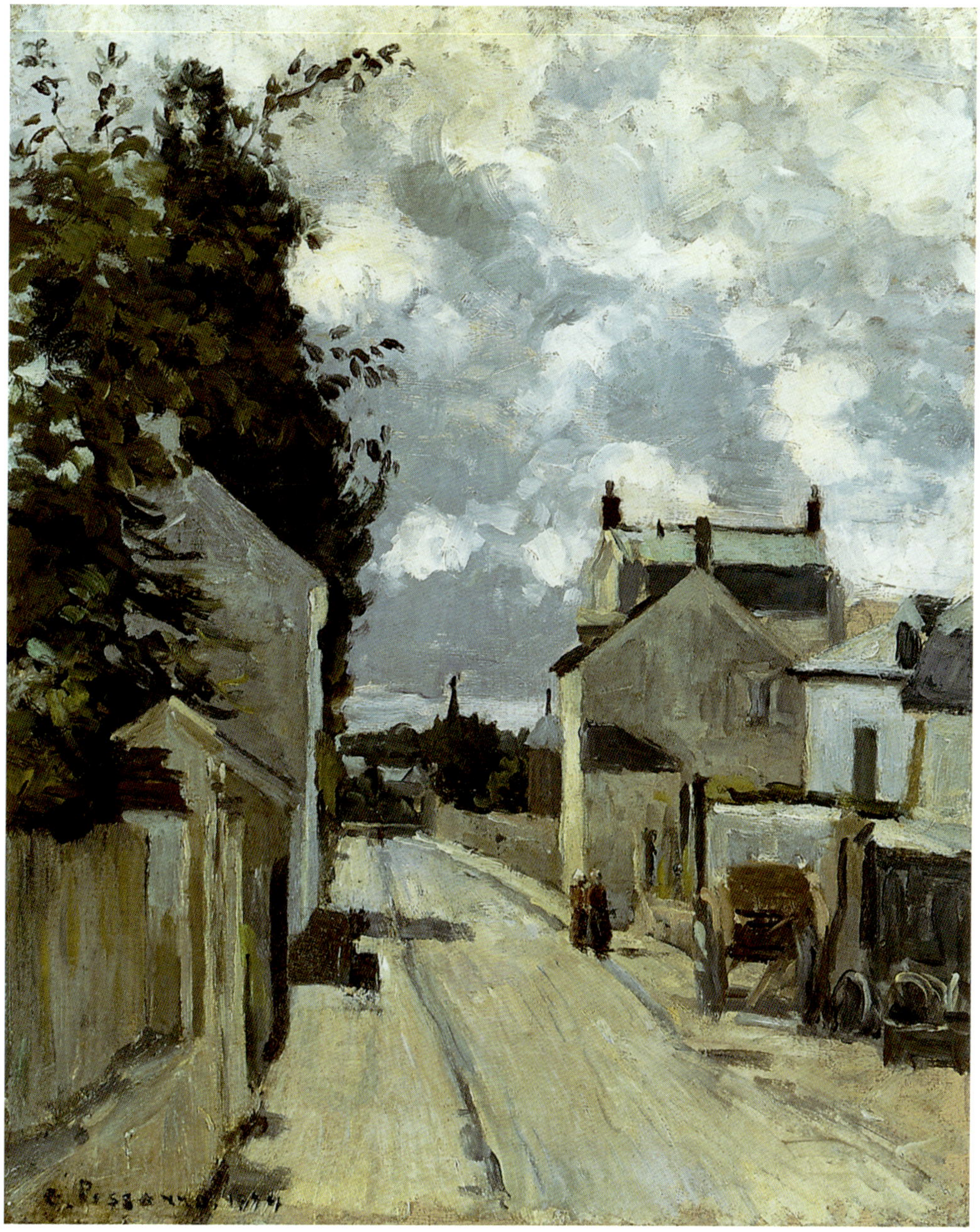

46. Camille Pissarro
La Rue de l'Hermitage, Pontoise, 1874
Huile sur toile, 0,41 x 0,32 m
Succession docteur Rau

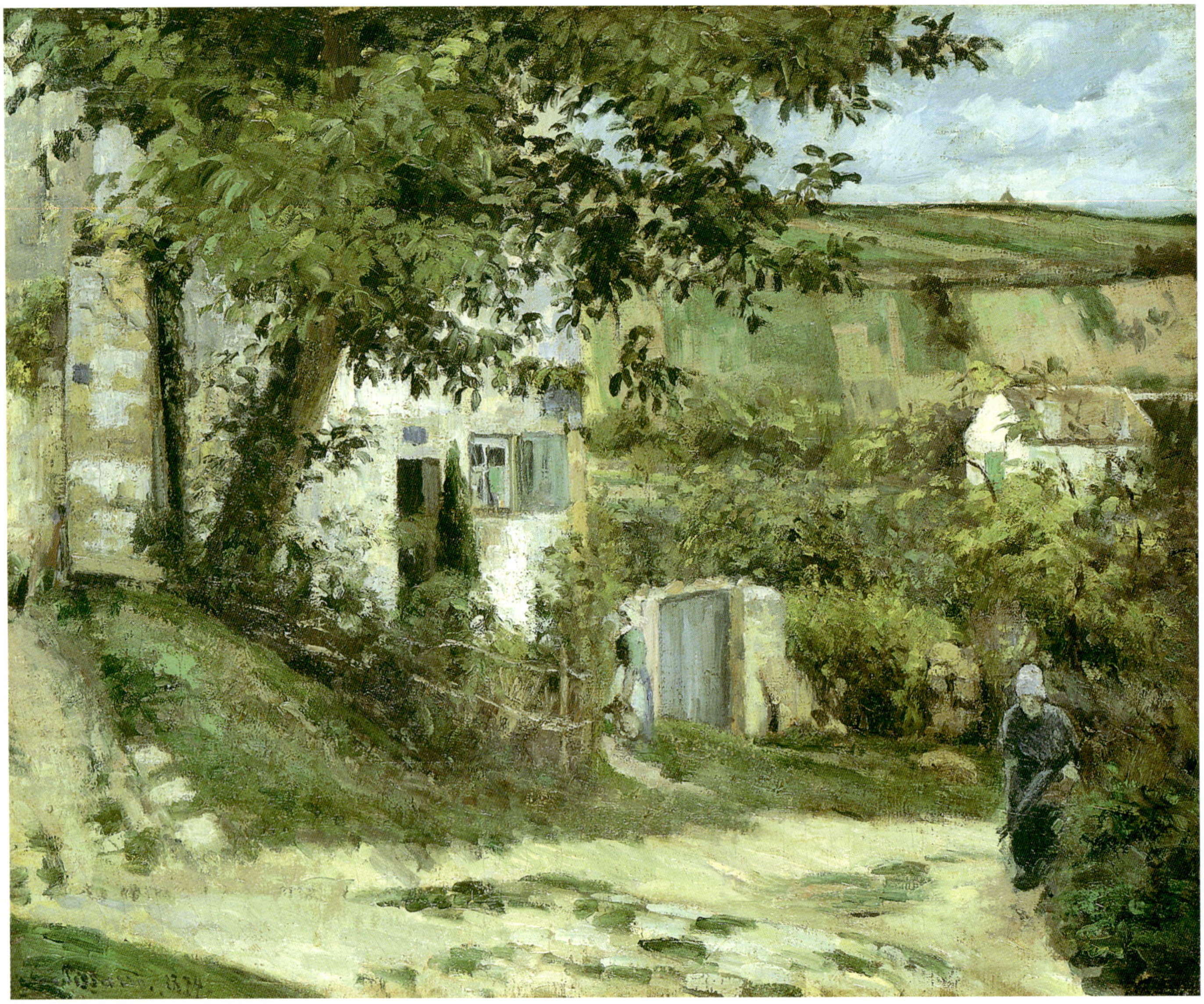

47. Camille Pissarro
Rue de la Côte-du-Jalet, la maison Rondest, Pontoise, 1874
Huile sur toile, 0,54 × 0,655 m
Buenos Aires, collection Museo Nacional de Bellas Artes

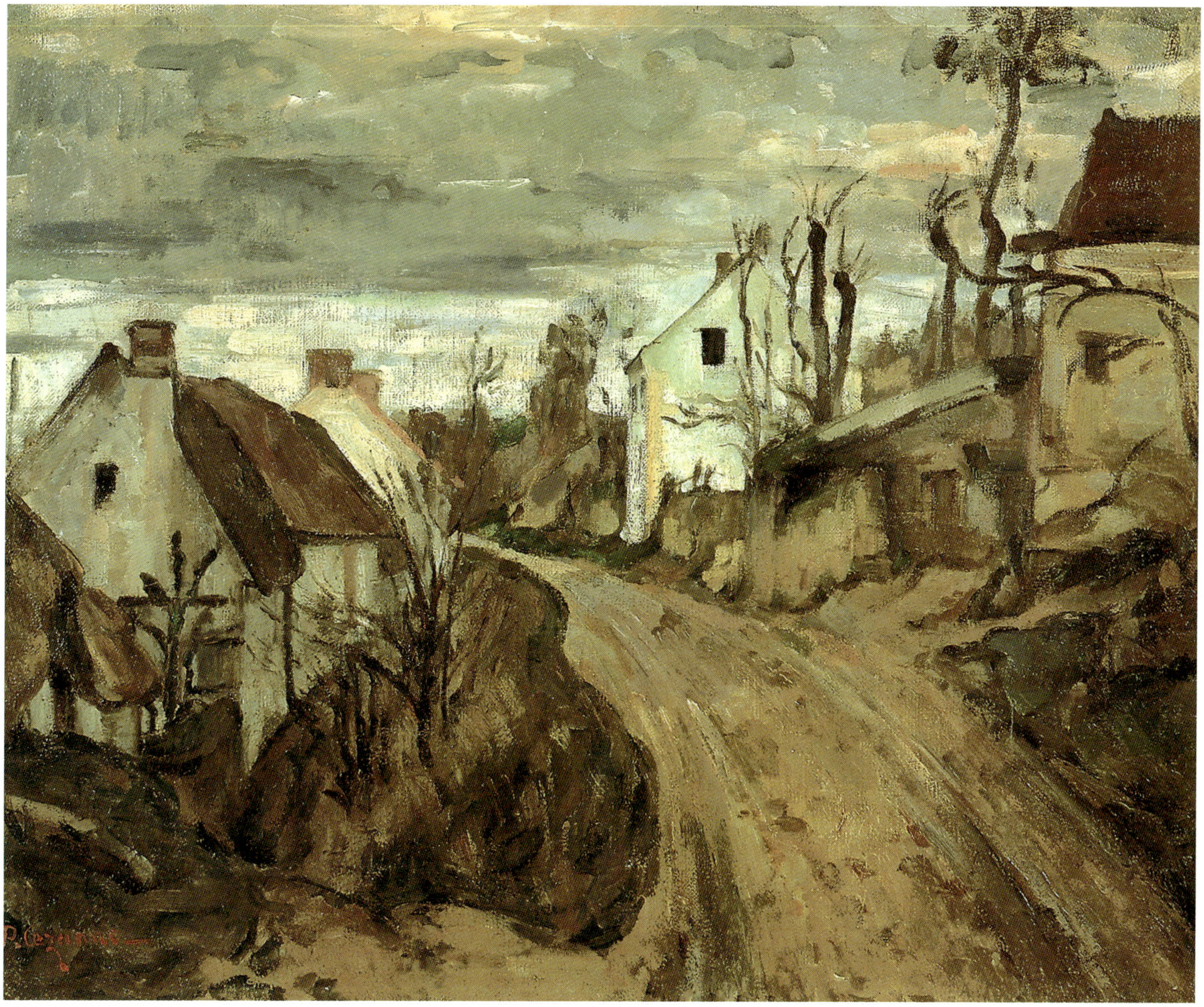

48. Paul Cézanne

La Vieille Route à Auvers-sur-Oise, vers 1872-1874

Huile sur toile, 0,46 x 0,55 m

Paris, musée d'Orsay, donation Max et Rosy Kaganovitch, 1973

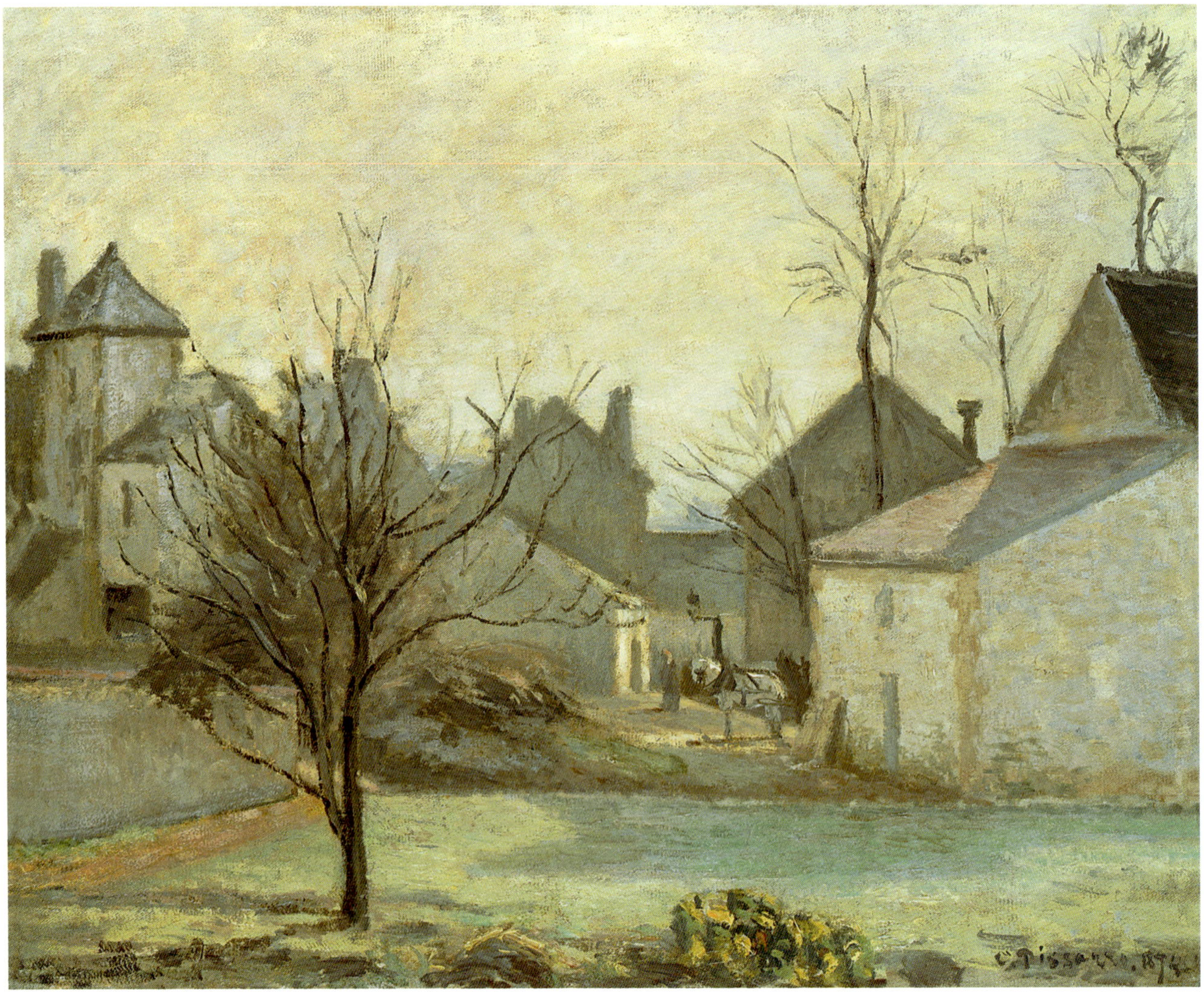

49. Camille Pissarro
Maisons à l'Hermitage, Pontoise, 1874
Huile sur toile, 0,381 × 0,457 m
Collection Mr. and Mrs. Jeffrey Peek

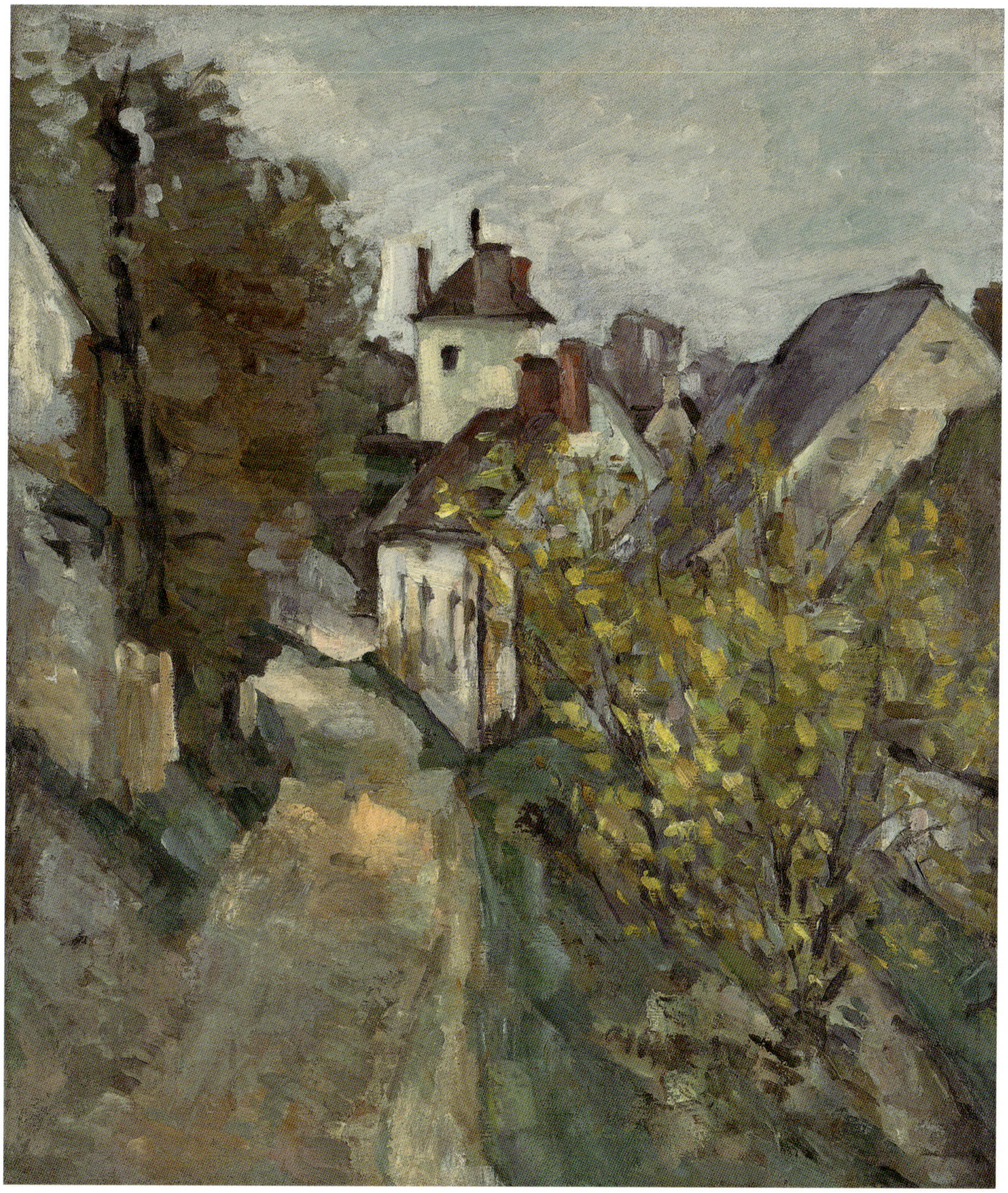

50. Paul Cézanne
La Maison du docteur Gachet à Auvers-sur-Oise, 1872-1874
Huile sur toile, 0,616 x 0,511 m
New Haven, Conn., Yale University Art Gallery, collection Mary C. and James W. Fosburgh, B.A., 1933, M.A., 1935

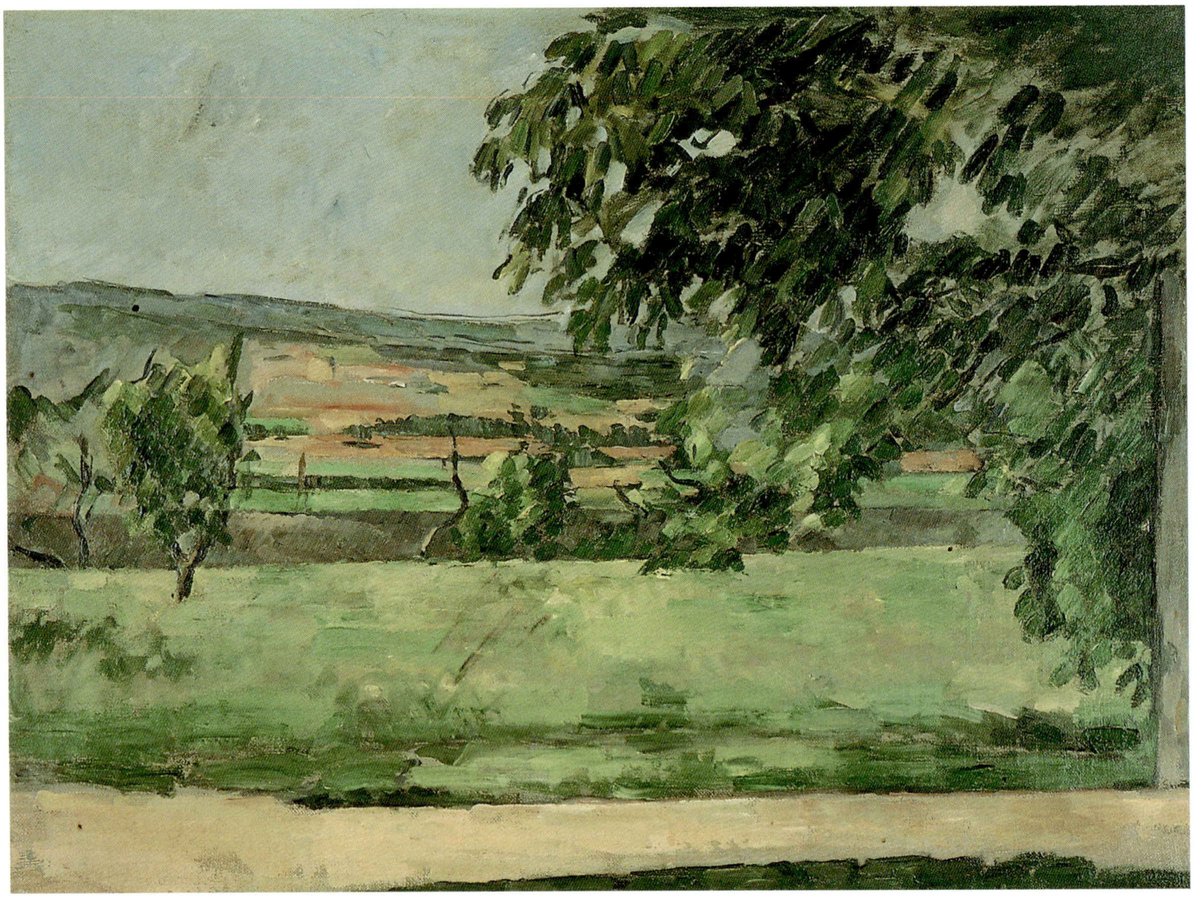

51. Paul Cézanne
Vue prise du Jas de Bouffan, 1875-1876
Huile sur toile, 0,445 × 0,59 m
Donation anonyme à l'État français, sous réserve d'usufruit, 2000

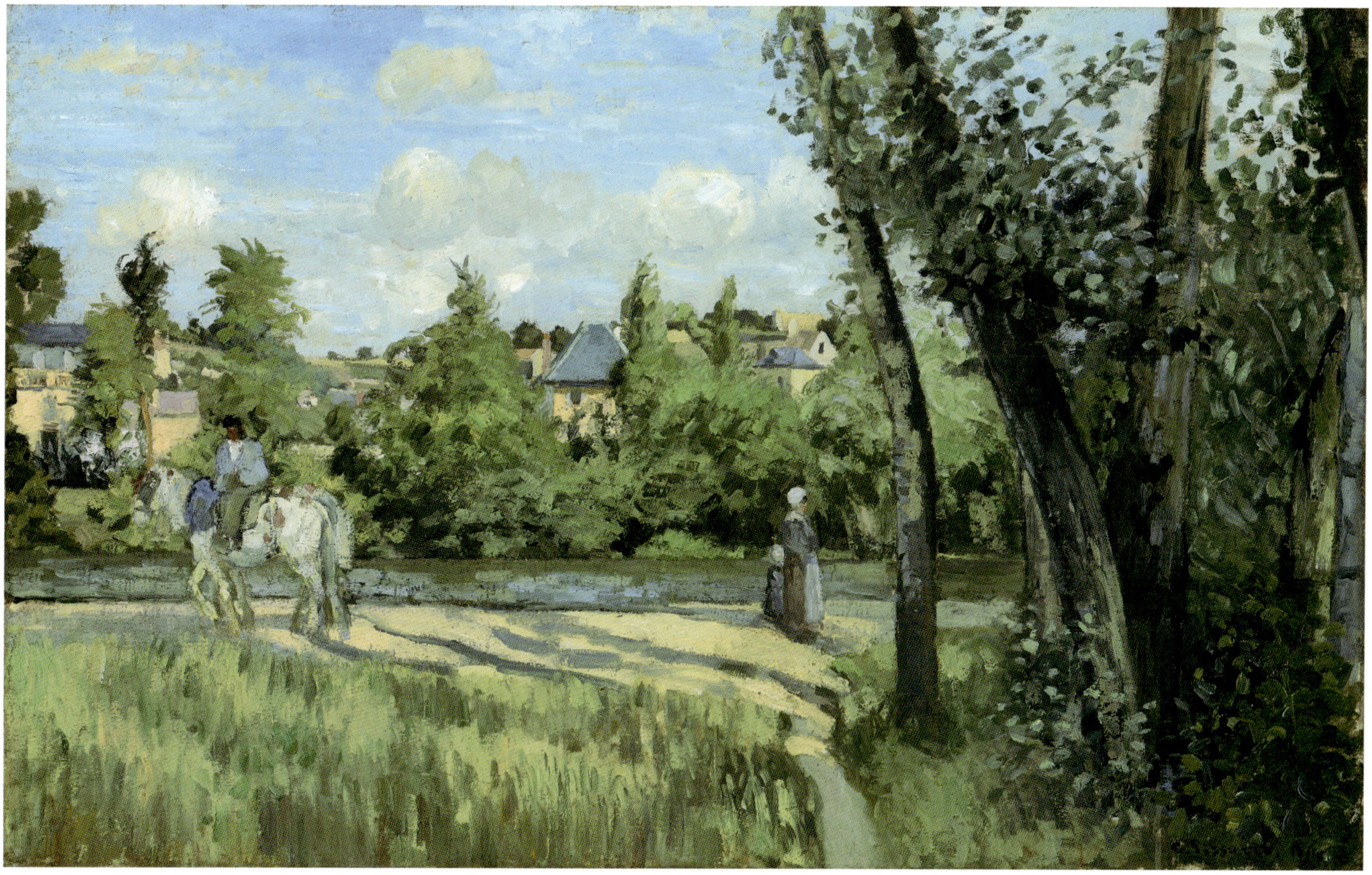

52. Camille Pissarro
Paysage, plein soleil, Pontoise, 1874
Huile sur toile, 0,524 × 0,816 m
Boston, Museum of Fine Arts, Juliana Cheney Edwards Collection

Une route tournante : recherches sur la composition et la technique du couteau à palette

L'année 1875 peut être considérée comme l'apogée de la longue, bien qu'intermittente, relation entre Pissarro et Cézanne. Toutes les lettres échangées par les deux hommes durant cette période ont disparu. Les similitudes entre leurs œuvres en disent cependant plus long que tous les mots sur l'intensité de leur échange. Deux tableaux de Pontoise (cat. 54, 55) forment ce qu'il convient d'appeler une paire et indiquent que les deux artistes œuvrèrent très étroitement ensemble. Arrêtons-nous, à ce propos, sur le dessin plein de chaleur et d'humour que Cézanne fit de son aîné, occupé à travailler, vu de dos (cat. 20). Il suggère que Cézanne aimait peut-être s'asseoir légèrement en retrait derrière Pissarro, de manière à pouvoir observer à la fois le paysage qu'il peignait et son vieil ami absorbé dans l'étude.

Pour les tableaux mentionnés ci-dessus, les deux artistes travaillèrent simultanément, mais pas exactement au même endroit. Le point de vue de Cézanne est plus proche du groupe de maisons situées de l'autre côté de la rue. Le tableau exécuté par Pissarro en 1875 ressemble davantage à celui de Cézanne, par sa technique et son chromatisme qu'à la même vue peinte par Pissarro seulement deux ans auparavant (cat. 53) - un paysage impressionniste classique à l'atmosphère nuancée et aux transitions de couleur subtiles. Dans les deux toiles de 1875 (cat. 54, 55), l'usage du couteau alterne avec celui du pinceau. La surface est plus rugueuse et les contrastes plus abrupts que dans les œuvres précédentes. Dès 1875, les deux peintres inaugurent de nouvelles pistes qui les conduiront au-delà de l'impressionnisme.

Un autre ensemble de trois tableaux est révélateur de cette évolution : *L'Étang des sœurs à Osny, près de Pontoise* de Cézanne (cat. 63), *Le Petit Pont, Pontoise* de Pissarro (cat. 64), tous deux de 1875, et *Le Pont de Maincy, près de Melun* (cat. 65), exécuté par Cézanne en 1879-1880. La toile de Pissarro fournit un indice qui permet de dater l'œuvre de Cézanne et d'en identifier le motif[1]. Les deux artistes semblent s'éloigner de leurs peintures impressionnistes antérieures. En même temps, il se passe quelque chose d'inédit : quelques rehauts de couleur, ou une tonalité particulière, ont acquis une certaine autonomie et sont détachés sur la surface peinte par Pissarro (voir cat. 64). Ce procédé anticipe clairement la manière dont Cézanne allait sortir de l'impressionnisme - comme on peut déjà le voir dans *Le Pont de Maincy, près de Melun* (cat. 65), qui, même s'il fut exécuté au tournant des années 1880, doit beaucoup au *Petit Pont* de Pissarro (cat. 64) et peut être lu comme une forme d'hommage rendu par Cézanne à ce moment paroxystique et partagé de l'histoire de leurs découvertes picturales communes.

Autres séries de problématiques abordées par les deux artistes : le rapport entre les espaces qui s'échelonnent en profondeur et les premiers plans (voir cat. 56, 57), ainsi que la tension visuelle qui résulte de l'opposition entre une route qui tourne ou un point de vue désaxé et la surface plane de la toile peinte (voir cat. 58, 59, 62). Toutes ces œuvres modifient les principes initiaux de l'impressionnisme. La route tournante n'est pas seulement l'un des motifs préférés de Cézanne et de Pissarro à ce moment précis : elle est aussi la métaphore parfaite de leurs nouvelles orientations picturales.

Joachim Pissarro

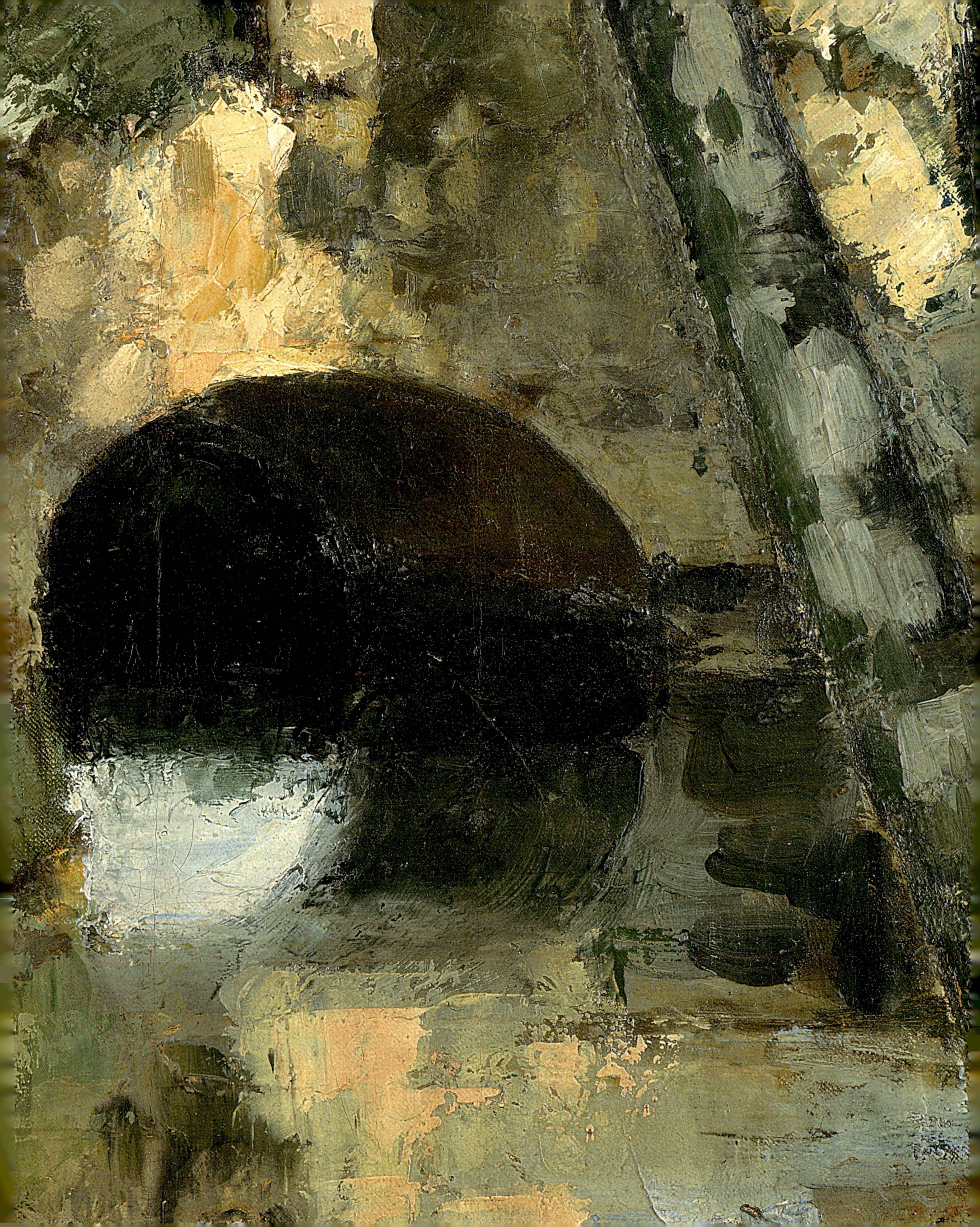

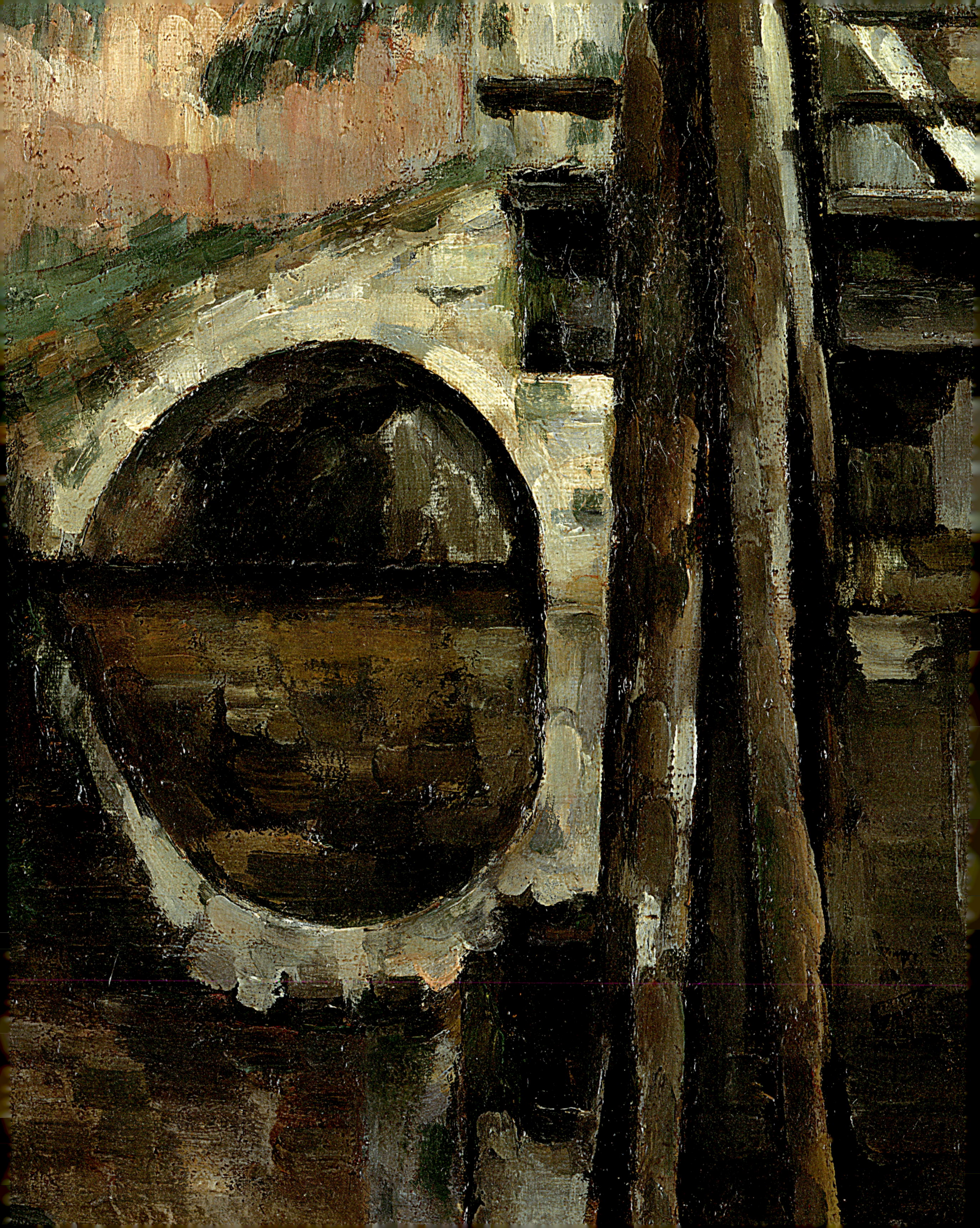

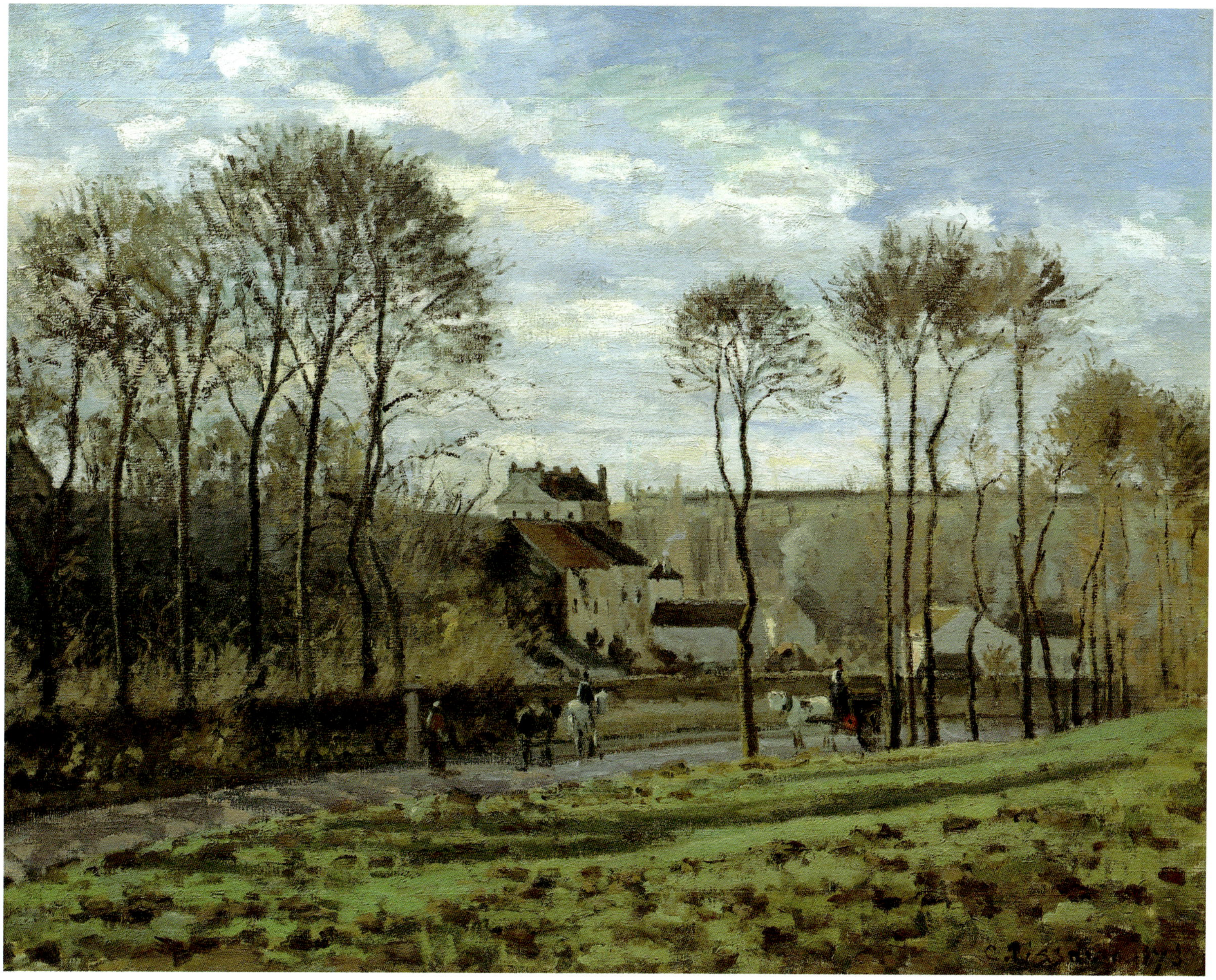

53. Camille Pissarro
Vue sur la maison des Mathurins, Pontoise, 1873
Huile sur toile, 0,597 × 0,733 m
Collection particulière

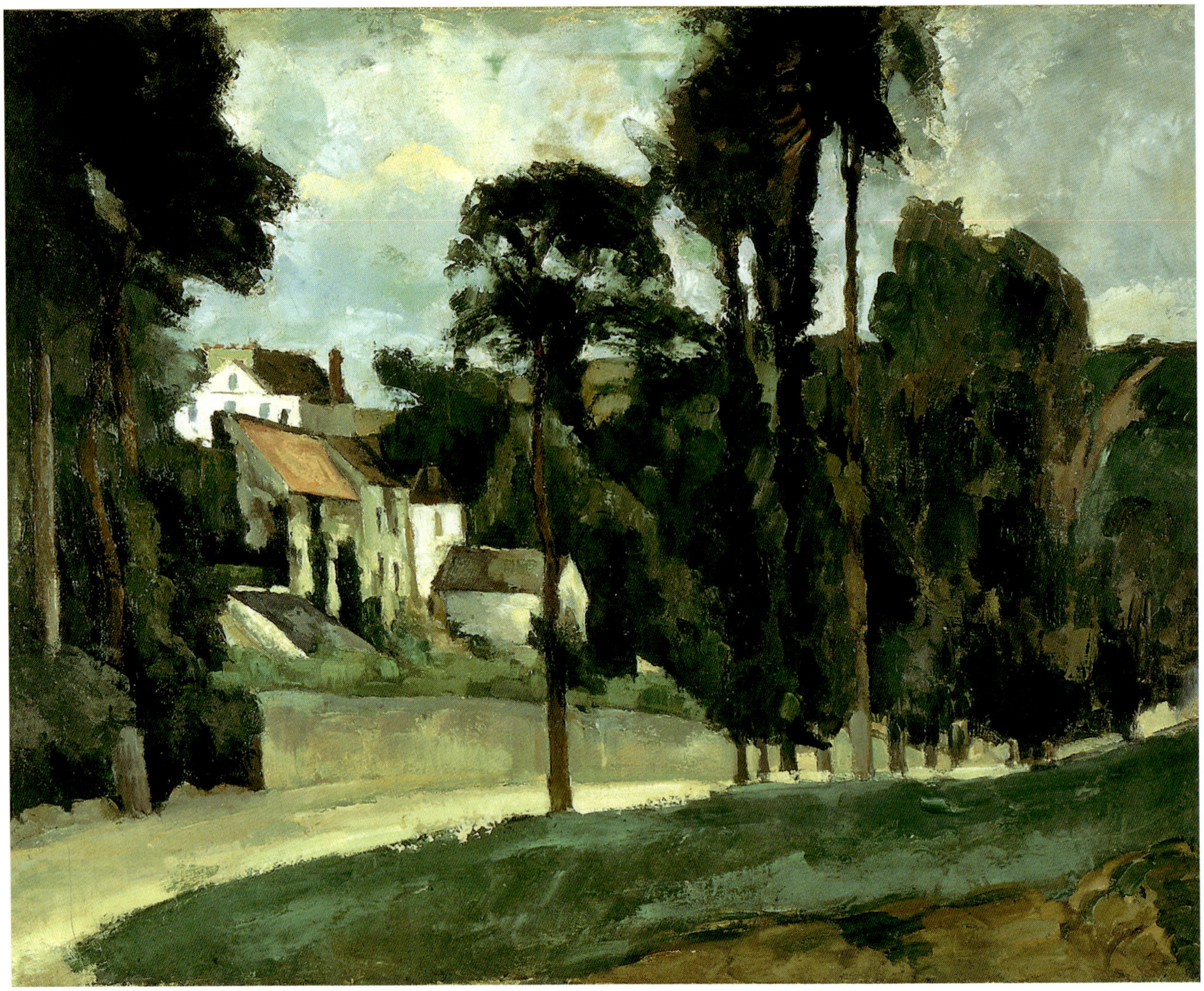

54. Paul Cézanne
Le Clos des Mathurins à Pontoise, 1875
Huile sur toile, 0,58 x 0,71 m
Moscou, musée d'État des Beaux-Arts Pouchkine

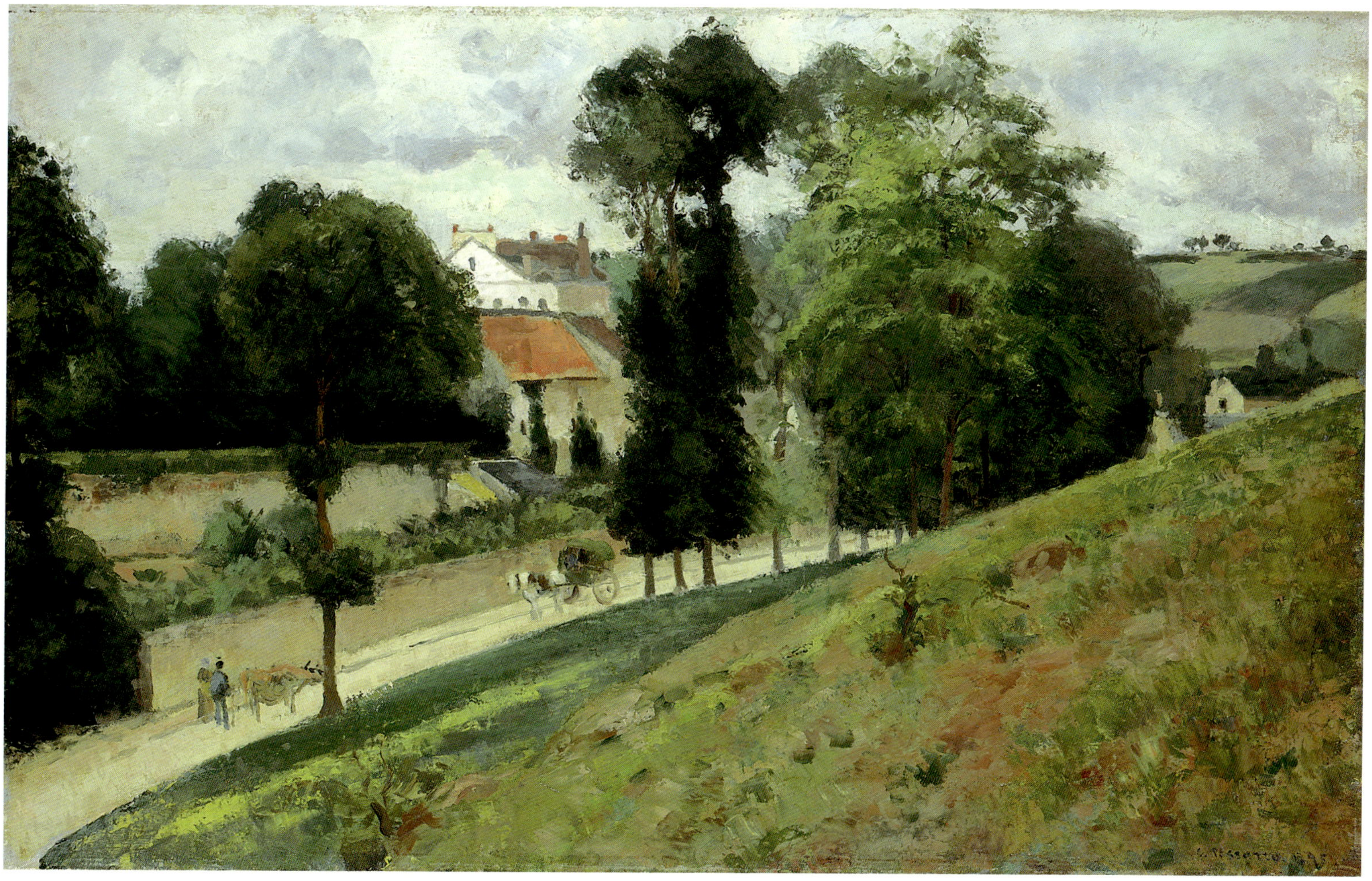

55. Camille Pissarro
Vue sur la maison des Mathurins, Pontoise, 1875
Huile sur toile, 0,525 x 0,81 m
Collection particulière, en dépôt permanent au Kunstmuseum de Bâle

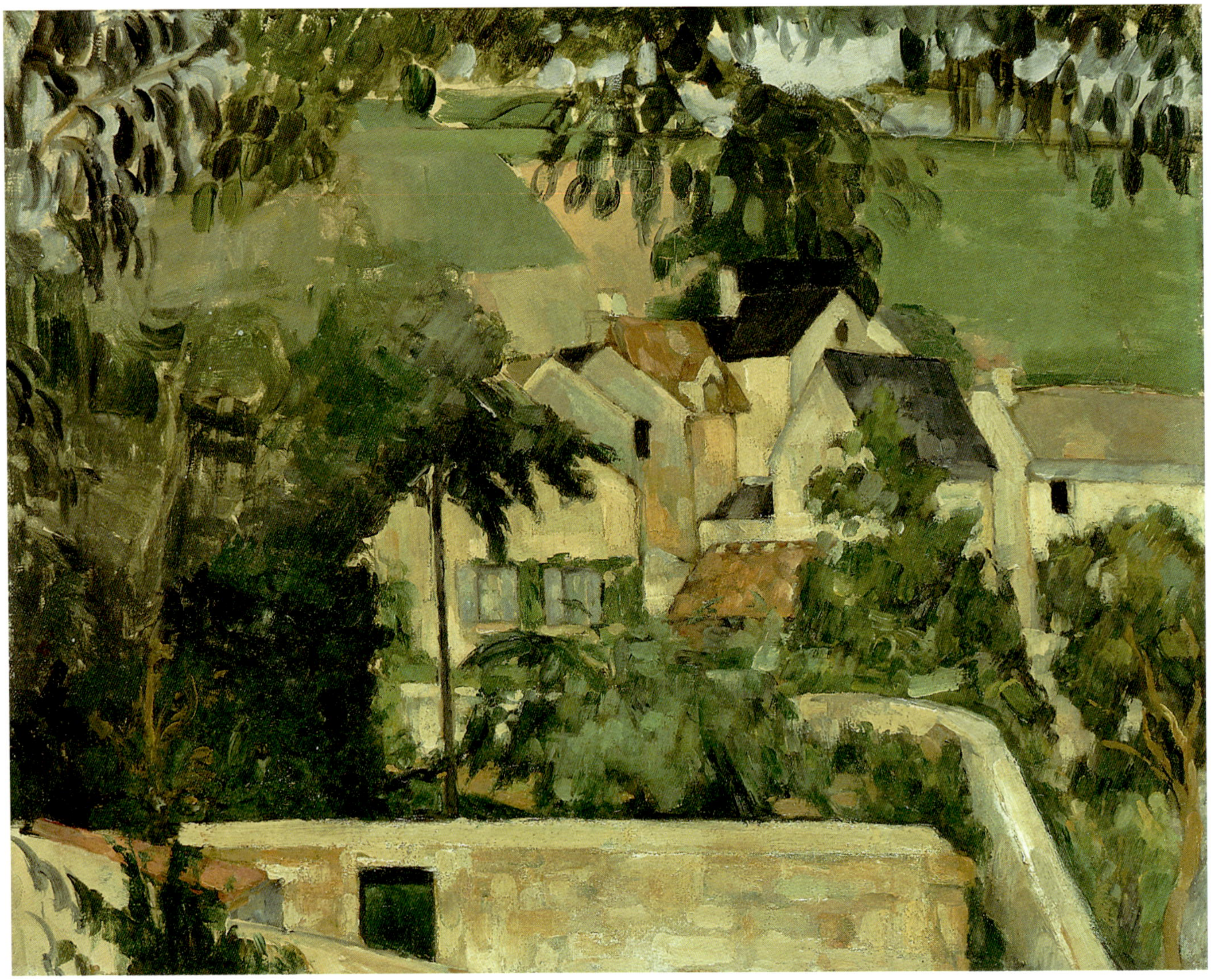

56. Paul Cézanne
Le Quartier du four à Auvers-sur-Oise, vers 1874
Huile sur toile, 0,47 × 0,51 m
Philadelphie, Philadelphia Museum of Art, The Samuel S. White 3rd and Vera White Collection, 1967

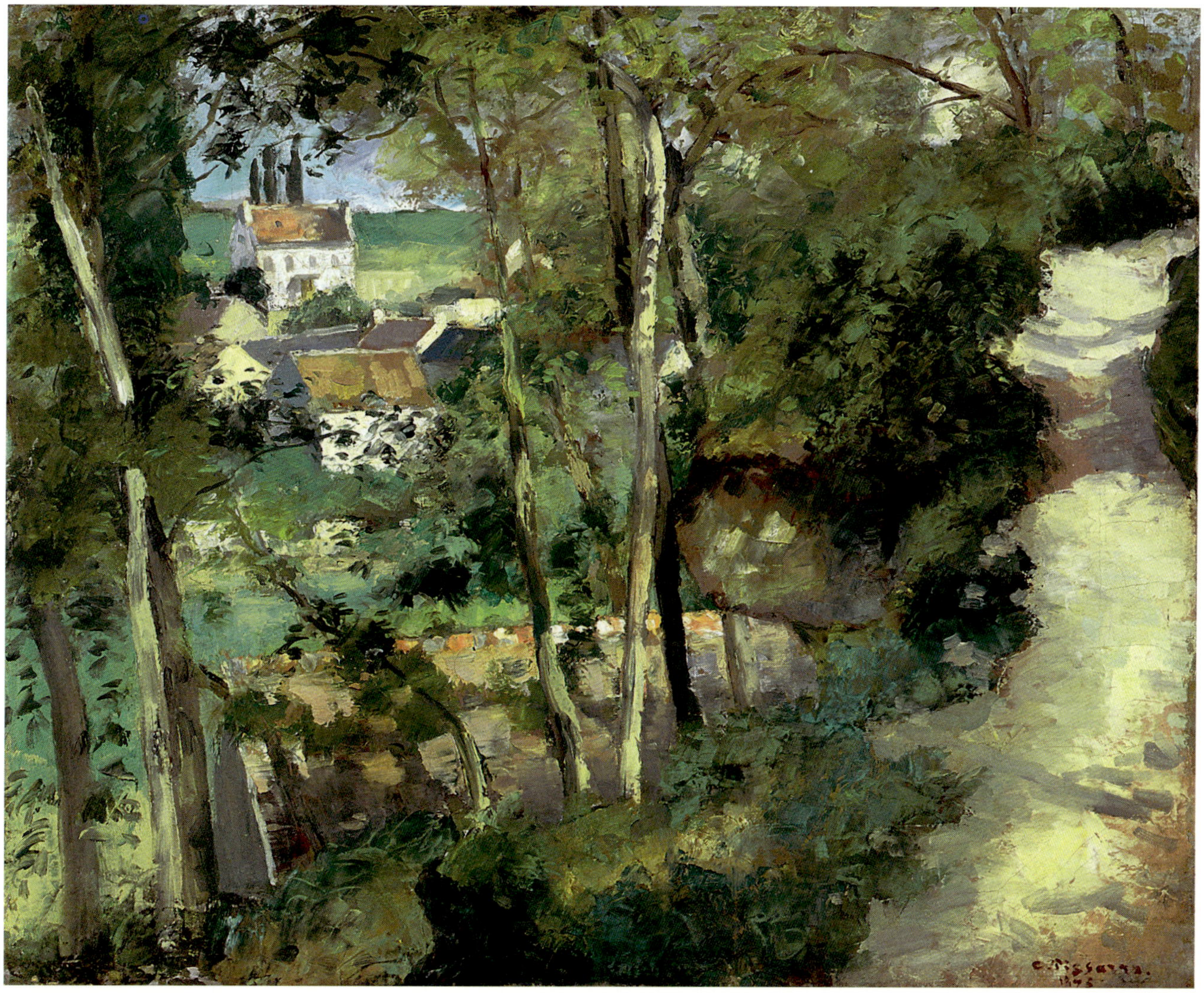

57. Camille Pissarro
Chemin montant, rue de la Côte-du-Jalet, Pontoise, 1875
Huile sur toile, 0,537 x 0,654 m
New York, Brooklyn Museum, acquis grâce aux fonds de Dikran G. Kelekian

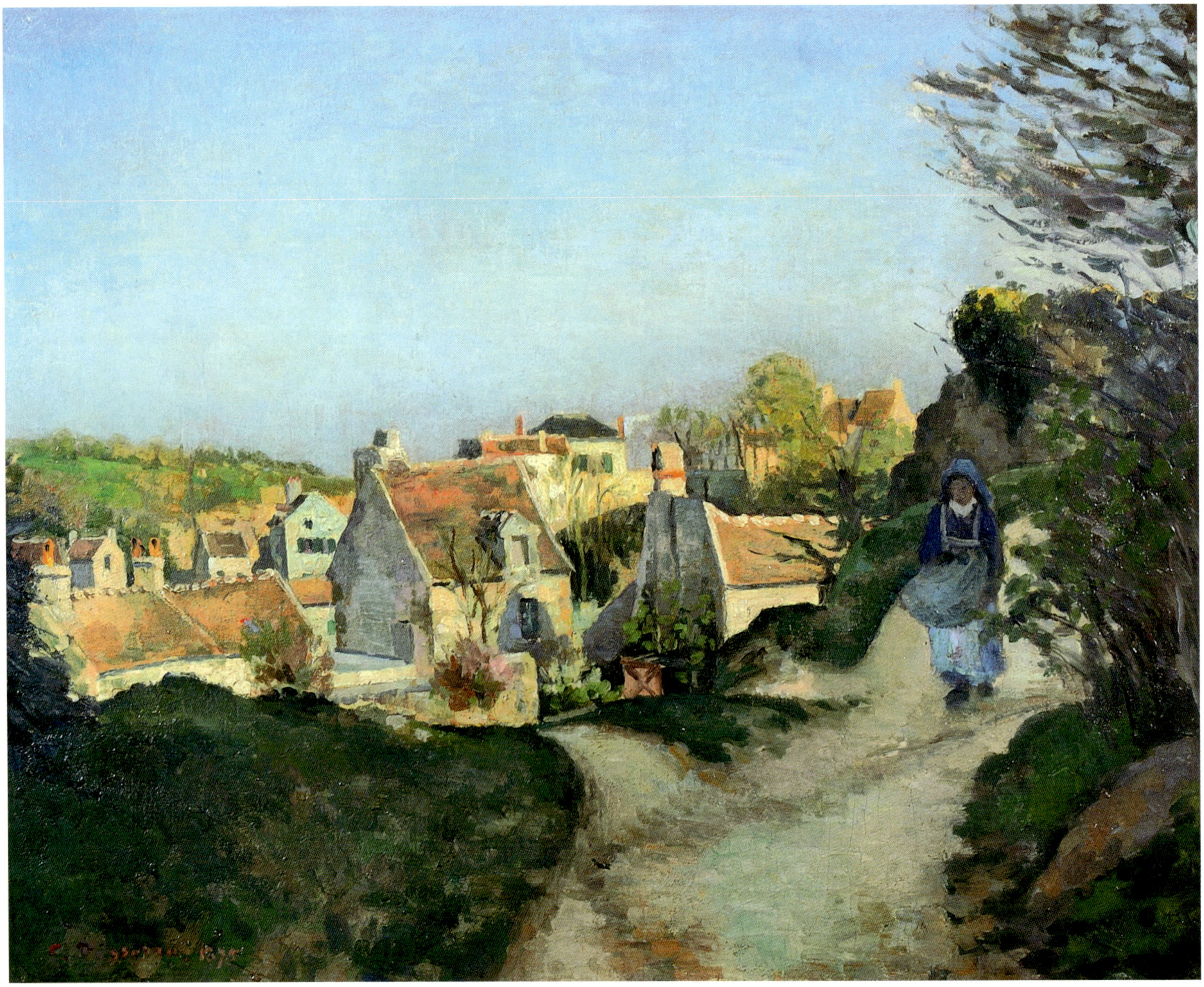

58. Camille Pissarro
Maisons à l'Hermitage, Pontoise, 1875
Huile sur toile, 0,61 x 0,711 m
Collection particulière

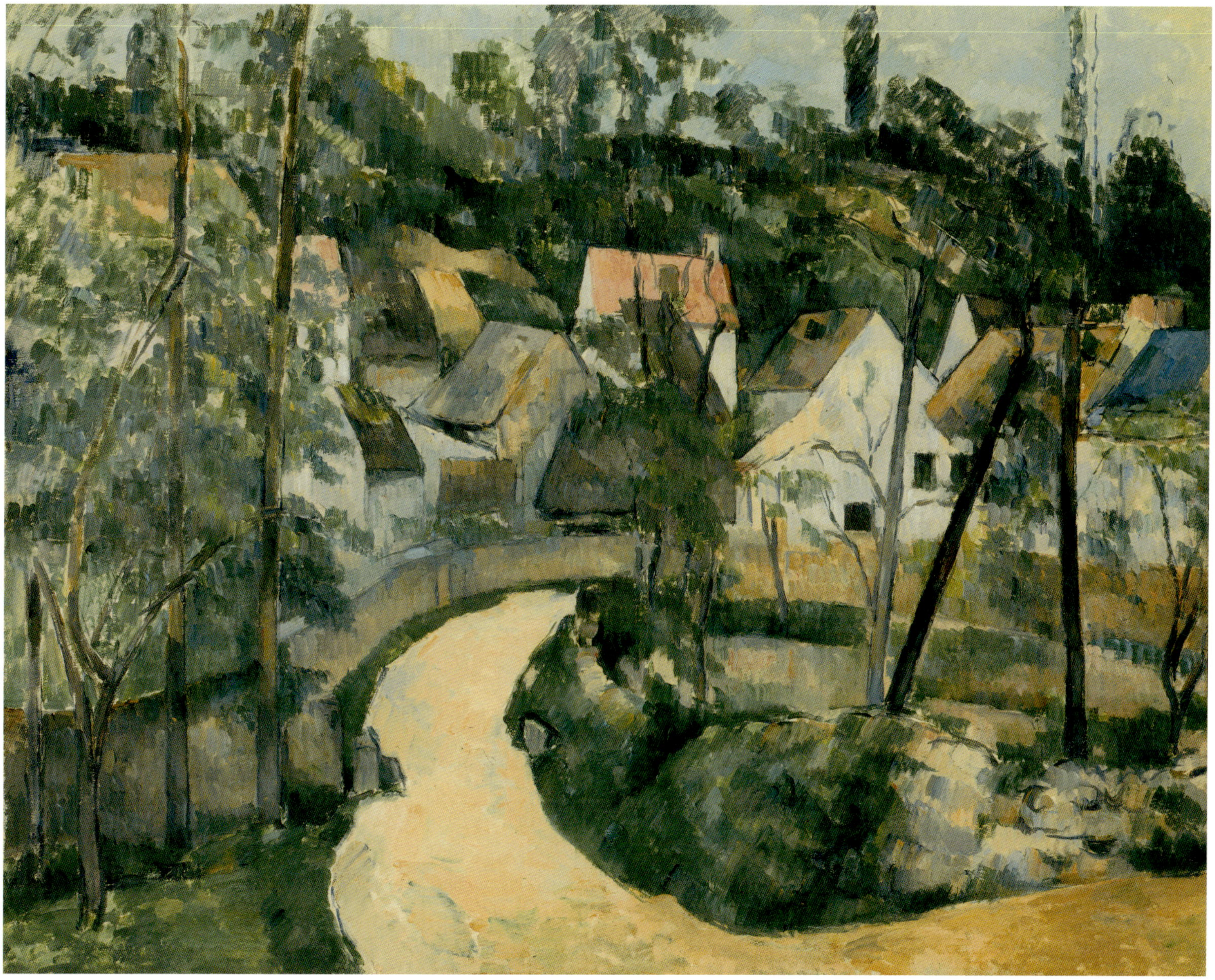

59. Paul Cézanne
La Route tournante, vers 1881
Huile sur toile, 0,606 x 0,733 m
Boston, Museum of Fine Arts, legs John T. Spaulding

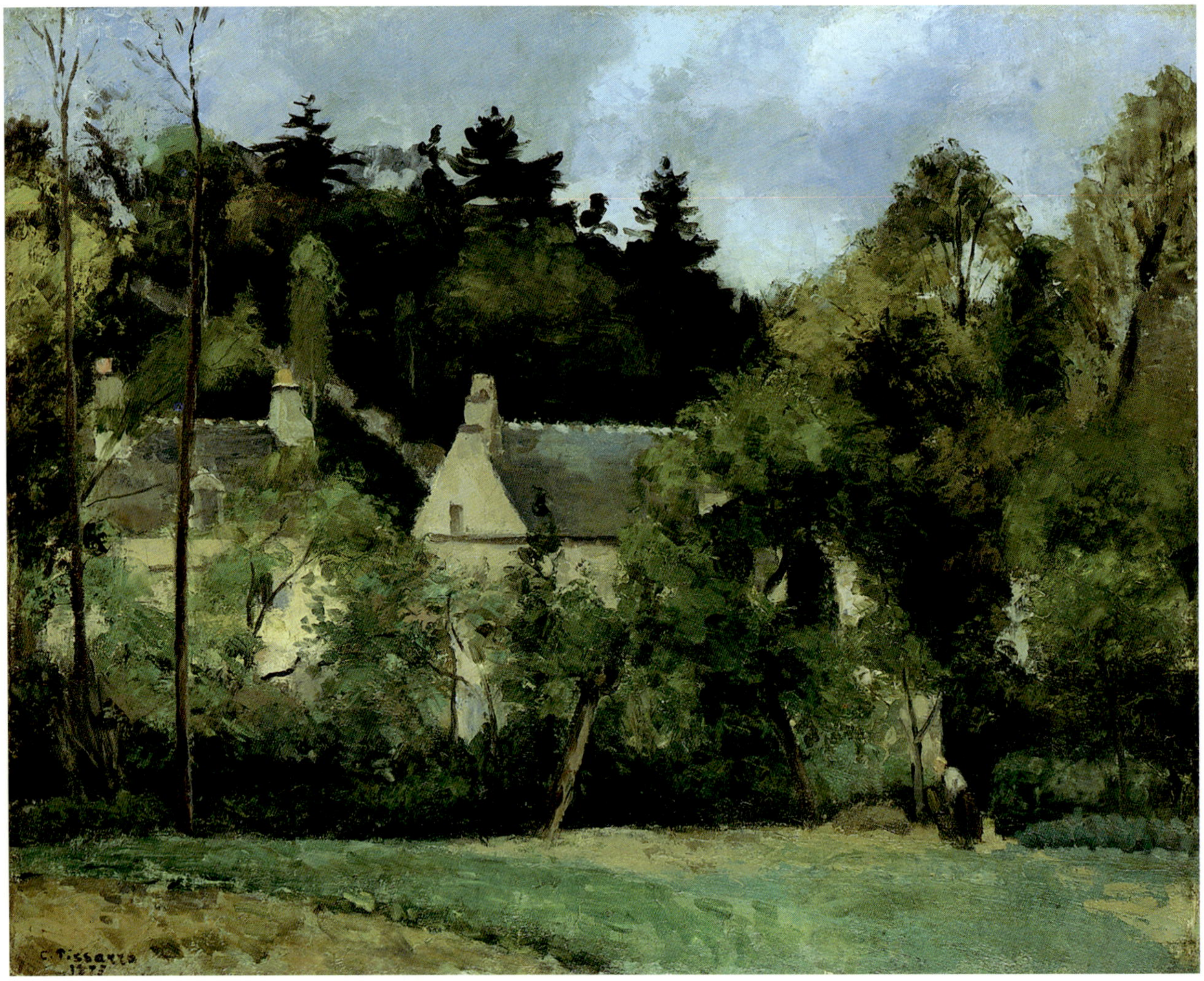

60. Camille Pissarro
Paysage à l'Hermitage, Pontoise, 1875
Huile sur toile, 0,54 x 0,65 m
Lugano, Museo Cantonale d'Arte

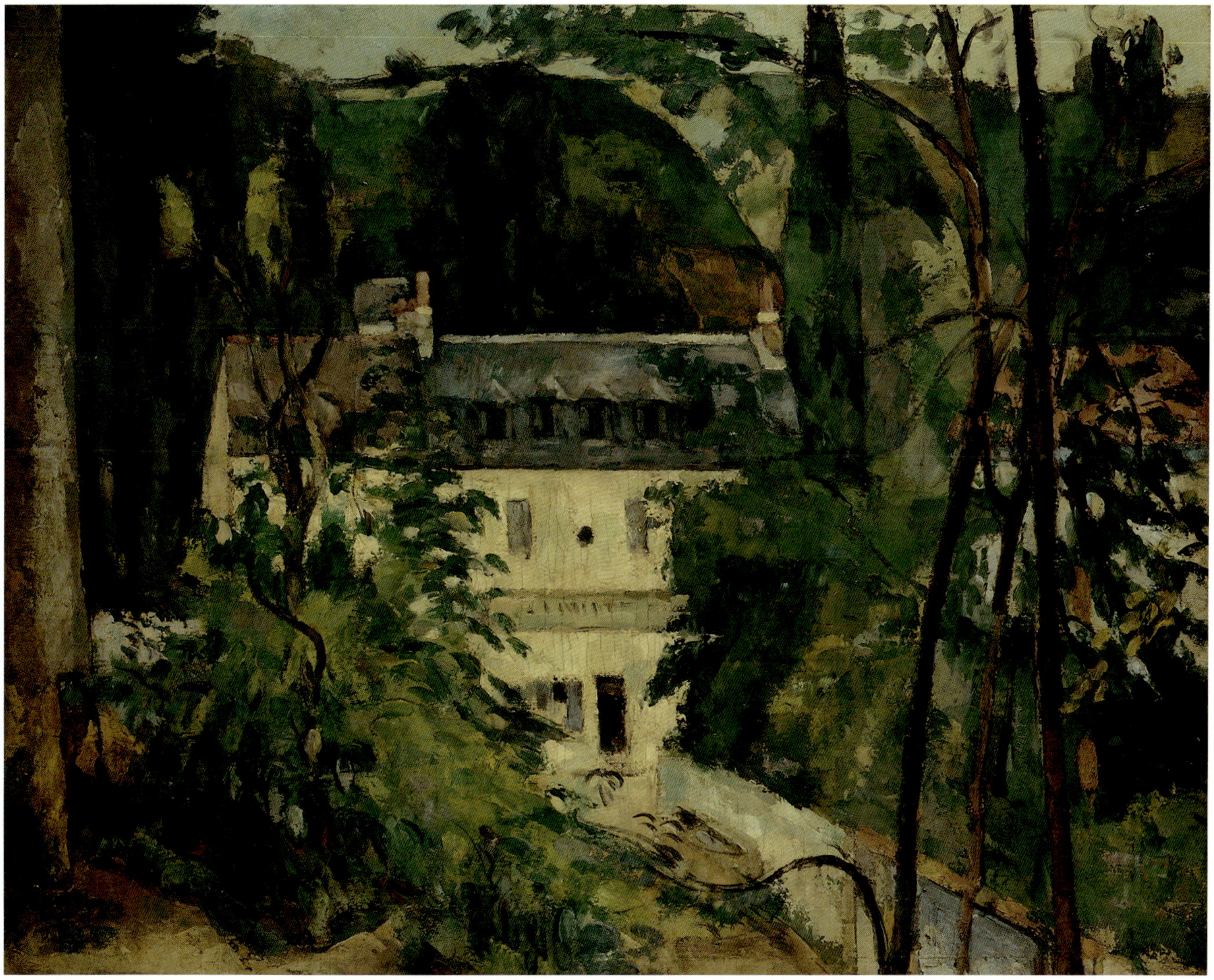

61. Paul Cézanne
Paysage aux environs de Pontoise, vers 1875-1877
Huile sur toile, 0,6 × 0,73 m
Baden, Suisse, Museum Langmatt, Stiftung Langmatt Sidney und Jenny Brown

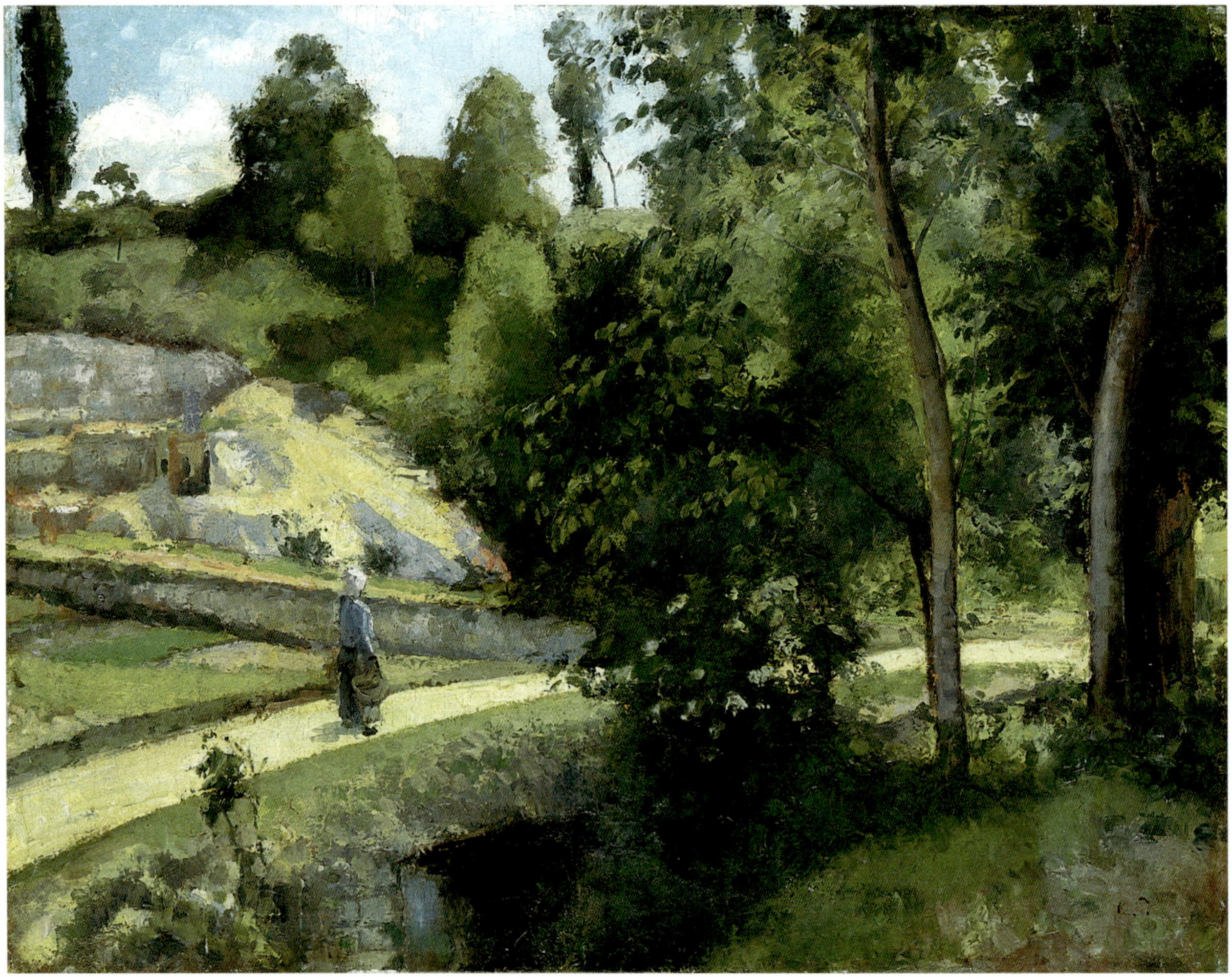

62. Camille Pissarro
La Carrière, Pontoise, vers 1875
Huile sur toile, 0,58 × 0,725 m
Collection Rudolf Staechelin, en dépôt permanent au Kunstmuseum de Bâle

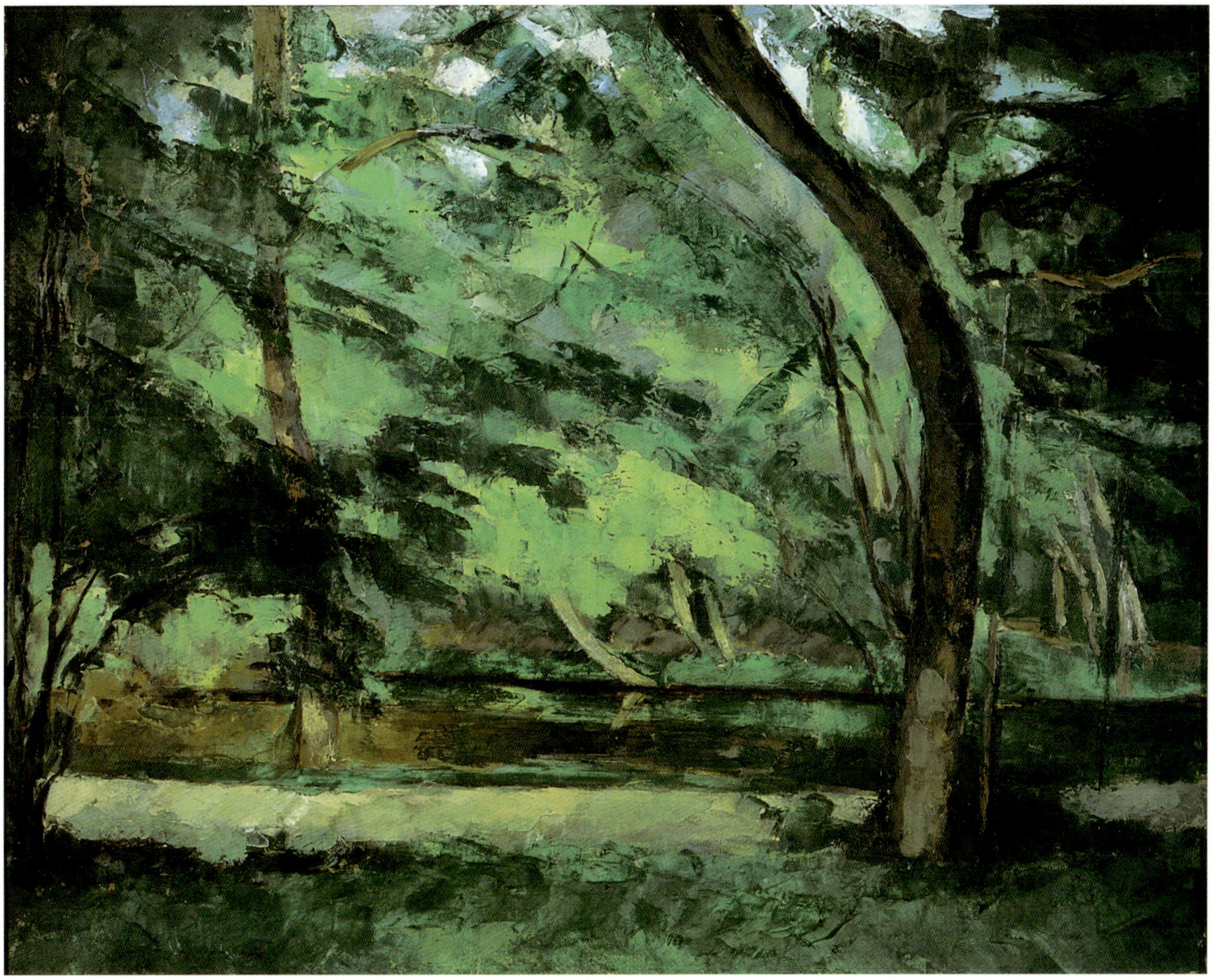

63. Paul Cézanne
L'Étang des sœurs à Osny, près de Pontoise, vers 1875
Huile sur toile, 0,6 x 0,735 m
Londres, Courtauld Institute of Art Gallery, The Samuel Courtauld Trust

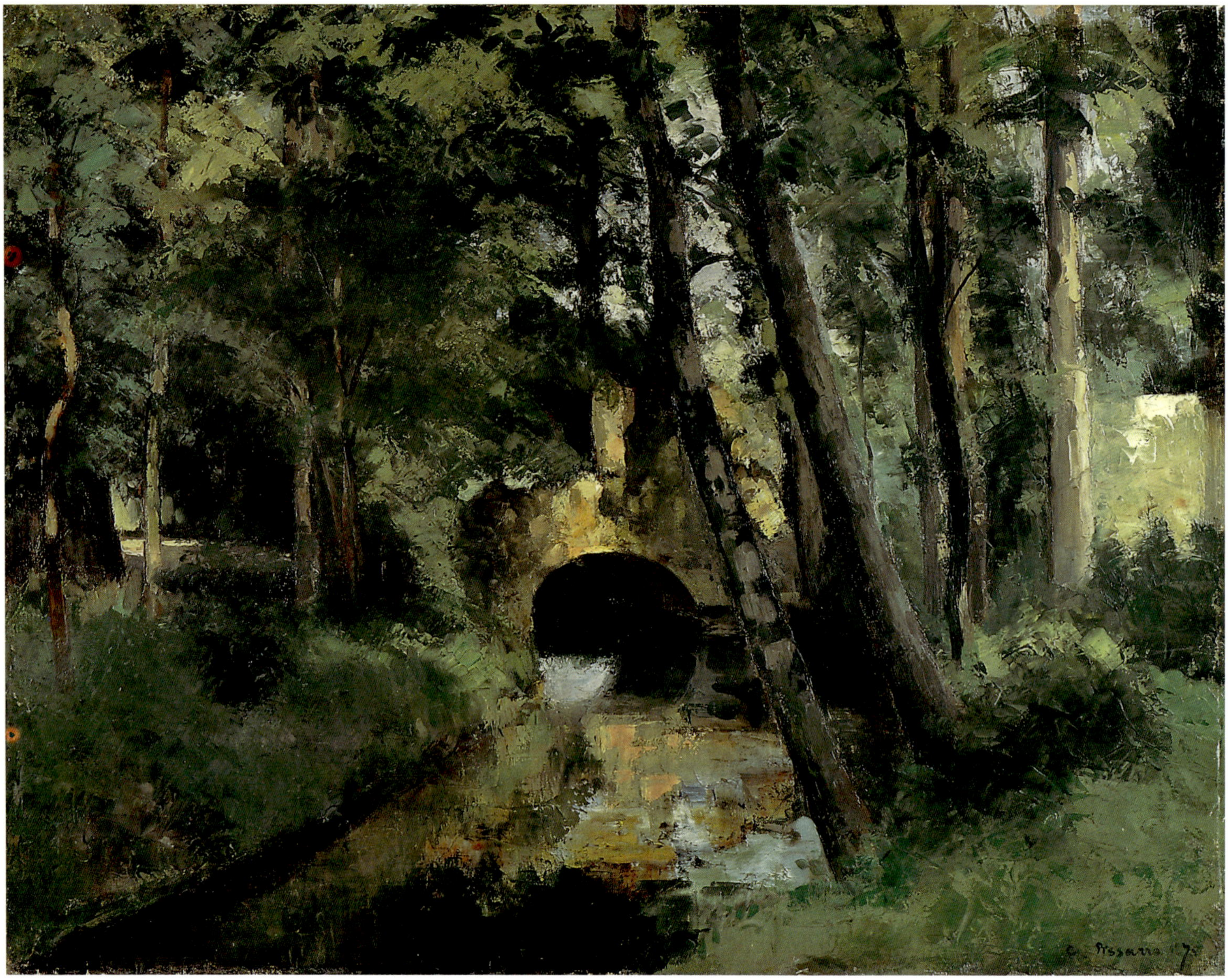

64. Camille Pissarro
Le Petit Pont, Pontoise, 1875
Huile sur toile, 0,655 x 0,815 m
Mannheim, Städtische Kunsthalle

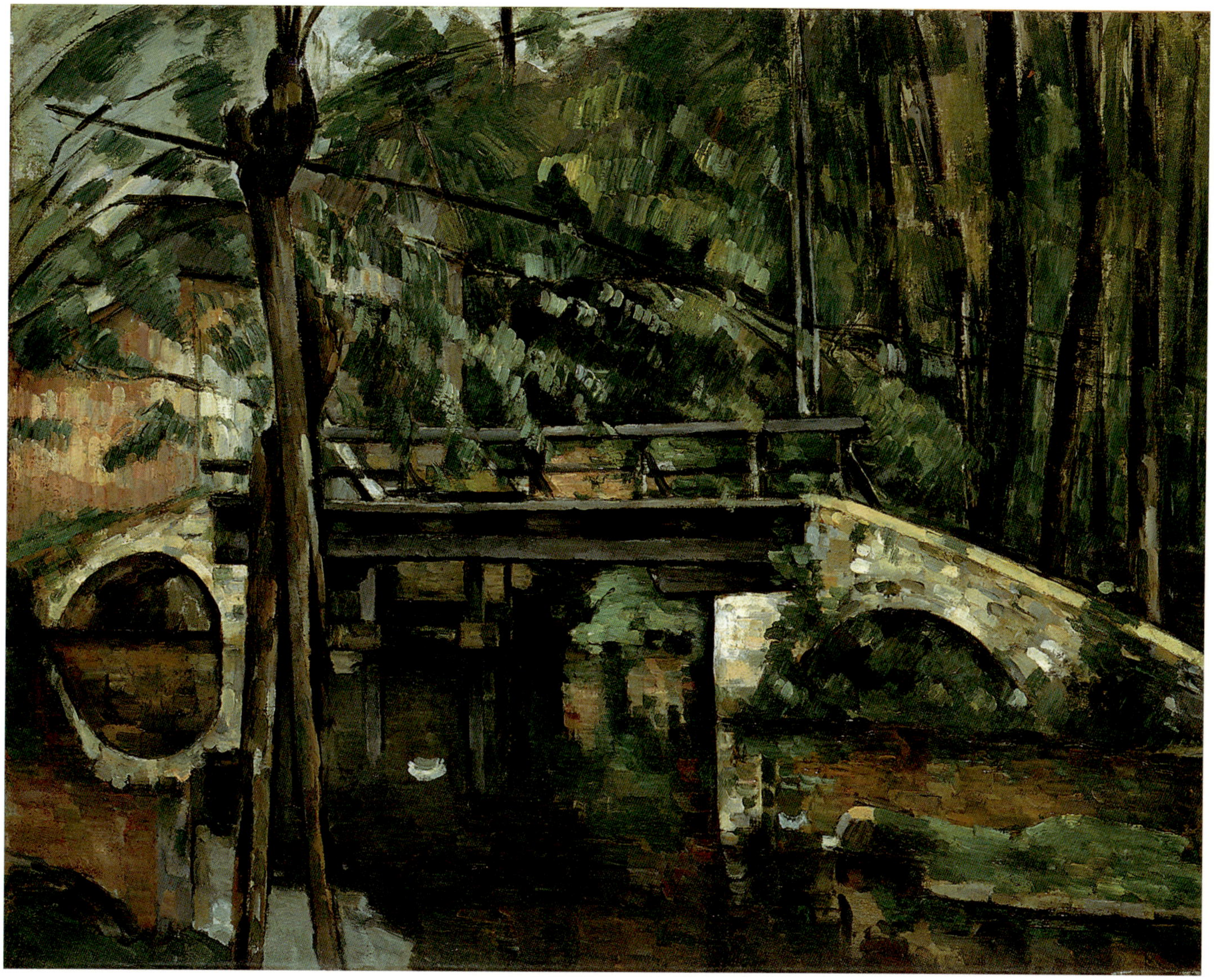

65. Paul Cézanne
Le Pont de Maincy, près de Melun, 1879-1880
Huile sur toile, 0,585 x 0,725 m
Paris, musée d'Orsay, acquis sur les arrérages d'une donation anonyme canadienne, 1955

Chemins séparés dans un paysage commun : la fin des années 1870 et la troisième exposition impressionniste

Au début de l'année 1877, Gustave Caillebotte organisa un dîner pour préparer la troisième exposition impressionniste. Il écrivit à Pissarro : « Je compte absolument sur vous[1]. » Pissarro avait rejoint cette année-là une société concurrente du Salon - l'Union des artistes, fondée par Alfred Meyer, dont il partageait les opinions politiques. Cézanne n'était pas invité au dîner de Caillebotte, mais c'est lui qui sut convaincre Pissarro de quitter l'Union des artistes et de rejoindre les impressionnistes. De même, sans le soutien et l'intervention de Pissarro, Cézanne n'aurait sans doute pas figuré parmi les premiers membres de ce mouvement majeur dès 1874.

Deux tableaux de *La Côte des Bœufs, Pontoise* (cat. 76, 77), présentés lors de la troisième exposition impressionniste, reflètent le respect mutuel qui ne cessa de lier Cézanne et Pissarro. Ils témoignent d'une étape de leur carrière où les deux artistes se tournaient l'un vers l'autre pour enrichir - et non pour influencer radicalement - leur style pictural. Les deux œuvres sont en effet très différentes techniquement. Pissarro a appliqué sur la toile de nombreuses couches de peinture avec un pinceau sec, de manière à construire un réseau dense et complexe de touches granuleuses qui correspond aux contours de la terre. Cézanne, quant à lui, a sculpté son paysage au couteau dans d'épaisses bandes de matière et accentué les limites naturelles des arbres par des contours sombres et appuyés. Il fait ressortir la structure propre du paysage en appliquant une sorte de formule géométrique à la nature.

La comparaison vaut aussi pour *Le Jardin de Maubuisson, Pontoise, printemps* de Pissarro (cat. 68) et *Le Jardin de Maubuisson, Pontoise* de Cézanne (cat. 69), qui représentent le même lieu. La composition de Pissarro est dominée par un verger en fleurs, vibrant de lumière. Cézanne, pour sa part, a renversé la hiérarchie : les caractéristiques architectoniques des maisons dominent les jardins en contrebas, réduits à des motifs abstraits de lignes strictement verticales et horizontales.

Le dialogue artistique entre Pissarro et Cézanne au moment de la troisième exposition impressionniste se nourrit de leurs expériences partagées dans la région d'Auvers-sur-Oise et de Pontoise. La structure de la composition, les coups de pinceau empâtés et la richesse de la palette utilisés par Cézanne dans des œuvres telles que *La Route à Auvers-sur-Oise* (cat. 70) et *La Route tournante* (cat. 72) se retrouvent dans *Un carrefour à l'Hermitage, Pontoise* de Pissarro (cat. 71). À la même époque, leur goût commun pour l'harmonie des paysages et pour les effets de lumière sur les collines et les prés apparaît dans *L'Hermitage en été, Pontoise* de Pissarro (cat. 67) et la *Vue panoramique d'Auvers-sur-Oise* de Cézanne (cat. 66).

Les tableaux de Cézanne présentés dans cette section traduisent un nouveau degré de maturité artistique : le peintre n'adoptait que certains éléments de la technique de Pissarro pour les incorporer dans un langage visuel personnel et unique. Dans une œuvre plus tardive (cat. 81), les formes cernées, propres à Cézanne, coexistent avec les coups de pinceau orientés dans un même sens qui avaient sous-tendu les recherches des deux artistes lors des années passées ensemble à Pontoise et dans les environs.

Jennifer Field

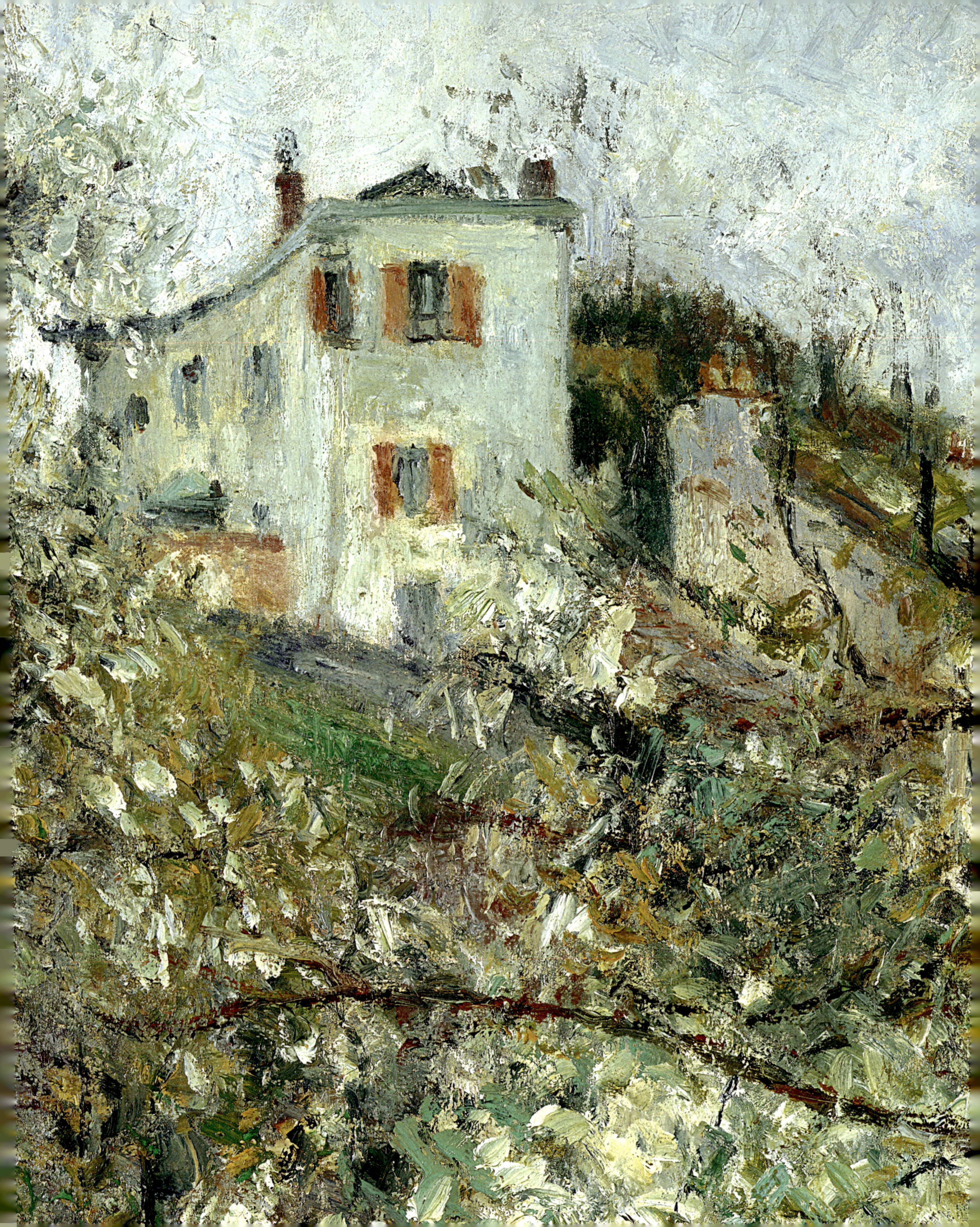

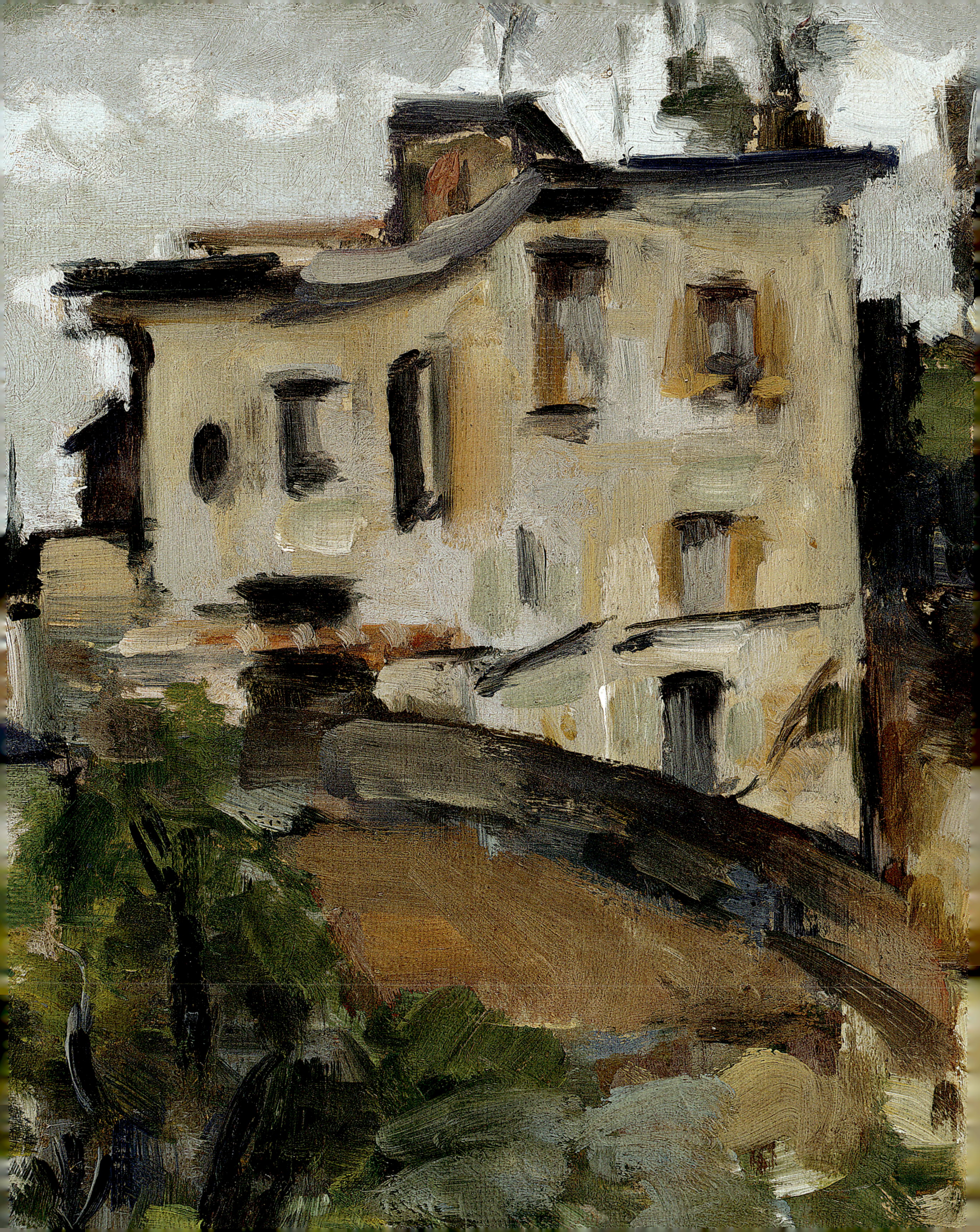

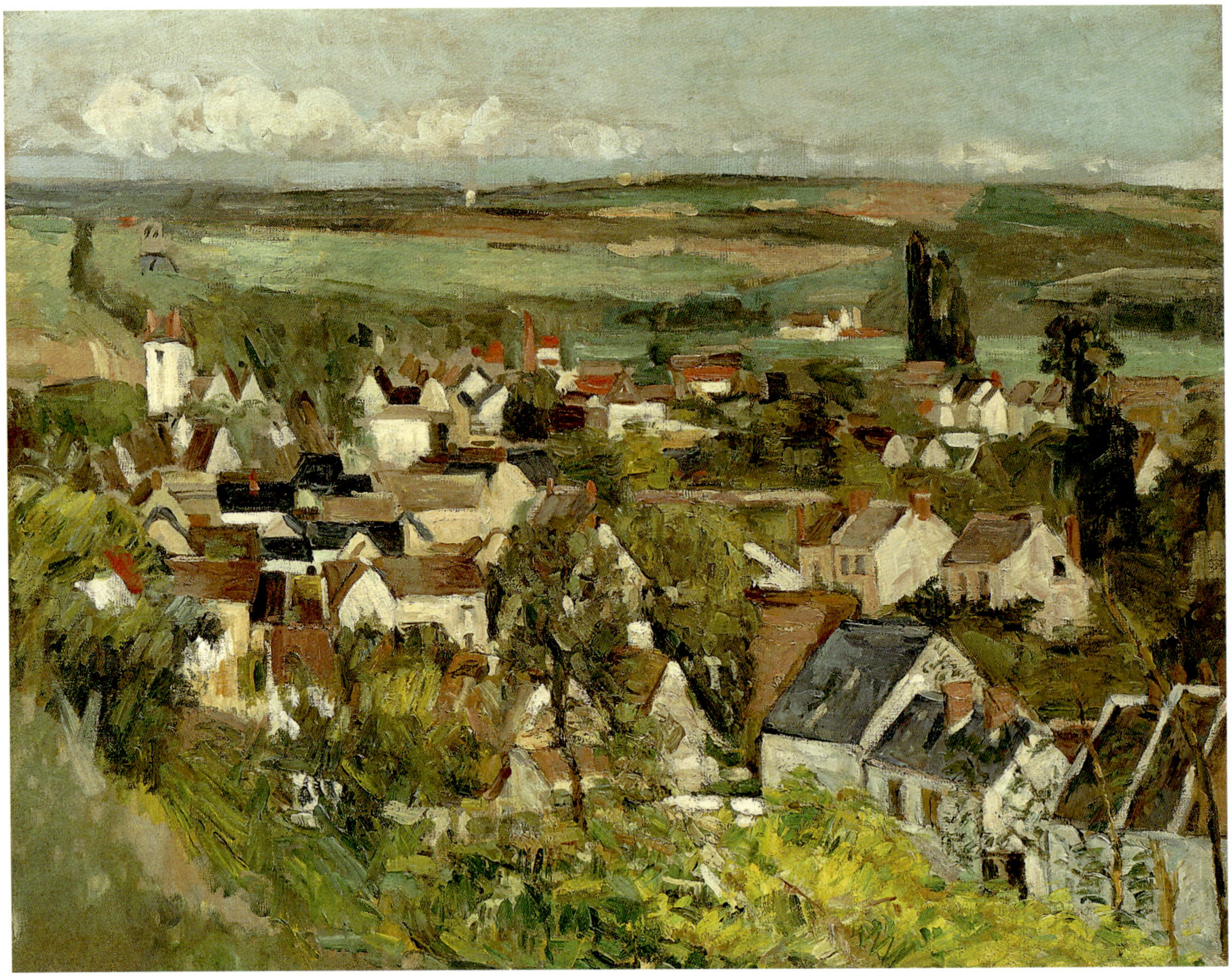

66. Paul Cézanne
Vue panoramique d'Auvers-sur-Oise, vers 1875-1876
Huile sur toile, 0,652 × 0,813 m
The Art Institute of Chicago, Mr. and Mrs. Lewis Larned Coburn Memorial Collection, 1933

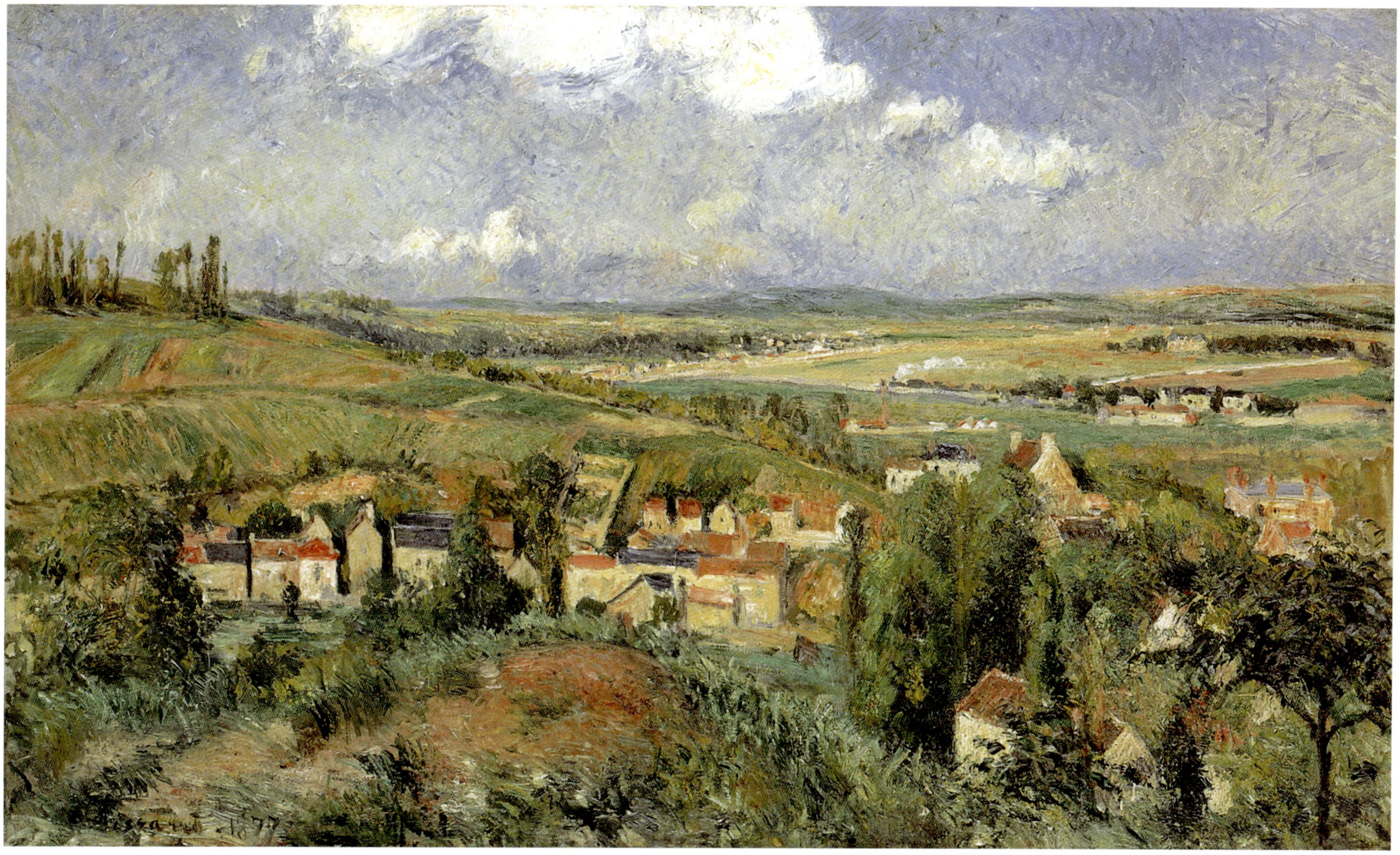

67. Camille Pissarro
L'Hermitage en été, Pontoise, 1877
Huile sur toile, 0,568 x 0,914 m
New York, Helly Nahmad Gallery

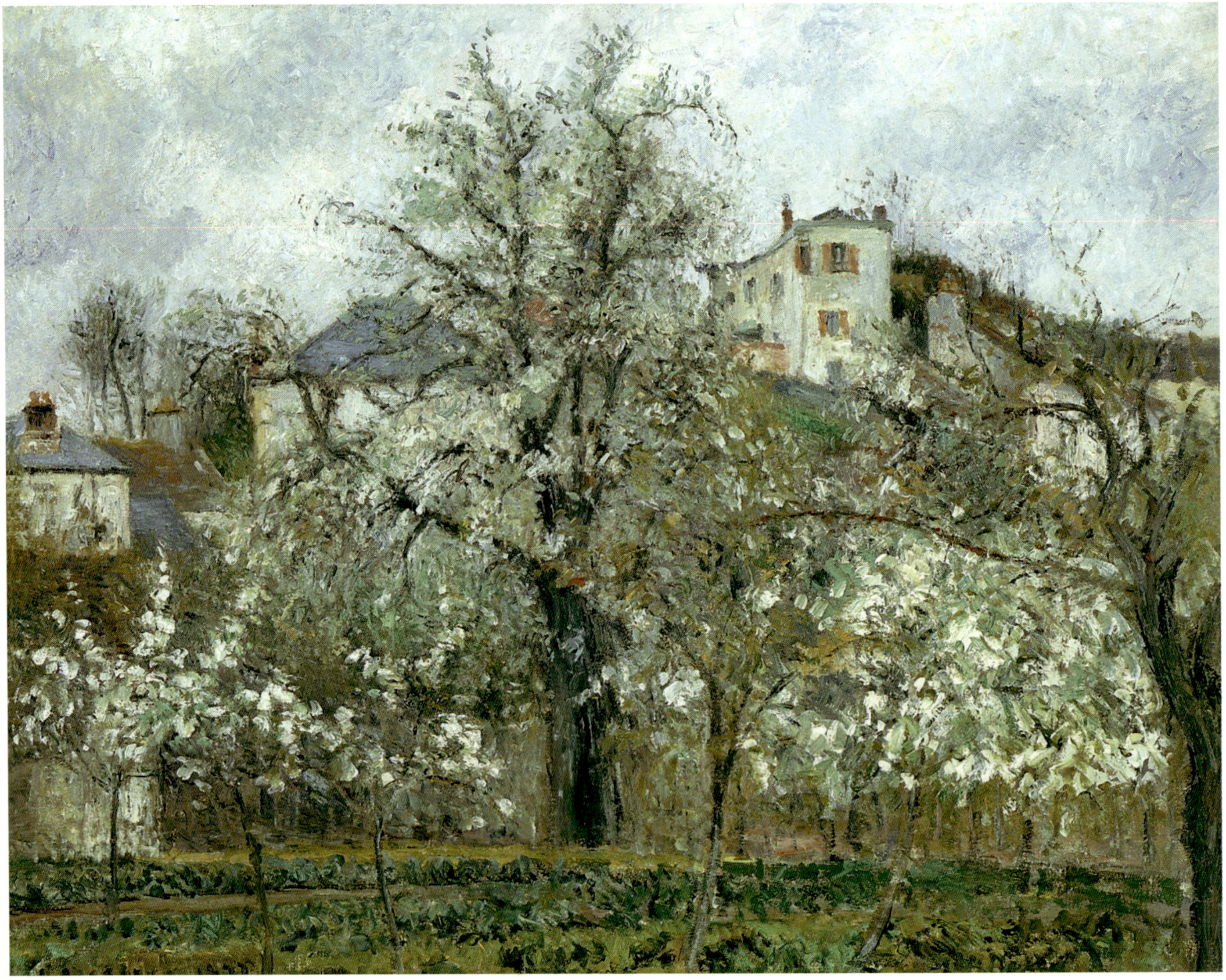

68. Camille Pissarro
Le Jardin de Maubuisson, Pontoise, printemps, 1877
Huile sur toile, 0,655 × 0,81 m
Paris, musée d'Orsay, legs Gustave Caillebotte, 1894

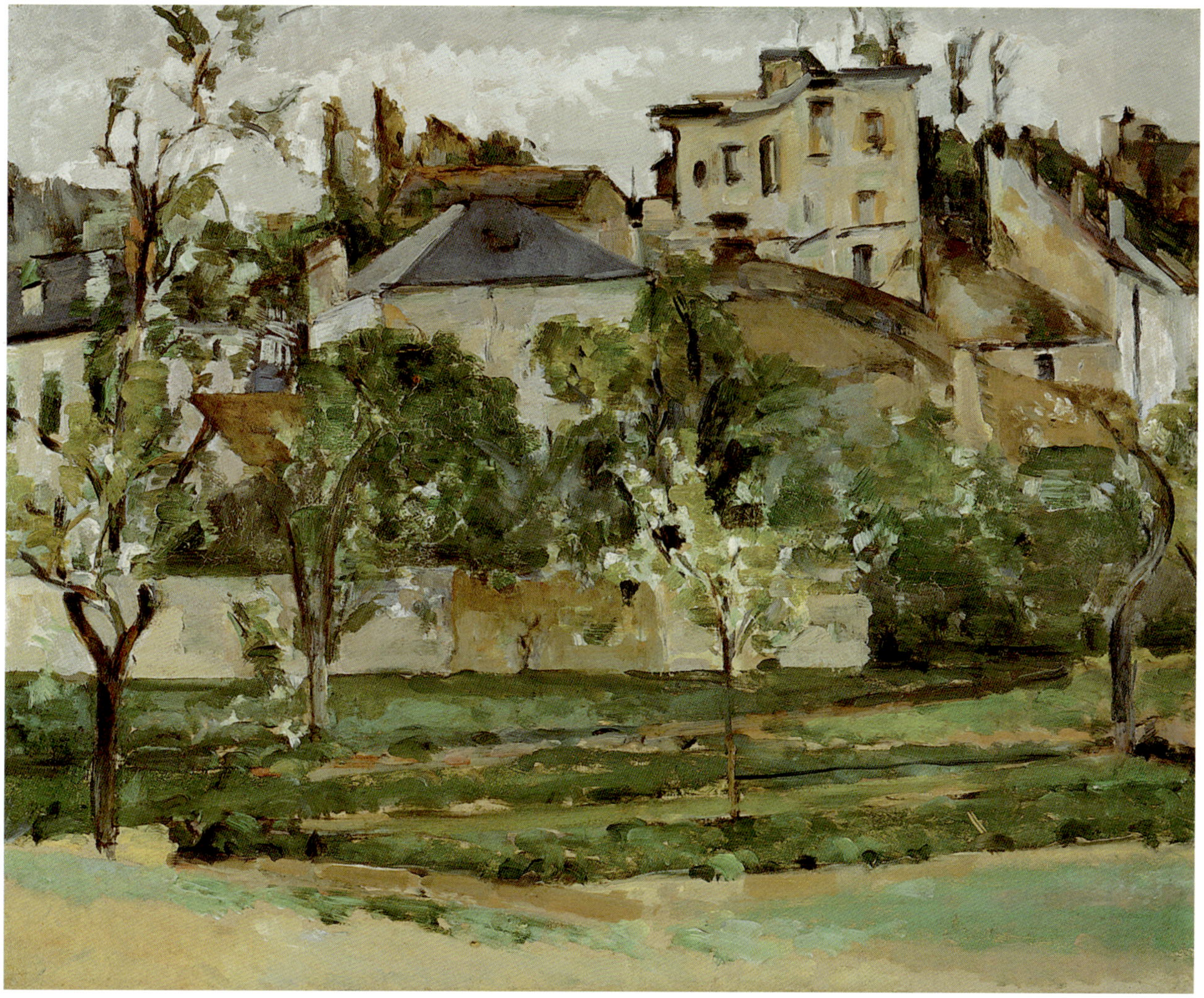

69. Paul Cézanne
Le Jardin de Maubuisson, Pontoise, 1877
Huile sur toile, 0,502 × 0,6 m
Dallas, Texas, collection Mr. and Mrs. Jay Pack

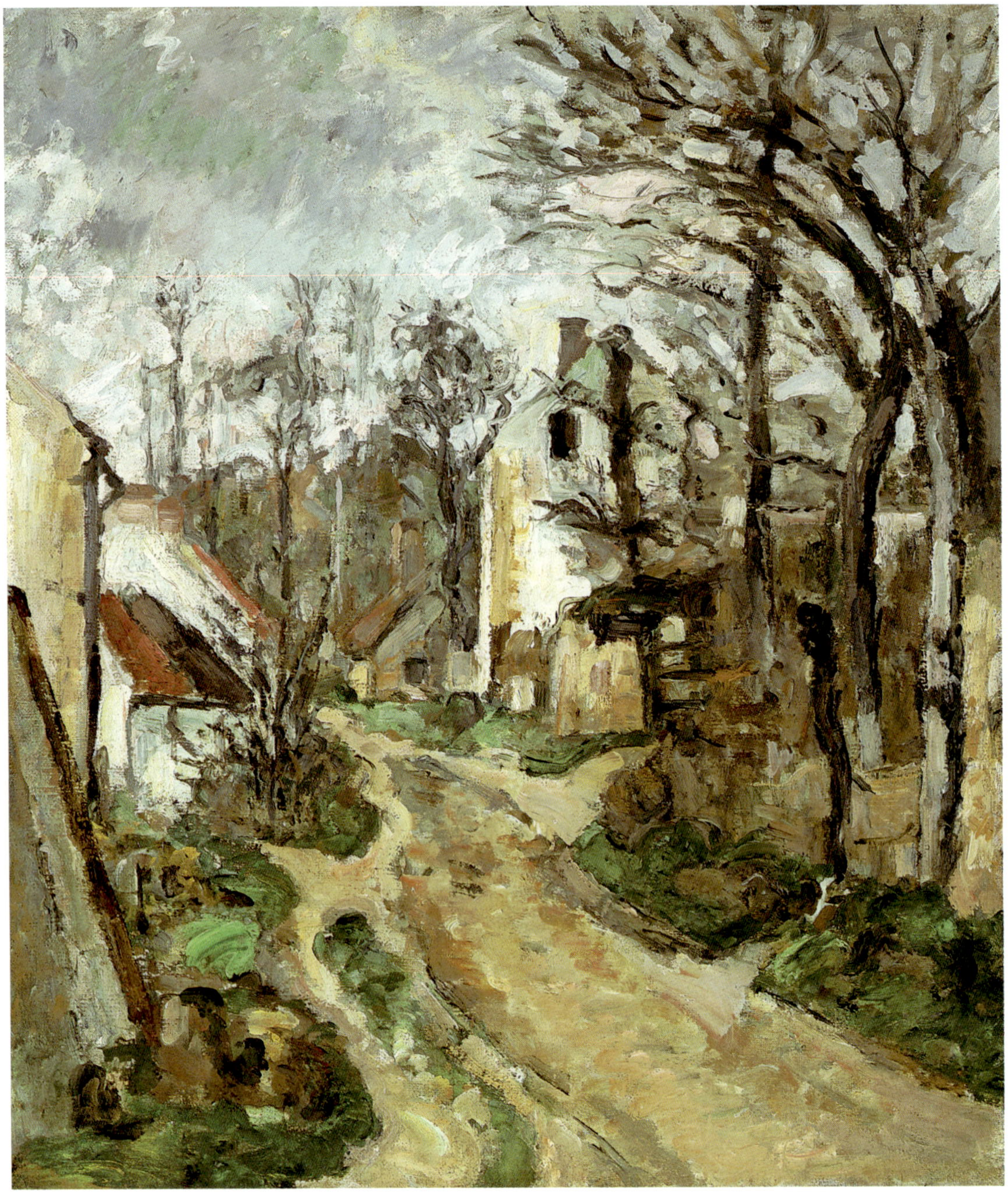

70. Paul Cézanne
La Route à Auvers-sur-Oise (rue de Pilonnes), vers 1874-1876
Huile sur toile, 0,552 x 0,462 m
Ottawa, National Gallery of Canada

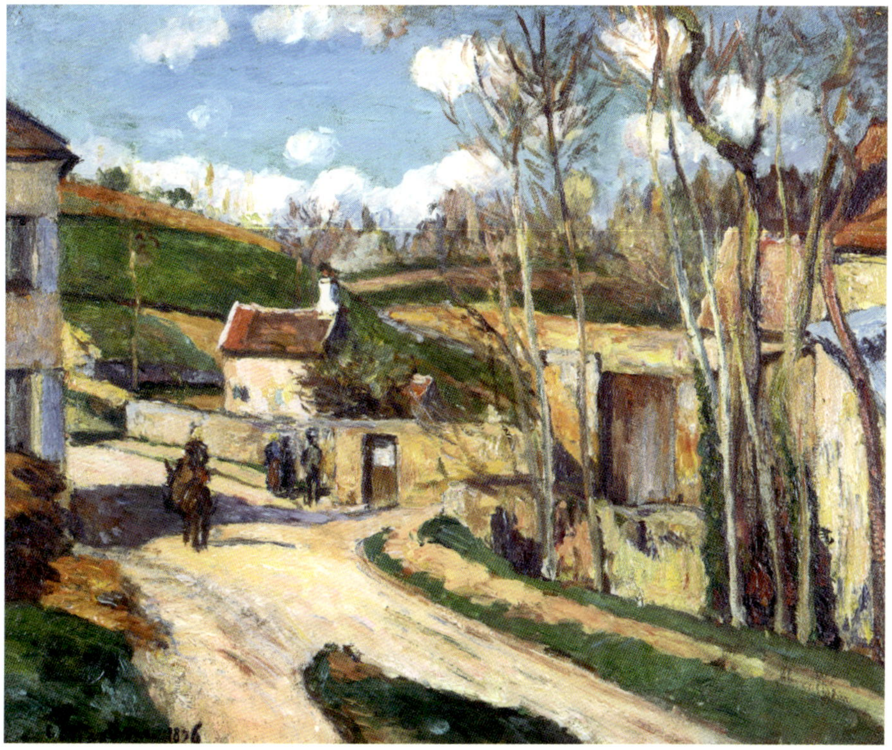

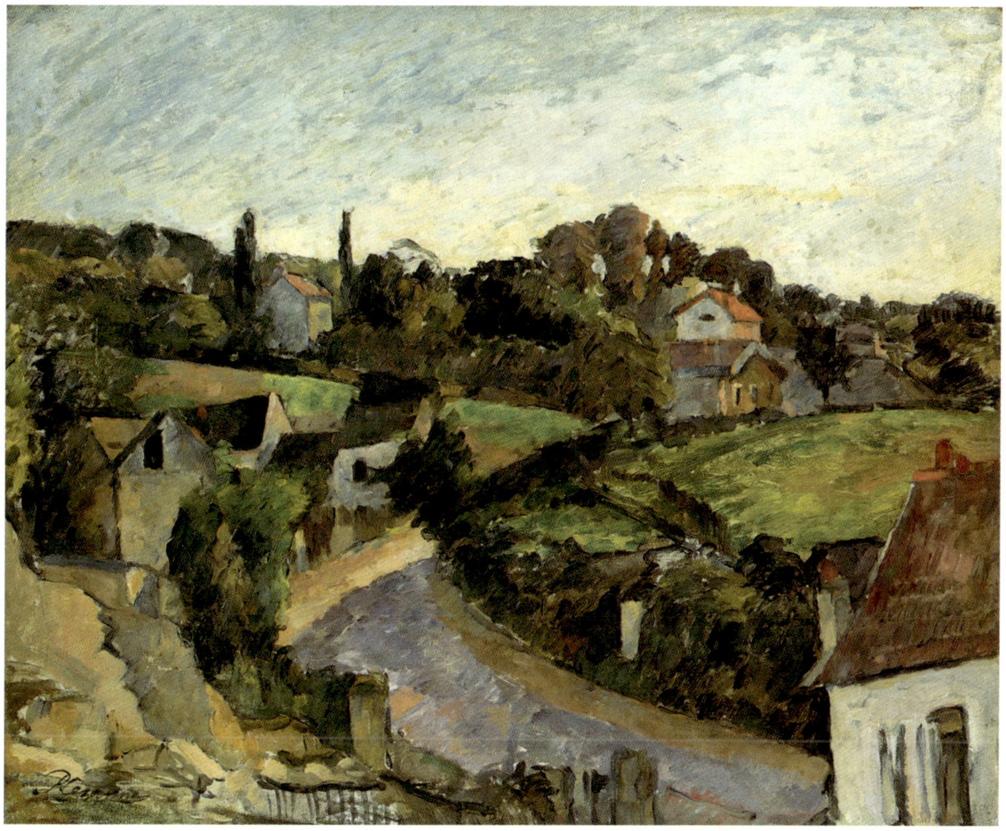

71. Camille Pissarro
Un carrefour à l'Hermitage, Pontoise, 1876
Huile sur toile, 0,38 × 0,46 m
Le Havre, musée Malraux, collection Senn

72. Paul Cézanne
La Route tournante, vers 1875-1877
Huile sur toile, 0,48 × 0,59 m
Collection Joe L. Allbritton

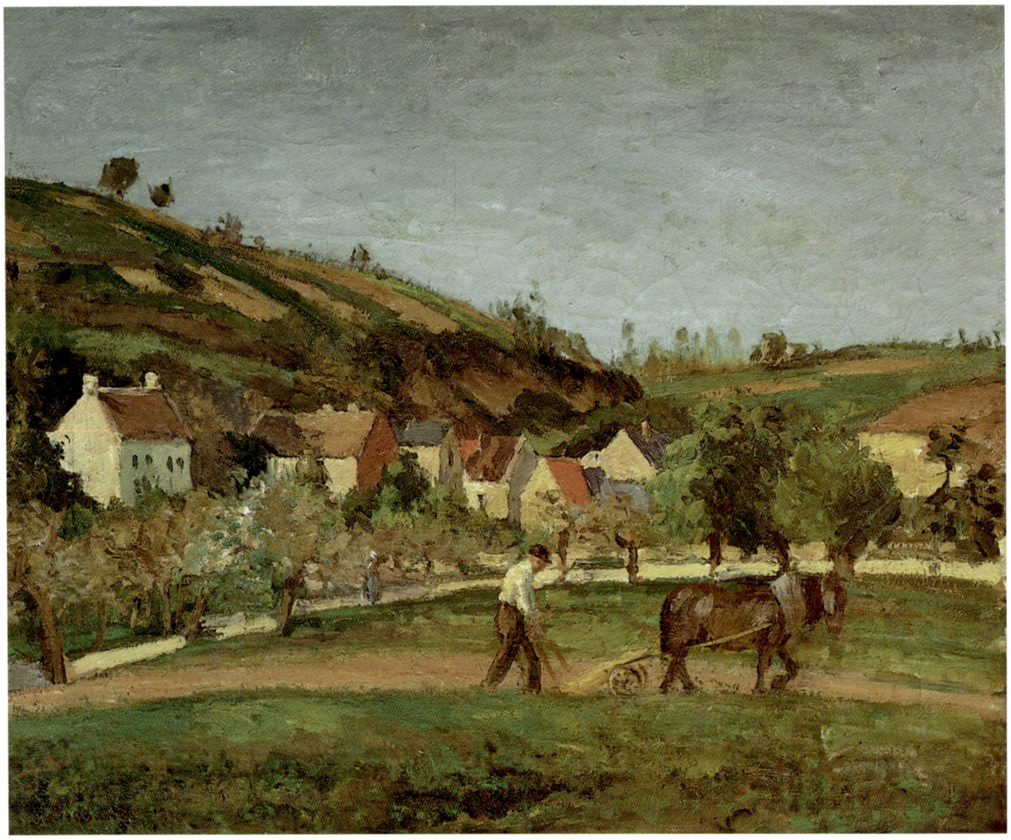

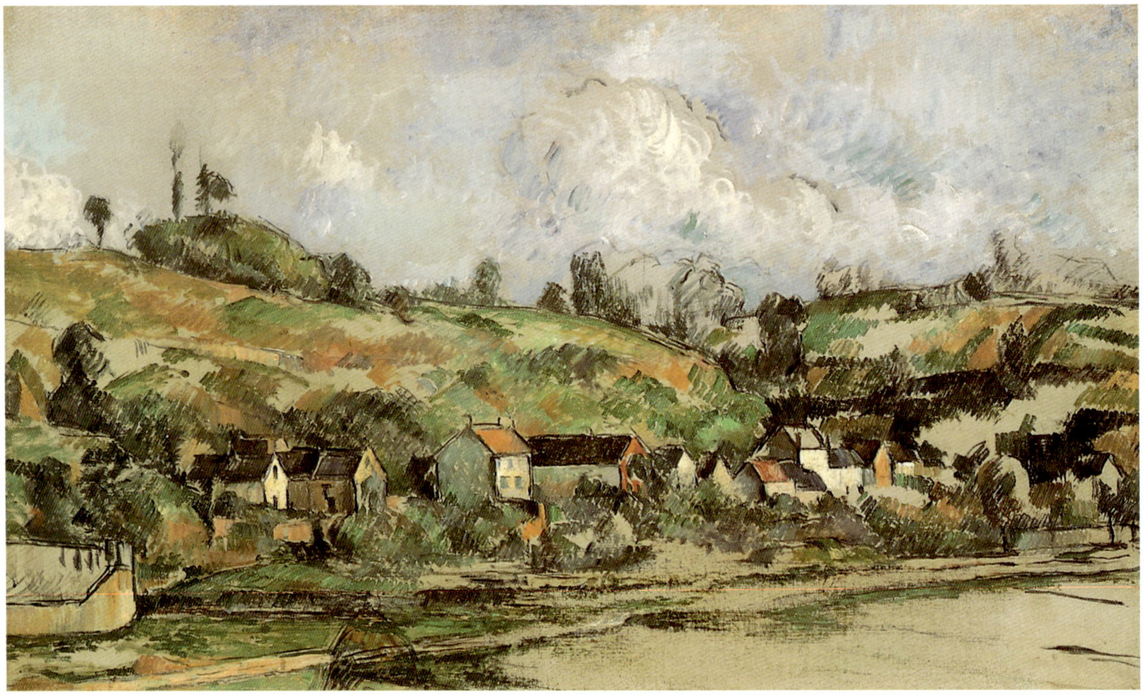

73. Camille Pissarro
Le Laboureur au Valhermeil, Auvers-sur-Oise, 1876
Huile sur toile, 0,54 × 0,65 m
Collection particulière

74. Paul Cézanne
Le Quartier de Valhermeil, près de Pontoise, vers 1876-1881
Huile sur toile, 0,53 × 0,855 m
Tokyo, collection particulière

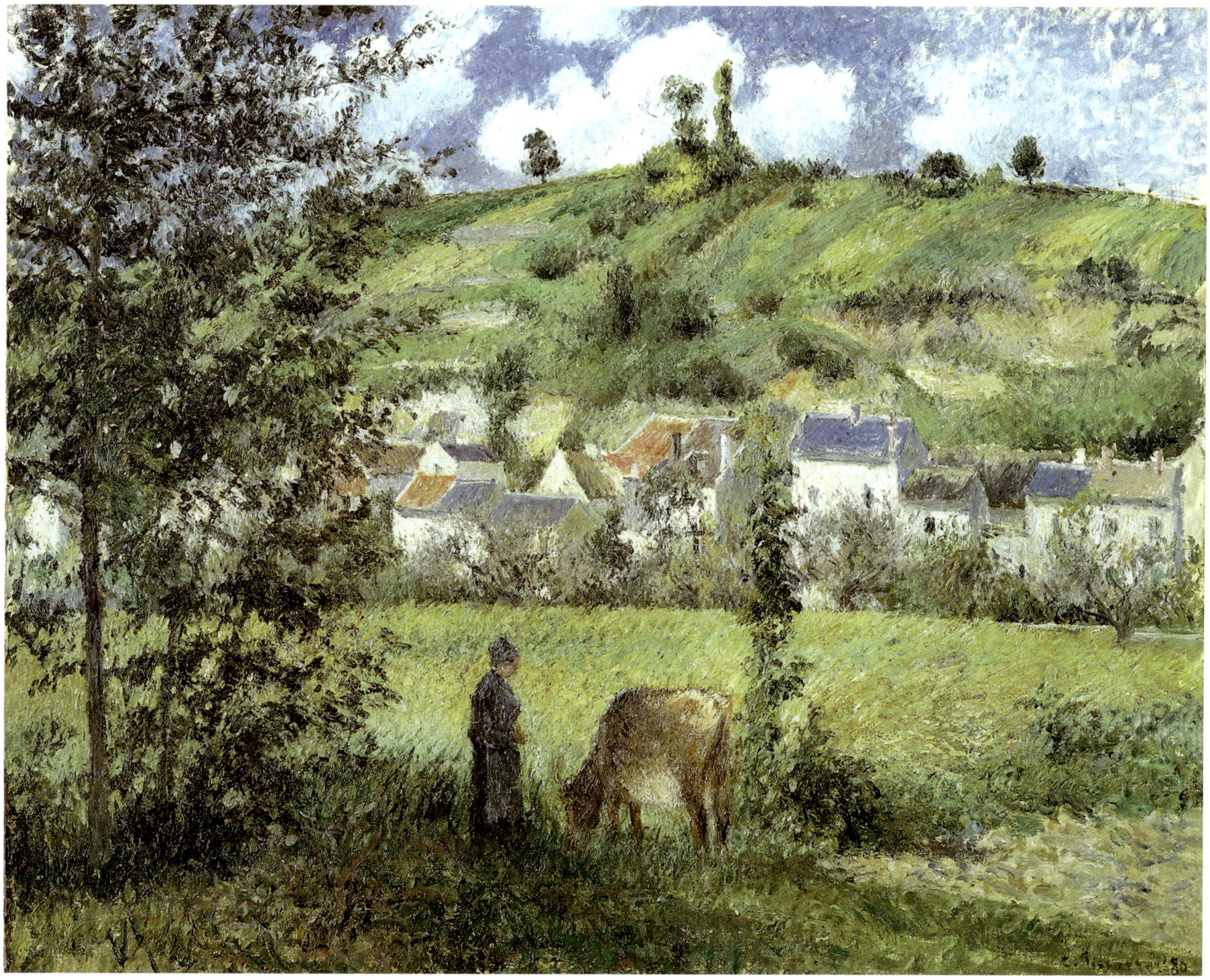

75. Camille Pissarro
Paysage au Valhermeil, Auvers-sur-Oise, 1880
Huile sur toile, 0,54 × 0,65 m
Paris, musée d'Orsay, legs Antonin Personnaz au musée du Louvre, 1937, dans les collections du musée d'Orsay depuis 1986

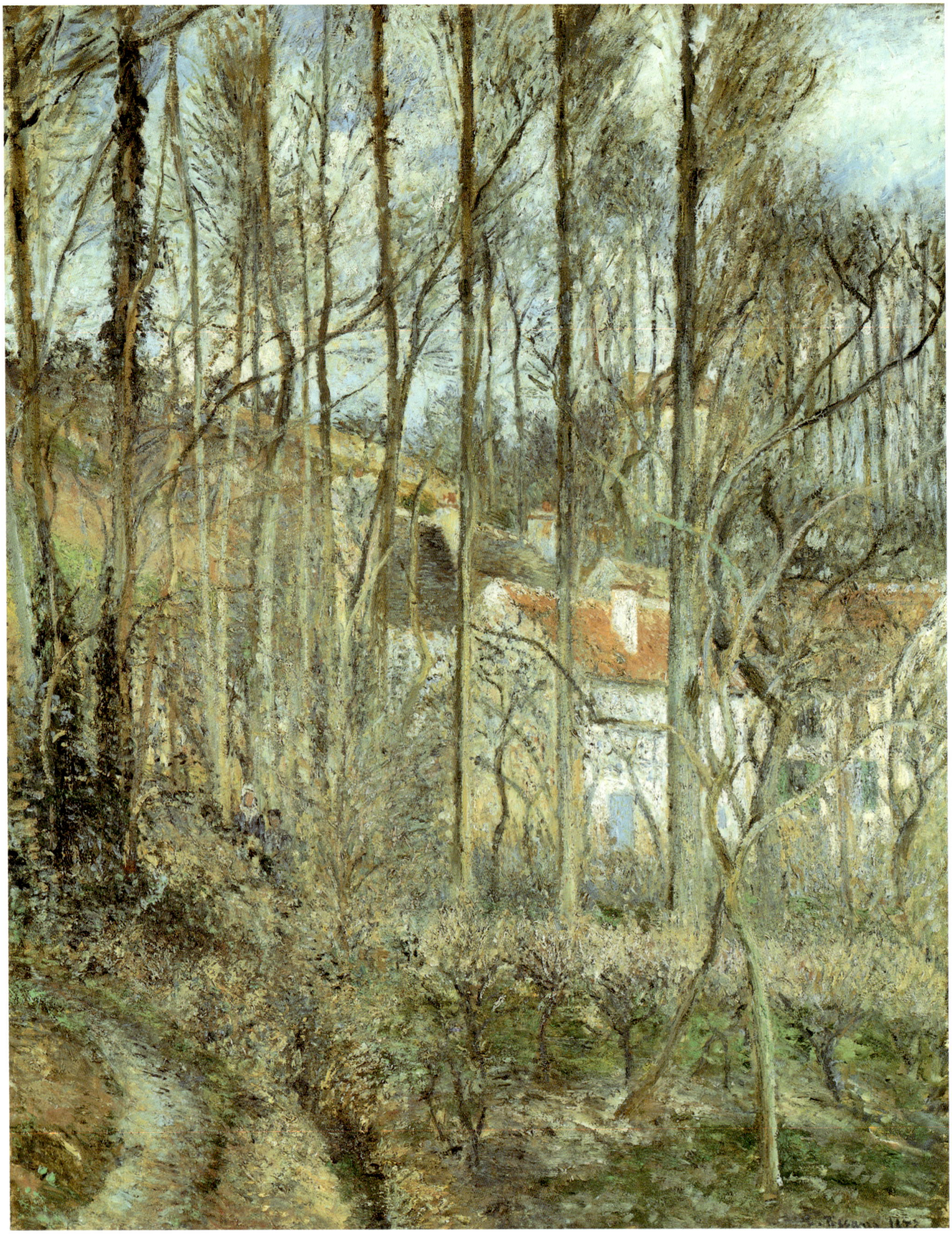

76. Camille Pissarro
La Côte des Bœufs, Pontoise, 1877
Huile sur toile, 1,149 × 0,876 m
Londres, The National Gallery

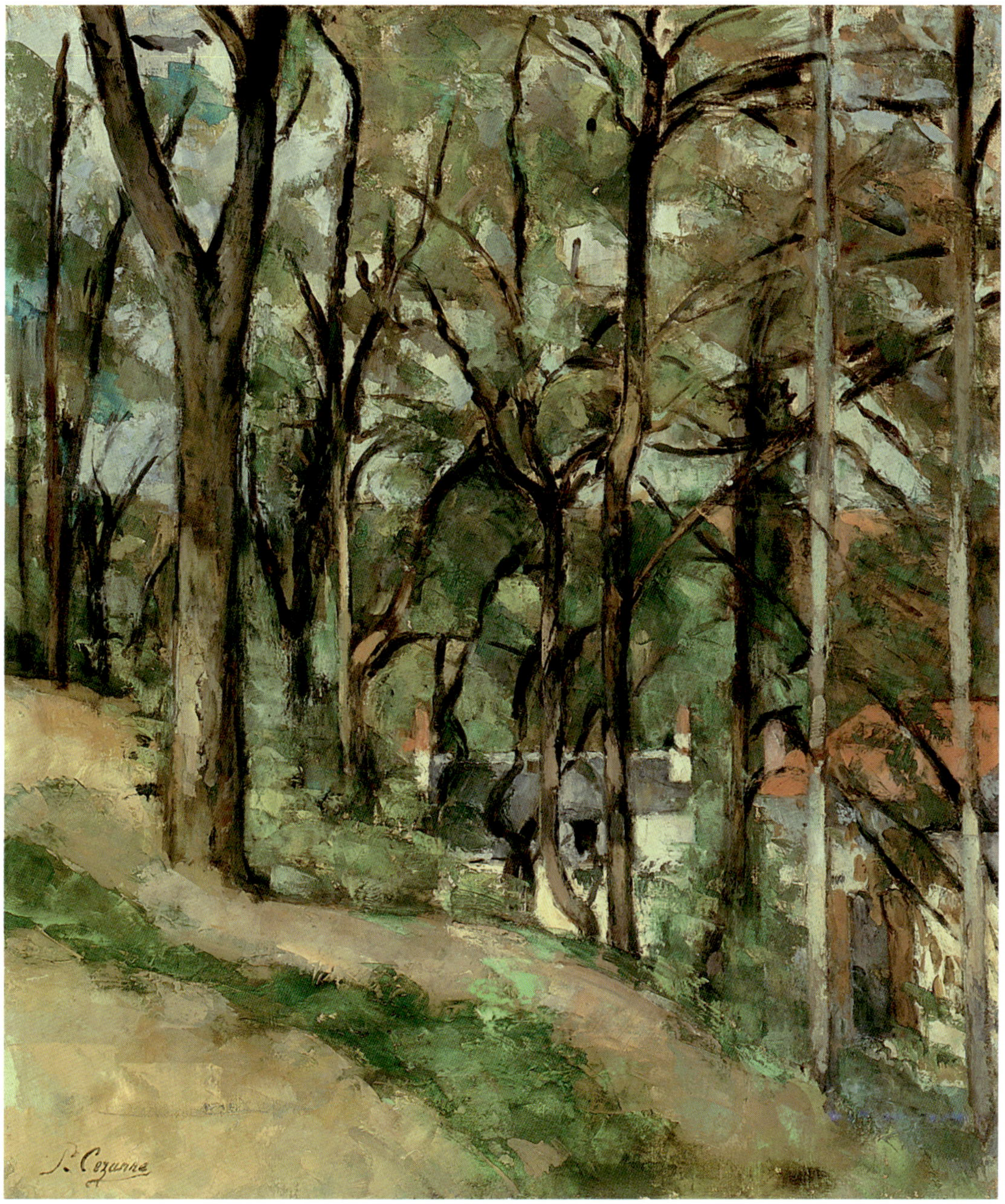

77. Paul Cézanne
Le Verger, côte Saint-Denis, à Pontoise (*La Côte des Bœufs, Pontoise*), 1877
Huile sur toile, 0,66 x 0,559 m
Saint-Pétersbourg, Floride, Museum of Fine Arts, prêt anonyme de longue durée

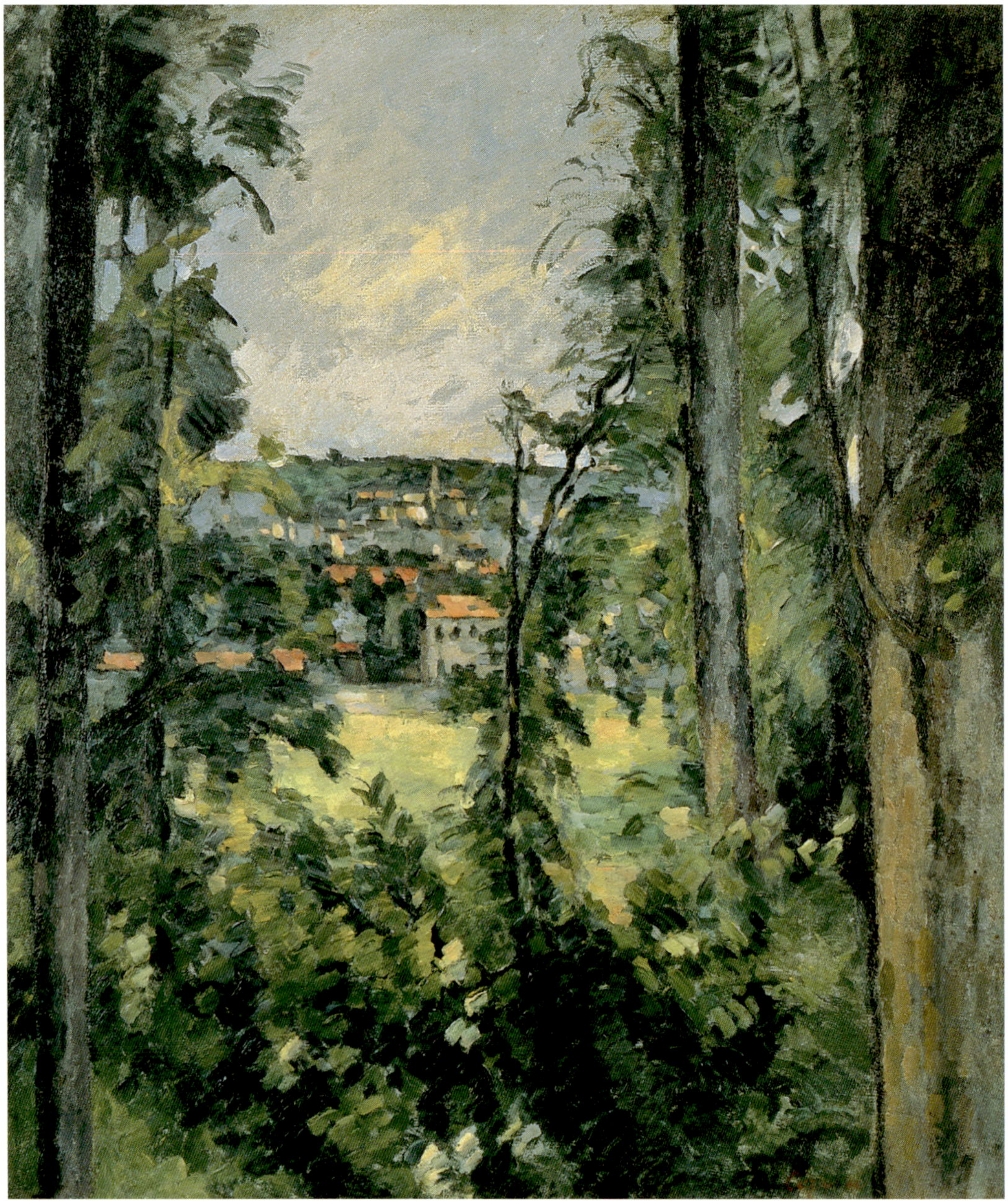

78. Paul Cézanne
Auvers-sur-Oise, vu des environs, 1876-1877
Huile sur toile, 0,6 × 0,502 m
New York, collection particulière

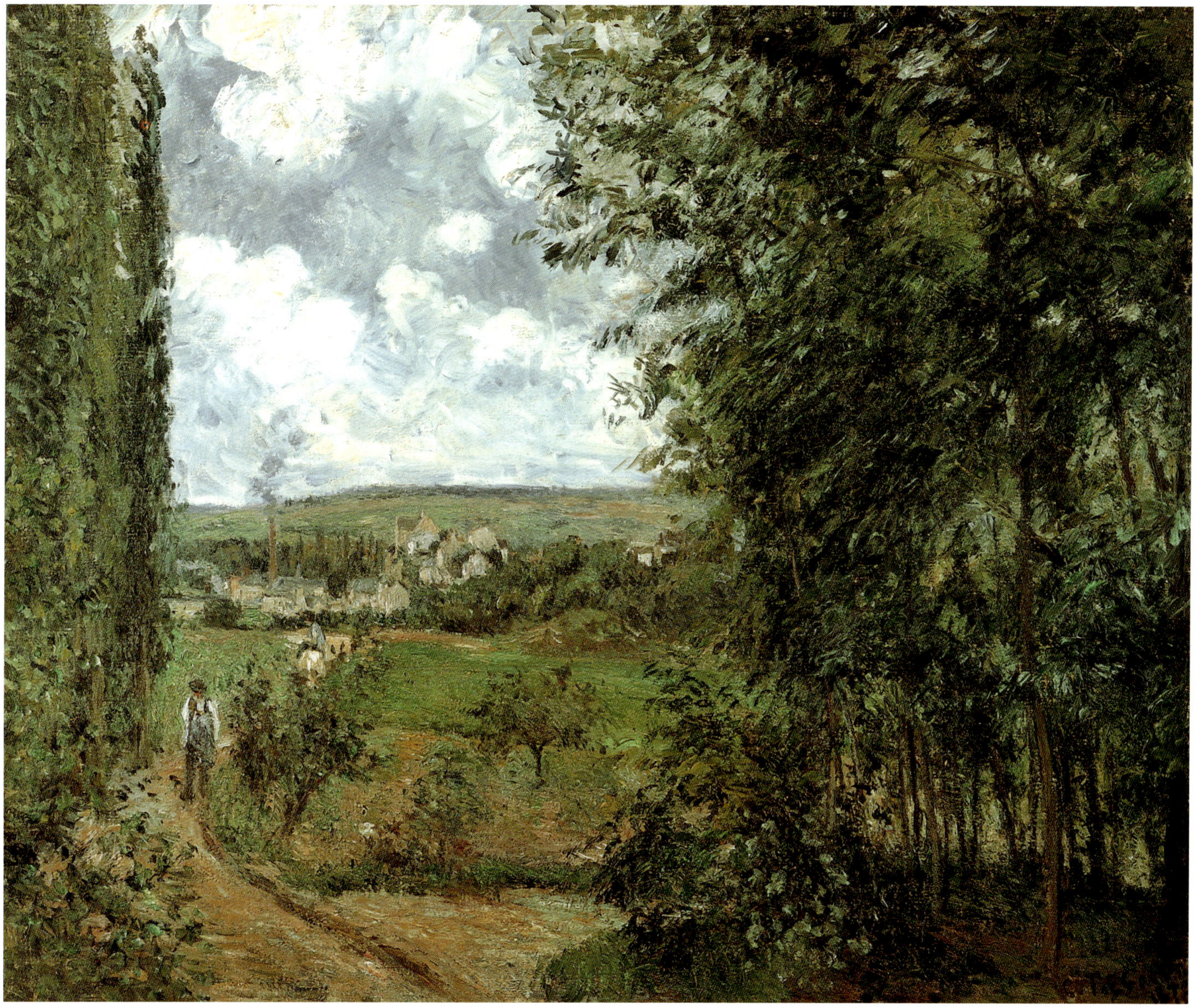

79. Camille Pissarro
Vue prise de la côte des Gratte-coqs, Pontoise, 1878
Huile sur toile, 0,55 x 0,65 m
Ibaraki, Japon, musée d'Art moderne

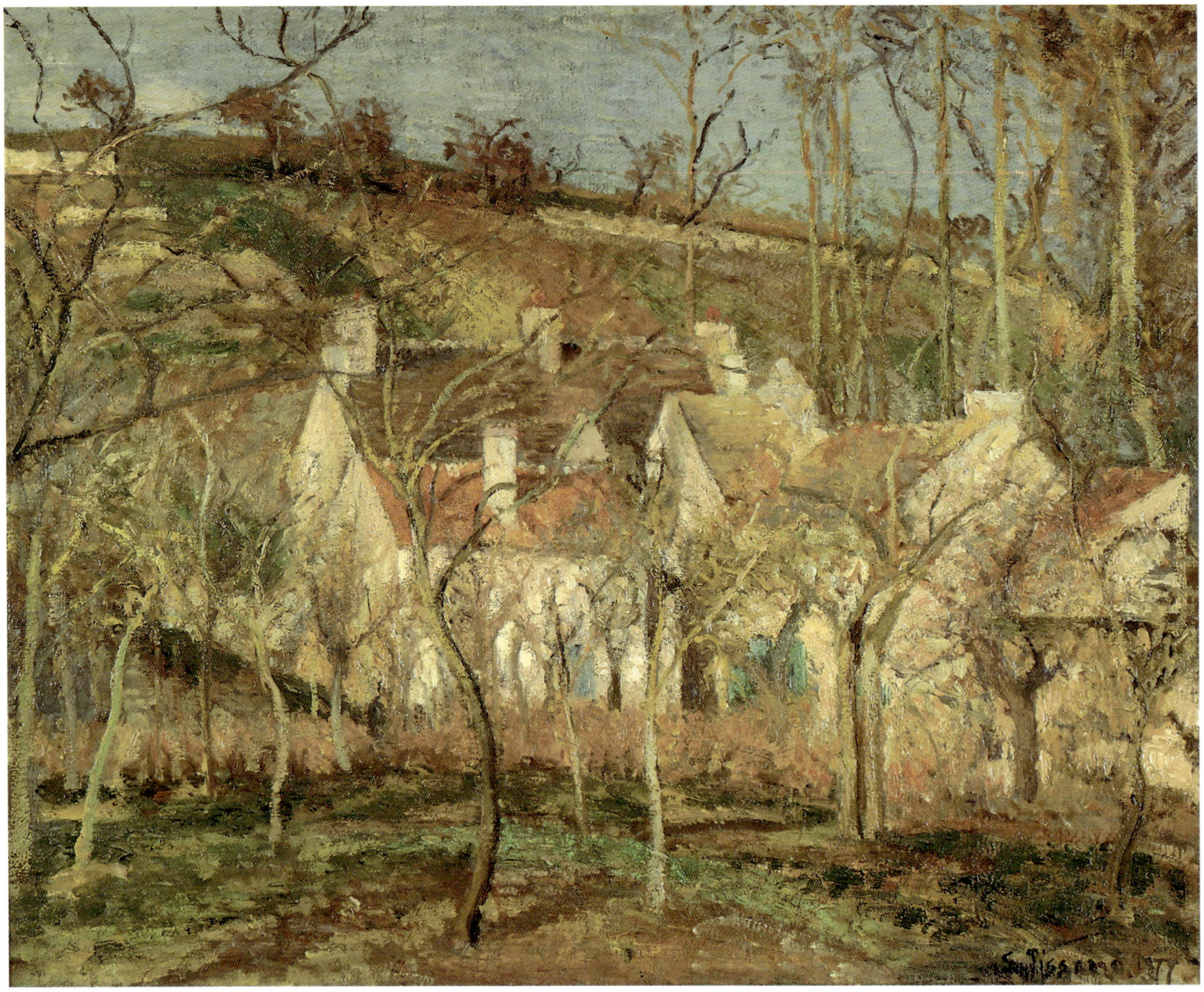

80. Camille Pissarro
Les Toits rouges, côte Saint-Denis à Pontoise, effet d'hiver, 1877
Huile sur toile, 0,545 x 0,656 m
Paris, musée d'Orsay, legs Gustave Caillebotte, 1894

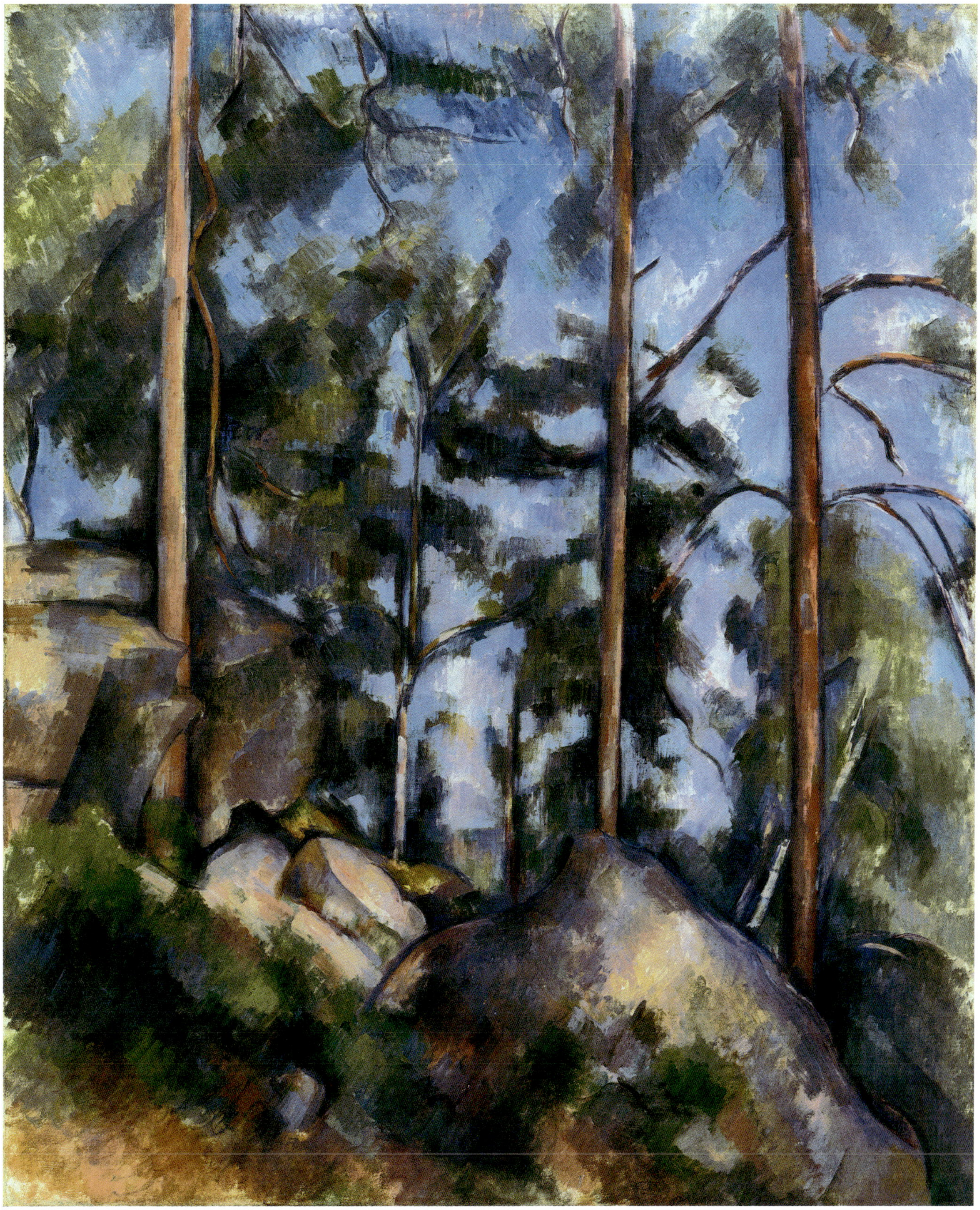

81. Paul Cézanne
Pins et rochers (Fontainebleau ?), vers 1897
Huile sur toile, 0,813 x 0,654 m
New York, The Museum of Modern Art, Lillie P. Bliss Collection

Contrastes de couleurs pures :
L'Estaque et Pontoise

Les œuvres de cette section prouvent que Cézanne et Pissarro pensaient l'un à l'autre, même lorsqu'ils étaient séparés. Dans une lettre du 24 juin 1874, Cézanne exprime sa reconnaissance à Pissarro : « Je vous remercie d'avoir pensé à moi pendant que je suis si loin [à Aix][1]. » On ne connaît malheureusement pas les termes exacts employés par Pissarro à l'égard de Cézanne, mais cette lettre prouve que leur dialogue se poursuivait.

L'interaction continue, quoique parfois silencieuse, entre les deux artistes transparaît dans la représentation d'une barrière de chemin de fer (cat. 82) : on peut y voir un hommage tacite de Pissarro à Cézanne, qui songeait à ce tableau particulier lorsqu'il évoquait facétieusement les travaux des « grands criminels de Paris » (c'est-à-dire des impressionnistes) devant le directeur du musée d'Aix-en-Provence. Comme Cézanne le relata dans une lettre à Pissarro : « Lorsque je lui disais par exemple que vous remplaciez par l'étude des tons le modèle, et que je tâchais de lui faire comprendre sur nature, il fermait les yeux et tournait le dos[2]. » La seule toile de Pissarro mentionnée par Cézanne dans cette missive est précisément *La Barrière du chemin de fer, aux Pâtis près Pontoise*, qui illustre avec force ce que le peintre tentait d'expliquer au directeur du musée.

Ce tableau peut être lu, en un sens, comme un symbole de l'aventure Cézanne-Pissarro. L'axe perspectif très marqué (proche de la manière traditionnelle de traduire la profondeur spatiale) est interrompu nettement et fermement par la barrière horizontale qui coupe la route. Pissarro invite le spectateur à se concentrer sur ce que Cézanne appelle « les contrastes de couleurs pures » qui élaborent la surface de la toile en une construction chromatique impressionnante, voire monumentale, emblématique non seulement de la peinture de Cézanne mais, par certains aspects, de celle de Piet Mondrian, pour le public d'aujourd'hui.

Avec ce paysage en tête, Cézanne écrit à Pissarro qu'il a commencé à peindre dès son arrivée à Aix. Il se sert aussi de cette toile pour attirer son ami dans le Midi : « Maintenant que je viens de revoir ce pays-ci, je crois qu'il vous satisferait totalement, car il rappelle étonnamment votre étude en plein soleil et en plein été de la *Barrière du chemin de fer*[3]. » Deux ans plus tard, dans une autre lettre à Pissarro, Cézanne reprend presque exactement les mêmes termes que ceux utilisés pour exposer son entreprise et celle de Pissarro au directeur du musée d'Aix. À propos de ses tout premiers tableaux de L'Estaque, il écrit : « Le soleil y est si effrayant qu'il me semble que les objets s'enlèvent en silhouette non pas seulement en blanc ou noir, mais en bleu, en rouge, en brun, en violet. Je puis me tromper, mais il me semble que c'est l'antipode du modelé[4]. » Autrement dit, le soleil à L'Estaque semble créer, dans la nature, des effets picturaux identiques à ceux de *La Barrière du chemin de fer* de Pissarro. L'expression de Cézanne « l'antipode du modelé » constituerait d'ailleurs un sous-titre parfait pour cette toile. Elle annonce aussi, de multiples manières, le programme complet des deux artistes pour les décennies suivantes.

Joachim Pissarro

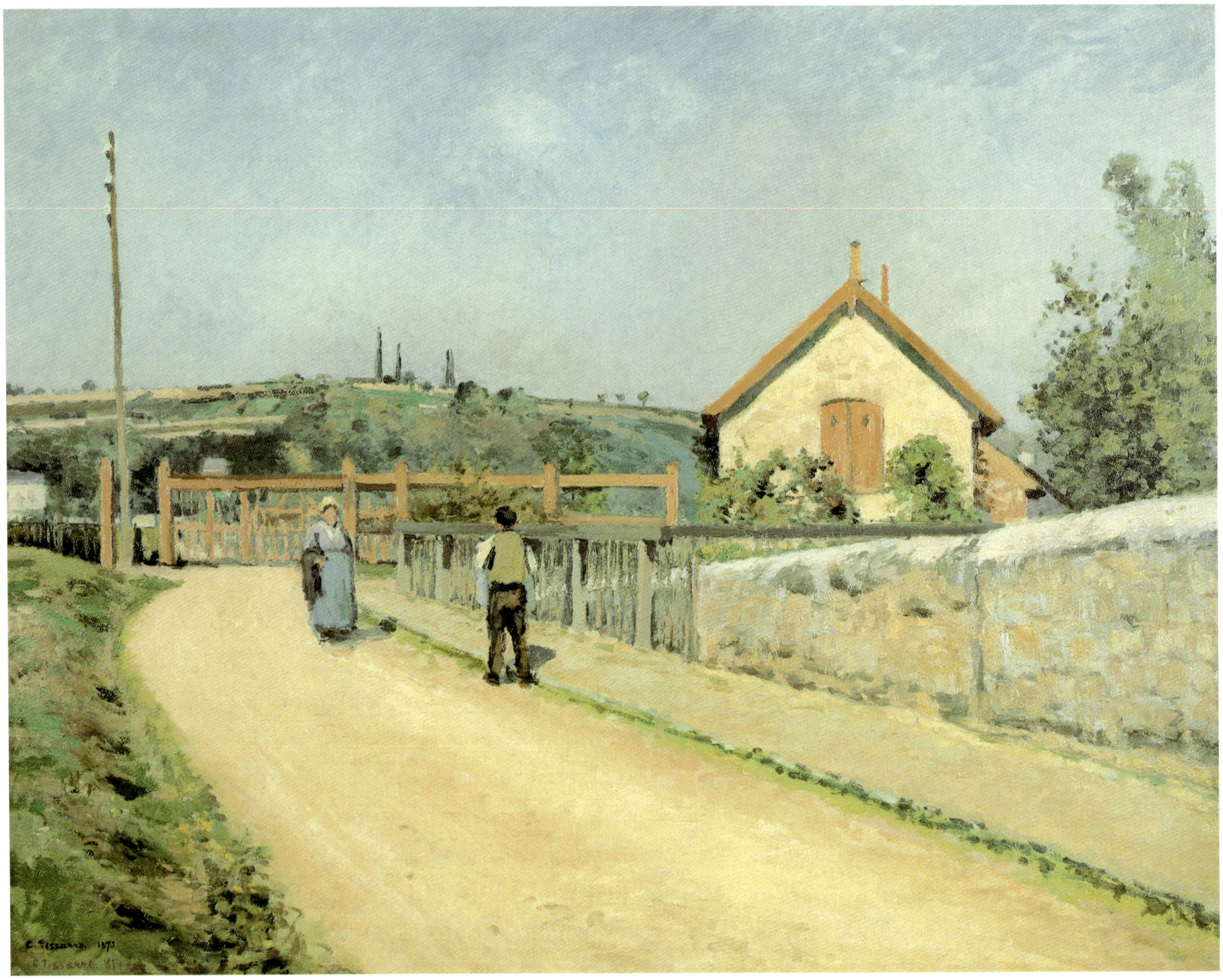

82. Camille Pissarro
La Barrière du chemin de fer, aux Pâtis près Pontoise, 1873-1874
Huile sur toile, 0,65 x 0,81 m
The Phillips Family Collection

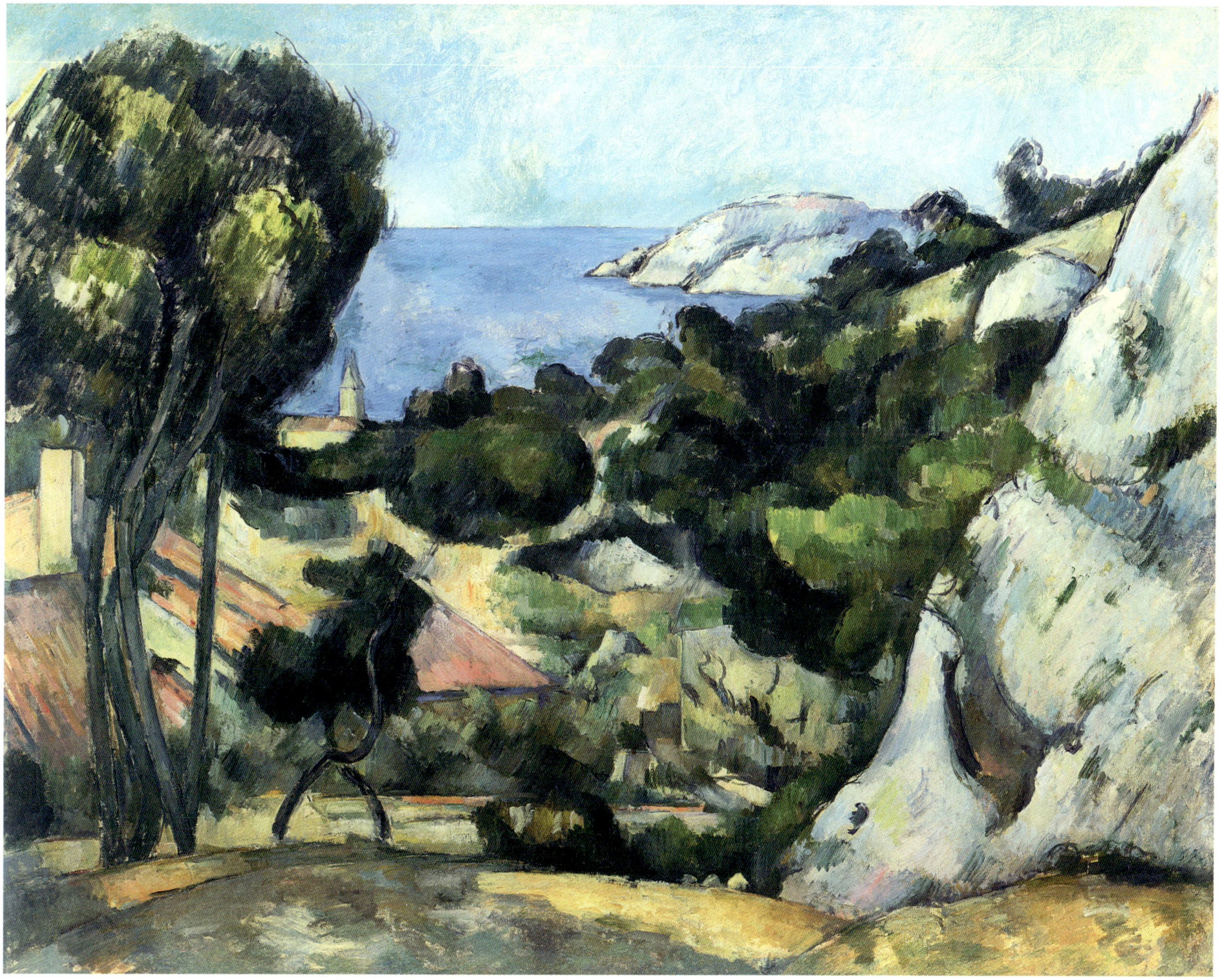

83. Paul Cézanne
L'Estaque, 1879-1883
Huile sur toile, 0,803 x 0,994 m
New York, The Museum of Modern Art, The William S. Paley Collection

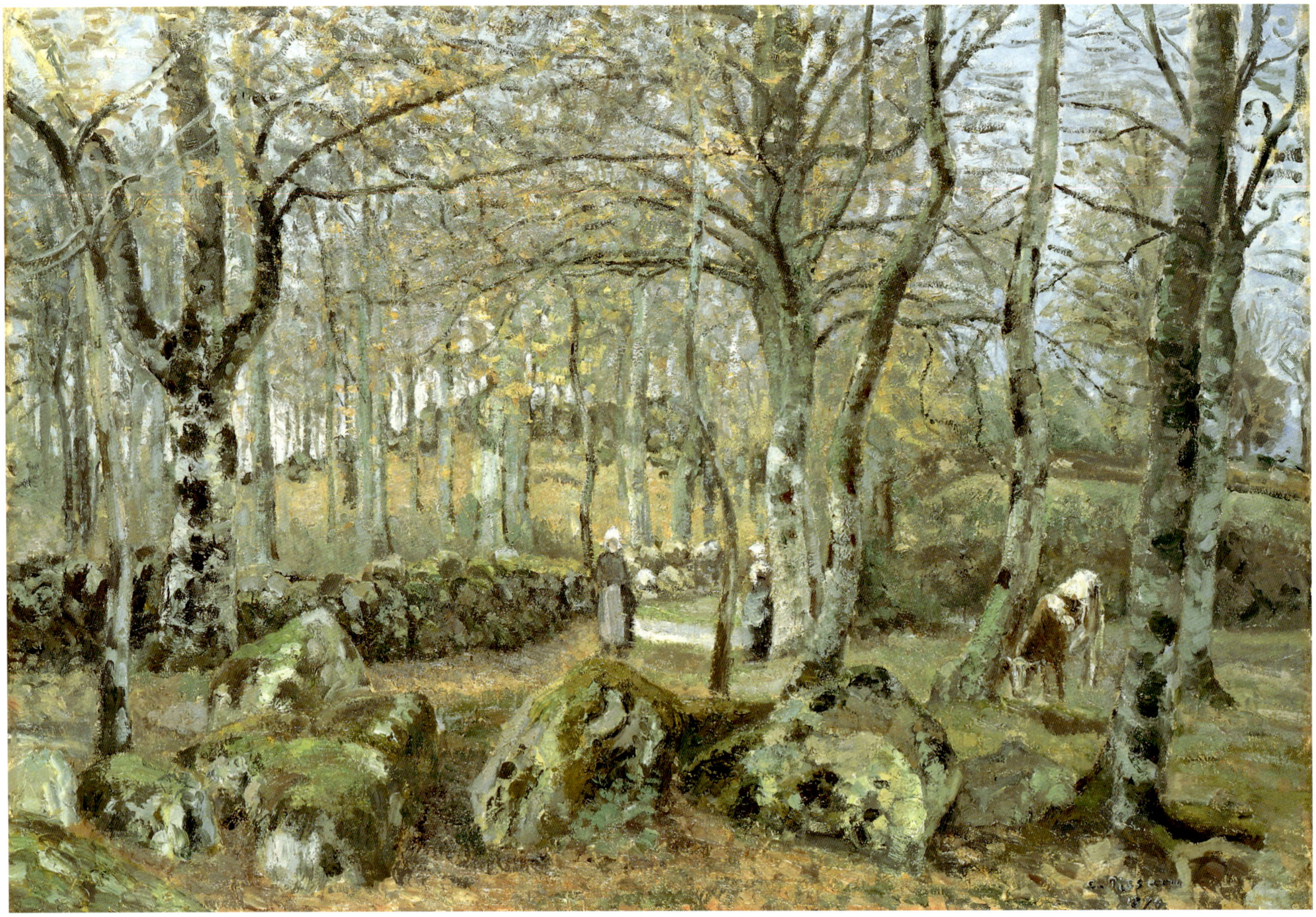

84. Camille Pissarro
Paysage avec rochers, Montfoucault, 1874
Huile sur toile, 0,655 × 0,925 m
Collection particulière

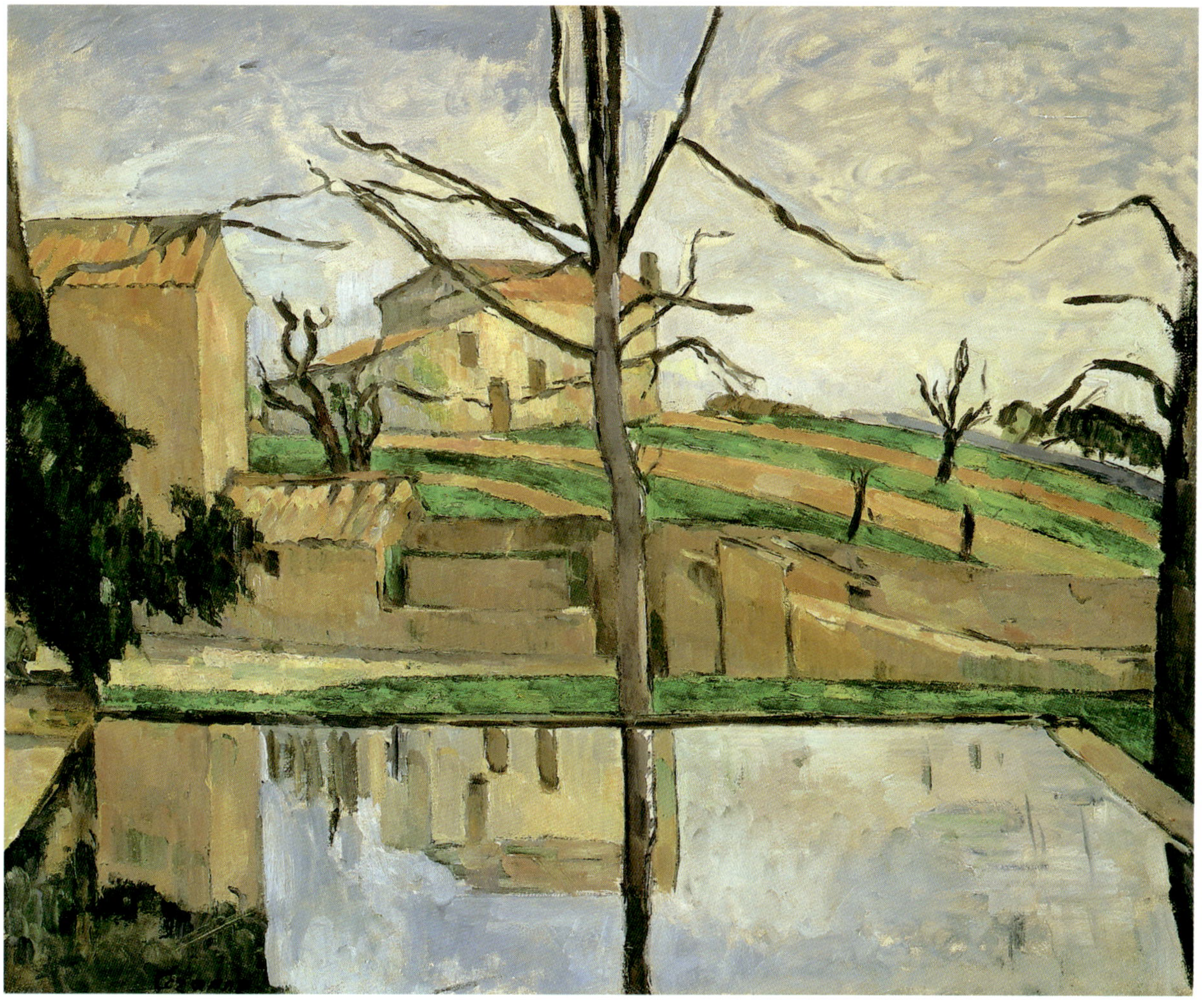

85. Paul Cézanne
Le Bassin du Jas de Bouffan, vers 1878
Huile sur toile, 0,47 x 0,562 m
Collection particulière, avec l'aimable autorisation de Caratsch, de Pury & Luxembourg, Zurich

Un regard rétrospectif : Cézanne se retourne vers les premières œuvres de Pissarro

Lors de son dernier séjour prolongé à Pontoise, de mai à octobre 1881, Cézanne habitait à quelques rues de l'Hermitage où résidait la famille Pissarro. C'est là qu'il se mit à « formuler » son idée d'une vérité ou d'une recette artistique, qu'il ne cessa de développer jusqu'à sa mort. Cela exaspéra le jeune Paul Gauguin, qui cherchait alors à se faire un nom parmi les impressionnistes. Dans une lettre à son « professeur », il demanda (avec une pointe de cynisme) à Pissarro si Cézanne avait découvert la « formule » qui lui permettrait de comprimer toutes ses sensations dans un seul procédé[1].

Les fruits artistiques de la visite de 1881 vont dans le sens d'une affirmation de Cézanne : « S'il [Pissarro] avait continué à peindre comme il le faisait en 1870, il aurait été le plus fort de nous[2]. » Le respect de Cézanne pour les toiles réalisées par son ami une décennie plus tôt est manifeste en 1881. Chacune des œuvres exécutées alors par Cézanne se réfère à un tableau antérieur de Pissarro. Même si le motif du *Moulin sur la Couleuvre à Pontoise* de Cézanne (cat. 93) diffère de celui de la toile monumentale *Les Coteaux de l'Hermitage, Pontoise* (cat. 92), les deux paysages sont de toute évidence apparentés. Nous savons que Cézanne avait été impressionné par le tableau de Pissarro, puisqu'il y fait spécifiquement référence dans une de ses lettres de L'Estaque[3]. Si les deux œuvres sont empreintes de la même grandeur sereine, celle de Cézanne, peinte quatorze ans après celle de Pissarro, manifeste une énergie sans bornes, produite par le *staccato* des rangées parallèles de coups de pinceau colorés, notamment dans les feuillages.

Deux autres toiles, conçues à quatorze ans d'intervalle, constituent une « paire » propice aux comparaisons : *La Côte des Jalais, Pontoise* de Pissarro et de Cézanne (cat. 90, 91). Le contraste y est encore plus patent. Pissarro procède par juxtaposition de plaques de peinture denses et épaisses, qu'il applique régulièrement et patiemment sur la toile, et dont se dégage une impression d'intense labeur. Cézanne conserve toute l'intensité du tableau de Pissarro, mais il morcelle chaque aplat en une myriade de coups de pinceau parallèles qui dynamisent (voire électrisent) la surface picturale.

Autre exemple de l'intérêt prononcé et renouvelé de Cézanne pour les recherches du Pissarro d'avant 1870 : la reprise du motif de *Le Jardin de Maubuisson, Pontoise* (cat. 94), peint par Pissarro en 1867-1869, dans *L'Hermitage à Pontoise* exécuté en 1881 (cat. 95). Outre les œuvres de la fin des années 1860, Cézanne étudia aussi les premières peintures impressionnistes de son vieil ami : *Le Pont et le barrage, Pontoise* (1881 ; cat. 87) reprend ainsi le motif du *Pont du chemin de fer, Pontoise* de Pissarro (vers 1873 ; cat. 86), et *La Route tournante à Auvers-sur-Oise* (vers 1881 ; cat. 89) s'appuie sur le *Paysage à l'Hermitage, Pontoise* de 1874 (cat. 88).

Alors que leur relation touche à sa fin, Cézanne cède à la nostalgie et se retourne pour explorer de nouveau les débuts de leur extraordinaire échange. Les deux artistes exécutèrent leurs deux dernières toiles côte à côte en 1882 (cat. 96, 97), lors d'un séjour non documenté de Cézanne chez Pissarro à Pontoise[4].

Joachim Pissarro

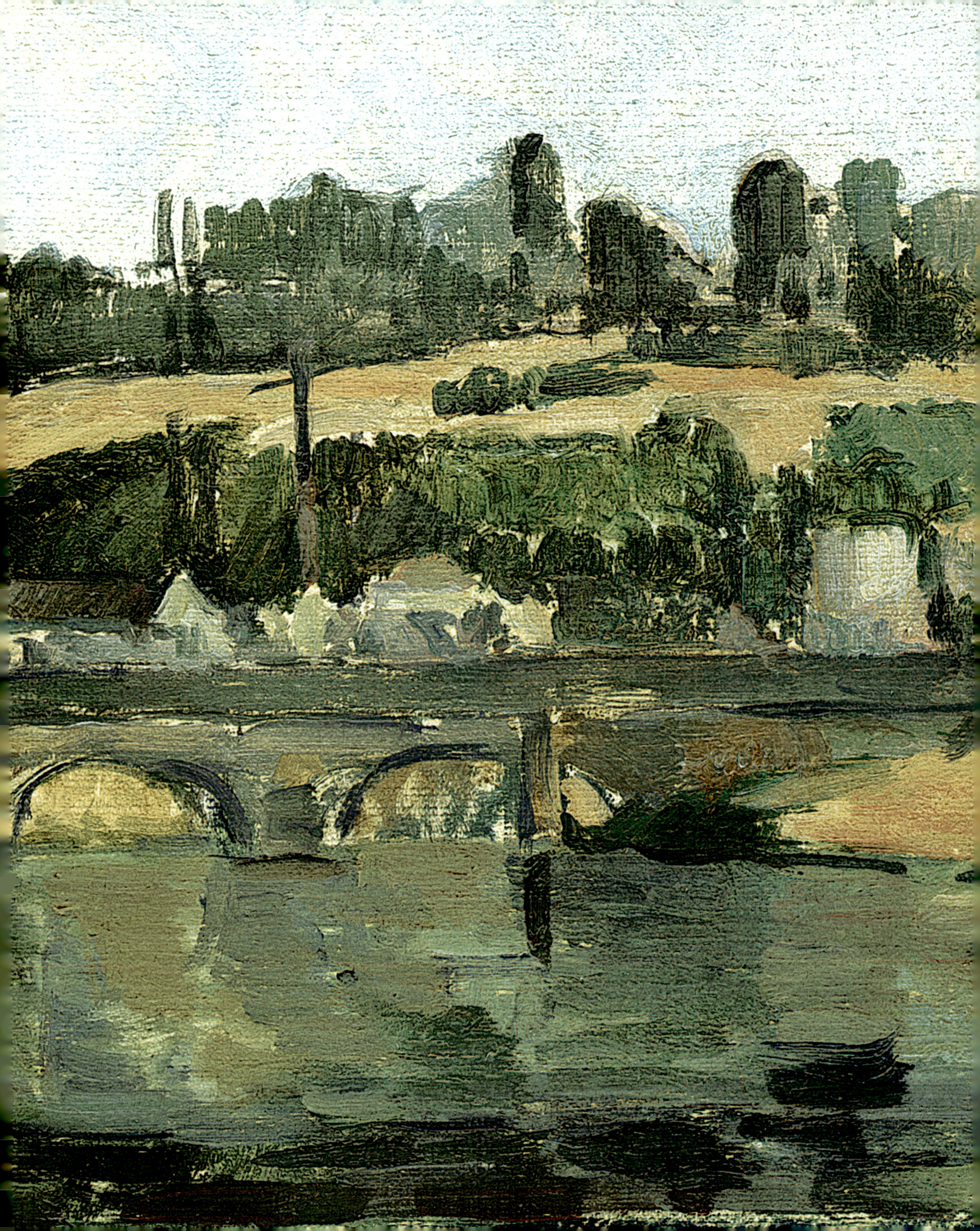

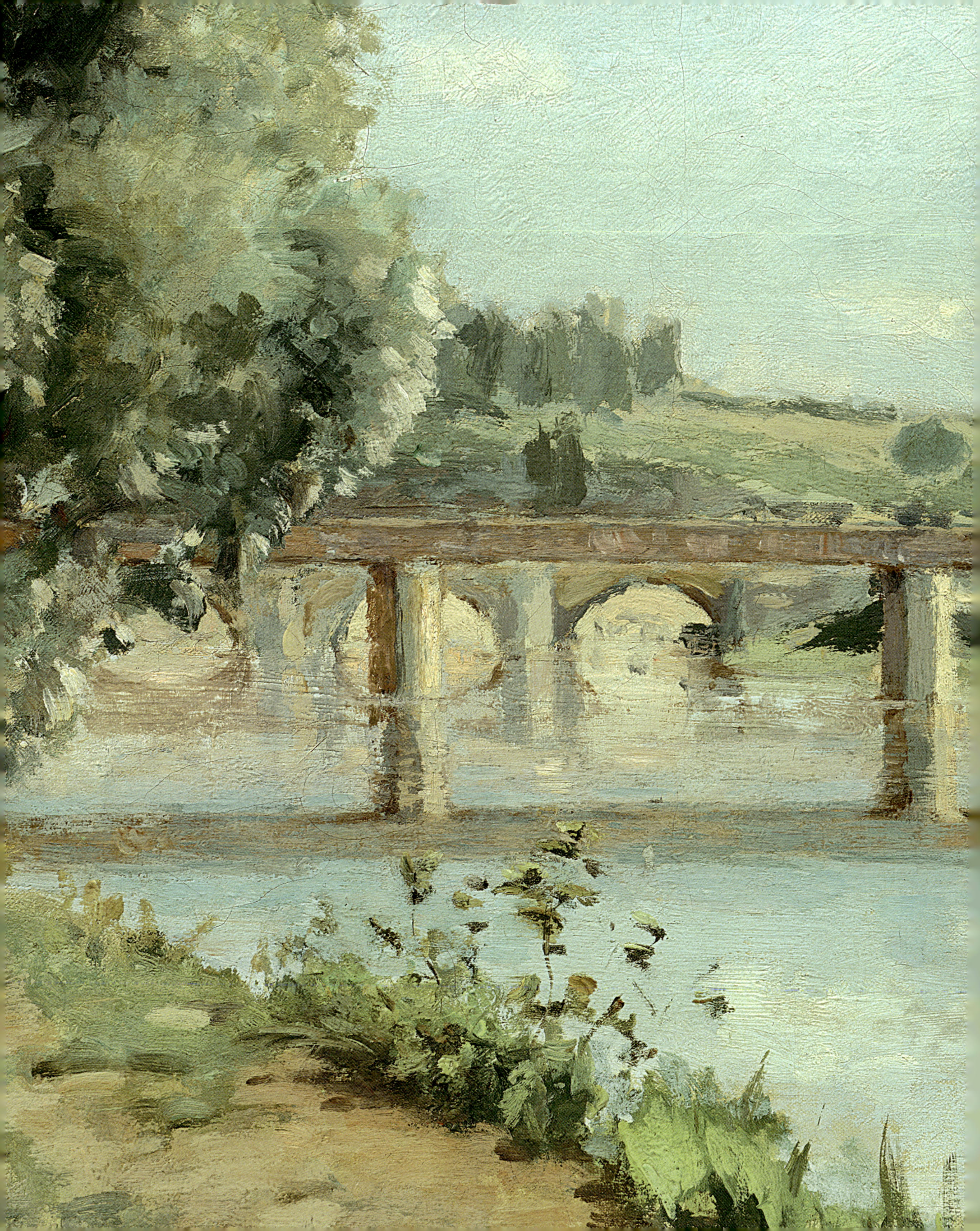

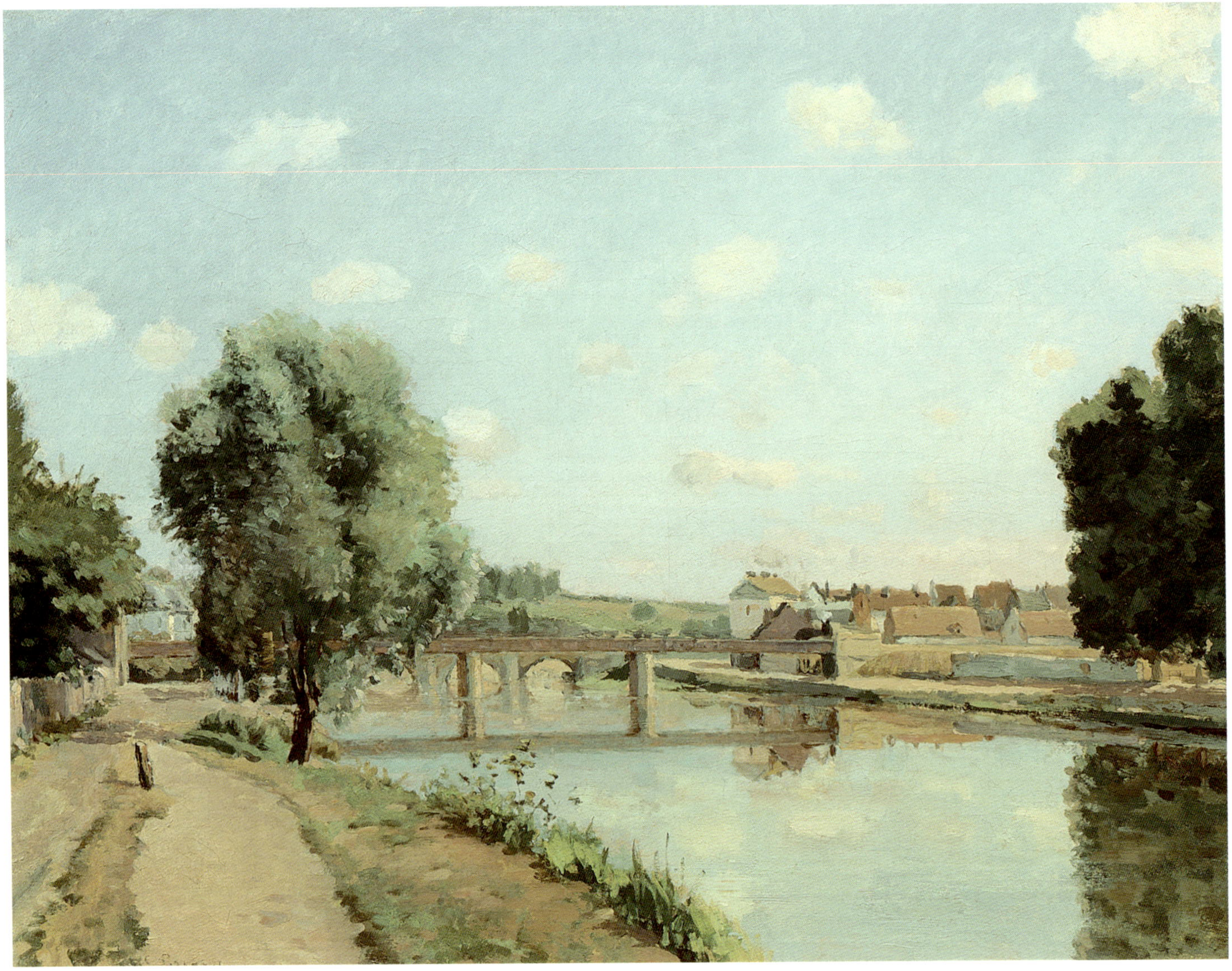

86. Camille Pissarro
Le Pont du chemin de fer, Pontoise, vers 1873
Huile sur toile, 0,5 × 0,65 m
Collection particulière

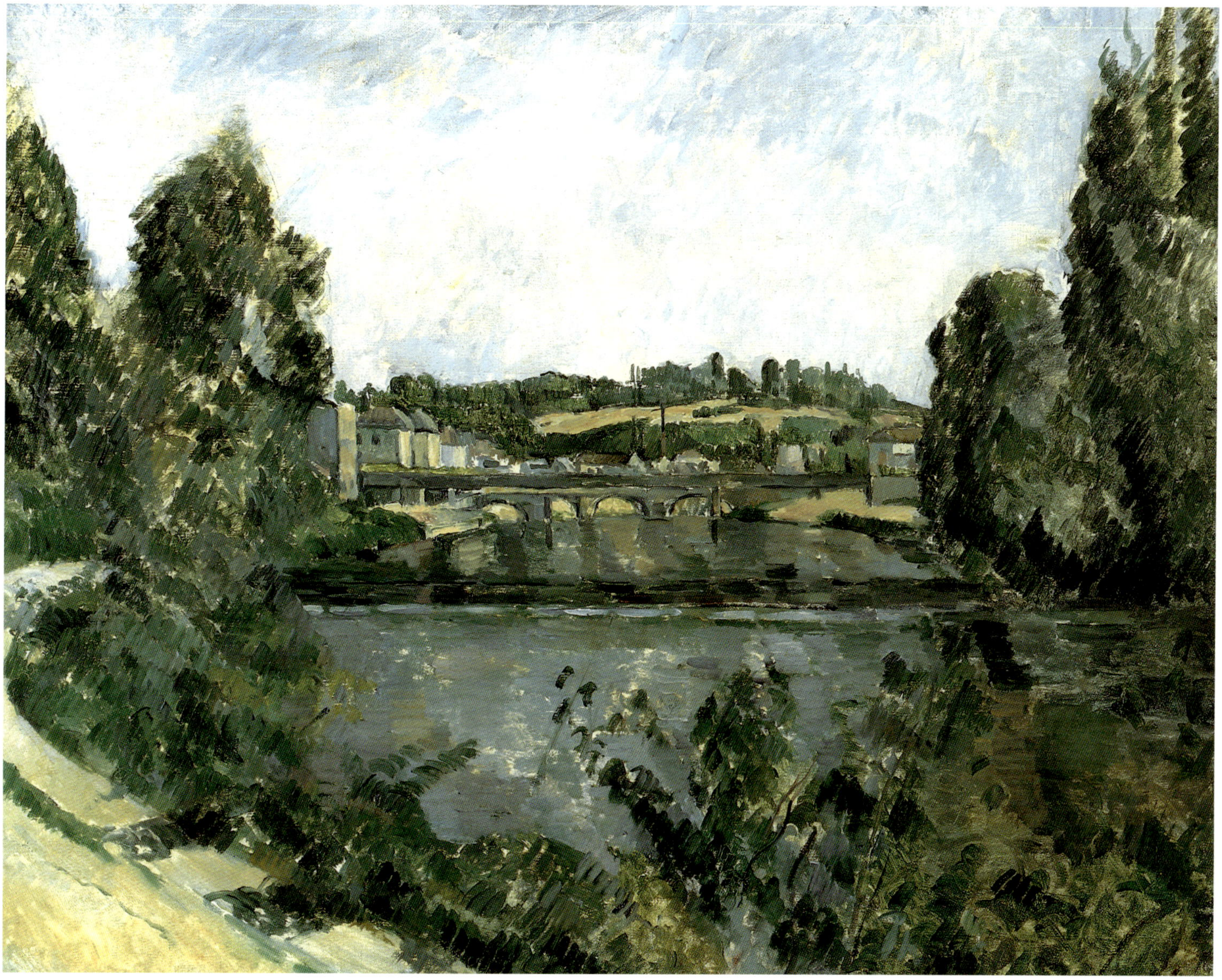

87. Paul Cézanne
Le Pont et le barrage, Pontoise, 1881
Huile sur toile, 0,603 x 0,743 m
Collection particulière

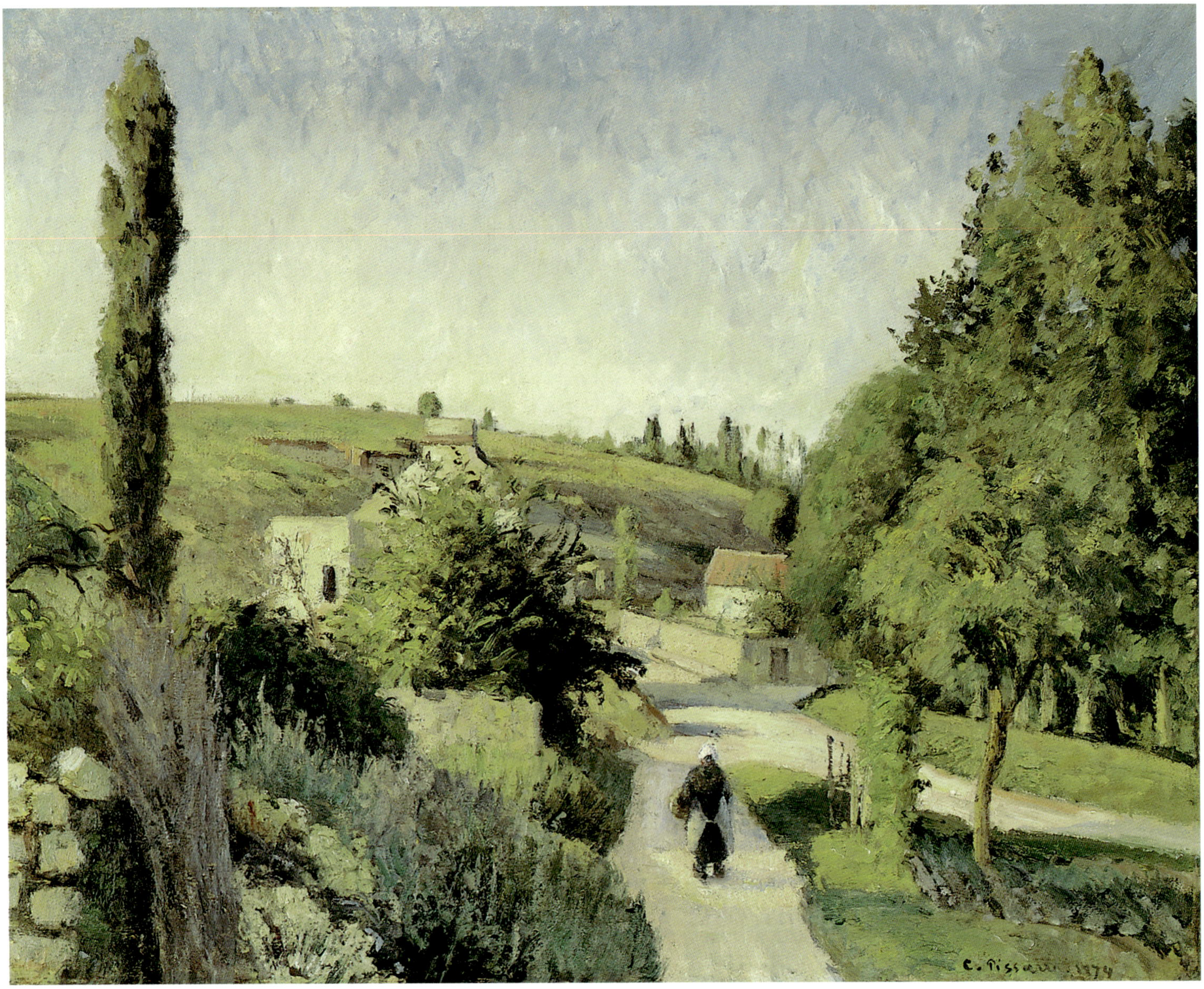

88. Camille Pissarro
Paysage à l'Hermitage, Pontoise, 1874
Huile sur toile, 0,603 x 0,73 m
Collection particulière

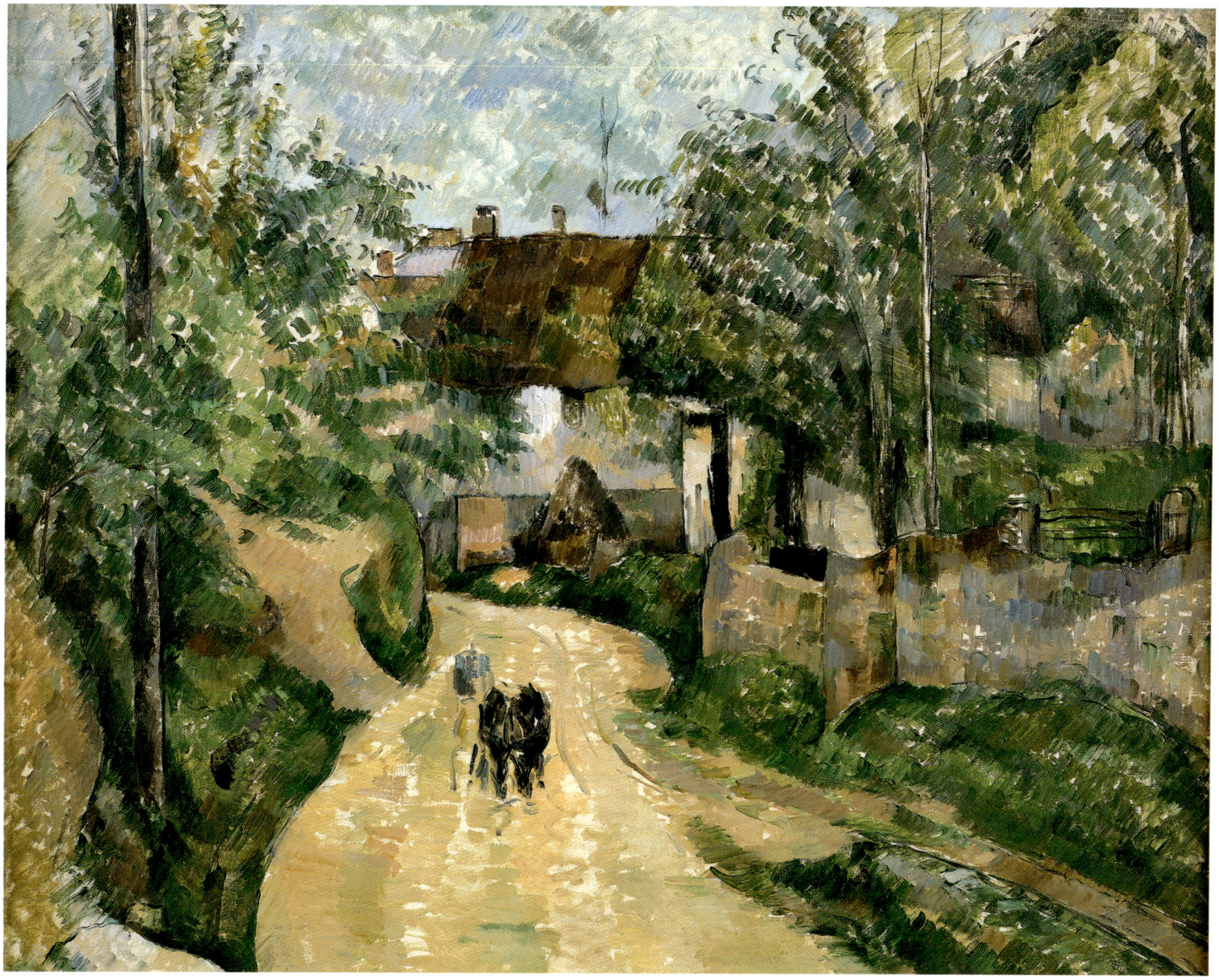

89. Paul Cézanne
La Route tournante à Auvers-sur-Oise, vers 1881
Huile sur toile, 0,603 x 0,73 m
Boston, Quinque Foundation

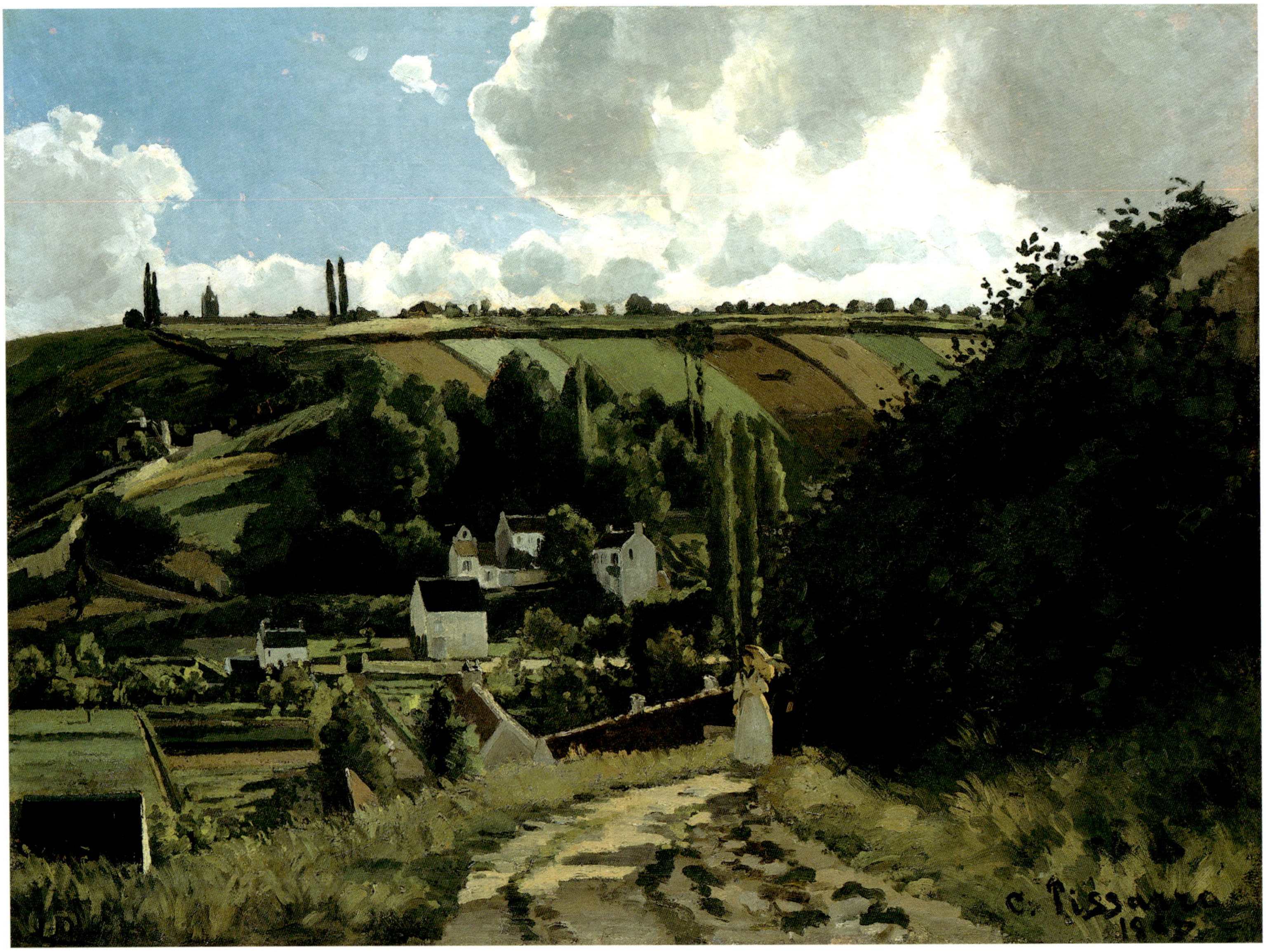

90. Camille Pissarro

La Côte des Jalais, Pontoise, 1867

Huile sur toile, 0,87 × 1,149 m

New York, The Metropolitan Museum of Art, legs William Church Osborn, 1951 (51.30.2)

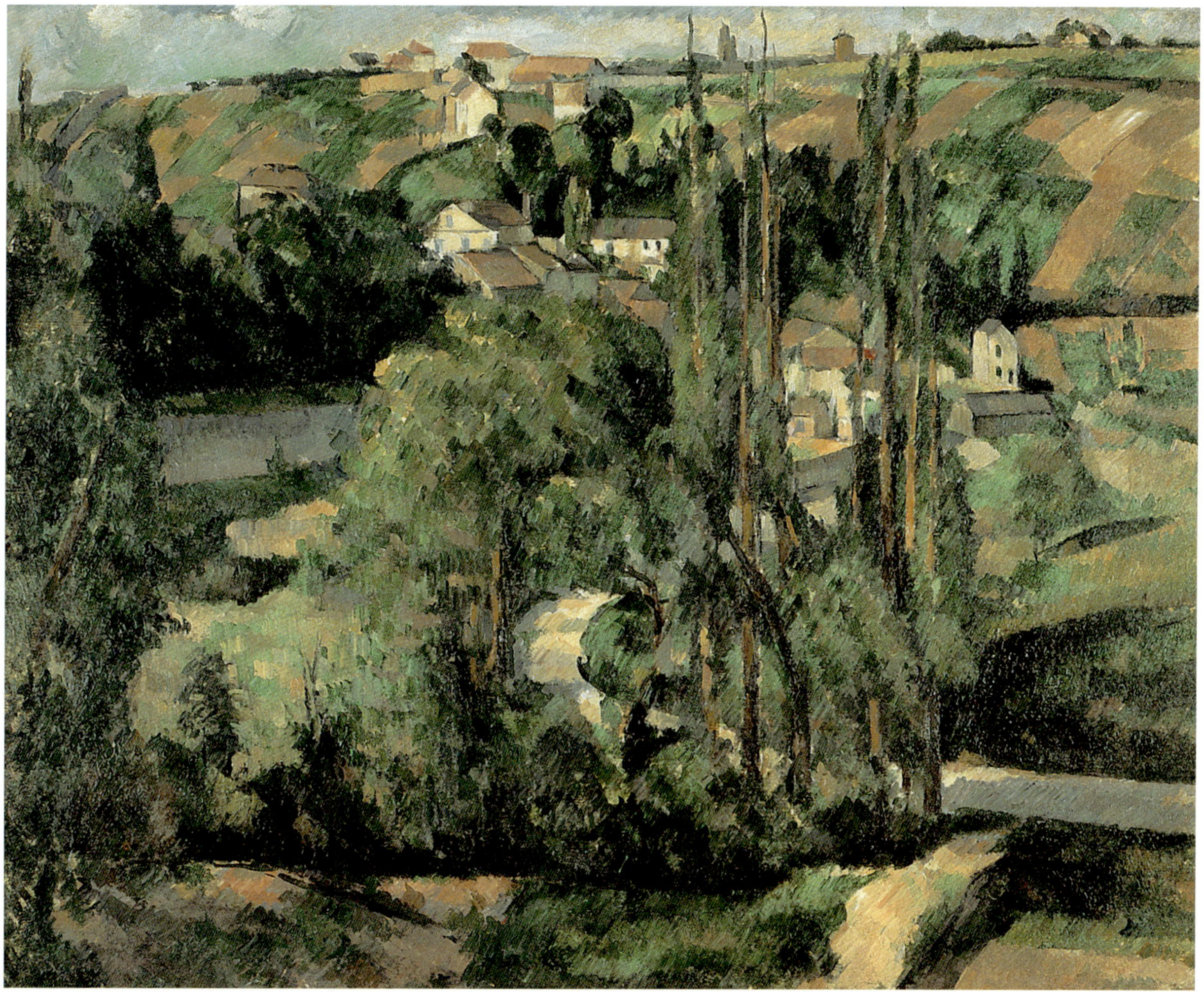

91. Paul Cézanne
La Côte des Jalais, Pontoise, 1879-1881
Huile sur toile, 0,6 × 0,756 m
LVMH/Moët Hennessy, collection Louis Vuitton

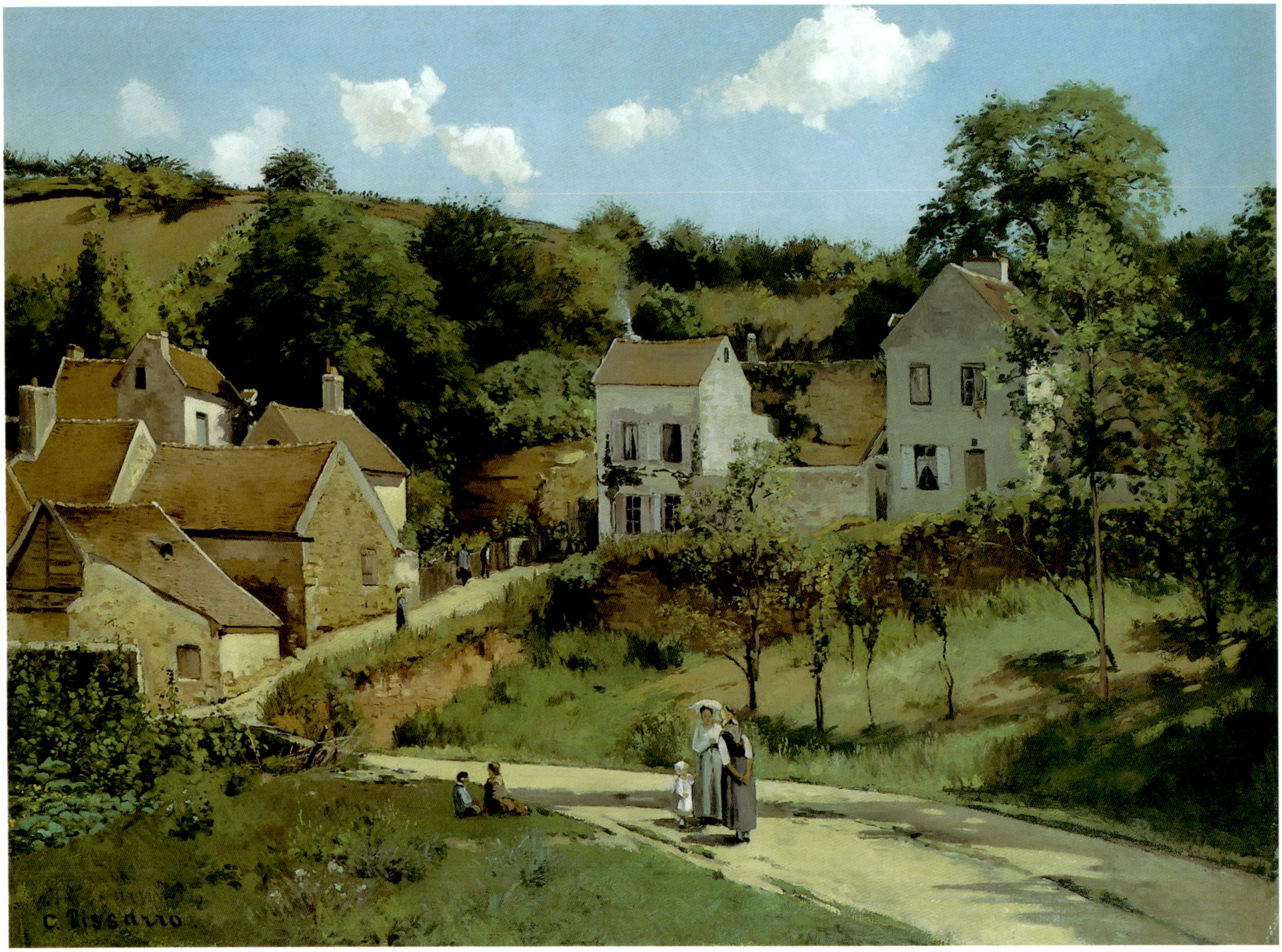

92. Camille Pissarro

Les Coteaux de l'Hermitage, Pontoise, vers 1867

Huile sur toile, 1,514 x 2,006 m

New York, Solomon R. Guggenheim Museum, Thannhauser Collection, don de Justin K. Thannhauser, 1978

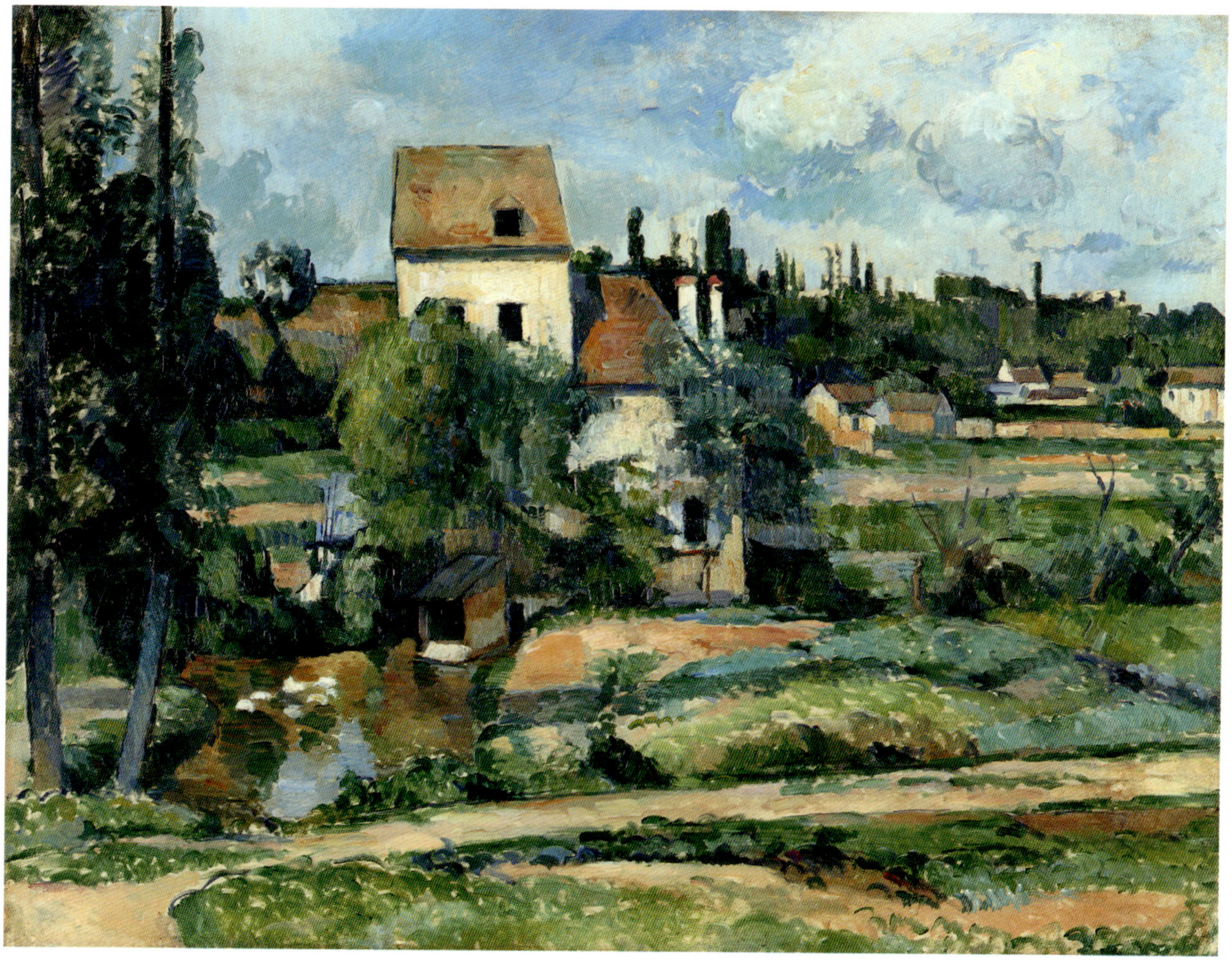

93. Paul Cézanne
Le Moulin sur la Couleuvre à Pontoise, vers 1881
Huile sur toile, 0,735 × 0,915 m
Berlin, Staatliche Museen zu Berlin, Nationalgalerie

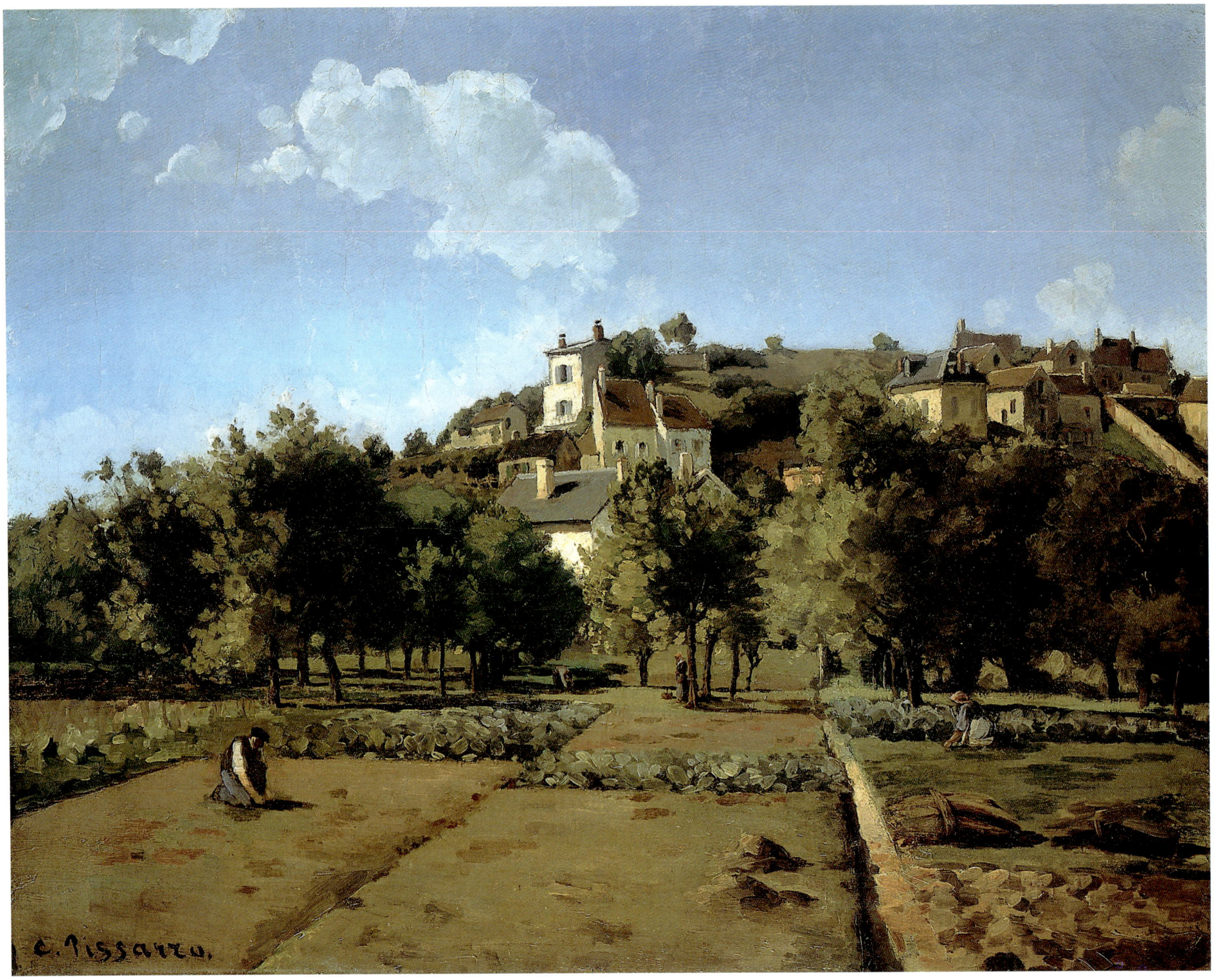

94. Camille Pissarro
Le Jardin de Maubuisson, Pontoise, 1867-1869
Huile sur toile, 0,81 x 1 m
Prague, National Gallery

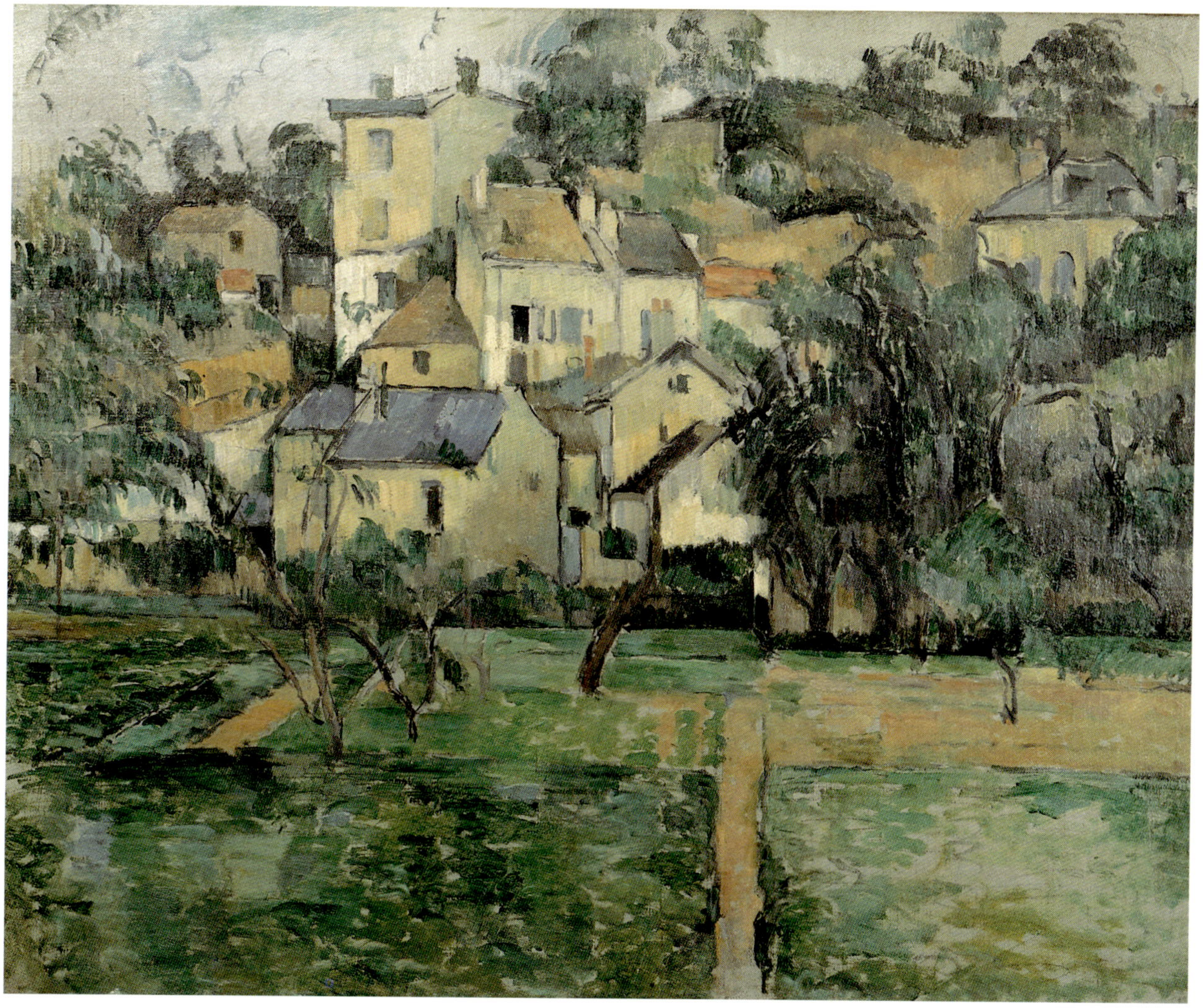

95. Paul Cézanne
L'Hermitage à Pontoise, 1881
Huile sur toile, 0,465 × 0,56 m
Wuppertal, Von der Heydt-Museum Wuppertal

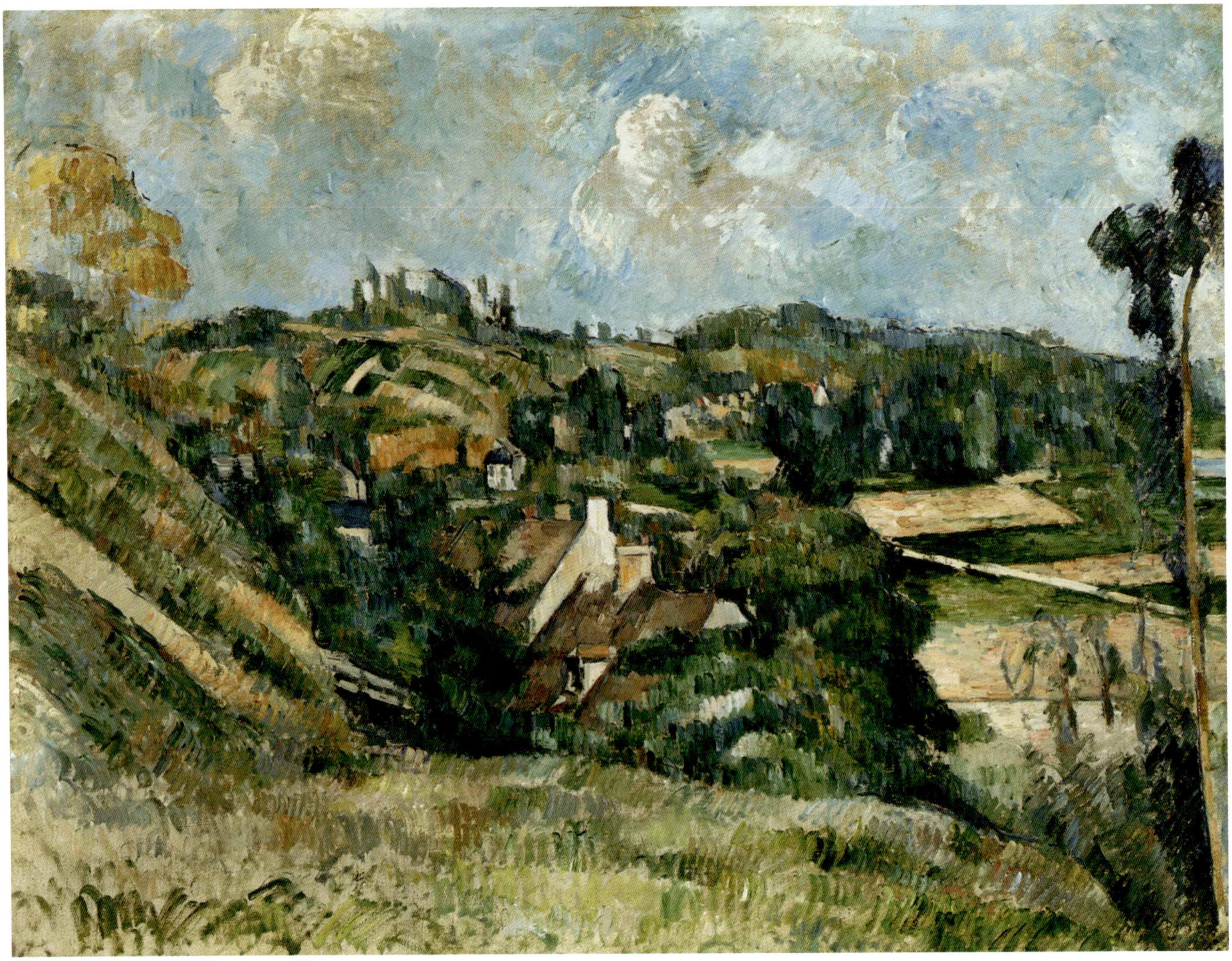

96. Paul Cézanne
Maisons à Pontoise, près de Valhermeil, 1882
Huile sur toile, 0,73 × 0,92 m
Collection particulière

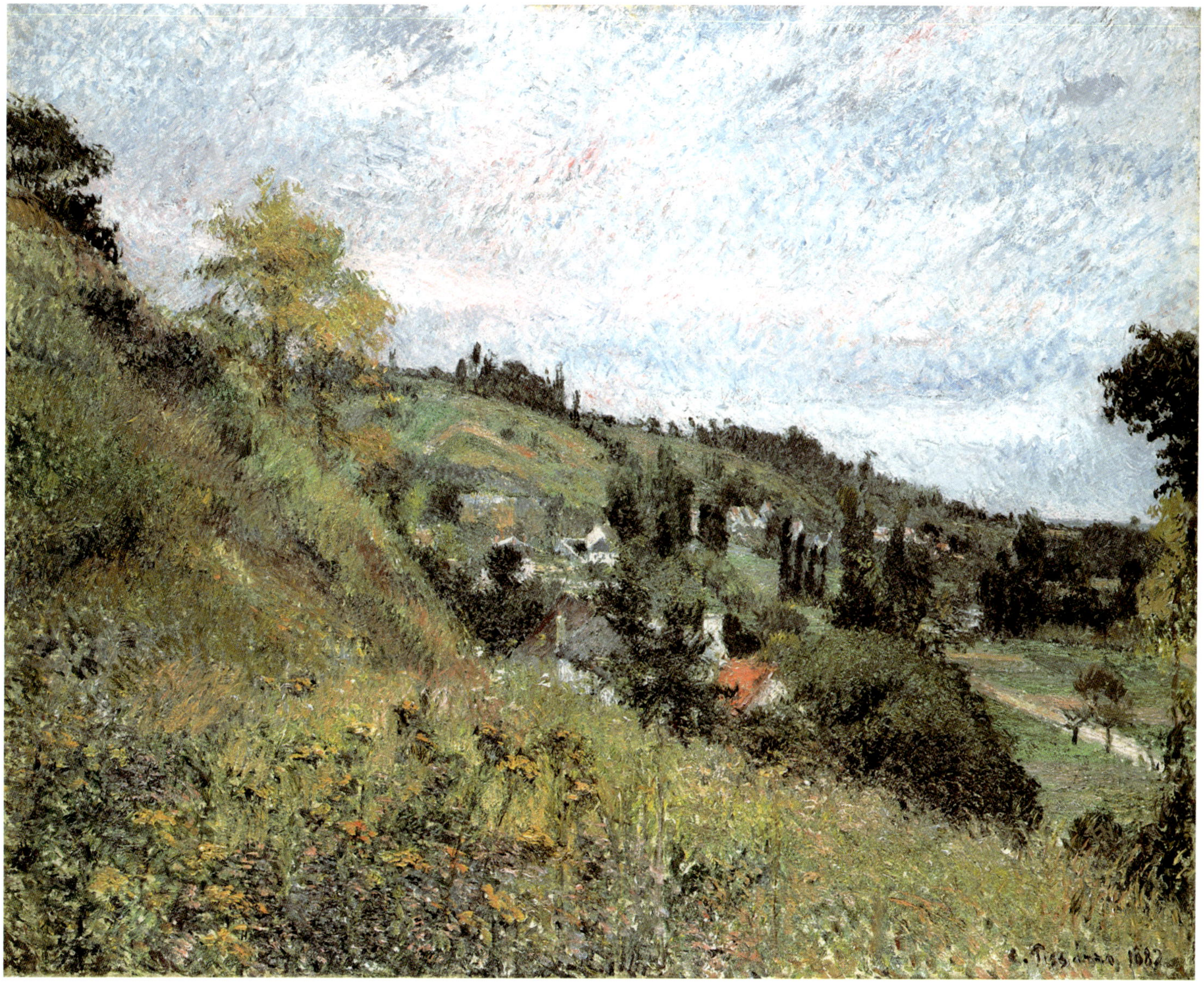

97. Camille Pissarro
Les Coteaux de Chou, Pontoise, 1882
Huile sur toile, 0,6 x 0,73 m
Mequon, Wisconsin, collection particulière

Hommage et adieux : un dernier échange

Malgré la pauvreté des sources, il est sûr que Cézanne vit Pissarro durant l'été 1882. Les deux dernières œuvres formant une paire qu'ils créèrent ensemble – *Maisons à Pontoise, près de Valhermeil* et *Les Coteaux de Chou, Pontoise* (cat. 96 et 97) – représentent une transition dans leurs évolutions respectives. Alors que Cézanne avait répondu aux premières leçons picturales de Pissarro, ce dernier réagissait à son tour à ce que Cézanne avait assimilé à son contact dix ou quinze ans auparavant, au point qu'il paraît même chercher à le surpasser. La surface du tableau de Cézanne est divisée en niveaux de touches parallèles distinctes. L'œuvre de Pissarro révèle, quant à elle, une profusion tellement dense de touches rapides qu'il semble s'être dit : « Voyons jusqu'où je peux aller avec ce nouveau procédé. » En dehors de leur gamme chromatique (la palette de Pissarro se compose de teintes brillantes ou saturées, celle de Cézanne est plus sourde et moins variée), la différence majeure entre les deux tableaux est l'orientation des coups de pinceau. Alors que la toile de Cézanne est couverte de rangées de touches parallèles ordonnées (qu'elles soient verticales, comme au premier plan, ou obliques, comme pour le coteau de gauche), la main de Pissarro semble avoir été prise de frénésie : des rafales de coups de pinceau criblent la toile en tous sens, donnant une impression générale de chaos au spectateur qui observe de près la surface peinte.

Le milieu des années 1880 marqua le dénouement d'une relation réciproque d'un quart de siècle entre les deux peintres. Malgré l'absence quasi totale de sources suggérant un contact étroit, il est impossible d'imaginer qu'aucun des deux n'ait su ce que faisait l'autre en 1885. En premier lieu parce que Cézanne se rendit plus fréquemment que jamais dans la région parisienne nord cette année-là, puisqu'il séjourna à Médan, dans la maison d'Émile Zola. Même s'il n'existe aucune lettre ni document écrit prouvant que Cézanne et Pissarro étaient encore en relation à cette époque, leurs œuvres témoignent amplement de leur ultime échange. *Gisors, quartier neuf* (1885 ; cat. 104) est une réponse directe de Pissarro à la méthode de plus en plus systématique de Cézanne, qui divisait et déconstruisait ses toiles en rangées de touches rythmiques parallèles. Le tableau constitue un hommage subtil de Pissarro à *La Vallée de l'Oise* de Cézanne (vers 1881-1882 ; cat. 103), dont la surface très travaillée laisse à penser que l'œuvre fut reprise, peut-être en atelier, après le séjour chez Pissarro en 1881. Les analogies étroites entre les deux paysages suggèrent que ce fut probablement le dernier moment d'interaction et d'émulation intense entre les deux artistes.

L'étape ultime de ce dialogue révèle la fascination mutuelle éprouvée par chacun pour l'œuvre de l'autre. Le petit ensemble de toiles réunies dans cette section contient aussi en germe l'avenir de la peinture moderne pour les années et les décennies suivantes. Ces deux tableaux n'appartiennent de toute évidence déjà plus à l'impressionnisme. À ce moment précis, Pissarro est sur le point de quitter la barque de Cézanne pour sauter dans celle du néo-impressionnisme, tandis que Cézanne s'apprête à se lancer dans la recherche solitaire qui le conduira à développer et à exposer sa nouvelle « vérité en peinture[1] ».

Joachim Pissarro

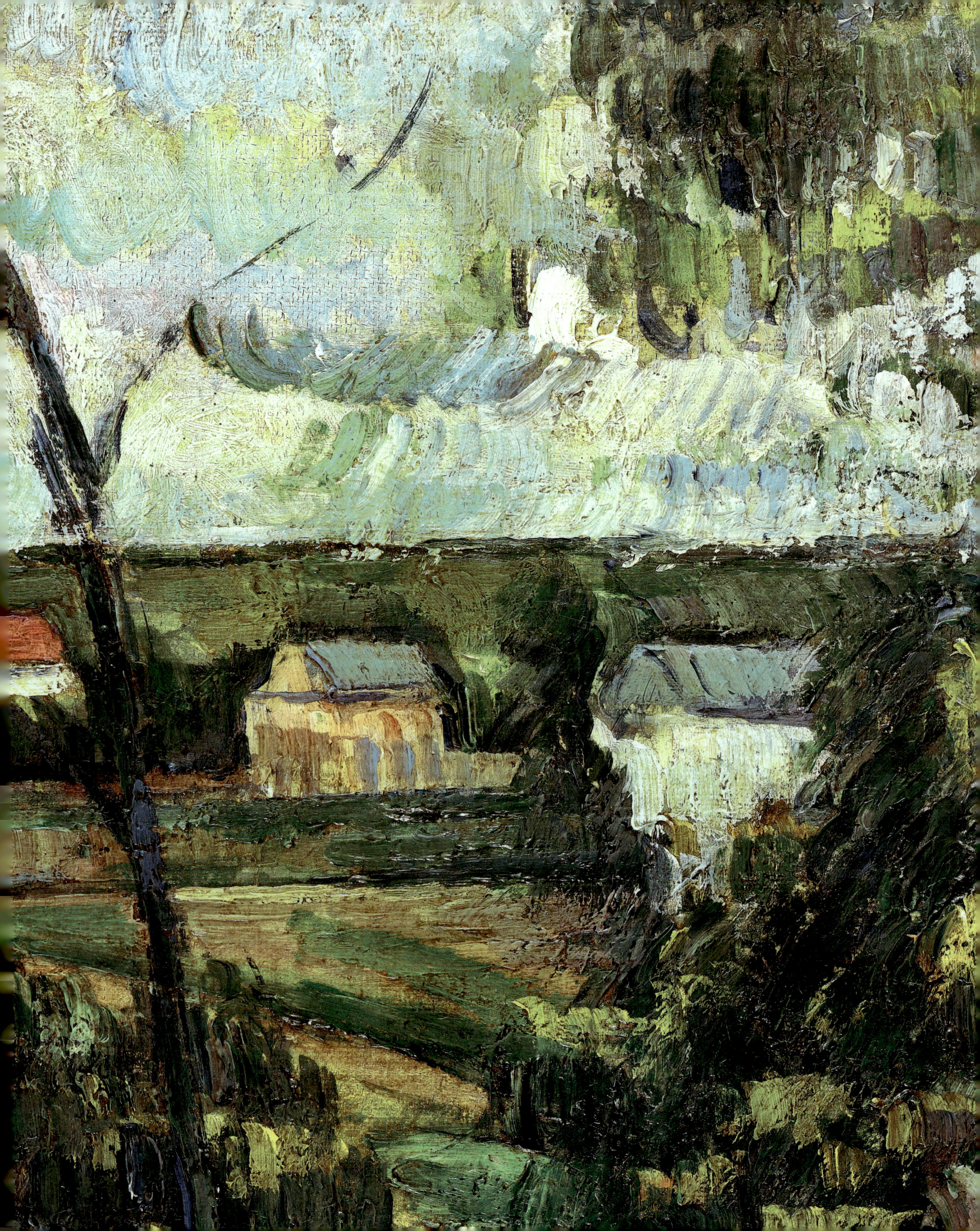

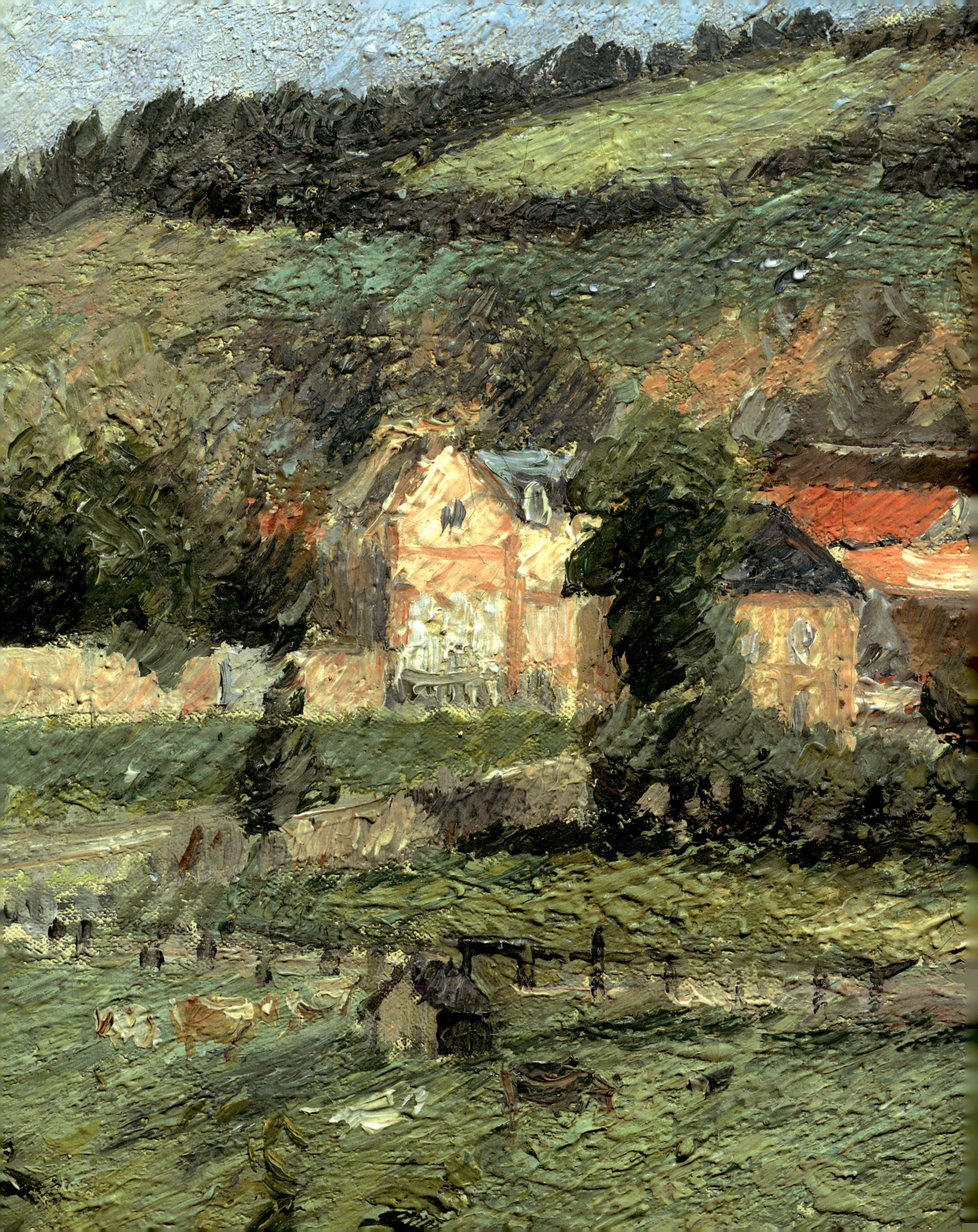

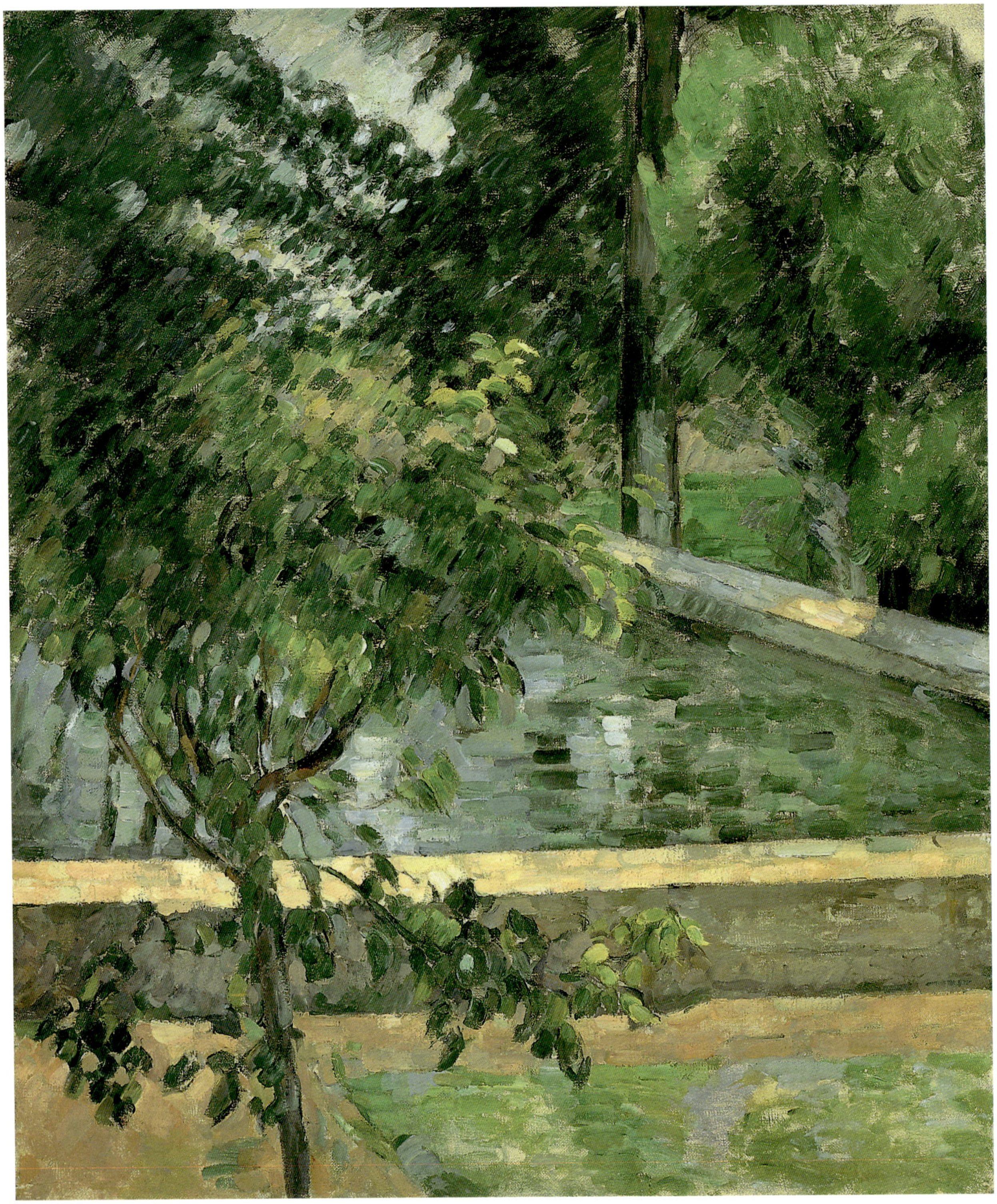

98. Paul Cézanne
Le Bassin du Jas de Bouffan, vers 1878-1879
Huile sur toile, 0,737 × 0,603 m
Buffalo, New York, Albright-Knox Art Gallery, Fellows for Life Fund, 1927

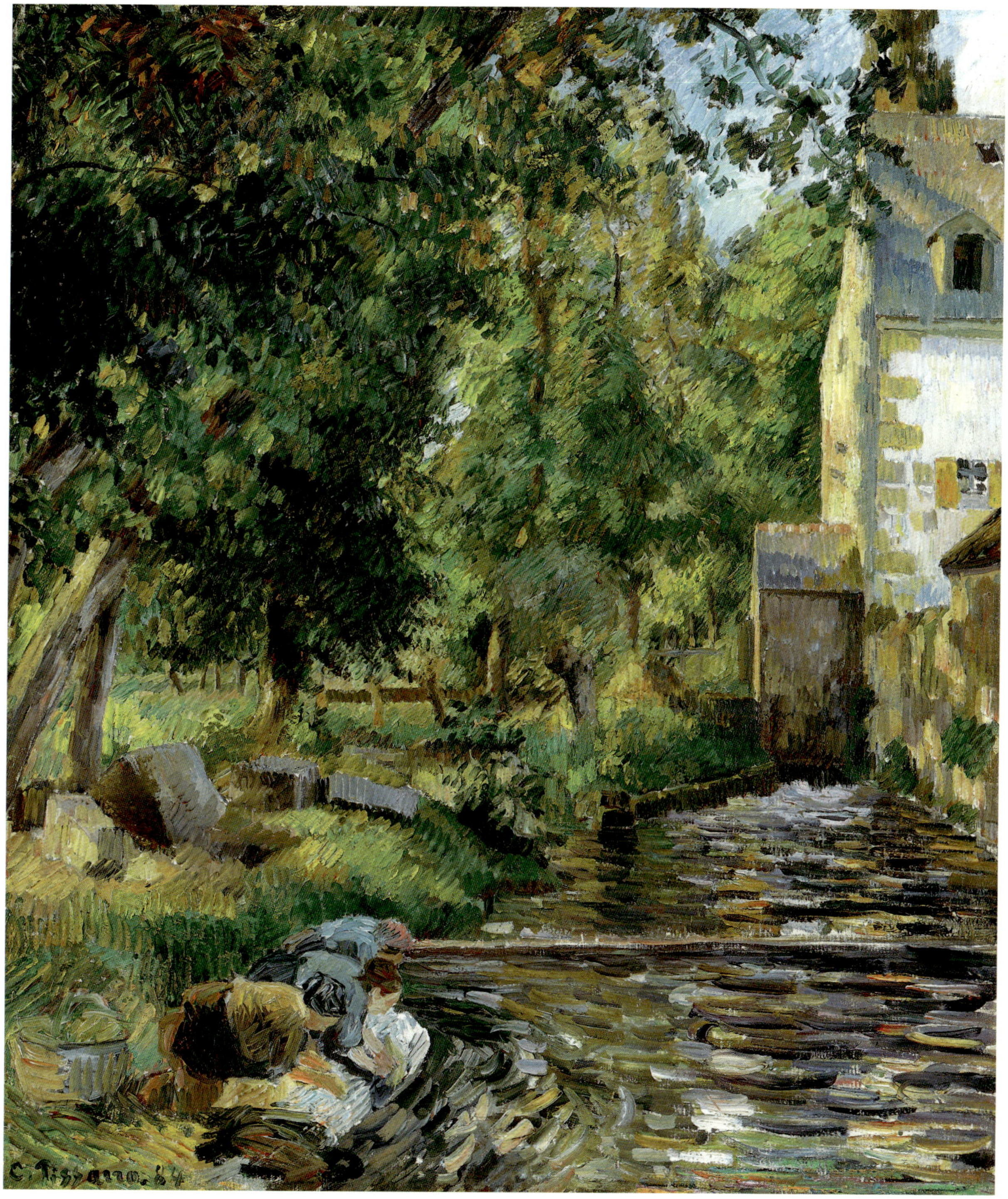

99. Camille Pissarro
Lavoir et Petit-Moulin à Osny, 1884
Huile sur toile, 0,653 x 0,543 m
Collection particulière

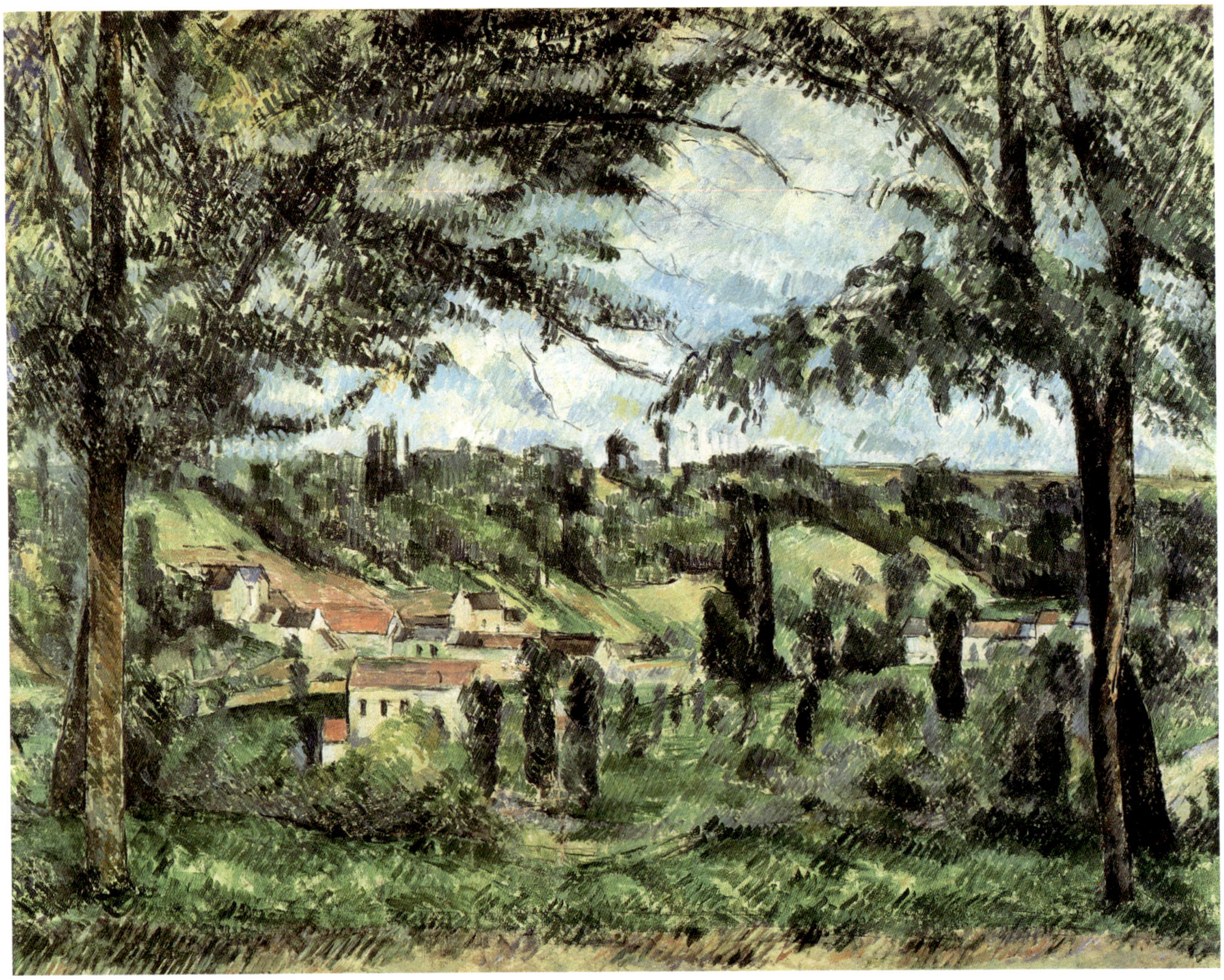

100. Paul Cézanne
Village encadré par des arbres, vers 1881
Huile sur toile, 0,73 × 0,92 m
Stockholm, Nationalmuseum

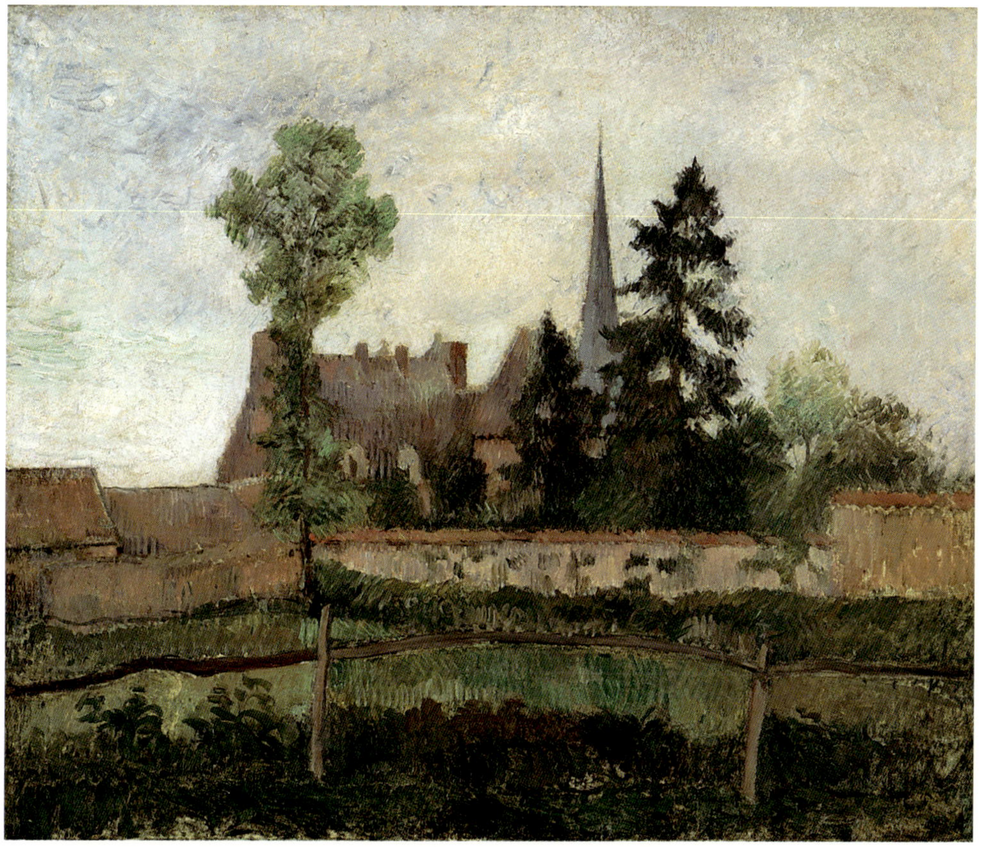

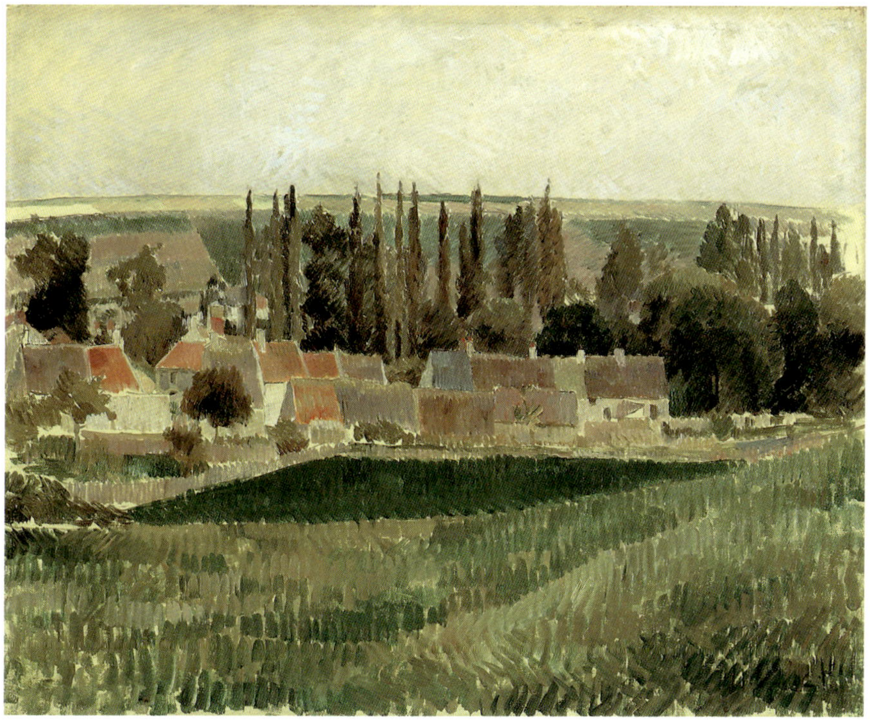

101. Camille Pissarro
L'Église et le manoir d'Éragny, 1884
Huile sur toile, 0,545 × 0,63 m
Gunma, Japon, musée d'Art moderne

102. Camille Pissarro
Paysage à Osny, vers 1883
Huile sur toile, 0,46 × 0,55 m
Columbus, Ohio, Columbus Museum of Art, acquisition du musée,
Howald Fund, 1952

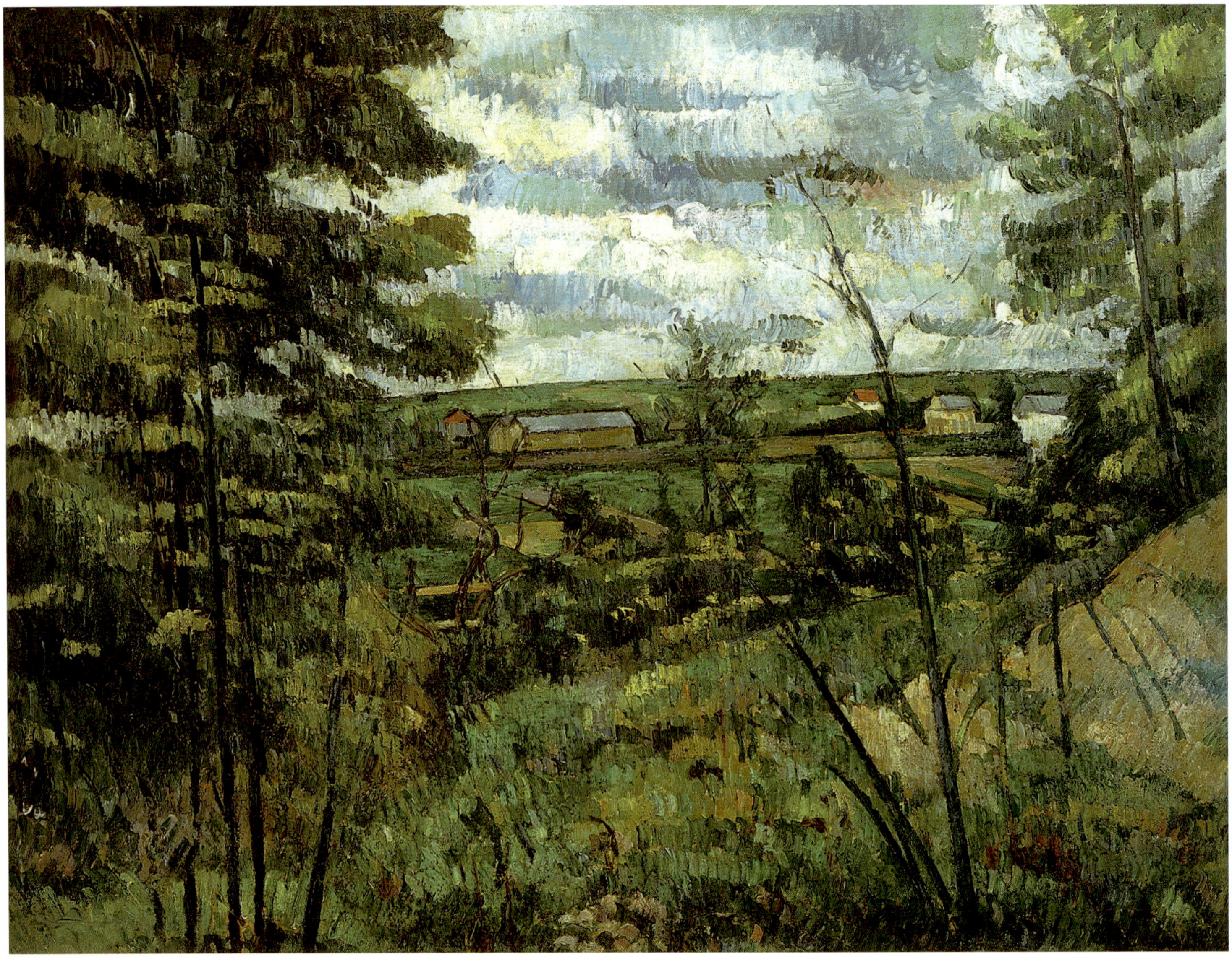

103. Paul Cézanne
La Vallée de l'Oise, vers 1881-1882
Huile sur toile, 0,72 x 0,91 m
Paris, collection particulière

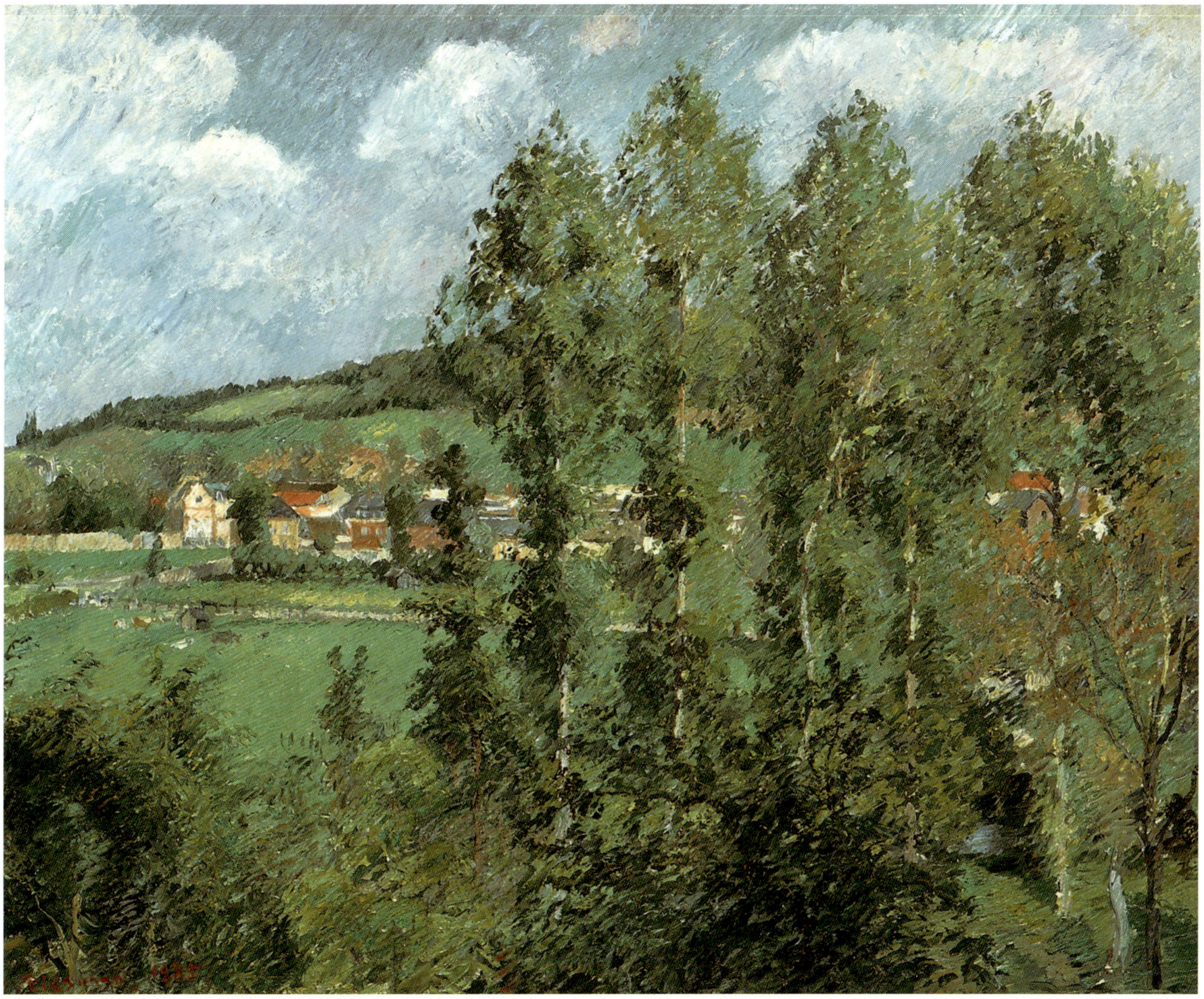

104. Camille Pissarro
Gisors, quartier neuf, 1885
Huile sur toile, 0,6 x 0,74 m
Collection particulière

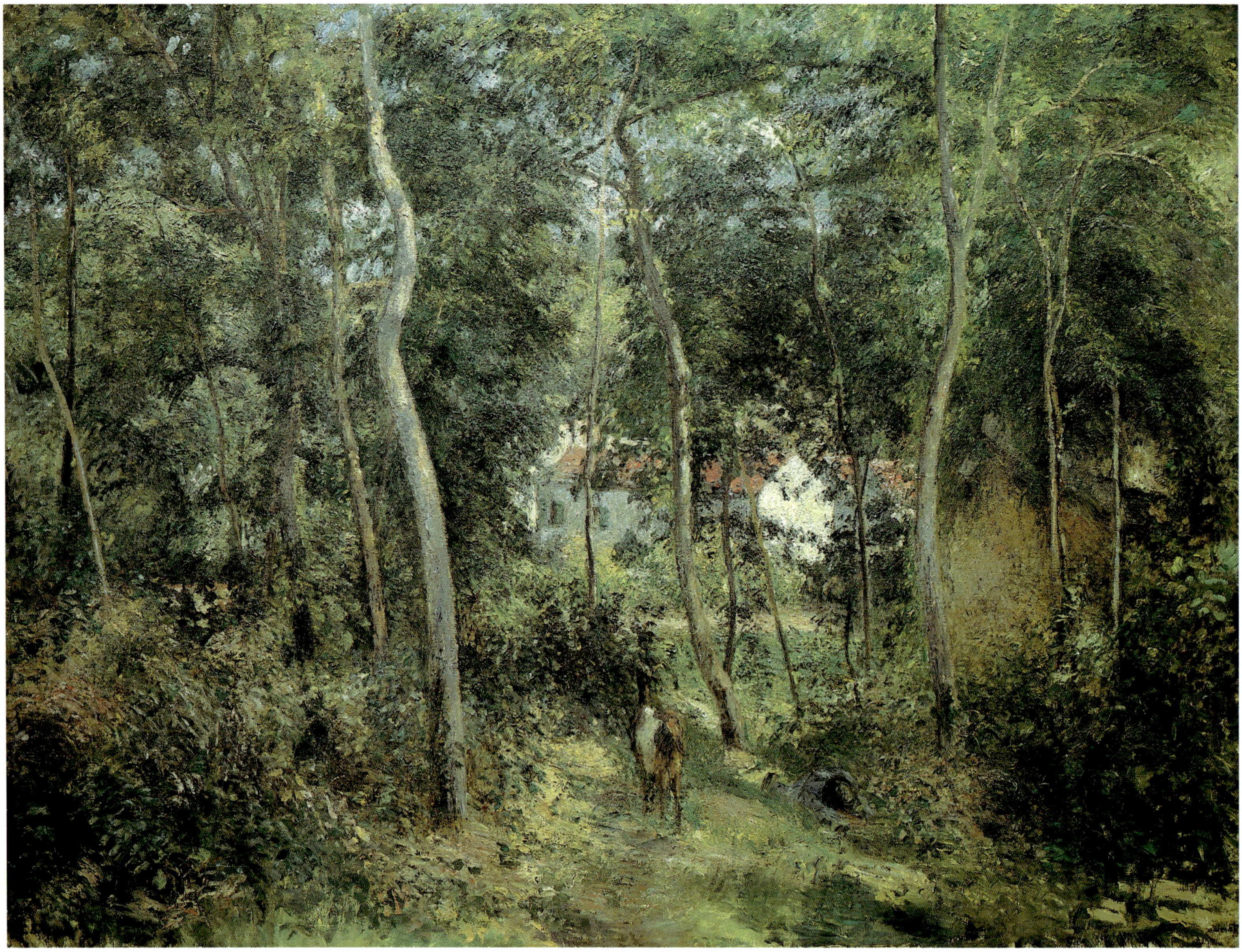

105. Camille Pissarro

Sous-bois à l'Hermitage, Pontoise, 1879

Huile sur tissu, 1,25 × 1,63 m

Cleveland, The Cleveland Museum of Art, don Hanna Fund, 1951

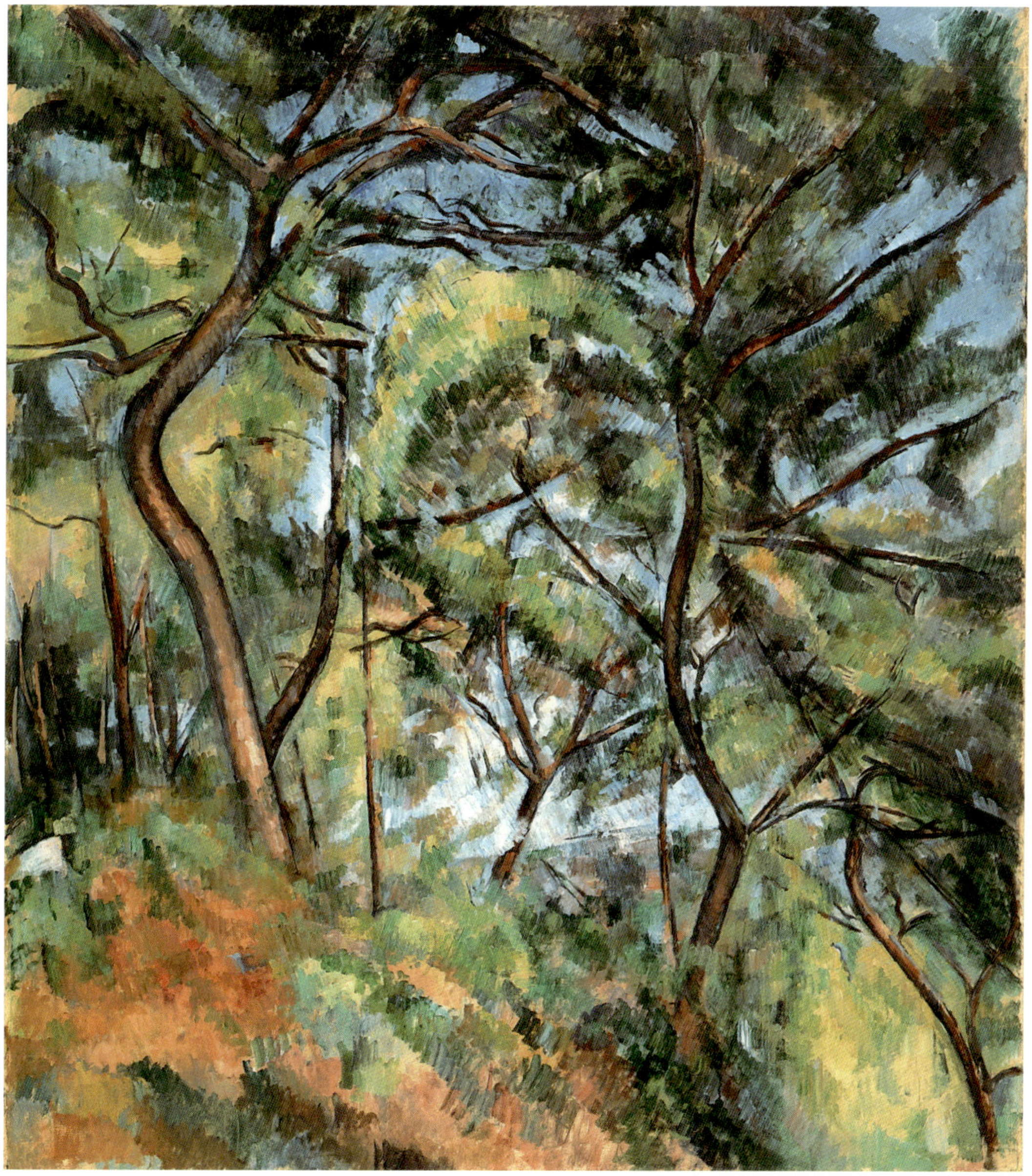

106. Paul Cézanne

Sous-bois, vers 1894

Huile sur toile, 1,162 × 0,813 m

Los Angeles, Los Angeles County Museum of Art, Wallis Foundation Fund en souvenir de Hal B. Wallis

Notes

Les références bibliographiques qui apparaissent abrégées dans les notes sont citées en entier dans la bibliographie. Toutes les traductions sont de l'auteur, sauf lorsqu'une traduction anglaise spécifique est donnée. Certaines modifications ont parfois été apportées à ces traductions publiées, auquel cas elles sont signalées.

1. George Sand, *Correspondance*, éd. Georges Lubin, Paris, Garnier, 1967, III, p. 327. Lettre du 2 avril 1836 : « Je sens que je ne puis être ni soldat, ni prêtre, ni maître, ni disciple, ni prophète, ni apôtre. Je serai pour tous un frère débile mais dévoué : je ne sais rien, je ne puis rien enseigner, je n'ai pas de force, je ne puis rien accomplir. »
2. Pour reprendre la graphie de Ihab Hassan dans un manifeste précurseur du « postmodernisme » : « POSTmodernISM : A Para-critical Bibliography », *New Literary History : A Journal of Theory and Interpretation*, vol. 3, n° 1, automne 1971, p. 5-30.
3. Greenberg, 1993, p. 85 : « J'assimile le modernisme à l'intensification, presque à l'exacerbation de la tendance à l'autocritique dont l'origine remonte à Kant », trad. fr. A.-M. Lavagne, dans « La peinture moderniste », *Peinture cahiers théoriques*, 8/9, 1er trimestre 1974, p. 33.
4. Lyotard, 1979, p. 8. Lyotard cite Ludwig Wittgenstein, dans Wittgenstein, *Investigations philosophiques*, trad. fr. Pierre Klossowski, Paris, Gallimard, 1961, § 23, p. 125.
5. Albrecht Wellmer, *The Persistence of Modernity : Essays on Aesthetics, Ethics, and Postmodernism*, Cambridge, Mass., The MIT Press, 1991 ; William R. Everdell, *The First Moderns : Profiles in the Origins of Twentieth-Century Thought*, Chicago, The University of Chicago Press, 1997.
6. Modern*Starts*, 1999, p. 18.
7. Ils se revirent aussi en 1895, dans la galerie de Durand-Ruel, où ils regardaient les tableaux de la cathédrale de Rouen par Monet. La même année, Pissarro redécouvrit le travail de son vieil ami dans la première grande rétrospective de l'œuvre de Cézanne, chez Vollard.
8. Fry, 1989 [1927], chap. VIII-X.
9. Barr, 1929, p. 19.
10. *Ibid.*
11. Castagnary, « L'Exposition du Boulevard des Capucines - Les Impressionnistes », *Le Siècle*, 29 avril 1874 ; cité dans Rewald, 1986, p. 213.
12. Wechsler, 1981, p. 6.
13. Barr, 1929, p. 11.
14. *Ibid.*, p. 20.
15. *Ibid.*
16. Fry, 1989 [1927], p. 10.
17. *Ibid.*, p. 30, 32.
18. *Ibid.*, p. 33.
19. Barr, 1929, p. 27.
20. Voir Shikes et Harper, 1980, p. 17.
21. Cette union contrevenait à deux lois juives. L'une interdit spécifiquement à un homme d'épouser la femme de son oncle : « La nudité du frère de ton père, tu ne la découvriras pas, de sa femme, tu n'approcheras pas : c'est ta tante » (Lévitique, XVIII, 14). La seconde interdit à un homme d'épouser une femme qui allaite avant que son enfant ait au moins deux ans. Lorsque le jeune Frédéric demanda Rachel en mariage, elle allaitait encore le dernier enfant de son défunt mari. Voir Pissarro, 1994, p. 21-23, et *Saint Thomas Tidende*, 23 novembre 1826, reproduit p. 21.
22. Saint-Thomas appartenait alors à la couronne danoise.
23. Cela fut certainement un facteur important dans l'athéisme obstiné de Pissarro, dont il ne dérogea pas tout au long de sa vie.
24. Venegas, 1983, p. 124-125.
25. Lettre d'Antoine Guillemet à Oller, 12 septembre 1866. Dans Taylor, 1983, p. 226 : « Que ton élève a donc fait de chemin, il est méconnaissable. »
26. La date exacte et les circonstances de la rencontre entre Pissarro et Cézanne font l'objet de débats entre les historiens d'art. J'ai retenu la date mentionnée par Pissarro, bien qu'elle ne soit attestée par aucune source et qu'elle soit impossible à vérifier. John Rewald suggère que Pissarro a fait la connaissance de Cézanne par l'intermédiaire de Guillaumin (Cézanne, *Correspondance*, p. 112).
27. Pissarro, *Correspondance*, IV, p. 128.
28. Lucien Pissarro, carnet d'études non publié, n° 52, 1912, Archives de la famille Pissarro, Ashmolean Museum, Oxford. La même anecdote est rapportée par Ambroise Vollard, qui avait donc dû l'entendre racontée par Lucien ou l'un de ses frères. Vollard en modifie le contexte et la situe en Provence. Voir Vollard, 1938, p. 60. Sur le très fort accent marseillais de Cézanne, voir aussi Duranty, 1880, p. 316.
29. Voir Rewald, 1936, p. 7.
30. Voir, par exemple, Shikes et Harper, 1980, p. 18-19, et Vollard, 1938, p. 11 : « Élisabeth Aubert, la mère de Cézanne, née à Aix d'une famille qui avait de lointaines origines créoles, était vive et romanesque, avec un esprit primesautier, mais en même temps d'une humeur inquiète, ombrageuse, emportée. C'est d'elle que "Paul" tenait son imagination de la vie. » Le terme « créole » a un double sens en français : il peut désigner, d'une part, des personnes d'ascendance européenne nées aux Antilles ou en Amérique du Sud, ou les descendants des colons français ou espagnols, d'autre part, les descendants des Créoles et des Noirs. On évoquait sans doute les origines créoles de la mère de Pissarro et de celle de Cézanne dans le premier sens du terme, mais l'on sait très peu de chose sur la généalogie des deux femmes.
31. Voir Cahn, 1995, p. 528.
32. Vollard, 1938, p. 11.
33. Pissarro avait neuf ans de plus que Cézanne ; il arriva dans la capitale en 1855, Cézanne en 1861.
34. Bakhtine, 1979, p. 334-335 ; cité dans Todorov, 1981, p. 169.
35. Pour une analyse utile et perspicace de l'histoire récente du concept de « patrie » dans l'Académie française, voir Crow, 1997, p. 47-66.
36. J'emprunte cette métaphore pertinente à Richard Brettell, qui s'en servit en 1992 pour décrire une œuvre tardive de Pissarro conservée au Dallas Museum of Art.
37. Lettre à Lucien, 19 août 1898, dans Pissarro, *Correspondance*, IV, p. 504. Il fait cette déclaration qui sonne comme un manifeste : « Nous avons aujourd'hui un type général que nos grands artistes modernes nous ont légué, nous avons donc une tradition d'art moderne ; je suis d'avis de le suivre en le modifiant à notre point de vue individuel. »
38. Lettre à Lucien, 28 juin 1891, dans Pissarro, *Correspondance*, III, p. 100 : « Car l'art 1830, c'est Corot, c'est Courbet, c'est Delacroix, c'est Ingres ! [...] et c'est beau éternellement. »
39. Lettre à Lucien, 28 décembre 1883, dans Pissarro, *Correspondance*, I, p. 226.
40. Lettre à Lucien, 30 septembre 1896, dans Pissarro, *Correspondance*, IV, p. 264 ; cité dans Greenberg, « Review of *Camille Pissarro : Letters*

to His Son Lucien, edited by John Rewald », dans Greenberg, 1986, p. 214.

41. La « sensation » allait demeurer un concept central dans l'échafaudage théorique de l'impressionnisme. De nombreuses études ont tenté d'aborder cette notion qui est difficile à définir, mais il semble probable que sa source soit littéraire. Stendhal a écrit dans un texte de jeunesse (*Filosofia Nova*, II, p. 365) : « Biran nomme *sensation* ce que l'on aperçoit lorsqu'on est passif dans l'impression. Lorsqu'on est actif, c'est-à-dire que l'on remarque ce que l'on sent, et cela au moyen de la disposition donnée à l'organe, il l'appelle *perception* » ; cité dans Richard, 1954, p. 128.
42. Matisse, 1972, « Henri Matisse vous parle », p. 317.
43. Lettre à Lucien, 8 juillet 1891, dans Pissarro, *Correspondance*, III, p. 102 : « Nous sommes dans la vraie voie, logique, qui nous conduira vers l'idéal, *du moins il me semble*. »
44. Roos, 1996, p. 182-220.
45. Lettre à son fils Paul, 15 octobre 1906, dans Cézanne, *Correspondance*, p. 332. L'artiste « pasticheur » est sans doute Émile Bernard, qui correspond avec Cézanne mais qu'il nomme « l'infortuné Bernard » dans une autre lettre à son fils. Voir *Correspondance*, p. 328.
46. Cézanne, *Correspondance*, p. 332.
47. En 1906, les seuls contemporains de Cézanne encore vivants étaient Edgar Degas, Auguste Renoir et Claude Monet.
48. Cézanne, *Correspondance*, p. 332.
49. Lettre à Zola, 25 août 1885, dans *ibid.*, p. 223.
50. Zola, *Manet*, 1867, dans Zola, *Écrits*, p. 149 : « Le beau n'est plus ici une chose absolue. »
51. Zola est en cela un héritier direct de la *Critique de la faculté de juger* d'Emmanuel Kant, dont la thèse principale est que la production des jugements esthétiques (« ceci est beau » ou « ceci est laid ») ne se situe pas tant dans l'objet de contemplation lui-même (un tableau, un paysage) que dans l'esprit de la personne qui forme le jugement. Plus précisément, un jugement esthétique (le fait de trouver quelque chose beau) se produit lorsque la faculté d'imaginer coïncide avec la faculté de comprendre, comme par chance.
52. Zola, *Manet*, 1867, dans Zola, *Écrits*, p. 149.
53. Le « Salon » de Zola parut sous la forme d'une série de sept articles dans *L'Événement*, entre le 27 avril et le 20 mai 1866. Le contexte sociopolitique du Salon de 1866 était comparable à celui du célèbre Salon de 1863 (qui suscita le sulfureux Salon des Refusés, où les œuvres rejetées par le jury du Salon purent être présentées au public, même si cette chance fut interprétée par beaucoup comme une forme d'humiliation et un aveu d'échec). Le Salon de 1866 s'ouvrit dans la même atmosphère de scandale. Deux œuvres de Manet (*Le Fifre* et *L'Acteur tragique*) avaient été refusées. Jalos Holtzhapfel, une artiste dont les œuvres venaient d'être rejetées, se suicida. C'est dans ce contexte tendu que Zola publia ses articles polémiques - tous dédiés à son ami Cézanne.
54. Zola, *Mon Salon*, dans Zola, *Écrits*, p. 90.
55. *Ibid.*, p. 90-91.
56. Pissarro, 1994, p. 52 et 295, note 20.
57. Les occurrences du mot « vérité » sont nombreuses dans la correspondance de Pissarro et de Cézanne. La définition de la vérité, selon Pissarro, est que « l'on doit [n']être que soi-même ! Mais on ne l'est pas sans effort ! » (Pissarro, *Correspondance*, I, p. 264, lettre à Lucien, 25 décembre 1883). Cette vérité vis-à-vis de soi-même (ou de ses sensations) est un motif récurrent dans la correspondance de Pissarro. À son second fils, il adresse cette mise en garde : « Mais méfie-toi, reste toi-même. Ah ! Voilà où commence la difficulté ! » (*ibid.*, II, p. 324, lettre à Georges, 9 janvier 1890). Enfin, avec un ton qui préfigure Greenberg, Pissarro annonce le modernisme en critiquant les artistes qui mentiraient, en « dissimulant » les éléments mêmes qui composent leurs œuvres (ce que Greenberg aurait appelé la picturalité de leurs œuvres) : « Gare à ceux qui cachent les dessous de l'œuvre » (*ibid.*, III, p. 151, lettre à Octave Mirbeau, 23 novembre 1891). De même, pour Cézanne : « Rien n'est beau que le vrai, le vrai seul est aimable » (Cézanne, *Conversations*, p. 114). Mais, pour lui, le vrai doit aussi se comprendre en termes de sincérité ou de vérité à soi-même. Cette vérité ne peut être obtenue que par les sensations, les sentiments et la simplicité : « Oui, je veux savoir. Savoir pour mieux sentir, sentir pour mieux savoir. Tout en étant le premier dans mon métier, je veux être simple. Ceux qui savent sont simples » (*ibid.*, p. 115).
58. Cet article fut d'abord publié sous le titre « L'esthétique professée à l'École des beaux-arts », dans *La Revue contemporaine*, 15 février 1866, avant de devenir le chapitre intitulé « M. H. Taine artiste » de la série d'essais polémiques *Mes haines, causeries littéraires et artistiques*. Voir Zola, *Écrits*, p. 77.
59. Zola, *Écrits*, p. 64.
60. *Ibid.*, p. 66 : « Je préfère le poète, l'homme de chair et de nerfs, qui se révèle dans les peintures. »
61. *Ibid.*, p. 81. La première définition de l'impressionnisme par Jules Castagnary fait écho à celle de Zola : « Ils sont impressionnistes en ce sens qu'ils rendent non le paysage, mais la sensation produite par le paysage » (cité dans Shiff, 1995, p. 13). Ces thèmes et concepts avaient déjà été posés deux ans avant les débuts de Zola dans la critique d'art. En 1863, Castagnary formulait ainsi le problème : « L'Idéal est le libre produit de la conscience de chacun mise en contact avec les réalités extérieures, par conséquent un concept individuel qui varie d'artiste à artiste » (voir Castagnary, 1892, I, p. 102). Pour une analyse plus détaillée et plus approfondie de cette définition initiale, voir Shiff, 1995, p. 23-28 et 166-167.
62. Zola, *Écrits*, p. 81.
63. *Ibid.*
64. *Ibid.*
65. *Ibid.*, p. 72.
66. Cézanne, *Conversations*, p. 135.
67. Cézanne, cité dans Vollard, 1938, p. 48. Vollard transcrit la prononciation du mot « ventre » avec l'accent provençal de Cézanne.
68. Pissarro termina sa carrière en prodiguant constamment ses conseils aux peintres des jeunes générations qui venaient le consulter. Henri Matisse et Francis Picabia furent parmi les plus connus. Détail intéressant à propos de la visite de Matisse : l'une des premières recommandations de Pissarro fut de l'inciter à étudier le maître d'Aix. Voir Barr, 1951, p. 38. Quant à Cézanne, il était déjà de son vivant une légende qu'on appelait « le maître d'Aix » ou « der grosse Meister Cézanne ». Voir, par exemple, Osthaus, 1920-1921.
69. Lettre à Esther Isaacson, 5 mai 1890, dans Pissarro, *Correspondance*, II, p. 348.
70. *Ibid.*, p. 349.
71. Courbet, 1986 [1861], n. p.
72. Une abondante littérature a paru sur le sujet. Pour un résumé clair et concis de ces problématiques appliquées aux écoles d'art contemporaines, voir Michaud, 1993.
73. Cézanne, *Conversations*, p. 121 : « Ce qui fait que nous sortons peut-être tous de Pissarro. Il a eu

la veine de naître aux Antilles, là il a appris le dessin sans maître. Il m'a raconté tout ça. »

74. Dans une lettre écrite à dix-neuf ans, où il lui annonçait l'obtention de son baccalauréat, Cézanne écrivit en alexandrins : « Du Latin et du Grec, je ne suis plus la proie ! » Voir Cézanne, *Correspondance*, p. 37. Il avait étudié le latin et le grec pendant cinq à sept ans. Sur l'importance des humanités dans la formation de Cézanne, voir Tuma, 2000, p. 121-129. Rewald a établi que Cézanne avait brillé dans ces matières au lycée. Voir Rewald, 1936, p. 9.
75. Denis, 1907, p. 247.
76. Cézanne, *Correspondance*, p. 314, et Cézanne, *Conversations*, p. 45, lettre à Bernard, 1905.
77. *Ibid.* Cette formule fait directement écho à l'affirmation de Zola publiée quarante ans avant et citée plus haut. Voir Zola, *Écrits*, p. 81 : « J'exprimerai toute ma pensée en disant qu'une œuvre d'art est un coin de la création vu à travers un tempérament. »
78. « Chaque grand artiste [...] est né dictateur de l'esprit », Zola, *Écrits*, p. 72.
79. *Ibid.*
80. Au cours d'une conversation avec Cézanne, deux ans avant sa mort, Francis Jourdain nota que le peintre s'excusait de ne plus être informé de ce qui se passait autour de lui. Son excuse fut qu'il « [vivait] avec les souvenirs de sa jeunesse, passée aux côtés de Zola ». Jourdain, 1950, dans Cézanne, *Conversations*, p. 83.
81. Voir Fry, 1989 [1927] ; Rewald, 1986 [1939] ; Schapiro, 1952 ; Shiff, 1995 (chap. 15 : « La pratique de Cézanne ») ; Brettell, 1991 ; et Lloyd, 1992, entre autres.
82. Lettre à sa nièce Esther Isaacson, 13 juin 1883, dans Pissarro, *Correspondance*, I, p. 220. L'artiste fait ici référence précisément à Renoir, Monet et Manet.
83. Dans la dédicace émue de son « Salon » (1866) à « mon ami Paul Cézanne », Zola pose au peintre cette question rhétorique : « Sais-tu que nous étions révolutionnaires sans le savoir ? », Zola, *Mon Salon*, dans Zola, *Écrits*, p. 91.
84. Vollard, 1920, p. 32-33. Voir aussi Vollard, 1938, p. 20, pour une version légèrement différente du même événement, et Fry, 1989 [1927], p. 30.
85. À ce moment précis, Zola était en train d'écrire « Mon Salon » (1866) pour *L'Événement*. Dans sa préface à cette série d'articles, l'écrivain se présente comme un « révolutionnaire » qui a eu « l'audacieuse pensée d'intenter un procès au jury [du Salon] devant l'opinion publique », *Écrits*, p. 89.
86. Lettre à M. de Nieuwerkerke, surintendant des Beaux-Arts, 9 avril 1866, dans Cézanne, *Correspondance*, p. 114-115.
87. Dont l'un pour le *Portrait d'Antony Valabrègue*, qui se trouve aujourd'hui à la National Gallery of Art, Washington, D.C. (fig. 25).
88. Cézanne, *Correspondance*, p. 114-115.
89. *Ibid.*
90. *Ibid.*
91. Le ton virulent des affirmations de Cézanne évoque le pamphlet politique de Marx. Voir la devise triomphante de Marx et Engels à la fin du *Manifeste du parti communiste*, dans Marx, 1983 [1848], p. 72 : « Prolétaires de tous les pays unissez-vous ! » Si l'on remplace le concept de « prolétaire » par celui de « travailleur sérieux » (tel que l'entend Cézanne), la phrase qui conclut le manifeste communiste peut aussi s'appliquer à celle évoquée par Cézanne dans sa lettre : « Les prolétaires n'ont rien à y perdre, hors leurs chaînes. Ils ont un monde à gagner. » Il va sans dire que cette analogie entre Cézanne et Marx n'implique en aucune façon que le peintre avait des opinions marxistes - bien au contraire. Il est même douteux qu'il ait lu le *Manifeste* en 1866.
92. Cézanne, *Correspondance*, p. 114-115 : « Ils vous répondraient tous qu'ils renient le Jury. »
93. *Ibid.* : « Ils veulent participer d'une façon ou d'une autre à une exposition qui doit être forcément ouverte à tout travailleur sérieux. »
94. Rewald, 1986 [1955], p. 383-389. Rewald publia trois versions de la charte initialement rédigée par Pissarro dans la traduction française de son *Histoire de l'impressionnisme*. Voir annexes. La charte fondatrice parut d'abord sous le titre « Société anonyme coopérative d'artistes-peintres, sculpteurs, etc., à Paris » dans *La Chronique des arts et de la curiosité*, 17 janvier 1874, p. 19.
95. Voir Shikes et Harper, 1980, p. 105-106.
96. Voir le commentaire de Rewald dans Cézanne, *Correspondance*, p. 115, note 3.
97. Bernard, 1907, dans Cézanne, *Conversations*, p. 63.
98. Lettre à Esther Isaacson, 5 mai 1890, dans Pissarro, *Correspondance*, II, p. 349 ; cité pour la première fois dans House, 1986, p. 16.
99. Lettre à Lucien, 15 mars 1883, dans Pissarro, *Correspondance*, I, p. 183.
100. Matisse, 1972, p. 246 ; cité dans Elderfield, 1992, p. 56.
101. Il s'agit d'une référence à la guerre de 1870 entre la France et la Prusse, après laquelle Cézanne et Pissarro se fréquentèrent beaucoup plus régulièrement.
102. Gasquet, 1926, dans Cézanne, *Conversations*, p. 148.
103. Lettre à Eugène Murer, 2 novembre 1883, dans Pissarro, *Correspondance*, I, p. 247.
104. Lettre à Lucien, 20 novembre 1883, dans *ibid.*, I, p. 253.
105. Lettre à Georges, 7 octobre 1889, dans *ibid.*, II, p. 30. Il est à noter que ce vocabulaire précis et la référence au besoin « d'exécuter » étaient communs aux deux artistes.
106. Lettre à la mère de l'artiste, 26 septembre 1874, dans Cézanne, *Correspondance*, p. 148.
107. Lettre à Monet, 14 mars 1890, dans Pissarro, *Correspondance*, II, p. 341.
108. Lettre à Louis Aurenche, 10 janvier 1905, dans Cézanne, *Correspondance*, p. 310.
109. Lettre à Zola, 20 mai 1881, dans *ibid.*, p. 200.
110. Lettre à son fils, 15 octobre 1906, dans *ibid.*, p. 332.
111. Pour une étude sur la complexité du terme « sensation » dans le vocabulaire de l'impressionnisme, voir Shiff, 1995, p. 13-21 ; House, 1986, p. 16-18 ; Lecomte-Hilmy, 1993, p. 61 et 196 ; Smith, 1995, p. 19-31 ; et Brettell, 2000, p. 21-67. Voir aussi les deux essais magistraux de Meyer Schapiro, « The Concept of Impressionism » et « The Aesthetic and Method of Impressionism », dans Schapiro, 1997, p. 21-78.
112. Pissarro, *Correspondance*, I, p. 276.
113. LeWitt, 1969, p. 5 ; repris dans Alberro et Stimson, 2000, p. 108.
114. Le même argument est au centre de l'essai fondateur de Greenberg, « Avant-Garde and Kitsch », dans Greenberg, 1939, p. 5-22 ; trad. fr. Ann Hindry, dans Greenberg, *Art et Culture*, Paris, Macula, 1988, p. 9-28.
115. Zola, *Mon Salon*, dans Zola, *Écrits*, p. 108.
116. *Ibid.* : « Le mot "art" me déplaît : il contient en lui je ne sais quelles idées d'arrangements nécessaires, d'idéal absolu. Faire de l'art, n'est-ce pas faire quelque chose qui est en dehors de l'homme et de la nature ? Je veux qu'on fasse de la vie, moi ; je veux qu'on soit vivant, qu'on crée à nouveau, en dehors de tout, selon ses propres yeux et son propre tempérament. »
117. Cézanne, *Correspondance*, p. 249.

118. Zola, *Mon Salon*, dans Zola, *Écrits*, p. 97.
119. Wallace Stevens, « The Auroras of Autumn », cité dans Clark, 1999, trad. fr. Gilles Mourier, dans *Po&sie*, n° 80, 3e trimestre 1997, p. 13-14. Pour un parallèle complémentaire entre Stevens et Cézanne (précisément centré sur « l'entêtement de la volonté [de l'artiste] », voir Tuma, 2000, p. 97.
120. Crow, 1997, p. 11.
121. Cézanne, *Correspondance*, p. 112-113.
122. *Ibid.*
123. « Effet », *Dictionnaire de l'Académie des beaux-arts*, Paris, vol. V, 1896 ; cité dans Boime, 1986, p. 169.
124. Delestre, 1867, p. 202 ; cité dans Boime, 1986, p. 23.
125. Lettre de Pissarro à Oller, 14 décembre 1865, cité dans Taylor, 1983, p. 224.
126. « Pituite » est un vieux terme clinique désignant le vomi qu'engendre une consommation excessive d'alcool ; c'est aussi une référence évidente aux artistes qui se rassemblaient pour peindre en plein air après des libations pleines d'excès.
127. Le tableau de Pissarro était *Bords de la Marne en hiver* (qui se trouve désormais à l'Art Institute de Chicago ; voir cat. 1).
128. Lettre de Guillemet à Oller, 12 septembre 1866, cité dans Taylor, 1983, p. 226.
129. Voir Gowing *et al.*, 1988. Nous attendons avec impatience l'exposition équivalente sur les années de jeunesse de Pissarro, *Camille Pissarro : The Evolution of an Impressionnist 1864-1874*, organisée par Kathy Rothkopf au Baltimore Museum of Art en 2007.
130. Waern, 1892, p. 541 : « Les tableaux étaient là, entassés les uns sur les autres : des Van Gogh violents ou saisissants ; des Cézanne sombres, lourds, qui semblaient peints avec de la boue et qui avaient pourtant d'heureuses réussites dans l'interprétation des personnages » ; cité dans Cahn, 1995, p. 549.
131. Taylor, 1983, p. 226.
132. Pour une étude sur le terme « tache », voir Lecomte-Hilmy, 1993, p. 66-68 et 199 ; Smith, 1995, p. 19-31 ; Brettell, 2000 ; et House, 2004, p. 145-186.
133. Villehervé, 1904, dans Pissarro, *Correspondance*, V, p. 369 ; cité pour la première fois dans House, 1986, p. 26 ; cité et traduit en anglais dans Brettell et Pissarro, 1992, p. XXXIX.
134. Gasquet, 1926, p. 196. Cézanne dit : « Une touche après l'autre, une touche après l'autre. » Voir Shiff, 1991.
135. Maurice Merleau-Ponty, *L'Œil et l'Esprit*, Paris, Gallimard, 1964, p. 21-22.
136. *Ibid.*
137. Lettre d'Antony Valabrègue à Fortuné Marion, avril 1866, cité dans Barr, 1937, p. 46.
138. Vollard, 1938, p. 19.
139. Il s'agit d'une référence à l'emprise radicale de Robespierre sur la Révolution française : commencée en 1789, celle-ci atteignit son paroxysme et son développement le plus extrême en 1793, sous l'influence du Jacobin. L'année 1793 est aussi appelée « la Terreur » parce que toute personne soupçonnée d'avoir des liens avec l'Ancien Régime était exécutée de manière expéditive. 1793 devint le symbole d'une rupture complète et violente avec le passé.
140. Lettre de Guillemet à Oller, dans Taylor, 1983, p. 227. J'ai ajouté de la ponctuation là où elle faisait défaut, rendant le texte incompréhensible.
141. Newman, 1990, p. 303.
142. *Ibid.*, p. 292. Interviewé par Pierre Schneider au Louvre, l'artiste compara *La Bataille de San Romano* d'Uccello à Pissarro et à Courbet. Je remercie Richard Shiff de m'avoir indiqué cette référence.
143. Emerson, 1838, dans Emerson, 1982, p. 112.
144. Habermas, 1993, p. 207-208.
145. Rousseau, 1866, p. 447 ; cité dans Loyrette et Tinterow, 1994, p. 86, 89.
146. Un artiste de la génération suivant celle de Cézanne, qui avait travaillé auprès du peintre et que Rewald avait rencontré durant les années 1930.
147. Rewald, 1936, p. 120. Rewald attribue cette citation à Le Bail, qui la lui aurait transmise.
148. Cézanne, *Conversations*, p. 115.
149. Lettre à Lucien, 17 février 1884, dans Pissarro, *Correspondance*, I, p. 285.
150. Cézanne, *Correspondance*. La première lettre (p. 112) est datée du 15 mars 1865 ; la deuxième (p. 124), du 23 octobre 1866 ; la troisième (p. 142), du 11 décembre 1872 ; la quatrième (p. 146), du 24 juin 1874 ; la cinquième (p. 150), d'avril 1876 ; la sixième (p. 152), du 2 juillet 1876 ; et la septième et dernière (p. 182), du 1er avril 1879.
151. *Ibid.*, p. 112.
152. Voir p. 24 pour la redéfinition du concept de « beauté » par Cézanne et Pissarro.
153. Lettre à Pissarro, 23 octobre 1866, dans Cézanne, *Correspondance*, p. 124.
154. Je souhaite remercier Jean-Claude Lebensztejn qui a récemment relu toutes les lettres originales de Cézanne qu'il a pu trouver et qui m'a signalé que l'artiste employait parfois des jurons si extrêmes que Rewald en avait effacés ou édulcorés certains dans son édition de la correspondance.
155. Cézanne, *Correspondance*, p. 124.
156. *Ibid.*, p. 125.
157. *Ibid.*
158. Guillemet, dans Cézanne, *Correspondance*, p. 126.
159. François Thiébault-Sisson, « Claude Monet », *Le Temps*, 26 novembre 1900. Je suis reconnaissant à John Elderfield pour son commentaire éclairant sur ce texte. Elderfield a expliqué que « voir vert » renvoyait sans doute au fait que le langage chromatique de Pissarro était déjà (dès les années 1860) fondé sur des teintes (comme le vert). Corot, quant à lui, suggérait qu'il fallait voir en « gris et blond », c'est-à-dire en établissant des contrastes de couleurs allant du froid (le gris) au chaud (le blond). Corot définit ainsi le modelé. C'est précisément à cela que Pissarro et Cézanne s'opposèrent toute leur vie ; les deux jeunes artistes établirent très tôt qu'il était possible de représenter la profondeur spatiale et les volumes des formes en juxtaposant des « taches » de couleur d'intensité égale. Cette pratique va radicalement à l'encontre du parti pris plus traditionnel de Corot (à savoir l'élaboration d'une composition par les valeurs des couleurs). Corot avait donc raison ; Pissarro et lui-même ne parlaient pas le même langage pictural : l'un était fondé sur les valeurs des tons (Corot), l'autre sur les contrastes de teintes (Pissarro).
160. Lettre à Lucien, 1er décembre 1883, dans Pissarro, *Correspondance*, I, p. 257.
161. Pour un exposé détaillé de cette phase de l'histoire de l'impressionnisme et de sa critique des institutions françaises contemporaines, voir Roos, 1996.
162. Alexis, 1873 (5 mai), cité sans source dans Shikes et Harper, 1980, p. 104. Voir aussi Rewald, 1985 [1946], chap. IX, p. 309-340, et Rewald, 1986 [1955], p. 197-220.
163. On n'a pas assez souligné que Cézanne et Pissarro (à l'instar de Courbet) furent les précurseurs des pratiques avant-gardistes des générations suivantes, en réclamant haut et fort l'ouverture à tous des portes du Salon. La

vingt-sixième exposition (1910), organisée par la célèbre Société des Artistes indépendants, offrit à tous les artistes une chance de « présenter librement leurs œuvres au jugement du public » sans la censure d'un quelconque jury. Voir Weiss, 1994, p. 91. Les membres de la Société n'étaient peut-être pas conscients d'utiliser les mêmes mots que Cézanne un demi-siècle plus tôt, lorsqu'il exigeait le droit d'exposer en toute indépendance.

164. Alexis, 1873 (12 mai) : « Leur association ne sera d'ailleurs pas une chapelle. Ils ne veulent unir que des intérêts et non des systèmes : ils souhaitent l'adhésion de tous les travailleurs. » Rewald (1985 [1946]) a traduit ce terme important par « artistes sérieux », alors qu'il s'agit de « travailleurs ».
165. Cézanne fait écho à ce sentiment en utilisant presque les mêmes mots lorsqu'il déclare : « La noblesse de la conception nous révèle l'âme de l'artiste », Cézanne, dans Larguier, 1925, repris dans Cézanne, *Conversations*, p. 14.
166. Lettre à Lucien, 20 novembre 1883, dans Pissarro, *Correspondance*, I, p. 253.
167. Lettre à la mère de l'artiste, 26 septembre 1874, dans Cézanne, *Correspondance*, p. 148.
168. *Ibid.*
169. Holquist, « Introduction », p. XXI, dans Bakhtine, 1981.
170. Voir Holquist, 1990, p. 38-39.
171. Lettre à Lucien, 20 novembre 1883, dans Pissarro, *Correspondance*, I, p. 253.
172. *Ibid.*, I, p. 252.
173. Arendt, 1974, p. 24-25.
174. Benjamin, « La tâche du traducteur », dans *Œuvres*, I, Paris, Gallimard, 2000 ; cité dans Arendt, 1974, p. 302.
175. Voir p. 38 la citation d'Emerson.
176. Lettre à Théodore Duret, s. d. [début 1871], dans Pissarro, *Correspondance*, I, p. 64.
177. *Ibid.*, I, p. 253.
178. Il est difficile aujourd'hui de ne pas associer la métaphore du mouton à cinq pattes à l'œuvre de Damien Hirst comprenant un veau à cinq pattes et intitulée *In His Infinite Wisdom* (2003). La curiosité morbide et l'horreur de la normalité exprimées par Hirst dans cette œuvre ne sont pas sans rappeler Cézanne et Pissarro – deux artistes qui cherchèrent toute leur vie à étendre les pratiques de la peinture au-delà de leurs limites « normales ». De surcroît, Hirst s'intéresse aussi à l'évolution, à la fin du XXe siècle, des concepts d'émotion, de sentiment ou, justement, de « sensation ». Il a déclaré, à propos de son requin : « *J'aime l'idée qu'une chose décrive un sentiment.* Un requin est plus effrayant, plus grand que vous, son environnement ne vous est pas familier. Il paraît vivant lorsqu'il est mort et mort lorsqu'il est vivant. Il peut vous tuer et vous manger, donc le regarder met en jeu une sorte de curiosité morbide » (Hirst, 1997, p. 285). Lebensztejn décrit de même l'effet des baigneuses de Cézanne : ce sont « des fantômes, des réalisations des obsessions de Cézanne, ou peut-être des souvenirs de ses obsessions de jeune homme, qui semblent l'avoir poursuivi toute sa vie – comme si les fantômes de Cézanne se faisaient plus réels à mesure qu'ils devenaient leur propre mémoire » (Lebensztejn, 1995, p. 61). Voir aussi Tuma, 2000, p. 90.
179. Pissarro, *Correspondance*, I, p. 88.
180. Fry, 1989 [1927], p. 10 et 30.
181. Rivière et Schnerb, dans Cézanne, *Conversations*, p. 87.
182. *Ibid.*
183. Fry, 1989 [1927], p. 11.
184. Lettre à Lucien, 20 novembre 1883, dans Pissarro, *Correspondance*, I, p. 252.
185. Lettre à Joachim Gasquet, 26 septembre 1897, dans Cézanne, *Correspondance*, p. 262.
186. Lettre à Georges, 21 octobre 1885, dans Pissarro, *Correspondance*, IV, p. 105.
187. *Ibid.*
188. Cézanne, *Mes confidences*, dans Cézanne, *Conversations*, p. 102.
189. Rivière et Schnerb, 1907, *ibd*, p. 87.
190. Lebensztejn, 1995, p. 28 : « Il y a dans sa peinture tardive, comme l'a montré Schapiro, une part non mesurable de souvenir. »
191. Lettre à Lucien, 26 avril 1892, dans Pissarro, *Correspondance*, III, p. 220.
192. *Ibid.*
193. Cette distinction est absolument centrale dans « Avant-Garde and Kitsch » de Greenberg. Voir Greenberg, 1939.
194. Lettre à Jorys-Karl Huysmans, 20 mai 1883, dans Pissarro, *Correspondance*, I, p. 211.
195. Matisse, 1993, p. 398. « Nice – En revenant de Vence, avec Matisse, il me raconte qu'à un dîner chez les enfants de Renoir (chez Jean) il était placé à côté de Mme Cézanne. Elle lui disait : "Vous savez, Cézanne ne savait pas ce qu'il faisait. Il ne savait pas comment finir ses tableaux. Renoir, Monet, eux, savaient leur métier de peintre…" » Je remercie vivement Hilary Spurling de m'avoir aidé à localiser la source de cette conversation. Cette rencontre est mentionnée dans son livre : Spurling, 1998, p. 146 et note 85. Elle est également citée dans Sollers, 1995, p. 59.
196. Matisse, 1972, p. 83-84.
197. Voir Brettell, 2000, p. 24-25.
198. Galassi, 1991, p. 191-192, ill. n°s 242-244.
199. Coüessin, 1991, p. 81-97.
200. Voir l'étude de Jim Coddington sur les aspects techniques de l'œuvre de l'artiste qui sera publiée prochainement par le Museum of Modern Art.
201. Rivière et Schnerb, 1907, dans Cézanne, *Conversations*, p. 87.
202. *Ibid.*
203. Sartre, 1940, p. 163 ; cité dans Damisch, 1995, p. 79. Damisch élabore une réflexion à partir de cette idée, en utilisant le même vocabulaire que Cézanne le ferait pour décrire sa peinture : « Le fond lui-même ne saurait prétendre à une autre manière d'être ou de présence que celle que lui confère la figure qui, sur lui, précisément *s'enlève*. Et s'y enlève éventuellement en négatif, avec toutes les apparences qui peuvent être celles du manque, ainsi qu'il en va d'une figure *en réserve* ou d'un tirage photographique lui-même *en négatif*. »
204. Coüessin, 1991, p. 86, ill. n°s 3 et 4.
205. Rewald, 1996, date *L'Étang des sœurs à Osny, près de Pontoise* (cat. 63) de 1877.
206. Voir l'article précurseur sur le sujet dans Reff, 1962.
207. Reff fut le premier à mettre en avant la difficulté – pour ne pas dire l'impossibilité – de dater les œuvres de Cézanne selon des séquences chronologiques bien définies, étant donné sa propension à utiliser des techniques variées au même moment.
208. Cardon, 1874, dans Berson, 1996, p. 13.
209. *Ibid.*, p. 14.
210. Le terme « sensation » employé par Pissarro et Cézanne n'eut jamais les connotations « sensationnalistes » qu'il sous-entend dans un contexte de battage médiatique.
211. Lettre à Pissarro, de L'Estaque, 2 juillet 1876, dans Cézanne, *Correspondance*, p. 152.
212. Lettre à Lucien, 19 octobre 1883, dans Pissarro, *Correspondance*, I, p. 240.
213. Cela me rappelle la dernière conversation téléphonique que j'ai eue avec Sir Lawrence Gowing, quelques semaines avant sa mort. Selon Gowing, Cézanne récitait, dans cette

lettre émouvante, la leçon qu'il avait apprise auprès de Pissarro longtemps auparavant. Je suis d'accord avec lui. J'ajouterai simplement, avec l'immense respect que j'ai pour sa mémoire, que la leçon apprise par Cézanne, Pissarro l'avait apprise aussi : ils apprirent ensemble, « sans maître ».

214. Cézanne, *Correspondance*, p. 152.
215. Lettre à Lucien, 19 octobre 1883, dans Pissarro, *Correspondance*, I, p. 240.
216. Cézanne, *Correspondance*, p. 152-153.
217. *Ibid.*
218. Elderfield, 2004. Pour certains historiens, la lenteur d'exécution de Cézanne fut l'un des critères majeurs pour ne pas le considérer comme un impressionniste. Voir Brion-Guerry, 1966, p. 63 : « Cézanne ne sera jamais un véritable impressionniste comme Pissarro [...] : Cézanne peint lentement, avec d'infinies hésitations, appliquant prudemment ses touches les unes à côté des autres, réfléchissant, comparant, reprenant. »
219. Lettre à Pissarro, d'Aix, 24 juin 1874, dans Cézanne, *Correspondance*, p. 146.
220. Lettre à Pissarro, 2 juillet 1876, dans *ibid.*, p. 152.
221. Coüessin, 1991.
222. Cézanne avait en réalité soixante-six ans lorsqu'il écrivit cette lettre. Il n'atteignit jamais l'âge de soixante-dix ans.
223. Lettre à Bernard, 23 octobre 1905, dans Cézanne, *Correspondance*, p. 315.
224. Pour une analyse détaillée de la question de l'« inachevé » dans l'œuvre de Cézanne, voir Baumann, 2000, et notamment Gottfried Boehm, « Precarious Balance : Cézanne and the Unfinished » ; Evelyn Benesch, « From the Incomplete to the Unfinished : *Réalisation* in the Work of Paul Cézanne » ; et Richard Schiff, « Mark, Motif, Materiality : The Cézanne Effect in the Twentieth Century ».
225. Voir lettre de Cézanne à Pissarro, 2 juillet 1876, dans Cézanne, *Correspondance*, p. 152. Cézanne décrit les paysages du Midi, où il souhaite inviter Pissarro, en lui disant qu'il trouverait à Aix « l'antipode du modelé ». Il conclut par ces mots : « Que nos paysagistes d'Auvers seraient heureux ici. »
226. Voir Bois, 1990, p. 17-29, notamment son analyse du concept de « compartimentage » des zones de couleur, cher à Matisse, qui peut être compris en lien direct avec la « peinture en réserve ».
227. Sur ce sujet, concernant Matisse, voir Bois, 1990, p. 3-64, le chapitre intitulé « Matisse and Arche-Drawing ».
228. Lettre à Joachim Gasquet, 26 septembre 1897, dans Cézanne, *Correspondance*, p. 262.
229. Villehervé, 1904, cité dans Pissarro, *Correspondance*, V, p. 369 ; cité et traduit dans Brettell et Pissarro, 1992, p. XXXI.
230. Rewald, 1996, I, n° 123, ill. p. 41. Voir aussi Rewald *et al.*, 1988, n° 28. Le sujet pourrait être Diane après le bain, entourée de ses servantes.
231. Chappuis, 1973, nos 202-204.
232. Barr, 1951, p. 38.
233. Lettre à Lucien, s. d. [vers mars 1884], dans Pissarro, *Correspondance*, I, p. 294.
234. Voir Derrida, 1978, qui écrivit un livre « sur » cette déclaration : *La Vérité en peinture*.
235. Lettre à Bernard, d'Aix, 1905, dans Cézanne, *Correspondance*, p. 314.
236. Lettre à Bernard, d'Aix, 23 octobre 1905, dans *ibid.*, p. 314 : « La thèse à développer est - quel que soit notre tempérament ou forme de puissance en présence de la nature - de donner l'image de ce que nous voyons, oubliant tout ce qui apparut avant nous. »
237. Pollock, 1950, « Interview with William Wright » ; repris dans Harrison et Wood, 1992, p. 575 ; trad. fr. « Déclarations », dans *L'Atelier de Jackson Pollock*, trad. Ann Hindry, Paris, Macula, 1978, n. p.
238. Lettre à Bernard, 23 octobre 1905, dans Cézanne, *Correspondance*, p. 315.
239. *Ibid.*
240. Cézanne fit cette déclaration à Gasquet : « Au fond, je ne pense à rien, quand je peins. Je vois des couleurs. Je peine, je jouis à les transporter telles que je les vois sur ma toile. Elles s'arrangent au petit bonheur, comme elles veulent. Des fois, ça fait un tableau » (Cézanne, *Conversations*, p. 116).
241. Lettre à Monet, s. d. [vers août 1885], dans Pissarro, *Correspondance*, I, p. 346.
242. Lebensztejn, 1995, p. 45.
243. Lettre à une femme, printemps 1885, et lettre à Zola, 14 mai 1885, dans Cézanne, *Correspondance*, p. 216-217.
244. Jaloux, 1942, p. 76 ; cité dans Lebensztejn, 1995, p. 45.
245. Lettre à Esther Isaacson, 13 novembre 1895, dans Pissarro, *Correspondance*, IV, p. 113.
246. *Ibid.*
247. Lettre à Lucien, 21 novembre 1895, dans *ibid.*, IV, p. 119.
248. *Ibid.* : « Des paysages, des nus, des têtes inachevées et cependant vraiment grandioses, et si peintre, si souples. »
249. *Ibid.*
250. Lettre de Renoir à Monet, de l'hôtel Rouget à Martigues, février 1888 : « Nous avons été obligés de quitter subitement la mère Cézanne à cause de l'avarice noire qui règne dans la maison » ; reproduit dans Auguste Renoir, *Écrits, entretiens et lettres sur l'art : textes réunis, présentés et annotés par Augustin de Butler*, Paris, Les Éditions de l'Amateur, 2002, p. 138.
251. Lettre à Lucien, 3 décembre 1890, dans Pissarro, *Correspondance*, II, p. 371.
252. Lettre à Lucien, 20 janvier 1896, dans *ibid.*, IV, p. 153, et lettre à Oller, 5 juillet 1895, dans Cézanne, *Correspondance*, p. 245.
253. Fénéon, 1891, p. 2.
254. Bernard, 1891, dans Bernard, 1994.
255. *Ibid.*, I, p. 20.
256. Bernard, 1907, p. 386.
257. *Ibid.*, p. 385-386 : « Tout ce que l'on en savait [de Cézanne] était raconté par le père Tanguy, le bon et généreux Breton dont la boutique était l'unique repaire, en ces temps si vite devenus passés, de la *peinture de l'avenir*. »
258. Bernard, « Paul Cézanne », *Les Hommes d'aujourd'hui*, 8, n° 387 (1891), n. p. Bernard écrit à propos de Cézanne : « Il avait rencontré Monet qui ne rêvait que soleil et lumière et il succomba à son tour aux charmes des grandes clartés ; mais il reprit peu à peu son calme et sa pondération et il revint plus complet et plus savant à son point de départ. »
259. Lettre à Lucien, 7 mai 1891, dans Pissarro, *Correspondance*, III, p. 76.
260. Lecomte, 1900, p. 26 ; cité dans Cahn, 1995, p. 549 : « M. Cézanne qui fut l'un des premiers annonciateurs des tendances nouvelles et dont l'effort exerça une influence notable sur l'évolution impressionniste. »
261. Geffroy, 1893, p. 121 ; cité dans Cahn, 1995, p. 550.
262. Lettre à Georges, 25 mai 1895, dans Pissarro, *Correspondance*, IV, p. 75.
263. Il s'est avéré difficile d'identifier l'article mentionné par Pissarro. Janine Bailly-Herzberg cite un bref compte rendu de Mauclair sur les « Ébauches de Manet et de Cézanne » (*Mercure de France*, novembre 1895) où les influences de Cézanne ne sont pas abordées. Voir Pissarro, *Correspondance*, IV, p. 122.
264. Lettre à Lucien, 22 novembre 1895, dans Pissarro, *Correspondance*, IV, p. 121.

265. Lettre à Lucien, 23 mars 1898, dans *ibid.*, IV, p. 462-463.
266. *Ibid.*
267. Lettre à Lucien, 5 décembre 1895, dans *ibid.*, IV, p. 128.
268. *Ibid.*
269. Lettre à son fils, 20 juillet 1906, dans Cézanne, *Correspondance*, p. 316.
270. Lettre à Paul Durand-Ruel, 12 février 1896, dans Pissarro, *Correspondance*, IV, p. 168.
271. Lettre à Lucien, 15 décembre 1897, dans *ibid.*, IV, p. 417.
272. Cézanne à Gasquet, dans Cézanne, *Conversations*, p. 116-117.
273. Lettre à Lucien, 21 novembre 1895, dans Pissarro, *Correspondance*, IV, p. 119.
274. Cézanne à Gasquet, dans Cézanne, *Conversations*, p. 117.
275. Lebensztejn, 1995, p. 51.
276. *Ibid.*
277. Rewald, 1986 [1939], p. 270.
278. Lettre à son fils, 20 juillet 1906, dans Cézanne, *Correspondance*, p. 316.
279. Lettre à son fils, 15 octobre 1906, dans *ibid.*, p. 333 : « Je le dirai encore une fois : Émile Bernard me paraît digne d'une grande compassion, puisqu'il a charge d'âmes. »
280. Lettre à son fils, 3 août 1906, dans *ibid.*, p. 318-319.
281. Lettre à son fils, 26 septembre 1906, dans *ibid.*, p. 328.
282. *Ibid.*
283. *Ibid.*
284. Lettre à Esther Isaacson, 13 juin 1883, dans Pissarro, *Correspondance*, I, p. 220.
285. Lettre à Lucien, 21 novembre 1895, dans *ibid.*, IV, p. 119.
286. Cézanne, *Conversations*, p. 119.
287. Lettre à Georges, 8 juin 1896, dans Pissarro, *Correspondance*, IV, p. 212.
288. Matisse, 1972, p. 84-85.
289. Borély, 1911, dans Cézanne, *Conversations*, p. 21.
290. Fry, 1989 [1927], p. 33.
291. Cézanne à Gasquet, dans Cézanne, *Conversations*, p. 121.

Notes du catalogue

« Brûler le Louvre » (p. 75)

1. Voir « Une pierre de touche de la modernité : le rôle d'Émile Zola », p. 24-28.
2. Cézanne, *Correspondance*, p. 113 : « Samedi nous [Cézanne et Oller] irons à la baraque des Champs-Élysées [le Salon] porter nos toiles, qui feront rougir l'Institut de rage et de désespoir. »
3. Zola, *Écrits*, p. 97.

Regards croisés (p. 87)

1. Voir Reff, 1967, p. 627-633, et Reff, « The Pictures within Cézanne's Pictures », *Arts Magazine*, 53, n° 10, juin 1979, p. 90-104.
2. Pour White, 1996, « la France porte un toast à Cézanne », p. 145.
3. Il s'agissait peut-être d'un jeu de mots subtil et d'une référence au journal *L'Éclipse*.

Portraits sur papier (p. 95)

1. L'un des moulages se trouve dans la collection du Museum of Modern Art de New York.

Louveciennes/Louveciennes (p. 103)

1. W. S. Meadmore, *Lucien Pissarro*, Londres, Constable & Co., 1962, p. 26-27.
2. Lettre à Lucien, 22 novembre 1895, dans Pissarro, *Correspondance*, IV, p. 121.

Natures mortes des années 1870 (p. 109)

1. John McCoubrey, « Cézanne's Difference », dans Eliza E. Rathbone et George T. M. Shackelford, *Impressionist Still Life*, New York, The Phillips Collection en association avec Harry N. Abrams, 2001, p. 34.

Construire avec la peinture (p. 123)

1. Pissarro, *Correspondance*, IV, p. 120.
2. Voir White, 1996, p. 118-135.

Une route tournante (p. 145)

1. Voir Reidemeister, 1963, p. 74, qui identifie le motif du tableau de Pissarro comme étant situé dans le parc d'Osny. Au vu des éléments stylistiques et historiques, il est très probable que Cézanne a peint sa toile dans le même parc, aux côtés de Pissarro. Je suis d'accord avec House, 2004, p. 169 et 232 : ces deux œuvres forment une paire et doivent être regardées comme telle.

Chemins séparés dans un paysage commun (p. 163)

1. Voir Brettell, dans Moffett, 1986, p. 189.

Contrastes de couleurs pures (p. 181)

1. Lettre à Pissarro, d'Aix, 24 juin 1874, dans Cézanne, *Correspondance*, p. 146.
2. *Ibid.*, p. 147.
3. *Ibid.*, p. 146.
4. Lettre à Pissarro, de L'Estaque, 2 juillet 1876, dans *ibid.*, p. 152.

Un regard rétrospectif (p. 187)

1. Victor Merlhès, éd., *Correspondance de Paul Gauguin*, Paris, Fondation Singer-Polignac, 1984, p. 21.
2. Rewald, 1936, p. 120.
3. Cézanne, *Correspondance*, p. 152-153 : « Car il faut faire des toiles de deux mètres au moins, comme celle par vous vendue à Faure. »
4. Voir Rewald, 1996, p. 331. Au cours de l'été 1882, « des preuves extérieures laissent à penser que [Cézanne] aurait effectué un séjour assez long à Hattenville, chez Chocquet [...] pour réapparaître à Pontoise, où il a dû exécuter ce paysage aux côtés de Pissarro [...]. La question demeure, bien sûr, de savoir s'il se rendit d'abord chez Chocquet ou à Pontoise ».

Hommage et adieux (p. 203)

1. Lettre à Bernard, d'Aix, 1905, dans Cézanne, *Correspondance*, p. 314-315.

Bibliographie

Alberro et Stimson, 2000
Alexander Alberro et Blake Stimson (éd.), *Conceptual Art : A Critical Anthology*, Cambridge, Mass., et Londres, The MIT Press, 2000.

Alexis, 1873
Paul Alexis, « Paris qui travaille, III, "Aux peintres et sculpteurs" », *L'Avenir national*, 5 et 12 mai 1873.

Anderson, 2003
Wayne Anderson, *The Youth of Cézanne and Zola : Notoriety at its Source – Art and Literature in Paris*, Genève et Boston, Éditions Fabriart, 2003.

Arendt, 1974
Hannah Arendt, *Vies politiques*, trad. Éric Adda *et al.*, Paris, Gallimard, 1974 [trad. de *Men in Dark Times*, New York, Harcourt, Brace & World, 1968].

Athanassoglou-Kallmyer, 2003
Nina Maria Athanassoglou-Kallmyer, *Cézanne and Provence : The Painter in His Culture*, Chicago, The University of Chicago Press, 2003.

Bakhtine, 1970
Mikhaïl Bakhtine, *Problèmes de la poétique de Dostoïevski*, appendice II, trad. fr. Guy Verret, Lausanne, Éditions L'Âge d'homme, 1970.

Bakhtine, 1979
Mikhaïl Bakhtine, *Estetika slovesnogo tvorchestva*, Moscou, S. G. Bocharov, 1979 ; trad. fr. Alfreda Aucouturier, *Esthétique de la création verbale*, Paris, Gallimard, 1984.

Bakhtine, 1981
Mikhaïl Bakhtine, *The Dialogic Imagination*, Michael Holquist (éd.), trad. Caryl Emerson et Michael Holquist, Austin, University of Texas Press, 1981.

Barr, 1929
Alfred H. Barr J^r^, « Foreword » dans *First Loan Exhibition : Cézanne, Gauguin, Seurat, Van Gogh*, New York, The Museum of Modern Art, 1929.

Barr, 1937
Alfred H. Barr J^r^, « Cézanne d'après les lettres de Marion à Morstatt, 1865-1868 », *Gazette des beaux-arts*, série 6, n° 17, janvier 1937, p. 37-58.

Barr, 1951
Alfred H. Barr J^r^, *Matisse : His Art and His Public*, New York, The Museum of Modern Art, 1951.

Baumann, 2000
Felix Baumann *et al.*, *Cézanne : Finished – Unfinished*, Ostfildern-Ruit, Hatje Cantz Publishers, 2000.

Bernard, 1891
Émile Bernard, « Paul Cézanne », *Les Hommes d'aujourd'hui*, 8, n° 387, Paris, Librairie Vanier, 1891 ; repris dans Bernard, 1994, p. 20-22.

Bernard, 1907
Émile Bernard, « Souvenirs sur Paul Cézanne », *Mercure de France*, 1er octobre 1907, p. 385-404, et 16 octobre 1907, p. 606-627 ; repris dans Cézanne, *Conversations*, p. 49-80.

Bernard, 1994
Émile Bernard, *Propos sur l'art*, Anne Rivière (éd.), 2 vol., Paris, Séguier, 1994.

Berson, 1996
Ruth Berson, *The New Painting – Impressionism 1874-1886 : Documentation*, vol. 1 : *Reviews*, San Francisco, The Fine Arts Museums of San Francisco, 1996.

Boime, 1986
Albert Boime, *The Academy and French Painting in the Nineteenth Century*, New Haven et Londres, Yale University Press, 1986.

Bois, 1990
Yves-Alain Bois, *Painting as Model*, Cambridge, Mass., et Londres, The MIT Press, 1990.

Borély, 1911
Jules Borély, « Cézanne à Aix », *Vers et Prose*, 27, 1911, p. 109-113 ; paru aussi dans *L'Art Vivant*, n° 2, 1926, p. 491-493 ; repris dans Cézanne, *Conversations*, p. 18-22.

Brettell, 1991
Richard R. Brettell, *Pissarro et Pontoise : un peintre et son paysage*, trad. Solange Schnall, Paris, Éditions du Valhermeil, 1991 [trad. de *Pissarro and Pontoise : The Painter in a Landscape*, New Haven et Londres, Yale University Press, 1989].

Brettell, 2000
Richard R. Brettell, *Impressions : peindre dans l'instant. Les impressionnistes en France 1860-1890*, trad. fr. Jean-François Allain, Paris, Hazan, 2000 [trad. de *Impression : Painting Quickly in France, 1860-1890*, cat. exp., New Haven et Londres, Yale University Press, 2000].

Brettell et Lloyd, 1980
Richard R. Brettell et Christopher Lloyd, *A Catalogue of the Drawings by Camille Pissarro in the Ashmolean Museum, Oxford*, Oxford, The Clarendon Press, 1980.

Brettell et Pissarro, 1992
Richard R. Brettell et Joachim Pissarro, *The Impressionist and the City : Pissarro's Series Paintings*, cat. exp., New Haven et Londres, Yale University Press, 1992.

Brion-Guerry, 1966
Liliane Brion-Guerry, *Cézanne et l'expression de l'espace*, Paris, Albin Michel, 1966.

Cachin, Loyrette et Guégan, 1997
Françoise Cachin, Henri Loyrette et Stéphane Guégan (éd.), *Cézanne aujourd'hui*, Paris, Éditions de la Réunion des musées nationaux, 1997.

Cahn, 1995
Isabelle Cahn, « Chronologie », dans Françoise Cachin *et al.*, *Cézanne*, cat. exp., Paris, Éditions de la Réunion des musées nationaux, 1995, p. 527-569.

Cardon, 1874
Émile Cardon, « Avant le Salon : L'Exposition des révoltés », *La Presse*, 29 avril 1874, p. 2-3 ; repris dans Berson, 1996, p. 12-14.

Castagnary, 1892
Jules-Antoine Castagnary, « Salon de 1863 », *Nord* (Bruxelles), 14 mai-12 septembre 1863 ; repris à titre posthume dans *Salons*, 2 vol., Paris, Bibliothèque Charpentier, 1892.

***Cézanne*, 1995**
Françoise Cachin *et al.*, *Cézanne*, cat. exp., Paris, Éditions de la Réunion des musées nationaux, 1995.

Cézanne, *Conversations*
Conversations avec Cézanne, P. M. Doran (éd.), Paris, Macula, 1978.

Cézanne, *Correspondance*
Paul Cézanne, *Correspondance*, John Rewald (éd.), révisée et augmentée, Paris, Bernard Grasset Éditeur, 1978.

Cézanne, *Mes confidences*
Paul Cézanne, *Mes confidences*, document biographique non publié, 1899 ; imprimé dans Chappuis, 1973, I, p. 25-28, et repris dans Cézanne, *Conversations*, p. 102-104, ainsi que dans Bernard, 1994, p. 11-17.

Chappuis, 1973
Adrien Chappuis, *The Drawings of Paul Cézanne : A Catalogue Raisonné*, 2 vol., Greenwich, Conn., New York Graphic Society, 1973.

Clark, 1999
T. J. Clark, *Farewell to an Idea : Episodes from a History of Modernism*, New Haven et Londres, Yale University Press, 1999.

Coüessin, 1991
Charles de Coüessin, « Le synthétisme de Paul Gauguin, hypothèses », dans *Gauguin : actes du colloque Gauguin, musée d'Orsay, 11-13 janvier 1989*, Paris, La Documentation française, 1991.

Courbet, 1986 [1861]
Gustave Courbet, « Peut-on enseigner l'art ? » [lettre à ses étudiants], *Courrier du dimanche*, 25 décembre 1861 ; repris dans Courbet, *Peut-on enseigner l'art ?*, Paris, L'Échoppe, 1986.

Crow, 1997
Thomas Crow, *L'Atelier de David. Émulation et Révolution*, trad. Roger Stuveras, Paris, Gallimard, 1997 [trad. de *Emulation : Making Artists for Revolutionary France*, New Haven et Londres, Yale University Press, 1995].

Damisch, 1995
Hubert Damisch, *Traité du trait : Tractatus tractus*, Paris, Éditions de la Réunion des musées nationaux, 1995.

Delestre, 1867
Jean-Baptiste Delestre, *Gros, sa vie et ses ouvrages*, Paris, J. Renouard, 1867.

Denis, 1907
Maurice Denis, « Cézanne », *L'Occident*, 12 septembre 1907, p. 118-133 ; repris dans *Théories, 1890-1910 : du symbolisme et de Gauguin vers un nouvel ordre classique*, Paris, Bibliothèque de l'Occident, 1912 ; éd. rév., Paris, Rouart et Watelin, 1920, p. 245-261.

Derrida, 1978
Jacques Derrida, *La Vérité en peinture*, Paris, Flammarion, 1978.

Duranty, 1880
Edmond Duranty, *Le Pays des arts*, Paris, Charpentier, 1880.

Elderfield, 1971
John Elderfield, « Drawing in Cézanne », *Artforum*, n° 9, juin 1971, p. 51-57.

Elderfield, 1978
John Elderfield, « The World Whole : Color in Cézanne », *Arts Magazine*, vol. 52, n° 8, avril 1978, p. 148-153.

Elderfield, 1985
John Elderfield, « Cézanne : The Lesson of the Master », *Art in America*, vol. 78, n° 6, juin 1985, p. 86-93.

Elderfield, 1992
John Elderfield, « Describing Matisse », dans *Henri Matisse : A Retrospective*, cat. exp., New York, The Museum of Modern Art, 1992.

Elderfield, 2004
John Elderfield, « The Lizard in the Landscape : From *The Bottom of the Ravine* to *The Turning Road* », conférence non publiée présentée au Museum of Fine Arts, Houston, 20 juin 2004.

Emerson, 1838
Ralph Waldo Emerson, « An Address Delivered Before the Senior Class in Divinity College, Cambridge, 1838 » ; repris dans Emerson, 1982, p. 107-129.

Emerson, 1982
Ralph Waldo Emerson, *Selected Essays*, Larzer Ziff (éd.), New York, The Penguin American Library, 1982.

Everdell, 1997
William R. Everdell, *The First Moderns : Profiles in the Origins of Twentieth-Century Thought*, Chicago, The University of Chicago Press, 1997.

Fénéon, 1891
Félix Fénéon, « M. Gauguin. - M. Dujardin », *Le Chat noir*, 23 mai 1891 ; repris dans Fénéon, *Œuvres plus que jamais complètes*, Genève, Droz, 1970, p. 192-193.

Fry, 1989 [1927]
Roger Fry, *Cézanne : A Study of His Development*, New York, Macmillan, 1927 ; nouvelle éd. Chicago, The University of Chicago Press, 1989.

Galassi, 1991
Peter Galassi, *Corot en Italie : la peinture en plein air et la tradition classique*, trad. Jeanne Bouniort, Paris, Gallimard, 1991 [trad. de *Corot in Italy : Open-Air Painting and the Classical-Landscape Tradition*, New Haven, Yale University Press, 1991].

Gasquet, 1926
Joachim Gasquet, *Cézanne*, nouvelle éd., Paris, Bernheim-Jeune, 1926 ; partiellement repris dans Cézanne, *Conversations*, p. 106-161.

Geffroy, 1893
Gustave Geffroy, « L'Impressionnisme », *La Revue encyclopédique*, n° 73, 15 décembre 1893, p. 1223.

Goldberg, 1903
Mecislas Goldberg, « Les Peintres du Salon d'Automne, suite », *La Plume*, vol. 16, n° 352, 15 décembre 1903 ; repris dans *Cézanne*, 1995, p. 36.

Gowing *et al.*, 1988
Lawrence Gowing *et al.*, *Cézanne : The Early Years 1859-1872*, cat. exp., Mary-Anne Stevens (éd.), Londres, Royal Academy of Arts, en association avec Weidenfeld et Nicolson, 1988.

Greenberg, 1939
Clement Greenberg, « Avant-Garde and Kitsch », *Partisan Review*, vol. 6, n° 5, automne 1939, p. 34-49 ; trad. fr. Ann Hindry, dans Greenberg, *Art et Culture*, Paris, Macula, 1988, p. 9-28.

Greenberg, 1986
Clement Greenberg, *Clement Greenberg : The Collected Essays and Criticism*, vol. I : *Perceptions and Judgements, 1939-1944*, John O'Brian (éd.), Chicago, The University of Chicago Press, 1986.

Greenberg, 1993
Clement Greenberg, *Clement Greenberg : The Collected Essays and Criticism*, vol. IV : *Modernism with a Vengeance, 1957-1969*, John O'Brian (éd.), Chicago, The University of Chicago Press, 1993.

Habermas, 1993
Jürgen Habermas, *La Pensée postmétaphysique. Essais philosophiques*, trad. Rainer Rochlitz, Paris, Armand Colin, 1993.

Harrison et Wood, 1992
Charles Harrison et Paul Wood (éd.), avec Jason Gaiger, *Art in Theory 1900-1990 : An Anthology of Changing Ideas*, Oxford, Blackwell Publishers, 1992.

Harrison et Wood, 1998
Charles Harrison et Paul Wood (éd.), avec Jason Gaiger, *Art in Theory 1815-1900 : An Anthology of Changing Ideas*, Oxford, Blackwell Publishers, 1998.

Hayashi, 1999
Michio Hayashi, « Paul Cézanne : The Resistance of Painting », thèse de doctorat, Columbia University, New York, 1999.

Hirst, 1997
Damien Hirst, *I want to spend the rest of my life everywhere, with everyone, one to one, always, forever, now*, New York, The Monacelli Press, 1997.

Holquist, 1990
Michael Holquist, *Dialogism : Bakhtin and His World*, Londres, Routledge, 1990.

House, 1986
John House, « Camille Pissarro's Idea of Unity », dans Lloyd, 1986, p. 15-34.

House, 2004
John House, *Impressionism : Paint and Politics*, New Haven et Londres, Yale University Press, 2004.

Isaacson, 1986
Joel Isaacson, « The Seventh Exhibition 1882 : The Painters Called Impressionists », dans Moffett, 1986, p. 375-420.

Jaloux, 1942
Edmond Jaloux, *Les Salons littéraires, 1896-1903*, Fribourg, Éditions de la Librairie de l'université, 1942.

Jourdain, 1950
Francis Jourdain, *Cézanne*, Paris, Braun/Collection Palettes, 1950 ; extraits repris dans Cézanne, *Conversations*, p. 82-84.

Kyle, 1995
Jill Anderson Kyle, « Cézanne and American Painting 1900 to 1920 », thèse de doctorat, University of Texas at Austin, 1995.

Larguier, 1925
Léo Larguier, *Le Dimanche avec Paul Cézanne : souvenirs*, Paris, L'Édition, 1925 ; extraits repris dans Cézanne, *Conversations*, p. 10-17.

Lebensztejn, 1995
Jean-Claude Lebensztejn, *Les Couilles de Cézanne* [et] *Persistance de la mémoire*, Paris, Nouvelles Éditions Séguier, 1995.

Lecomte, 1900
Georges Lecomte, « Paul Cézanne », dans *Vente de la collection E. Blot*, catalogue de vente, Paris, 9 et 10 mai 1900.

Leconte-Hilmy, 1993
Anne Lecomte-Hilmy, *La Formation du vocabulaire de la peinture impressionniste*, Toronto, Canadian Scholar's Press, 1993.

LeWitt, 1969
Sol LeWitt, « Sentences on Conceptual Art », *0-9*, n° 5, janvier 1969, p. 3-5 ; repris dans Alberro et Stimson, 2000, p. 106-108.

Lloyd, 1986
Christopher Lloyd (éd.), *Studies on Camille Pissarro*, Londres et New York, Routledge & Kegan Paul, 1986.

Lloyd, 1992
Christopher Lloyd, « Paul Cézanne, Pupil of Pissarro : An Artistic Friendship », *Apollo*, vol. 136, n° 369, novembre 1992, p. 248-290.

Loyrette et Tinterow, 1994
Henri Loyrette et Gary Tinterow, *Impressionnisme : les origines 1859-1869*, cat. exp., Paris, Éditions de la Réunion des musées nationaux, 1994.

Lyotard, 1979
Jean-François Lyotard, *La Condition postmoderne : rapport sur le savoir*, Paris, Éditions de Minuit, 1979.

Marx et Engels, 1983 [1848]
Karl Marx et Friedrich Engels, *Manifeste du parti communiste*, Londres, J. E. Burghard, 1848 ; trad. L. Lafargue, Paris, Éditions Champ libre, 1983.

Matisse, 1972
Henri Matisse, *Écrits et propos sur l'art*, Dominique Fourcade (éd.), Paris, Hermann, 1972.

Matisse, 1993
Henri Matisse, Marie-Alain Couturier et Louis-Bertrand Rayssiguier, *La Chapelle de Vence. Journal d'une création*, Paris, Éditions du Cerf, Houston, Menil Foundation, et Genève, Skira, 1993.

Michaud, 1993
Yves Michaud, *Enseigner l'art ? Analyses et réflexions sur les écoles d'art*, Nîmes, Éditions Jacqueline Chambon, 1993.

Modern*Starts*, 1999
Modern*Starts : People – Places – Things*, cat. exp., John Elderfield, Peter Reed, Mary Chan et Maria del Carmen González (éd.), New York, The Museum of Modern Art, 1999.

Moffett, 1986
Charles S. Moffett *et al.*, *The New Painting : Impressionnism 1874-1886*, cat. exp., Genève, Richard Burton, S. A., et San Francisco, The Fine Arts Museum of San Francisco, 1986.

Newman, 1990
Barnett Newman, *Selected Writings and Interviews*, New York, Knopf, 1990.

Nozick, 1974
Robert Nozick, *Anarchy, State and Utopia*, Oxford, Basil Blackwell, 1974.

O'Connor, 1967
Francis V. O'Connor, *Jackson Pollock*, cat. exp., New York, The Museum of Modern Art, 1967, p. 79-81.

Osthaus, 1920-1921
Karl Ernst Osthaus, « Cézanne », dans *Feuer : Monatsschrift für Kunst und künstlerische Kultur*, Saarbrücken, Gebrüder Hofer, et Weimar, Feuer Verlag, 1920-1921, p. 81-85 ; repris dans Cézanne, *Conversations*, p. 96-101.

Pissarro, *Correspondance*
Correspondance de Camille Pissarro, Janine Bailly-Herzberg (éd.), vol. I : *1865-1885*, Paris, Presses universitaires de France, 1980 ; vol. II : *1886-1890*, vol. III : *1891-1894* et vol. IV : *1895-1898*, Paris, Éditions du Valhermeil, 1986, 1988 et 1989 ; vol. V : *1899-1903*, Saint-Ouen-l'Aumône, Éditions du Valhermeil, 1991.

Pissarro, 1994
Joachim Pissarro, « Pissarro's Memory », dans Joachim Pissarro et Stephanie Rachum, *Camille Pissarro : Impressionist Innovator*, cat. exp., Jérusalem, The Israel Museum, 1994.

Pissarro, 1995
Joachim Pissarro, *Pissarro*, trad. Lydie Échasseriaud, Paris, Hermé, 1995 [trad. de *Pissarro*, New York, Harry N. Abrams, 1993].

Pissarro et Durand-Ruel Snollaerts, 2005
Joachim Pissarro et Claire Durand-Ruel Snollaerts, *Pissarro : catalogue critique des peintures*, 3 vol., Milan et Paris, Skira et Wildenstein Institute, 2005.

Pissarro et Venturi, 1939
Ludovic Rodo Pissarro et Lionello Venturi, *Camille Pissarro : son art, son œuvre*, 2 vol., Paris, Paul Rosenberg Éditeur, 1939.

Pollock, 1950
Jackson Pollock, « Interview with William Wright », enregistré durant l'été 1950 pour la radio Sag Harbor (non diffusé) ; retranscrit et publié pour la première fois dans Francis V. O'Connor, *Jackson Pollock*, cat. exp., New York, The Museum of Modern Art, 1967 ; repris dans Harrison et Wood, 1992, p. 575-578.

Reff, 1962
Theodore Reff, « Cézanne's Constructive Stroke », *Art Quarterly*, vol. 25, n° 3, automne 1962, p. 214-227.

Reff, 1967
Theodore Reff, « Pissarro's Portrait of Cézanne », *The Burlington Magazine*, vol. 109, n° 776, novembre 1967, p. 627-633.

Reidemeister, 1963
Leopold Reidemeister, *Auf den Spuren der Maler der Île-de-France*, Berlin, Propyläen, 1963.

Rewald, 1936
John Rewald, *Cézanne et Zola – Thèse pour le doctorat d'université présentée à la faculté des lettres de l'université de Paris*, Paris, Édition A. Sedrowski, 1936.

Rewald, 1963
John Rewald, *Camille Pissarro*, New York, Harry N. Abrams, 1963.

Rewald, 1985 [1946]
John Rewald, *History of Impressionism*, New York, The Museum of Modern Art, 1946 ; 4ᵉ éd. révisée, Londres, Secker & Warburg, 1985.

Rewald, 1986 [1939]
John Rewald, *Cézanne*, Paris, Flammarion, 1939 ; éd. anglaise, New York, Harry N. Abrams, 1986.

Rewald, 1986 [1955]
John Rewald, *Histoire de l'impressionnisme*, Paris, Albin Michel, 1955 ; éd. révisée, Paris, Albin Michel, 1986.

Rewald, 1996
John Rewald, en collaboration avec Walter Feilchenfeldt et Jayne Warman, *The Paintings of Paul Cézanne : A Catalogue Raisonné*, I : *The Texts* ; II : *The Plates* ; New York, Harry N. Abrams, 1996.

Rewald *et al.*, 1988
John Rewald *et al.*, *Cézanne : The Early Years 1859-1872*, cat. exp., Londres, Royal Academy of Arts, 1988.

Richard, 1954
Jean-Pierre Richard, *Stendhal et Flaubert : Littérature et sensation*, Paris, Éditions du Seuil, 1954.

Rivière et Schnerb, 1907
R.-P. Rivière et Jacques Félix Schnerb, « L'Atelier de Cézanne », *La Grande Revue*, 25 décembre 1907, p. 811-817 ; repris dans Cézanne, *Conversations*, p. 85-91.

Roos, 1996
Jane Mayo Roos, *Early Impressionism and the French State (1866-1874)*, Cambridge et New York, Cambridge University Press, 1996.

Rousseau, 1866
Jean Rousseau, « Le Salon de 1866, IV », *L'Univers illustré*, 9, 14 juillet 1866, p. 447-448.

Rubin, 1977
William Rubin (éd.), *Cézanne : The Late Work*, cat. exp., New York, The Museum of Modern Art, 1977.

Sartre, 1940
Jean-Paul Sartre, *L'Imaginaire*, Paris, Gallimard, 1940.

Schapiro, 1952
Meyer Schapiro, *Cézanne*, New York, Harry N. Abrams, 1952.

Schapiro, 1997
Meyer Schapiro, *Impressionism : Reflections and Perceptions*, New York, George Braziller, 1997.

Schmidt, 2004
Bertram Schmidt, *Cézannes Lehre*, Kiel, Verlag Ludwig, 2004.

Shiff, 1978
Richard Shiff, « Seeing Cézanne », *Critical Inquiry*, n° 4, été 1978, p. 769-808.

Shiff, 1984
Richard Shiff, Compte-rendu de lecture de cinq livres sur Pissarro, *Art Bulletin*, n° 66, décembre 1984, p. 681-690.

Shiff, 1991
Richard Shiff, « Cézanne's Physicality : The Politics of Touch », dans Salim Kemal et Ivan Gaskell (éd.), *The Language of Art History*, Cambridge, Cambridge University Press, 1991, p. 129-180.

Shiff, 1992
Richard Shiff, « The Work of Painting : Camille Pissarro and Symbolism », *Apollo*, vol. 136, n° 369, novembre 1992, p. 307-310.

Shiff, 1993
Richard Shiff, « Cézanne and Poussin : How the Modern Claims the Classic », dans Richard Kendall (éd.), *Cézanne & Poussin : A Symposium*, Sheffield, Sheffield Academic Press, 1993.

Shiff, 1994
Richard Shiff, *Paul Cézanne*, New York, Rizzoli, 1994.

Shiff, 1995
Richard Shiff, *Cézanne et la fin de l'impressionnisme*, trad. J.-F. Allain, Paris, Flammarion, 1995 [trad. de *Cézanne and the End of Impressionism : A Study of the Theory, Technique, and Critical Evaluation of Modern Art*, Chicago et Londres, The University of Chicago Press, 1984].

Shiff, 1997
Richard Shiff, « La touche de Cézanne : entre vision impressionniste et vision symboliste », dans Cachin, Loyrette et Guégan, 1997, p. 117-124.

Shiff, 1998
Richard Shiff, « Cézanne's Blur, Approximating Cézanne », dans Richard Thomson (éd.), *Framing France : Essays on the Representation of Landscape in France, 1870-1914*, Manchester, Manchester University Press, 1998, p. 59-80.

Shiff, 2000
Richard Shiff, « Mark, Motif, Materiality : The Cézanne Effect in the Twentieth Century », dans Baumann, 2000, p. 99-123.

Shiff, 2003
Richard Shiff, « Unfinished and Abstracted : Paul Cézanne, Twentieth-Century Painter in Spite of Himself » [« Inacabado y Abstraído : Paul Cézanne, pintor del siglo veinte a pesar de sí mismo »], *Cuaderno*, n° 7, trad. Juan Luis Delmont, Caracas, Fundación Cisneros, 2003, p. 5-43.

Shikes et Harper, 1980
Ralph E. Shikes et Paula Harper, *Pissarro : His Life and Work*, New York, Horizon Press, 1980.

Simms, 1998
Matthew Thomas Simms, « The Impression to Excess : Color and Drawing in Cézanne », thèse de doctorat, Harvard University, Cambridge, Mass., 1998.

Smith, 1995
Paul Smith, *Impressionism Beneath the Surface*, New York, Harry N. Abrams, 1995.

Smith, 1996
Paul Smith, *Interpreting Cézanne*, Londres, Tate Publishing, 1996.

Sollers, 1995
Philippe Sollers, *Le Paradis de Cézanne*, Paris, Gallimard, 1995.

Spurling, 1998
Hillary Spurling, *The Unknown Matisse. A Life of Henry Matisse : The Early Years, 1869-1908*, New York, Knopf, 1998.

Taylor, 1983
René Taylor *et al.*, *Francisco Oller : Un realista del impressionismo*, cat. exp., Puerto Rico, Museo de Arte de Ponce, 1983, p. 226-227.

Todorov, 1981
Tzvetan Todorov, *Mikhaïl Bakhtine, le principe dialogique*, Paris, Seuil, 1981.

Tucker, 1986
Paul Tucker, « The First Exhibition 1874 : The First Impressionist Exhibition in Context », dans Moffett, 1986, p. 93-144.

Tuma, 2000
Kathryn Anne Tuma, « Cézanne, Lucretius and the Late Nineteenth-Century Crisis in Science », thèse de doctorat, University of California, Berkeley, 2000.

Venegas, 1983
Haydee Venegas, « Francisco Oller : Perfil de un pintor puertorriqueño/Francisco Oller : Profile of a Puerto Rican Painter », dans Taylor, 1983, p. 121-154.

Villehervé, 1904
Robert de la Villehervé, « Camille Pissarro », *Le Havre éclair*, 25 septembre 1904 ; repris dans Pissarro, *Correspondance*, V, p. 369-370.

Vollard, 1920
Ambroise Vollard, *Auguste Renoir (1841-1919)*, Paris, Éditions G. Crès, 1920.

Vollard, 1938
Ambroise Vollard, *En écoutant Cézanne, Degas, Renoir*, Paris, Grasset, 1938 ; nouvelle édition, Paris, Grasset, 2003.

Waern, 1892
Cecilia Waern, « Some Notes on French Impressionism », *Atlantic Monthly*, vol. 69, n° 414, avril 1892, p. 535-541.

Wechsler, 1981
Judith Wechsler, *The Interpretation of Cézanne*, Ann Arbor, UMI Research Press, 1981.

Weiss, 1994
Jeffrey Weiss, *The Popular Culture of Modern Art : Picasso, Duchamp, and Avant-Gardism*, New Haven et Londres, Yale University Press, 1994.

Wellmer, 1991
Albrecht Wellmer, *The Persistence of Modernity : Essays on Aesthetics, Ethics, and Postmodernism*, Cambrige, Mass., The MIT Press, 1991.

White, 1996
Barbara Ehrlich White, *Impressionists Side by Side : Their Friendships, Rivalries and Artistic Exchanges*, New York, Knopf, 1996.

Zola, *Écrits*
Émile Zola, *Écrits sur l'art*, Jean-Pierre Leduc-Adine (éd.), Paris, Gallimard, 1991.

Zola, *Manet*, 1867
Émile Zola, *Édouard Manet : étude biographique et critique, accompagnée d'un portrait d'Édouard Manet par Bracquemond et d'une eau-forte d'Édouard Manet d'après Olympia*, Paris, E. Dentu, 1867 ; repris dans Zola, *Écrits*, p. 137-169.

Zola, *Mon Salon*
Émile Zola, *Mon Salon*, Paris, Librairie centrale, 1866 ; repris dans Zola, *Écrits*, p. 85-136.

Zola, « Taine »
Émile Zola, « M. H. Taine artiste », publié d'abord sous le titre « L'esthétique professée à l'École des beaux-arts », *La Revue contemporaine*, 15 février 1866 ; repris dans Zola, *Mes haines, causeries littéraires et artistiques*, Paris, Achille Faure, 1866, et dans Zola, *Écrits*, p. 63-83.

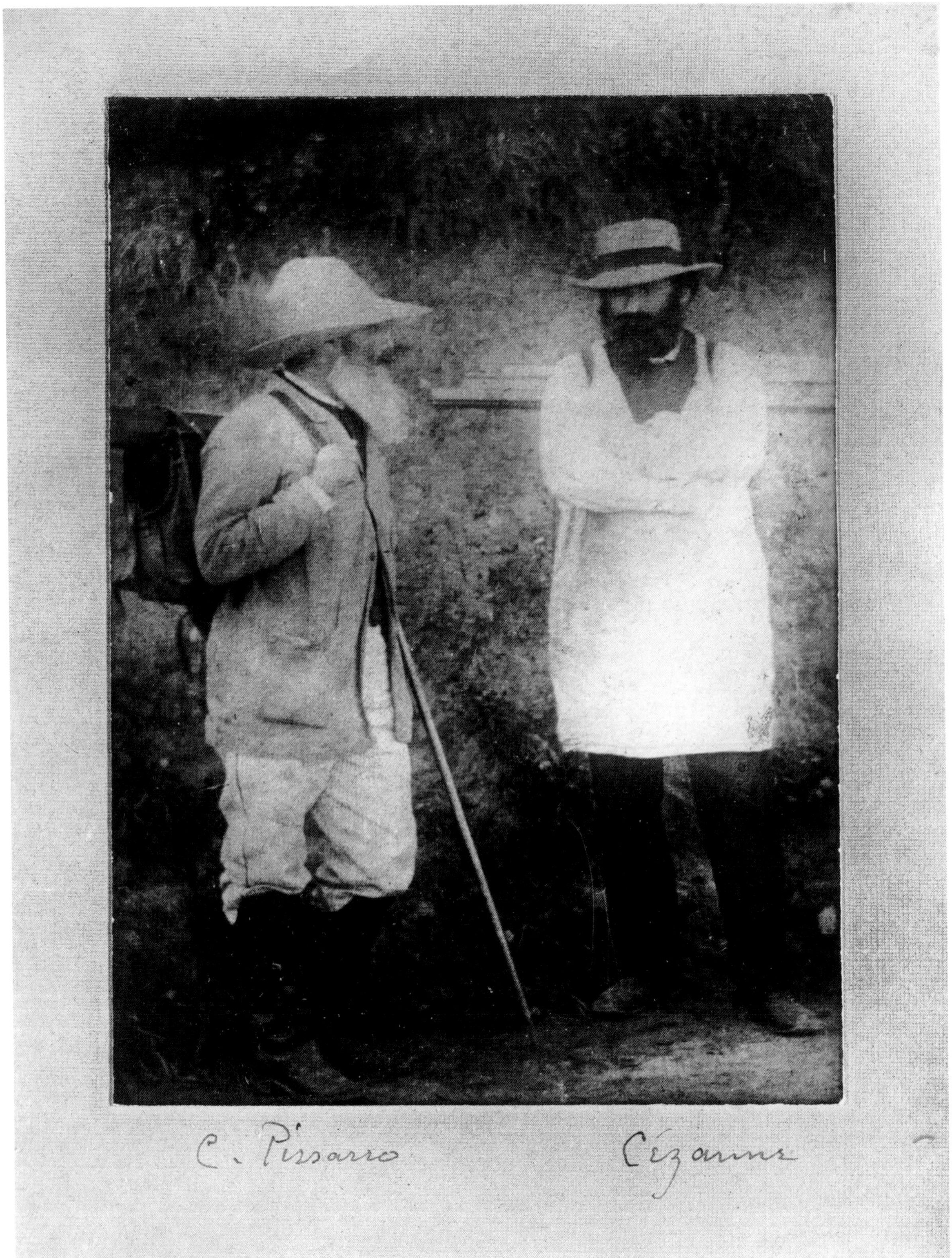

Camille Pissarro et Paul Cézanne, photographie,
L&S Pissarro Archives

Chronologie croisée

Alain Mothe, historien d'art

Note : Les dates proposées pour les lettres non datées par leur auteur ou parfois mal datées, ainsi que certains faits, figurent entre crochets. Occasionnellement, il n'existe aucun document attestant les interactions artistiques étroites entre Cézanne et Pissarro, démontrées seulement par leurs travaux respectifs.

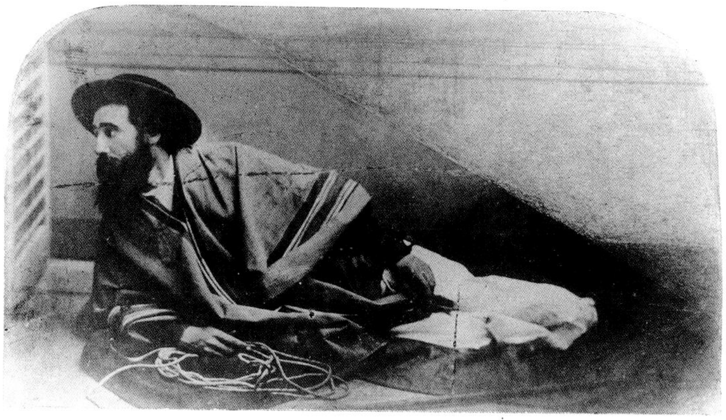

Camille Pissarro en gaucho, 1860, photographie, L&S Pissarro Archives

1861

Cézanne séjourne à Paris d'avril à septembre. Selon Pissarro, lui et Francisco Oller vont voir à l'atelier Suisse « ce curieux Provençal qui faisait des académies à la risée de tous les impuissants de l'école[1] ».

1863

20 FÉVRIER

Naissance de Lucien Pissarro, le fils aîné de l'artiste.

15 MAI

Ouverture du Salon des Refusés. Parmi les exposants : Pissarro, Manet, et Cézanne[2].

1865

DURANT L'ANNÉE

Pissarro, Renoir, Sisley et parfois Cézanne fréquentent l'atelier que Bazille et Monet louent en commun à Paris, 6, rue de Fürstenberg[3].

Cézanne présente Zola à Pissarro[4].

15 MARS

Cézanne signale à Pissarro que lui et Oller porteront samedi 18 mars leurs toiles au Salon[5].

1er MAI-20 JUIN

Pissarro expose deux toiles au Salon[6].

18 MAI

Naissance de Jeanne Rachel Pissarro, le deuxième enfant de l'artiste.

[26 AOÛT]

Le peintre Antoine Guillemet demande à Pissarro des nouvelles de Cézanne et d'Oller[7].

[13 SEPTEMBRE]

Guillemet voudrait que Pissarro le rejoigne en octobre à La Roche-Guyon, ainsi que Cézanne, qui se trouve à Aix-en-Provence[8].

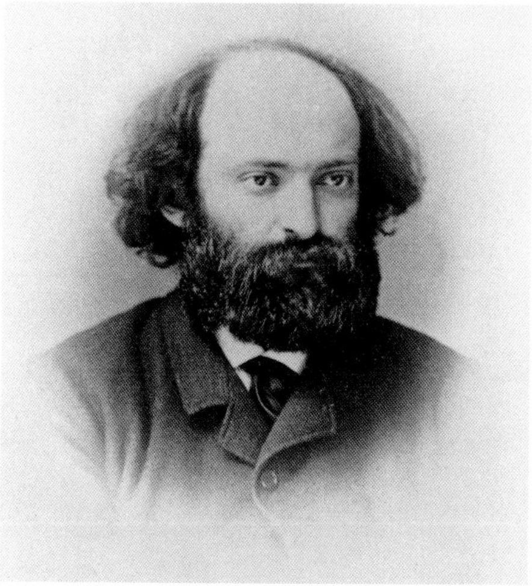

Portrait de Paul Cézanne, vers 1875, Aix-en-Provence, musée Granet, photographie Bernard Terlay, d'après une photographie ancienne

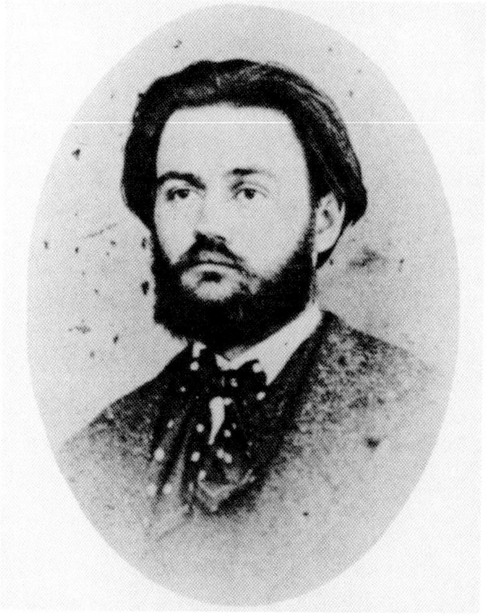

Émile Zola, vers 1865, photographie, Washington, D.C., National Gallery of Art, John Rewald Papers, Gallery Archives

14 DÉCEMBRE

Pissarro informe Oller, à Porto Rico, que Cézanne, toujours à Aix, reviendra à Paris dans un mois et demi[9].

1866

[FÉVRIER]

Cézanne, revenu à Paris, participe aux « réceptions du jeudi » de Zola[10].

28 MARS

Cézanne « espère » ne pas être reçu au Salon[11].

[AVRIL ?]

Pissarro, sa femme, Julie Vellay, et leurs deux enfants, Lucien et Jeanne Rachel, viennent habiter à Pontoise, rue du Fond-de-l'Ermitage (actuelle rue Maria-Deraismes), adresse que donne le catalogue du Salon.

12 AVRIL

Cézanne a rendu visite à Manet, lequel a vu plusieurs de ses natures mortes chez Guillemet. Manet lui rendra aussi visite[12].

19 AVRIL

Cézanne proteste contre son refus au Salon et réclame le rétablissement d'un Salon des Refusés[13].

27 AVRIL

Article de Zola réclamant également le rétablissement du Salon des Refusés[14].

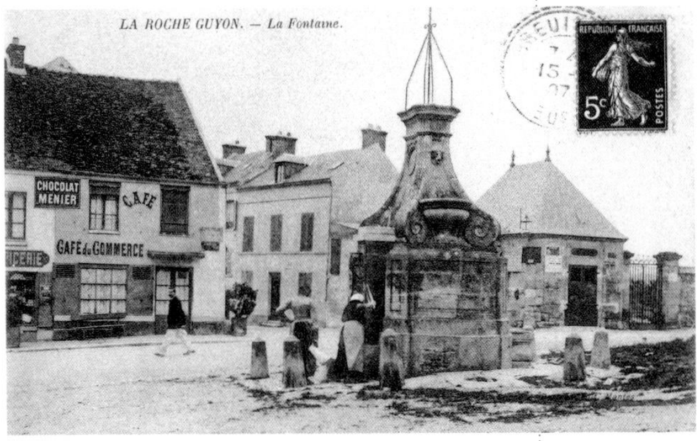

Place à La Roche-Guyon (voir cat. 6), carte postale, collection Alain Mothe

1er MAI-20 JUIN
Pissarro expose *Bords de la Marne en hiver* (cat. 1) au Salon.

20 MAI
Critique de Zola favorable à Pissarro[15].

14 JUIN
Zola annonce que Cézanne est refusé au Salon[16].

JUILLET
Cézanne séjourne à Bennecourt près de Mantes, comme à plusieurs reprises en mai et juin. Selon Zola, qui l'a rejoint quelques jours, il compte repartir à Aix, peut-être en août ou septembre, pour y passer deux mois au plus[17].

[31 JUILLET OU 1er AOÛT]
Guillemet, en Bretagne, demande à Zola des nouvelles de Cézanne et Pissarro[18].

[17 AOÛT]
Guillemet prévient Pissarro de son retour à Paris à la fin du mois d'août. Il passera le voir, ainsi que Cézanne, avant d'aller à Aix ou ailleurs dans le Midi, peut-être avec Pissarro[19].

18 AOÛT
Cézanne est de retour à Aix[20].

12 SEPTEMBRE
Guillemet informe Oller : « Cézanne est à Aix où il a fait un bon tableau. C'est lui qui le dit, et il est fort difficile pour lui-même[21]. »

[OCTOBRE ?]
Pissarro et sa famille s'installent à Paris[22].

[À PARTIR D'OCTOBRE ?]
Pissarro commence à fréquenter le café Guerbois, aux Batignolles, où se retrouvent artistes et écrivains[23].

[17 OCTOBRE]
Cézanne informe Zola que Guillemet l'a rejoint à Aix.
Il lui demande des nouvelles de Pissarro et déclare : « Je vois des choses superbes, et il faut que je me résolve à ne faire que des choses en plein air[24]. »

23 OCTOBRE
Cézanne écrit à Pissarro : « Vous avez parfaitement raison de parler du gris, cela seul règne dans la nature, mais c'est d'un dur effrayant à attraper[25]. »

FIN DE L'ANNÉE
Pissarro participe chaque semaine aux « réceptions du jeudi » de Zola[26].

1867

19 FÉVRIER
Zola signale que Cézanne travaille beaucoup et rêve de tableaux immenses[27].
Il semble que Cézanne soit resté dans la région d'Aix jusque vers le début février.

30 MARS
Bazille rédige une pétition pour réclamer le rétablissement du Salon des Refusés.
Parmi les signataires : Monet, Renoir, Pissarro, Sisley, Guillemet, Oller, mais pas Cézanne[28].

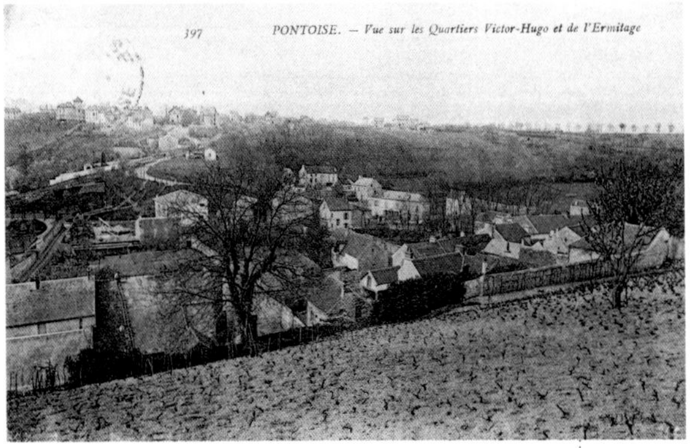

Le fond de l'Hermitage, Pontoise (voir cat. 90), carte postale, collection Alain Mothe

[AVRIL ?]
Pissarro et sa famille reviennent habiter à Pontoise. Ludovic Rodo Pissarro notera ces renseignements : « 1867 – Pontoise, maison du père Colomban (Lucien)[29]. »
Il s'agit de la maison de Colomban Delaplace à Pontoise, 1, rue du Fond-de-l'Ermitage[30] (à l'emplacement de l'actuel 5, rue Maria-Deraismes).

8 AVRIL
Article du *Figaro* critiquant les deux tableaux de « Sésame » refusés au Salon[31].

12 AVRIL
Publication dans *Le Figaro* d'un extrait d'une lettre de Zola prenant la défense de Cézanne et soutenant la pétition des peintres pour le rétablissement d'un Salon des Refusés[32].

13 AVRIL
Nouvelle pétition, signée notamment par Bazille, Pissarro, Monet, Guillemet et Renoir, pour réclamer « le droit d'appel devant l'opinion publique[33] ».

[8 JUIN]
Cézanne repart à Aix[34].

[DÉBUT DE L'ÉTÉ]
Cézanne peint à Aix, avec la ferme volonté de réussir au plus vite[35].

[AUTOMNE]
Pissarro et sa famille partent habiter à Paris, 108, boulevard Rochechouart[36].

[PEU APRÈS LE 9 OCTOBRE]
Cézanne revient à Paris[37].

1868

[DURANT L'ANNÉE]
Avec Armand Guillaumin, Pissarro peint des stores et des enseignes. Un tableau de Guillaumin le représente[38].

[DU 20 JANVIER AU 29 JANVIER ENVIRON]
Pissarro réside à Londres pour les obsèques de sa demi-sœur Emma Isaacson[39].

[13 FÉVRIER]
Cézanne s'inscrit comme copiste

au musée du Louvre. Sa carte (nº 278) précise son adresse à Paris : 22, rue Beautreillis[40].

[2 AVRIL]
Un ami de Zola l'informe qu'il a rencontré au Salon (avant l'exposition) Pissarro, Guillemet, enfin tous les « Batignolles », lesquels trouvent le tableau de Cézanne très bien[41].

[D'AVRIL À OCTOBRE]
La famille Pissarro habite à Pontoise[42].

1er MAI-20 JUIN
Pissarro expose au Salon : *La Côte des Jalais, Pontoise* (cat. 90) et *Le Jardin de Maubuisson, Pontoise* (cat. 94).

[DU 16 MAI À MI-DÉCEMBRE ENVIRON]
Cézanne séjourne à Aix-en-Provence[43].

19 MAI
Longue critique élogieuse de Zola sur Pissarro[44].

[7 AOÛT]
Guillemet, à Pontoise depuis la veille, y invite Zola[45].

[PEU APRÈS LE 11 OCTOBRE]
Pissarro et sa famille habitent à Paris, 23, rue Chappe[46].

1869

[DÉBUT DE L'ANNÉE ?]
Cézanne fait la connaissance d'un jeune modèle, Hortense Fiquet, âgée de dix-neuf ans, qui devient sa compagne[47].

DURANT L'ANNÉE
Les réunions au café Guerbois se poursuivent (elles cesseront pendant la guerre de 1870-1871 contre la Prusse), auxquelles participent notamment Pissarro, Cézanne, Guillemet, Manet, Degas, Bazille, Monet, Renoir et Sisley[48].

AVRIL
Cézanne se trouve à L'Estaque, comme le montre l'inscription sur l'aquarelle *Usines à L'Estaque*[49].

[AU PRINTEMPS, AVANT LE 3 MAI]
Pissarro et sa famille s'installent à Louveciennes, maison Retrou, route de Versailles. La maison existe toujours, à l'actuel nº 22[50].

1er MAI-20 JUIN
Pissarro expose au Salon.

28 AOÛT
Guillemet a été informé par Zola que Pissarro a peint un tableau moraliste et que Cézanne se jette dans des essais de peinture qui ne réussissent que rarement[51].

4 SEPTEMBRE
Zola signale que Cézanne serait prêt à partir sur-le-champ à Paris s'il disposait de 200 F[52].

1870

Pissarro et sa famille continuent d'habiter à Louveciennes, maison Retrou. Pissarro représente Julie devant la façade dans *La Route de Versailles à Louveciennes*[53].

MI-MARS
Cézanne revient à Paris pour porter son envoi au Salon[54].

1er MAI-20 JUIN
Pissarro expose au Salon deux tableaux[55].

30 MAI
Théodore Duret sollicite de Zola une introduction auprès de Cézanne[56]. Zola répond le jour même qu'il ne peut donner l'adresse de Cézanne, qui se renferme et se trouve dans une période de tâtonnements[57].

31 MAI
Cézanne est l'un des témoins de Zola à son mariage à Paris[58].

19 JUILLET
Déclaration de guerre du second Empire à la Prusse.

[PEU AVANT LE 13 SEPTEMBRE]
Face à l'avancée des Prussiens, la famille Pissarro quitte précipitamment Louveciennes pour se réfugier chez le peintre Ludovic Piette, à Montfoucault. Ils abandonnent œuvres et mobilier, y compris quelques toiles confiées par Monet[59].

21 OCTOBRE
Naissance d'Adèle Emma Pissarro, à Montfoucault.

5 NOVEMBRE
Décès à Montfoucault de la petite Adèle Emma.

[JUSQU'À L'AUTOMNE 1871]
Cézanne vit dans le Midi, à Aix d'abord, puis à L'Estaque jusque vers mars 1871, avec Hortense Fiquet, en cachette de son père, puis probablement de nouveau à Aix[60]. Il dira à Ambroise Vollard que, pendant la guerre, il a beaucoup travaillé sur le motif à L'Estaque[61].

[PEU APRÈS LE 3 DÉCEMBRE]
La famille Pissarro se réfugie à Londres[62].

1871

21 JANVIER
À Londres, Daubigny met Pissarro en relation avec le marchand de tableaux Paul Durand-Ruel[63]. Peu après ce premier contact, Durand-Ruel achètera deux tableaux à Pissarro[64].

12 FÉVRIER
Zola a appris que Cézanne se trouve dans le Midi[65].

22 FÉVRIER
Le peintre Édouard Béliard informe Pissarro que Cézanne séjourne dans le Midi[66].

[10 MARS]
Félicie Estruc, qui s'est rendue à Louveciennes, informe sa sœur Julie que sa maison a été dévastée par les Prussiens. Le voisin a pu sauver une quarantaine de tableaux et un peu de mobilier[67].

[FIN MAI]
Pissarro informe Duret qu'il a tout perdu à Louveciennes. Il ne lui reste qu'une quarantaine de tableaux[68].

14 JUIN
Camille Pissarro et Julie Vellay se marient à Croydon, près de Londres[69].

[PEU AVANT LE 23 JUIN]
Les Pissarro reviennent à Louveciennes, non plus dans la maison Retrou, qui est dévastée, mais à côté, dans celle d'Eugène Ollivon, actuel 24, route de Versailles[70].

[DE L'AUTOMNE À DÉBUT DÉCEMBRE]
Cézanne, de retour à Paris, habite, 5, rue de Chevreuse[71].

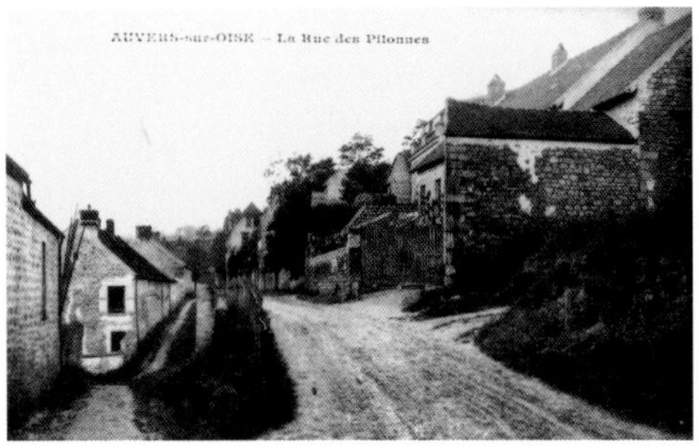

Auvers-sur-Oise (voir cat. 48), carte postale, collection Alain Mothe

22 NOVEMBRE
Naissance de Georges Henri Pissarro, à Louveciennes.

21 DÉCEMBRE
Monet, venu habiter à Argenteuil, propose à Pissarro qu'il passe le voir dans son atelier parisien et lui rapporte les quelques toiles qu'il avait laissées en dépôt à Louveciennes[72].

1872

4 JANVIER
Naissance de Paul Cézanne, fils du peintre et d'Hortense Fiquet, dans l'appartement qu'ils occupent depuis le début décembre 1871 au 45, rue Jussieu, à Paris.

[FÉVRIER]
Pissarro passe à la galerie parisienne de Durand-Ruel, lequel veut lui acheter des tableaux[73]. À partir du mois de mars, le marchand achètera régulièrement des œuvres à Pissarro, pour un prix total de 5 900 F cette année-là[74].

[VERS LE 8 AVRIL]
Les Pissarro reviennent habiter à Pontoise, 16, rue Mallebranche, propriétaire Gateau, maison qui correspond à l'actuel 18, rue Revert[75].

28 AVRIL
Le sculpteur A. Rossi et le peintre L. Authiès demandent à Pissarro de signer une pétition en faveur d'une exposition des refusés[76].

18 JUIN
Pétition pour réclamer un Salon des Refusés : vingt-six signataires, parmi lesquels Pissarro (par procuration) et Cézanne[77].

[JUILLET OU AOÛT]
Cézanne loge avec les siens à l'hôtel du Grand-Cerf, à Saint-Ouen-l'Aumône, près de Pontoise[78].

3 SEPTEMBRE
Pissarro invite Guillemet à Pontoise. Il espère que Cézanne : « étonnera bien des artistes qui se sont hâtés trop tôt de le condamner[79]. »

11 DÉCEMBRE
Cézanne, parce qu'il a raté le train qui doit le ramener à Paris, passe la nuit chez Pissarro à Pontoise[80]. Ce soir-là, Pissarro, Cézanne, Sisley, Monet et Manet ont invité Zola à dîner au Café anglais[81].

[FIN DE L'ANNÉE]
Cézanne et sa famille viennent habiter rue Rémy à Auvers-sur-Oise, près de chez le docteur Paul Gachet. Un tableau de Louis Van Ryssel (Paul Gachet, fils du médecin) représente la maison de Cézanne : *Maison habitée par Cézanne à Auvers en 1873*, 1906[82]. La maison existe toujours, 66, rue Rémy (adresse actuelle). Cézanne emprunte un tableau à Pissarro, *Louveciennes* (cat. 22), pour le copier (cat. 23)[83].

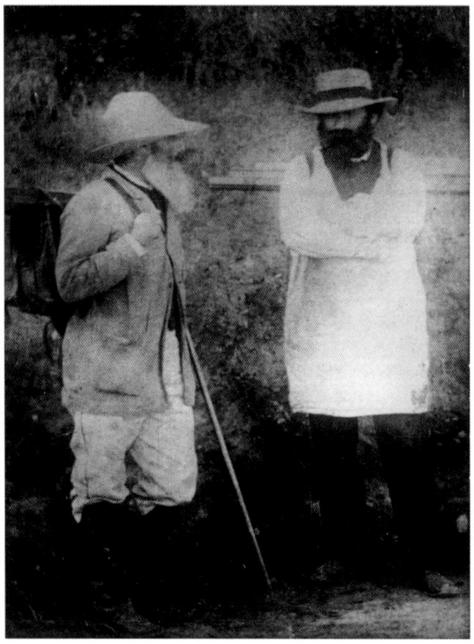

Camille Pissarro et Paul Cézanne, photographie, L&S Pissarro Archives

1873

DÉBUT DE L'ANNÉE
Cézanne, Guillaumin et le docteur Gachet font une randonnée dans la vallée de la Bièvre, au cours de laquelle Cézanne et le médecin gravent une eau-forte qui sera imprimée à Auvers sur la propre presse du docteur Gachet[84]. Pissarro imprimera également ses eaux-fortes sur la même presse.

DURANT L'ANNÉE
Durand-Ruel achète huit toiles à Pissarro pour 5 400 F.
Depuis le milieu de l'année, dans une période de récession, des difficultés financières contraignent Durand-Ruel à réduire ses acquisitions[85].
De même que Pissarro, Cézanne se fait livrer par un épicier nommé Armand Rondest, lequel finira par accepter des tableaux en paiement. Au moins quatre Pissarro et trois Cézanne figureront dans sa collection[86].
Cézanne travaille dans la maison du docteur Gachet. Il y peint des natures mortes[87].

À PARTIR DE 1873
Pissarro loue un atelier à Paris, 21, rue Berthe, qu'il gardera au moins jusqu'en 1876, loyer mensuel de 115 F[88].
Les relations entre Pissarro, Cézanne et le marchand de couleurs Tanguy se resserrent[89]. Entre 1874 et 1880, Pissarro lui achètera pour 3 313,10 F de couleurs. Tanguy ne pourra vendre dans la même période que trois toiles de Pissarro : à Albert André (100 F), à Eugène Murer (50 F) et à Théodore Duret (50 F)[90].
Cézanne aussi se fournit chez Tanguy[91].
Il lui réglera 842,50 F entre le 5 août 1873 et le 15 février 1880. Tanguy vendra un tableau de Cézanne les 25 octobre, 1er novembre et 30 décembre 1875, pour 50 F chacun ; les 30 mars et 20 septembre 1876, pour 50 F chacun ; en 1884 et 1885, pour respectivement 200 et 150 F[92].
Peintres et écrivains se rencontrent au café de la Nouvelle Athènes, 9, place Pigalle. Leurs réunions cesseront en 1883, peu après le décès de Manet[93].
Cézanne n'y fait que de rares apparitions[94].

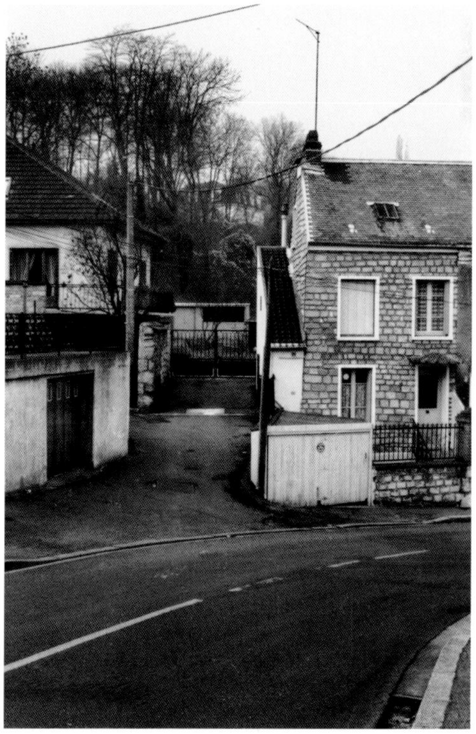

La « maison Rondest », Pontoise (voir cat. 42), photographie Alain Mothe

5 MAI
En réponse au mécontentement de Bazille, Cézanne et Pissarro, un article de Paul Alexis suggère, pour remédier aux injustices du Salon, d'avoir recours à l'association[95].

JUILLET
Date inscrite par Gachet sur l'épreuve d'une eau-forte de Cézanne, *Entrée de ferme rue Rémy*, gravée d'après la toile *Chaumière dans les arbres, à Auvers*, que possédera Pissarro[96].

SEPTEMBRE
Date d'une eau-forte de Cézanne, *Tête de femme*, gravée chez le docteur Gachet[97].

6 SEPTEMBRE
Guillaumin écrit au docteur Gachet qu'il espère passer le voir prochainement à Auvers. Il aimerait avoir l'avis de Pissarro et de Cézanne sur ses études récentes[98].

12 SEPTEMBRE
Monet invite Pissarro à passer chez lui le lendemain, afin qu'ils améliorent les statuts de leur future société. Il précise que Renoir ne sera pas présent[99].

13 OCTOBRE
Les Pissarro emménagent au 26, rue de l'Hermitage[100]. La maison, propriétaire Nicolas Cassard, est devenue l'actuel 54-54 bis, rue de l'Hermitage. Elle apparaît dans plusieurs toiles[101].

[28 OCTOBRE]
Pissarro demande au docteur Gachet qu'il lui renvoie, par l'intermédiaire de Cézanne, un effet de neige qu'il lui a prêté[102].

30 OCTOBRE
Pissarro demande au docteur Gachet qu'il lui apporte une grande plaque de cuivre[103]. C'est grâce à Gachet que Pissarro se remet à la gravure. Sur proposition du docteur, chacun adopte un signe particulier : une fleurette pour Pissarro, un pendu pour Cézanne, un chat pour Guillaumin[104].

5 DÉCEMBRE
Monet informe Pissarro qu'il a couru Paris toute la journée pour tenter, sans succès, de trouver les cinq sociétaires qu'il leur manque en complément des quinze déjà réunis pour former leur société d'artistes[105]. Une liste manuscrite de vingt noms numérotés a été retrouvée dans les papiers de Pissarro, parmi lesquels Pissarro, 26, rue de l'Hermitage à Pontoise ; Cézanne, rue Rémy à Auvers-sur-Oise, Guillaumin, 13, quai d'Anjou à Paris[106].

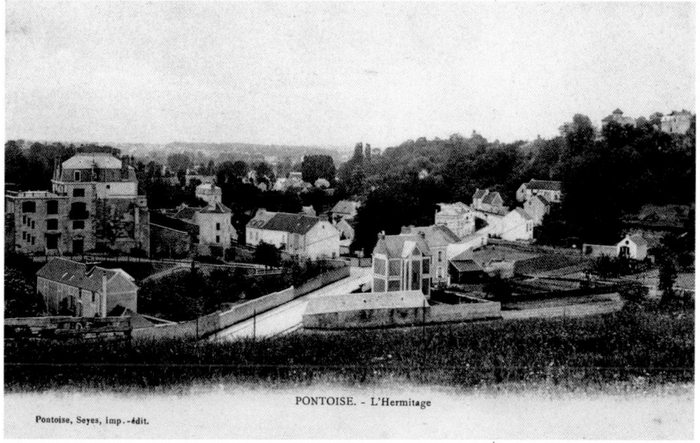

La propriété des Mathurins à l'Hermitage, Pontoise (voir cat. 53), carte postale, collection Alain Mothe

John Rewald tient de Lucien Pissarro que Pissarro a dû plaider la cause de Cézanne et Guillaumin pour les faire accepter dans le groupe[107].

8 DÉCEMBRE
Pissarro répond à une demande de Duret : « Dès le moment que vous cherchez des moutons à cinq pattes, je crois que Cézanne pourra vous satisfaire, car il a des études fort étranges et vues d'une façon unique[108]. »

27 DÉCEMBRE
Date des statuts de la « Société anonyme coopérative, à personnel et capital variables, entre les artistes-peintres, sculpteurs, graveurs et lithographes » signés notamment par Pissarro[109].

1874

[DÉBUT DE L'ANNÉE]
Pissarro exécute deux portraits de Cézanne, âgé de trente-cinq ans, portant les deux fois la même casquette et le même manteau, l'un gravé à l'eau-forte (voir cat. 18), l'autre peint[110]. Cézanne prévient un amateur, probablement Rondest, qu'il va prochainement quitter Auvers : « Si vous désirez que je signe la toile dont vous m'avez parlé, veuillez la remettre chez M. Pissarro, où j'y mettrai mon nom[111]. » Dans une lettre dont la date n'est pas déterminée, Cézanne explique à ses parents qu'il ne retourne pas à Aix, car il ne s'y sentirait pas libre de repartir ensuite. Il demande à son père de porter sa pension à 200 F par mois, ce qui lui permettrait de « faire un plein séjour à Aix[112] ».
Cézanne habitera 120, rue de Vaugirard (d'après le catalogue d'exposition de la Société anonyme coopérative).

DURANT L'ANNÉE
Durand-Ruel achètera encore à Pissarro quatre tableaux pour 5 035 F[113].

Janvier
Durand-Ruel verse 1 835 F à Pissarro, en trois fois[114].

[Janvier]
Piette écrit à Pissarro pour l'informer qu'il n'arrive pas à voir Cézanne : « Votre copain, Monsieur Cézanne, doit avoir porté sa tente sur les bords tant chantés de la mer bleue[115]. » Alors qu'on le croyait à Auvers, puis à Paris, pendant tout l'hiver 1873-1874.

17 janvier
Publication des statuts de la « Société anonyme coopérative d'artistes-peintres, sculpteurs, etc., à Paris[116] ».
En fait, il ne s'agit que d'extraits. Par exemple, l'extrait du règlement d'exposition, imprimé sur la dernière page du catalogue de l'exposition de 1874, n'est pas mentionné.

Avril
Nouveau lieu d'habitation des Pissarro à Pontoise : 18 ou 18 bis, rue de l'Hermitage, propriétaire Berlioz. La maison existe toujours, à l'adresse actuelle du 36, rue de l'Hermitage[117].

6 avril
Décès de Jeanne Rachel Pissarro, à Pontoise, 26, rue de l'Hermitage, à l'âge de huit ans et dix mois[118].

15 avril-15 mai
Première exposition de la Société anonyme des artistes peintres : 167 œuvres inscrites au catalogue, dont 5 bis et 3 numéros non attribués ; 30 exposants, parmi lesquels Pissarro, Cézanne, Guillaumin, Degas, Monet, Berthe Morisot, Renoir et Sisley[119].

26 avril
Le marchand Louis Latouche garde, à l'exposition, *Une moderne Olympia* de Cézanne, craignant qu'un spectateur trop indigné ne la crève[120].

[29 mai]
Cézanne retourne à Aix d'après sa lettre du 24 juin.

24 juin
Cézanne, de retour à Aix, donne de ses nouvelles à Pissarro[121].

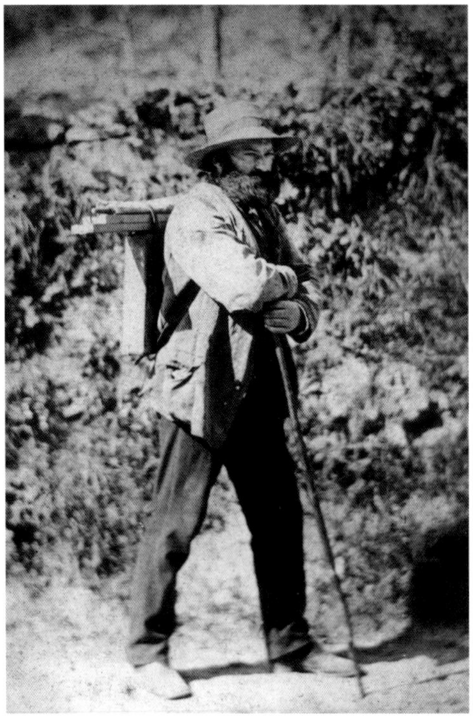

Paul Cézanne, photographie,
L&S Pissarro Archives

16 juillet
Le peintre Auguste de Molins incite Gustave Arosa à acheter des œuvres de Pissarro : « Il est entièrement sous la pantoufle de G. et n'agit que d'après son avis et G. pense beaucoup plus à lui-même qu'à ses amis. »[122]
Le mentor artistique d'Arosa est certainement Gauguin, ce qui suggère que Pissarro le connaissait déjà.

24 juillet
Naissance de Félix Camille Pissarro, à Pontoise.

[Août]
Le peintre Alfred Meyer, un des exposants de la Société anonyme, confirme à Pissarro son intention de fonder avec lui une nouvelle société d'artistes. Parmi les autres membres pressentis : Cézanne et Guillaumin[123].

[22 octobre ?]
Pissarro, dans une situation financière critique, part avec sa famille à Montfoucault[124].

26 novembre
Le docteur Gachet signale que Cézanne est passé le voir[125].

[26 novembre]
Cézanne, de retour à Paris, 120, rue de Vaugirard, écrit à sa mère que « Pissarro n'est pas à Paris depuis environ un mois et demi, il se trouve en Bretagne [en réalité à Montfoucault], mais je sais qu'il a bonne opinion de moi, qui ai très bonne opinion de moi-même. Je commence à me trouver plus fort que tous ceux qui m'entourent, et vous savez que la bonne opinion que j'ai sur mon compte n'est venue qu'à bon escient[126] ».
Les œuvres de Pissarro attestent son séjour à Montfoucault à l'automne et en hiver.[127]

17 décembre
Assemblée générale de dissolution de la Société anonyme coopérative. Les sociétaires se trouvent redevables chacun d'une somme de 184,50 F[128].

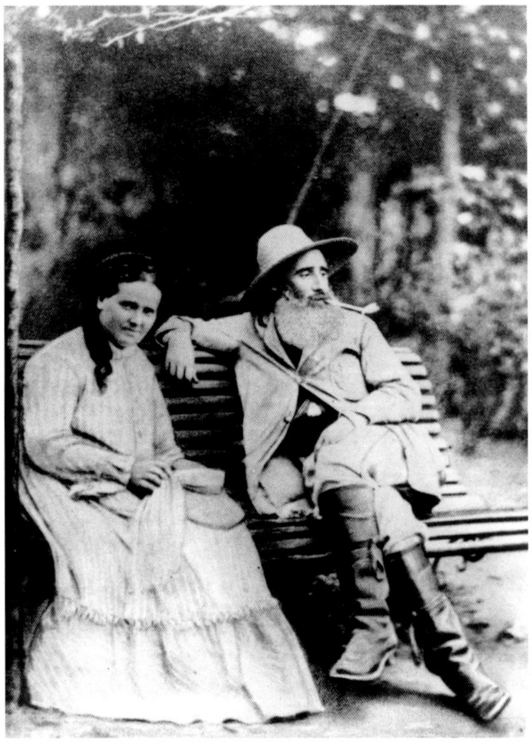

Camille Pissarro et sa femme, Julie, vers 1875,
photographie, L&S Pissarro Archives

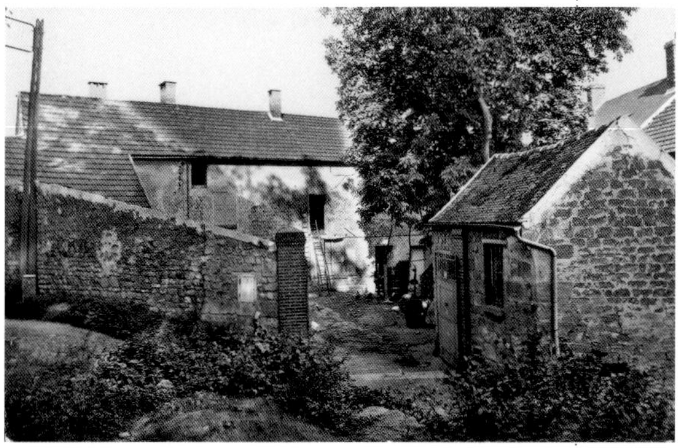

Ferme à Auvers-sur-Oise (voir cat. 36), vers 1950, carte postale, collection Alain Mothe

1875

3 JANVIER
Pissarro, en prévision de son retour à Pontoise, rédige un testament par lequel il désigne son épouse comme légataire universelle et prie ses « amis », Piette, Guillaumin et Cézanne, de bien vouloir être ses exécuteurs testamentaires[129].

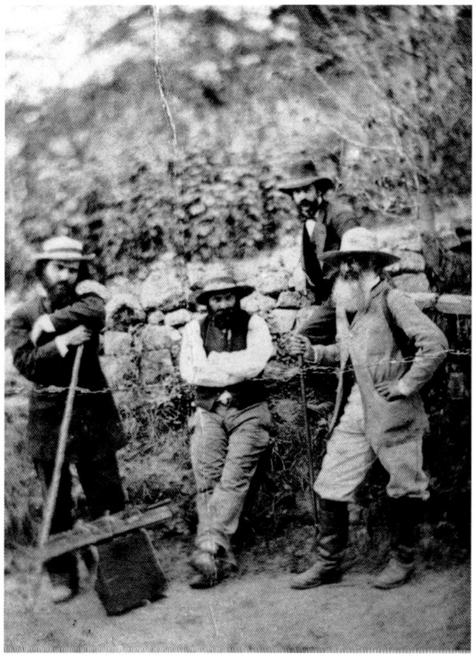

Alfonso (étudiant en médecine et peintre, à gauche), Paul Cézanne (au centre), Camille Pissarro (à droite) et une personne non identifiée au fond, vers 1875, photographie, Washington, D.C., National Gallery of Art, John Rewald Papers, Gallery Archives

[FÉVRIER]
Retour des Pissarro de Montfoucault à Pontoise, au 18, rue de l'Hermitage[130].

24 MARS
Vente à l'hôtel Drouot de 73 œuvres de Monet, Morisot, Renoir, Sisley.
Les prix atteints sont faibles : 160 F en moyenne.
Souvenir de Renoir rapporté par son fils Jean : « Le public manifesta. Un monsieur traita Berthe Morisot de "gourgandine". Pissarro donna un coup de poing à l'insolent.
Une bagarre s'ensuivit. La police intervint[131]. »

18 AOÛT
Constitution de l'Union, société anonyme d'artistes peintres (faisant concurrence à la Société anonyme) comprenant dix-neuf adhérents, dont Alfred Meyer ;
Pissarro, 10 bis, rue de l'Ermitage, à Pontoise ; Béliard,
quai du Pothuis, à Pontoise ; Cézanne, 67, rue de l'Ouest, à Paris[132].

NOVEMBRE-DÉCEMBRE
Pissarro et sa famille passent une partie de l'automne chez Piette à Montfoucault.

[FIN DÉCEMBRE]
Piette demande à Pissarro si Cézanne est « revenu de son voyage au pays du soleil[133] ». Une autre lettre de Piette à Pissarro datant de février 1876 suggère que Cézanne séjourne dans le Midi fin 1875-début 1876. Il sera de retour à Paris début février 1876, d'après la lettre de Monet à Chocquet du 4 février 1876.

1876

La famille Pissarro est recensée à Pontoise, 18, rue de l'Hermitage, avec une domestique, Marie Grandin, âgée de dix-neuf ans[134].

5 FÉVRIER
Cézanne emmène le collectionneur Victor Chocquet à Argenteuil pour le présenter à Monet[135].

22 MARS
Guillaumin prévient Pissarro que ni lui ni Cézanne ne participeront à la prochaine exposition[136].

30 MARS-30 AVRIL
Deuxième exposition de peinture : 280 œuvres inscrites au catalogue ; 19 exposants, parmi lesquels Caillebotte, Degas, Monet, Berthe Morisot (devenue Mme Eugène Manet), Pissarro, Renoir, Sysley (*sic*). Ni Cézanne ni Guillaumin n'exposent[137].

[PEU APRÈS LE 15 AVRIL]
Cézanne est rentré à Aix au moins depuis une quinzaine de jours[138].

2 JUILLET
Cézanne, à L'Estaque, après avoir quitté Aix un mois auparavant, souhaite qu'une nouvelle exposition impressionniste se tienne et que celle de l'Union soit un « four ». Il reviendra peut-être à Paris à la fin du mois[139].

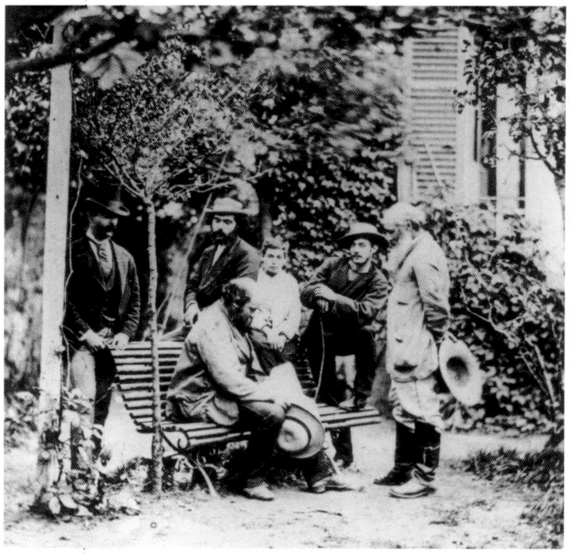

Martinès (le photographe), Alfonso, Paul Cézanne, Lucien Pissarro, Aguiar (peintre cubain) et Camille Pissarro, vers 1875, photographie, L&S Pissarro Archives

[23 JUILLET]
Guillaumin lui aussi se montre réticent à exposer avec l'Union. Il tente de redonner confiance à Pissarro, qui séjourne chez Piette à Montfoucault[140].

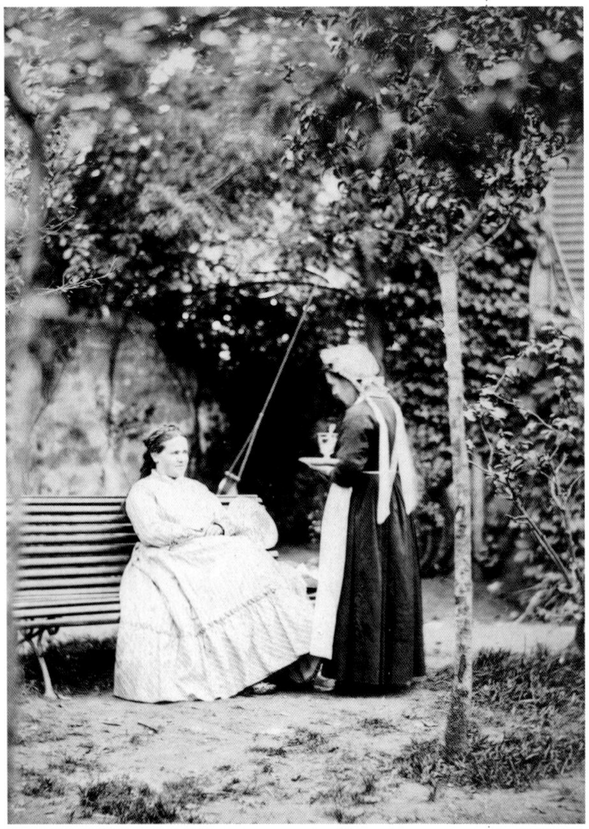

Julie Pissarro et la bonne, Marie Grandin, vers 1875, photographie, L&S Pissarro Archives

[2 SEPTEMBRE]
Cézanne est de retour à Paris depuis trois ou quatre jours[141].

[9 SEPTEMBRE]
Cézanne informe ses parents qu'il est passé, mercredi (6 septembre), voir Guillaumin à Issy. Il n'a pas encore pu aller voir Pissarro. Au bilan de l'exposition d'avril, les peintres ont touché un dividende de 3 F chacun[142].

4 OCTOBRE
Cézanne passe la journée avec Guillaumin à Issy[143].

3 NOVEMBRE
Caillebotte, à vingt-huit ans, rédige un testament. Il désire que soit prise sur sa succession la somme nécessaire pour organiser en 1878 une exposition où figureront notamment Pissarro et Cézanne. Il donne à l'État les tableaux qu'il possède[144]. Caillebotte confirmera ce testament le 20 novembre 1883, à quelques adaptations près.

1877

DURANT L'ANNÉE
Cézanne revient parfois à Pontoise et Auvers[145].
Pissarro et, plus rarement, Cézanne participent, le mercredi, aux dîners du pâtissier Eugène Murer, 95, boulevard Voltaire[146].
Pissarro achète 264,25 F de fournitures à Tanguy[147].

15 FÉVRIER-17 MARS
Exposition de l'Union, au Grand-Hôtel, 37, boulevard des Capucines, sans Pissarro, Cézanne et Guillaumin[148].

24 FÉVRIER
Cézanne travaille beaucoup chez lui à Paris[149].

4-30 AVRIL
Troisième exposition de peinture : 241 œuvres inscrites au catalogue ; 18 exposants, parmi lesquels Caillebotte, Cézanne, Degas, Guillaumin, Monet, Berthe Morisot, Piette, Pissarro, Sisley, Renoir[150]. Le bénéfice s'élèvera à une soixantaine de francs pour chacun[151].

5 AVRIL
Dîner d'une vingtaine d'« impressionnistes » au café Riche, présidé par Zola, « un impressionniste de la plume », parmi lesquels Pissarro, Cézanne, Caillebotte, Monet, Piette[152].

28 MAI
Vente de tableaux de Pissarro (14), Caillebotte, Renoir et Sisley à l'hôtel Drouot, sans grand succès.

24 AOÛT
Cézanne informe Zola qu'il va tous les jours dans le parc d'Issy réaliser des études[153].

[VERS LA FIN SEPTEMBRE]
Cézanne fait une apparition au café de la Nouvelle Athènes[154].

1878

DURANT L'ANNÉE
Pissarro loue un atelier à Montmartre, 18, rue des Trois-Frères[155].

22 FÉVRIER
Murer prévient Pissarro que « Sézanne » compte repartir dans le Midi dès les premiers jours de mars[156].

[VERS MARS]
Pissarro informe Caillebotte que Cézanne compte participer à leur prochaine exposition[157].

4 MARS
Reconnaissance de dette de Paul Cézanne, « demeurant [encore] à Paris, rue de l'Ouest, 67 », à M. et Mme Tanguy, pour 2 174,80 F de fournitures de peinture[158]. Tanguy rappellera cette dette dans une lettre à Cézanne datée du 31 août 1885, son compte s'étant élevé entre-temps à 4 015,40 F, après déduction de 1 442,50 F de paiements et du produit de la vente de tableaux[159].

23 MARS
Cézanne, à L'Estaque, avant de rentrer le soir à Aix, apprend à Zola que son père a découvert l'existence de sa compagne, Hortense Fiquet, et de leur fils, Paul, âgé de six ans[160].

[28 MARS]
Cézanne demande à Zola de prêter une de ses natures mortes pour la prochaine exposition impressionniste[161].

4 AVRIL
Son père ayant décidé de ne plus lui allouer que 100 F de pension, Cézanne demande à Zola d'envoyer régulièrement 60 F à Hortense Fiquet, ce qu'il fera jusqu'en août[162].

14 AVRIL
Décès de Ludovic Piette à Montfoucault.

MAI
Publication d'une brochure de Théodore Duret : *Les Peintres impressionnistes : Claude Monet, Sisley, C. Pissarro, Renoir, Berthe Morisot.*

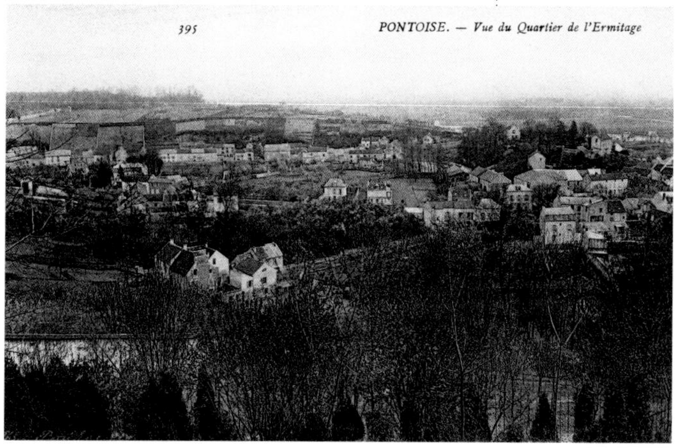

L'Hermitage, Pontoise (voir cat. 67), carte postale, collection Alain Mothe

6 JUIN
Vente judiciaire à l'hôtel Drouot de la collection Ernest Hoschedé, comprenant 9 tableaux de Pissarro.

16 JUILLET
Cézanne se trouve à L'Estaque depuis une huitaine de jours[163].

[VERS JUILLET]
Pissarro confie à Murer : « Ce que je souffre actuellement est terrible, encore bien plus qu'étant jeune, plein d'enthousiasme et d'ardeur, convaincu que je suis d'être perdu comme avenir. Cependant, il me semble que je n'hésiterais pas, s'il fallait recommencer, suivre la même voie[164]. »

29 JUILLET
Cézanne, à L'Estaque, cherche à se loger à Marseille pour passer l'hiver, avant d'aller à Paris vers mars. Il pourrait s'installer, comme il le fit à Auvers, un an ou deux dans les environs de Médan, où Zola vient d'acheter une propriété[165].

24 AOÛT
Pissarro rentre à Pontoise, après quinze jours de démarches inutiles pour tenter de trouver un acheteur[166].

27 AOÛT
Cézanne cherche toujours un logement peu onéreux à Marseille[167].

[FIN AOÛT]
Pissarro revient à Paris, après, dit-il avec ironie, un « long séjour à Pontoise, où je me suis livré à une débauche de peinture ». Ses diffilcultés financières persistent[168].

[13 OU 14 SEPTEMBRE]
Julie exprime à Camille une grande lassitude[169].

14 SEPTEMBRE
Cézanne séjourne toujours à L'Estaque. Son père lui a « rendu » 300 F ce mois-ci, soit probablement la même somme qu'il lui allouait antérieurement[170].

[14 SEPTEMBRE]
Pissarro doit rentrer aussitôt à Pontoise, tant il sent sa femme désespérée[171].

24 SEPTEMBRE
Cézanne a décidé de passer l'hiver à L'Estaque. Le soir, il rentre dormir à Marseille[172].

5 NOVEMBRE
Toute la famille Pissarro quitte Pontoise pour s'installer à Paris, dans l'atelier que Camille occupe depuis le début de l'année, 18, rue des Trois-Frères. Ils y demeureront jusqu'en mai 1879[173].

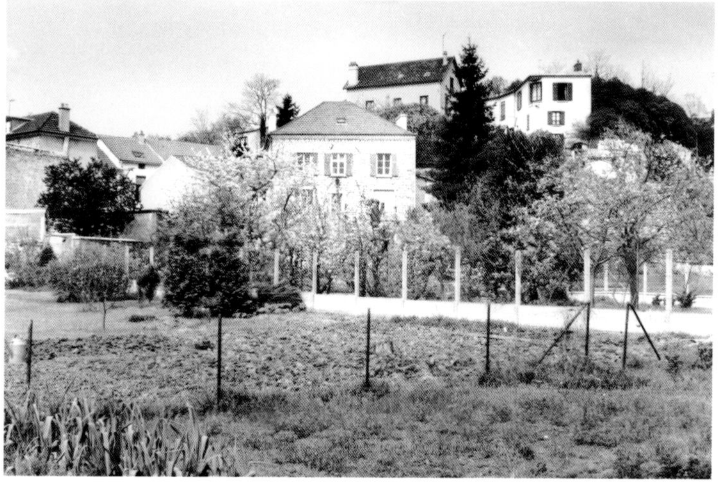

Le jardin de Maubuisson, Pontoise (voir cat. 69), photographie Alain Mothe

13 NOVEMBRE
Il y a environ neuf mois que Cézanne a quitté Paris[174].

21 NOVEMBRE
Naissance de Ludovic Rodolphe Pissarro, à Paris, 18, rue des Trois-Frères.

19 DÉCEMBRE
Cézanne se trouve toujours à L'Estaque. Il pense qu'il reviendra à Paris au début du mois de mars[175].

[FIN DÉCEMBRE]
Pissarro vend à Murer deux *Automne* récents, 50 F chacun, dont l'un représente la « maison rouge[176] ». La maison, blanche en réalité, est celle qu'habitaient les Pissarro à Pontoise, 18, rue de l'Hermitage[177] (adresse actuelle : 36, rue de l'Hermitage).

1879

FÉVRIER
Cézanne informe Zola qu'il restera encore une quinzaine de jours à L'Estaque, puis qu'il ira à Aix, d'où il partira pour Paris[178].

[16 MARS]
Degas fait le point des participants éventuels à leur future exposition : « Sisley renonce. J'ai vu Pissarro ce matin, Cézanne va arriver dans quelques jours, Guillaumin le verra de suite. Monet ne sait encore qu'une chose, c'est qu'il n'envoie pas au Salon. [...] Mlle Cassatt voit demain Mlle Morisot et saura sa résolution[179]. »

1er AVRIL
Cézanne explique à Pissarro, qu'à cause des difficultés soulevées par son envoi au Salon, il décide de ne pas participer à l'exposition des impressionnistes. Il doit quitter Paris dans quelques jours, pour Melun[180].

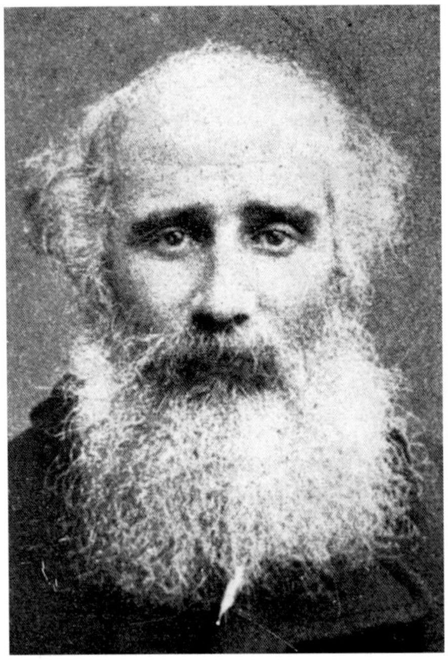

Camille Pissarro, vers 1880,
Paris, collection Sirot-Angel

[Vers avril]
Pissarro, Degas, Bracquemond et Mary Cassatt projettent de publier un journal de gravures. Selon Degas, « Pissarro est ravissant d'ardeur et de foi[181] ».

10 avril-11 mai
Quatrième exposition de peinture : 246 œuvres inscrites au catalogue ; 15 exposants, parmi lesquels Caillebotte, Cassatt, Degas, Monet, Pissarro. 12 œuvres de Piette, non mentionnées. Au moins 1 sculpture de Gauguin, non mentionnée[182].

[Fin mai, avant le 26]
La famille Pissarro revient habiter à Pontoise, 18, rue de l'Hermitage[183].

[Fin mai]
Caillebotte informe Monet que le bénéfice de l'exposition, pour environ 15 400 entrées, s'élève à 439,50 F par personne[184].

3 juin
Cézanne, qui habite à Melun depuis le début avril, signale à Zola qu'il est passé à Paris le 10 mai[185].

5 juin
Cézanne confirme à Zola leur rendez-vous à Paris le 10 juin. Il compte arriver la veille[186].

Seconde moitié de septembre
Pissarro reçoit Gauguin à Pontoise[187].

24 septembre
Cézanne livre cette confidence à Zola : « Je m'ingénie toujours à trouver ma voie picturale. La nature m'offre les plus grandes difficultés[188]. »

[Vers décembre]
Degas envoie à Pissarro des épreuves de ses gravures et l'en complimente[189].

18 décembre
De Melun, Cézanne signale à Zola qu'il pourrait bien être obligé de se réfugier à Paris samedi (20 décembre), car il n'aura plus de charbon[190].

26 décembre
Oller demande à Pissarro qu'il envoie une de ses œuvres à Madrid pour l'exposer à côté d'une des siennes. Il fait la même demande à Cézanne[191].

1880

Durant l'année
Renoir exécute au pastel le *Portrait de Cézanne*, que celui-ci copiera, probablement en 1881[192] (Pissarro acquiert la peinture de Cézanne).

24 janvier
Un article du *Gaulois*, signé Tout-Paris, signale la publication, le 1er février, du recueil de gravures *Le Jour et la Nuit*. Il annonce aussi la perte pour l'école impressionniste de Claude Monet, dont les obsèques auront lieu avec l'ouverture du Salon[193].

2 février
Monet (très actif) interroge Pissarro pour savoir qui est l'instigateur de l'article[194].

[5 février]
Pissarro déclare à Monet toute son indignation contre cette sorte d'écrits[195]. L'auteur de l'article est probablement Octave Mirbeau[196].

1er avril
Cézanne informe Zola qu'il est de retour à Paris, après son séjour d'un an à Melun. Il réside, 32, rue de l'Ouest[197].

1er-30 avril
Cinquième exposition de peinture : 232 œuvres inscrites au catalogue ; 18 exposants, parmi lesquels Pissarro, Caillebotte, Mary Cassatt, Degas, Gauguin, Guillaumin, Berthe Morisot[198].

9 avril
La mère de Mary Cassatt regrette le report de parution du recueil *Le Jour et la Nuit*[199]. Celui-ci ne verra jamais le jour.

15 juillet
Cézanne, qui séjourne chez Zola à Médan, passe la journée avec Guillemet, arrivé la veille[200].

À partir de novembre
Pissarro loge à Paris dans son atelier, 18, rue des Trois-Frères[201].

Fin de l'année
Grâce à l'appui du directeur de la banque l'Union générale, Durand-Ruel peut reprendre ses achats aux impressionnistes[202].
Fin décembre, il verse 1 750 F à Pissarro et propose de lui prendre tout ce qu'il fera[203].

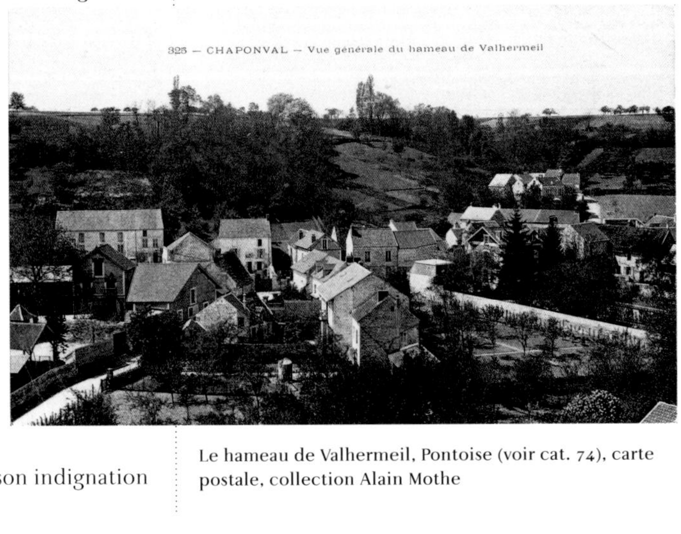

Le hameau de Valhermeil, Pontoise (voir cat. 74), carte postale, collection Alain Mothe

1881

DURANT L'ANNÉE
Durand-Ruel règle à Pissarro 14 450 F, en plusieurs versements[204].

27 FÉVRIER
À Aix, Cézanne assiste au mariage de sa sœur Rose[205].

2 AVRIL-1er MAI
Sixième exposition de peinture : 170 œuvres inscrites au catalogue ; 13 exposants, parmi lesquels Mary Cassatt, Degas, Gauguin, Guillaumin, Berthe Morisot, Pissarro, mais pas Caillebotte[206].

7 MAI
Cézanne annonce à Zola qu'il réside avec sa famille à Pontoise depuis deux jours, 31, quai du Pothuis, non loin de la maison de Pissarro[207].

14 MAI
Vente à l'hôtel Drouot au profit du musicien François Cabaner : 38 numéros, parmi lesquels 2 aquarelles de Pissarro et 2 tableaux de Cézanne[208].

16 MAI
Cézanne, arrivé à Pontoise, écrit à Chocquet qu'il a vu Pissarro la veille. Il restera à Pontoise jusqu'en octobre[209].

20 MAI
Cézanne informe Zola qu'il voit souvent Pissarro[210].

[JUILLET]
Gauguin interroge Pissarro : « M. Césanne a-t-il trouvé la formule exacte d'une œuvre admise par tout le monde ? S'il trouvait la recette pour comprimer l'expression outrée de toutes ses sensations dans un seul et unique procédé, je vous en prie, tâchez de le faire causer[211]. »

AU MOINS À PARTIR DU 27 AOÛT
La famille Pissarro s'installe au 85, quai du Pothuis à Pontoise, propriétaire M. F. Jeanne, loyer de 175 F par mois, à quelques maisons du lieu où réside Cézanne[212]. La maison existe toujours, beaucoup transformée (adresse actuelle : 21, quai Eugène-Turpin).
En 1881, la famille Pissarro, Joséphine Daudon, une sœur de Julie, et son fils sont recensés au 85, quai du Pothuis. Cézanne, quant à lui, n'est pas recensé[213].

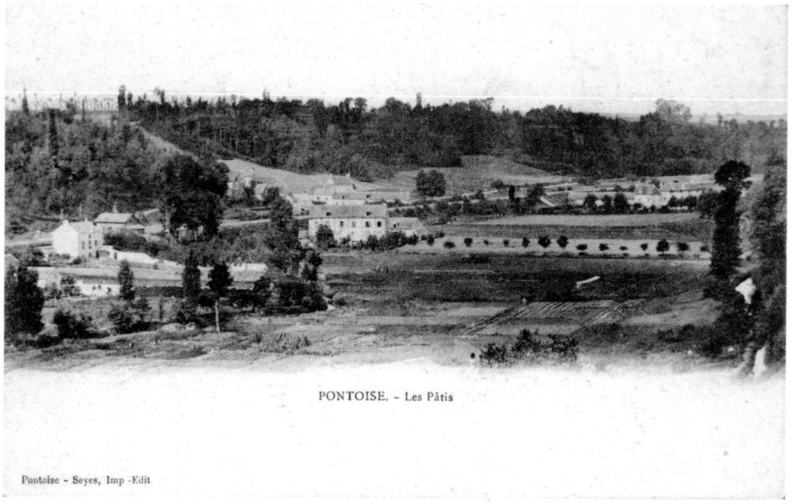

Les Pâtis, Pontoise (voir cat. 100), carte postale, collection Alain Mothe

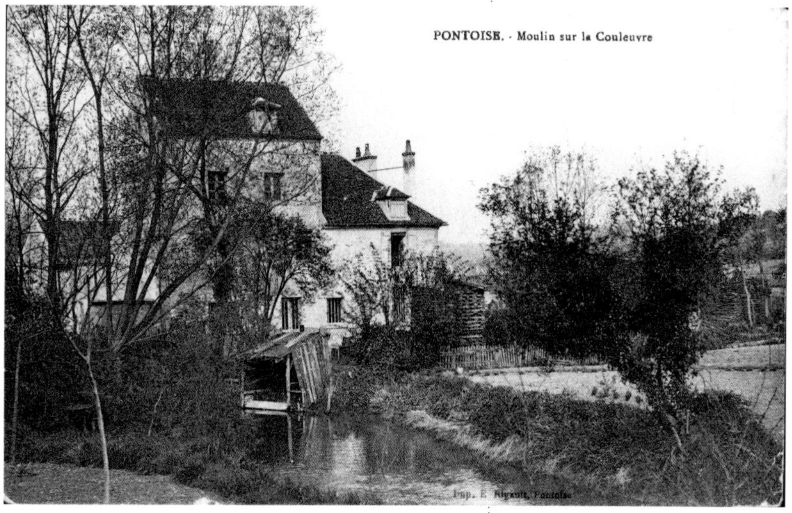

Le moulin sur la Couleuvre, Pontoise (voir cat. 93), carte postale, collection Alain Mothe

27 AOÛT
Naissance de Jeanne Marguerite Éva Pissarro, quai du Pothuis.

15 OCTOBRE
Cézanne annonce à Zola qu'il se prépare à quitter Pontoise pour Aix[214].

5 NOVEMBRE
Zola signale qu'il a reçu Cézanne à Médan pendant huit jours, lequel est reparti pour Aix[215].

1882

[VERS LE 24 FÉVRIER]
Lettre de Pissarro à Monet : « Cézanne m'a écrit qu'il n'avait rien[216] [pour l'exposition de cette année-là] ! »

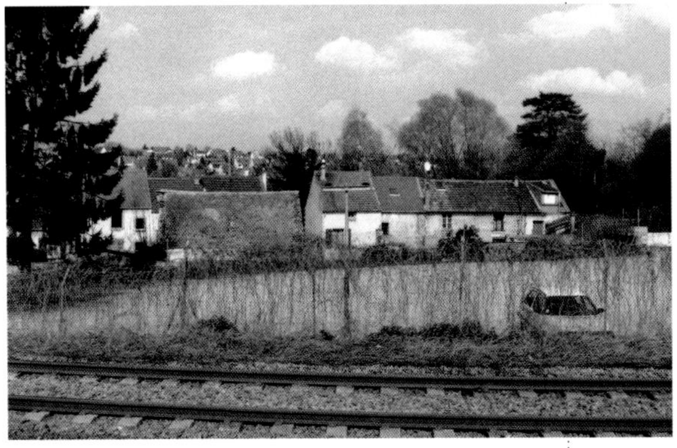

Osny (voir cat. 102), photographie Alain Mothe

1er MAI-20 JUIN
Une toile de Cézanne est exposée au Salon des Champs-Élysées, grâce à Guillemet, membre du jury.

ÉTÉ
Maisons à Pontoise, près de Valhermeil (cat. 96), de Cézanne, représente le même lieu que celui choisi par Pissarro pour *Les Coteaux de Chou, Pontoise* (cat. 97). Même si personne ne sait où Cézanne a passé l'été 1882, il semble probable, d'après Rewald, que les deux peintures ont été exécutées l'une à côté de l'autre, à cette époque, lors d'une visite de Cézanne à Pissarro[217].

1883

13 MAI
Lettre de Pissarro à Joris-Karl Huysmans : « D'où vient que vous ne dites pas un mot de Cézanne, que pas un de nous n'admette comme un des tempéraments les plus étonnants et les plus curieux de notre époque, et qui a eu une influence très grande sur l'art moderne[218] ? »

1884

[DÉBUT MARS]
Lettre de Pissarro à Lucien : « Quand on est trop près, on ne voit rien, c'est comme un tableau de Cézanne que tu te fourrerais sous le nez. À propos de Cézanne, je me suis payé quatre de ses études, très curieuses[219]. »

1885

Pissarro persuade Signac d'acheter un paysage de Cézanne[220].

14 JUIN
De retour d'Aix, Cézanne dîne chez Zola à Paris[221].

15 JUIN-10 JUILLET
Cézanne et sa famille sont hébergés par Renoir à La Roche-Guyon[222].

11 JUILLET
Cézanne s'installe à Vernon[223].

22 JUILLET
Cézanne arrive chez Zola à Médan, où il passe quelques jours avant de repartir pour Aix[224].

[FIN AOÛT]
Lettre de Pissarro à Monet : « On m'a dit que Cézanne était reparti pour Marseille[225]. »

27 OCTOBRE
Lettre de Monet à Pissarro : « Je ne serai pas des vôtres pour le prochain dîner. Vous voudrez bien m'en excuser près des amis et leur faire mes amitiés. Et vous, que faites-vous, et Renoir, Cézanne, Sisley, et Durand (*sic*) ? Les affaires, où tout cela en est-il ? Vous serez bien aimable de me mettre un peu au courant. »[226] La lettre indique que Pissarro est toujours en contact avec Cézanne.

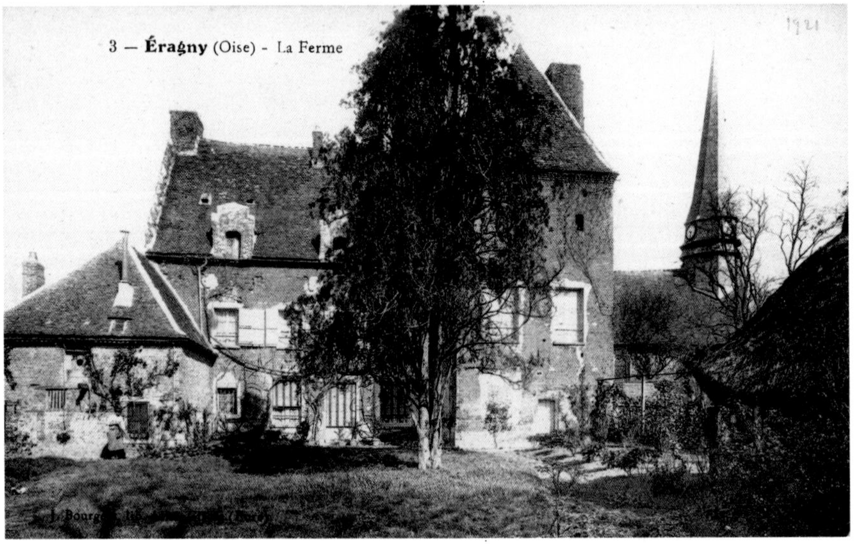

L'église et le manoir d'Éragny-sur-Epte (voir cat. 101), carte postale, collection Alain Mothe

1888-1890

Après avoir hérité de son père, Cézanne loue un appartement à Paris, au 15, quai d'Anjou[227].

1891

7 MAI
Pissarro envoie à son fils une copie de l'article d'Émile Bernard sur Cézanne. Il constate que son eau-forte *Portrait de Cézanne* est reproduite par une revue[228] (voir p. 243).

1895

25 MAI
Cézanne et Pissarro se rencontrent en visitant l'exposition Monet à la galerie Durand-Ruel et s'enthousiasment devant la série des cathédrales de Rouen[229].

NOVEMBRE
Pissarro visite la première grande rétrospective Cézanne chez Vollard – un événement qu'il évoquera fréquemment[230].

22 NOVEMBRE
Pissarro fait cette remarque à son fils Lucien : « Ils [les critiques] ne se doutent pas que Cézanne a subi des influences comme nous tous et que cela en somme ne retire rien de ses qualités ; ils ne savent pas que Cézanne a

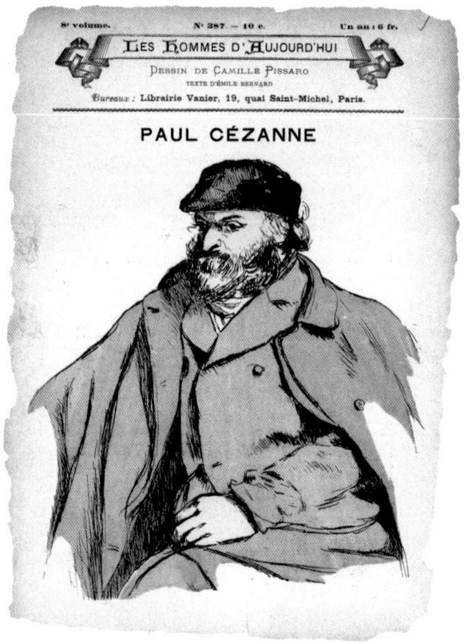

Camille Pissarro, *Portrait de Cézanne*, couverture des *Hommes d'aujourd'hui*, 1891, The New York Public Library, Art & Architecture Collection, Miriam and Ira D. Wallach Division of Art, Prints and Photographs, Astor, Lenox and Tilden Foundations

subi d'abord l'influence de Delacroix, Courbet, Manet, et même Legros, comme nous tous ; il a subi mon influence à Pontoise et moi la sienne. […] Ce qu'il y a de curieux, c'est que dans cette exposition de Cézanne chez Vollard, on voit la parenté qu'il y a dans certains paysages d'Auvers, Pontoise et les miens [231]. »

29 NOVEMBRE
Lettre de Pissarro à Lucien : « J'ai fait un échange pour des petites choses de Cézanne [232]. »

12 DÉCEMBRE
Pissarro achète un tableau de Cézanne à Vollard : « une peinture femme nue debout en hauteur de Cézanne, 200 francs ».
La même année, Pissarro commence à peindre des nus [233].

1896

20 JANVIER
Lettre de Pissarro à Lucien : « Il paraît qu'il [Cézanne] est furieux contre nous tous : "Pissarro est une vieille bête, Monet un finaud, ils n'ont rien dans le ventre… Il n'y a que moi qui ai du tempérament, il n'y a que moi qui sais faire un rouge [234] !!…" »

31 JANVIER
Lettre de Pissarro à Lucien : « [Georges] Lecomte m'a dit, à propos de Cézanne, qu'il s'était mis à me bêcher ferme auprès de Gustave Geffroy, dont il fait le portrait, en ce moment, comme c'est gentil ; moi qui, depuis trente ans, le défends avec tant d'énergie et conviction d'ailleurs, ce serait trop long à te raconter, mais c'est de là que vient cette espèce de silence et de doute… Ah bah !… Travaillons ferme et tâchons de faire des gris épatants ! Ce sera mieux que de bêcher les autres [235]… »

1902

Catalogue de la quatrième exposition de la Société des amis des arts d'Aix-en-Provence : « CÉZANNE (Paul), élève de Pissaro, Rue Boulegon, Aix ».

[1905]

Lettre de Cézanne à Émile Bernard : « L'étude modifie notre vision à tel point que l'humble et colossal Pissarro se trouve justifié de ses théories anarchistes [236]. »

1906

[20] JUILLET
Lettre de Cézanne à son fils Paul : « Bonjour à Madame Pissarro – comme tout est déjà lointain et pourtant si rapproché [237]. »

[ÉTÉ ?]
Supplément au catalogue de la cinquième exposition de la Société des amis des arts d'Aix-en-Provence : « Paul Cézanne, élève de Pissarro ».

SEPTEMBRE
Cézanne continue de se référer à Pissarro [238].

SANS DATE
Propos rapporté de Cézanne : « Quant au vieux Pissarro, ce fut un père pour moi. C'était un homme à consulter et quelque chose comme le bon Dieu [239]. »

Notes

Abréviations
Les abréviations des principales sources et références bibliographiques sont les suivantes :

Archives Pissarro
Vente *Archives de Camille Pissarro*, Paris, hôtel Drouot, 21 novembre 1975, microfilms conservés au cabinet des Estampes, Bibliothèque nationale, Paris.

BL
Richard R. Brettell et Christopher Lloyd, *A Catalogue of the Drawings by Camille Pissarro in the Ashmolean Museum, Oxford*, Oxford, The Clarendon Press, 1980.

C
Adrien Chappuis, *The Drawings of Paul Cézanne : A Catalogue Raisonné*, 2 vol., Greenwich, Conn., New York Graphic Society, 1973.

Cézanne, *Correspondance*
Paul Cézanne, *Correspondance*, recueillie, annotée et préfacée par John Rewald, Paris, Bernard Grasset Éditeur, 1978.

CV
Ludovic Rodo Pissarro, *Curriculum vitæ* ; inédit, musée Pissarro, Pontoise.

JBH
Janine Bailly-Herzberg, *Correspondance de Camille Pissarro*, vol. I : *1865-1885*, Paris, Presses universitaires de France, 1980 ; vol. II : *1886-1890*, vol. III : *1891-1894* et vol. IV : *1895-1898*, Paris, Éditions du Valhermeil, 1986, 1988 et 1989 ; vol. V : *1899-1903*, Saint-Ouen-l'Aumône, Éditions du Valhermeil, 1991.

LD
Loys Delteil, « Pissarro, Sisley, Renoir », *Le Peintre-Graveur illustré*, tome XVII, Paris, 1923.

LM
Jean Leymarie et Michel Melot, *Les Gravures des impressionnistes, Manet, Pissarro, Renoir, Cézanne, Sisley*, Paris, Arts et Métiers graphiques, 1971.

MB
Marie Berhaut, *Gustave Caillebotte, catalogue raisonné des peintures et pastels*, nouvelle édition revue et augmentée avec le concours de Sophie Pietri,

Paris, Wildenstein Institute, La Bibliothèque des Arts, 1994.

MPP
Musée Pissarro, Pontoise.

Piette
Janine Bailly-Herzberg, *Mon cher Pissarro. Lettres de Ludovic Piette à Camille Pissarro*, Paris, Éditions du Valhermeil, 1985.

PV
Ludovic Rodo Pissarro et Lionello Venturi, *Camille Pissarro : son art, son œuvre*, 2 vol., Paris, Paul Rosenberg Éditeur, 1939.

R
John Rewald, en collaboration avec Walter Feilchenfeldt et Jayne Warman, *The Paintings of Paul Cézanne : A Catalogue Raisonné*, I : *The Texts* ; II : *The Plates* ; New York, Harry N. Abrams, 1996.

Rwc
John Rewald, *Les Aquarelles de Cézanne, catalogue raisonné*, Paris, Arts et Métiers graphiques, 1984.

VM
Victor Merlhès, *Correspondance de Paul Gauguin, 1873-1888*, Paris, Fondation Singer-Polignac, 1984.

W
Daniel Wildenstein, *Claude Monet, biographie et catalogue raisonné*, I : *Peintures, 1840-1881* ; II : *Peintures, 1882-1886* ; Lausanne-Paris, La Bibliothèque des Arts, 1974, 1979.

Zola, *Correspondance*
Émile Zola, *Correspondance*, I : *1858-1867*, II : *1868-mai 1877*, III : *juin 1877-mai 1880*, IV : *juin 1880-décembre 1883*, édité sous la direction de B. H. Bakker, éditrice associée Colette Becker, conseiller littéraire Henri Mitterand, Montréal-Paris, Les Presses de l'université de Montréal-Éditions du CNRS, respectivement 1978, 1980, 1982, 1983.

Les autres références bibliographiques sont citées en entier la première fois, en abrégé par la suite.

1. Lettre JBH 1181, de Pissarro à son fils Lucien, datée « 4 décembre 1895 ».
2. Participation de « Sésame » d'après un article d'Arnold Mortier dans *Le Nain jaune*, repris par F. M. (Francis Magnard) dans *Le Figaro*, 8 avril 1867 ; Jacques Lethève, *Impressionnistes et symbolistes devant la presse*, Paris, Armand Colin, 1959, p. 44-45 et note 9, p. 279.
3. Gaston Poulain, *Bazille et ses amis*, Paris, La Renaissance du Livre, 1932, p. 48-49.
4. Paul Alexis, *Émile Zola, notes d'un ami*, Paris, G. Charpentier Éditeur, 1882, p. 71.
5. Lettre de Cézanne, Paris, à Pissarro, datée ; *Archives Pissarro*, n° 10 ; Cézanne, *Correspondance*, p. 112-113.
6. L'une de ces toiles est PV 46.
7. Lettre de Guillemet, Yport, à Pissarro, datée « samedi 26 août » ; *Archives Pissarro*, n° 79.
8. Lettre de Guillemet à Pissarro, datée « mardi 13 septembre » ; *Archives Pissarro*, n° 79.
9. Lettre JBH 1090, de Pissarro, Batignolles, à Francisco Oller, datée.
10. Lettre de Zola à Antony Valabrègue, non datée ; vente *Autographes, livres*, Paris, hôtel Drouot, 27 septembre 2002, n° 26 ; Zola, *Correspondance*, I, n° 145.
11. Lettre de Fortuné Marion à Henrich Morstatt, datée ; Alfred H. Barr Jr, « Cézanne d'après les lettres de Marion à Morstatt, 1865-1868 », *Gazette des beaux-arts*, n° 883, janvier 1937, tome XVII, p. 45.
12. Lettre de Marion à Morstatt ; « Cézanne d'après les lettres de Marion à Morstatt, 1865-1868 », p. 46.
13. Lettre de Cézanne, 22, rue Beautreillis, Paris, à M. de Nieuwerkerke, datée ; Archives du Louvre, Salon de 1866 ; Cézanne, *Correspondance*, p. 114-115.
14. Émile Zola, « Le Jury », *L'Événement*, 27 avril 1866 ; repris dans *Mon Salon, augmenté d'une dédicace* [« À mon ami Paul Cézanne »] *et d'un appendice*, Paris, Librairie centrale, 1866.
15. Émile Zola, « Salon de 1866. Adieux d'un critique d'art », *L'Événement*, 20 mai 1866 ; repris dans *Mon Salon*, juillet 1866.
16. Lettre de Zola, Paris, à Numa Coste, datée ; Zola, *Correspondance*, I, n° 150.
17. Lettre de Zola, Paris, à Coste, datée « Paris, 26 juillet 1866 » ; Zola, *Correspondance*, I, n° 151.
18. Lettre de Guillemet, au Guildo-en-Crehen, à Zola, datée « mercredi 31 » [en réalité, mardi 31 ou mercredi 1er août] ; Renée Baligand, « Lettres inédites d'Antoine Guillemet à Émile Zola (1866-1870) », *Les Cahiers naturalistes*, Paris, Grasset-Fasquelle et Société littéraire des Amis d'Émile Zola, 1978, n° 52, 23e année, p. 184-185.
19. Lettre de Guillemet, chez M. Dagorne au Guildo-en-Crehen, à Pissarro, datée « vendredi 17 août » ; *Archives Pissarro*, n° 79.
20. Lettre de Marion, Aix, à Morstatt, datée ; « Cézanne d'après les lettres de Marion à Morstatt, 1865-1868 », p. 57-58.
21. Lettre de Guillemet à Oller, datée ; copie au MPP.
22. Lettre de Guillemet à Pissarro, non datée ; *Archives Pissarro*, n° 11 ; Cézanne, *Correspondance*, p. 126.
23. Théodore Duret, *Histoire des peintres impressionnistes*, Paris, Librairie Floury, 1906.
24. Lettre de Cézanne à Zola, non datée, écrite un mercredi ; Cézanne, *Correspondance*, p. 124.
25. Lettre de Cézanne, datée « Ce jourd'hui, 23 octobre 1866 an de grâce », et de Guillemet, non datée, à Pissarro ; *Archives Pissarro*, n° 11 ; Cézanne, *Correspondance*, p. 124-126.
26. Lettre de Zola à Valabrègue, datée « 10 décembre 1866 » ; Zola, *Correspondance*, I, n° 159.
27. Lettre de Zola, Paris, à Valabrègue ; Zola, *Correspondance*, I, n° 162.
28. Pétition de F. Bazille, 20, rue Visconti, au surintendant des Beaux-Arts, datée ; Archives du Louvre, Salon de 1867.
29. Ludovic Rodo Pissarro, *Notes recueillies d'après les documents, catalogues, lettres, peintures, etc.* ; inédit, MPP.
30. Plan de la rue du Fond-de-l'Ermitage, Archives départementales du Val-d'Oise.
31. F. M., *Le Figaro*, 8 avril 1867, citant un article d'Arnold Mortier paru dans *Le Nain jaune* ; Jacques Lethève, *Impressionnistes et symbolistes devant la presse*, 1959, p. 45.
32. Lettre de Zola à Francis Magnard, non datée ; Zola, *Correspondance*, I, n° 172.
33. Pétition signée par vingt-cinq personnes, non datée, cachet de réception 13 avril 1867 ; Archives du Louvre, Salon de 1867.
34. Lettre de Zola à Philippe Solari, datée « 6 juin 1867 » ; Zola, *Correspondance*, I, n° 186.

35. Lettre de Marion, Aix, à Morstatt, non datée ; « Cézanne d'après les lettres de Marion à Morstatt, 1865-1868 », p. 41.
36. Adresse qu'indique le catalogue du Salon de 1868 et date que donne la lettre JBH 5 du 11 octobre 1868.
37. Lettre de Marion à Morstatt, datée « 9 octobre 1867 » ; « Cézanne d'après les lettres de Marion à Morstatt, 1865-1868 », p. 50.
38. Armand Guillaumin, *Camille Pissarro en train de peindre des volets*, non daté, musée municipal de l'Évêché, Limoges.
39. Testament JBH 3, daté « 19 janvier 1868 » ; lettre d'Alfred Pissarro à Camille Pissarro, at P. Isaacson, 23 Norfolk St. Strand, London, datée « 28 janvier » ; *Archives Pissarro*, addendum n° 4.
40. Theodore Reff, « Copyists in the Louvre, 1850-1870 », *The Art Bulletin*, volume XLVI, décembre 1964, p. 555 et note n° 37.
41. Lettre de Solari à Zola, datée « 2 avril » ; John Rewald, *Cézanne et Zola*, Paris, Éditions A. Sedrowski, 1936, p. 62.
42. Lettre JBH 5, datée « 11 octobre 1868 ».
43. Lettres de Cézanne à Coste, l'une datée « mercredi 13 mai 1868 », l'autre « Aix, vers fin novembre. Nous sommes lundi soir » ; Cézanne, *Correspondance*, p. 129 et 132 ; lettre de Zola, Paris, à Marius Roux, datée « 4 décembre 1868 » ; Zola, *Correspondance*, II, n° 48.
44. Émile Zola, « Mon Salon : les Naturalistes », *L'Événement illustré*, 19 mai 1868.
45. Lettre de Guillemet, « Hôtel du Gd Cerf, Pontoise » (Saint-Ouen-l'Aumône, en réalité), à Zola, datée « vendredi 7 août » ; « Lettres inédites d'Antoine Guillemet à Émile Zola (1866-1870) », p. 189-190.
46. Lettre JBH 5, de Pissarro, Pontoise, au sous-préfet, datée « 11 octobre 1868 ».
47. Acte de naissance d'Amélie Hortense Fiquet le 22 avril 1850, mairie de Saligney, Jura ; John Rewald, *Cézanne et Zola*, p. 67.
48. François Thiébault-Sisson, « Claude Monet : les années d'épreuves », *Le Temps*, 26 novembre 1900 ; Ambroise Vollard, *Paul Cézanne*, Paris, Vollard, 1914.
49. *Vente après décès de la Succession de Madame Émile Zola, en exécution du testament de la défunte*, Paris, hôtel Drouot, 9-10 novembre 1925, lot n° 48.
50. Lettres JBH 7 et 12.
51. Lettre de Guillemet à Zola, datée ; « Lettres inédites d'Antoine Guillemet à Émile Zola (1866-1870) », p. 194-195.
52. Lettre de Zola à Valabrègue, datée ; Zola, *Correspondance*, II, lettre n° 80, p. 205.
53. PV 96.
54. Lettre de Zola à Solari, datée « 13 février 1870 » ; Zola, *Correspondance*, II, n° 84.
55. L'un est le PV 87.
56. Lettre de Duret à Zola, datée ; Zola, *Correspondance*, II, note n° 1, p. 219.
57. Lettre de Zola à Duret, datée ; Zola, *Correspondance*, II, lettre n° 89, p. 219.
58. Acte de mariage, Archives de Paris.
59. W, I, p. 51 ; lettre de Monet, Argenteuil, à Pissarro, datée « 21 X^{bre} 1871 » ; W, I, lettre n° 61.
60. Lettre de Zola, Paris, à Cézanne, datée « 4 juillet 1871 » ; Zola, *Correspondance*, II, n° 134 ; John Rewald, *Cézanne*, New York, Harry N. Abrams, 1986, p. 268.
61. Ambroise Vollard, *Paul Cézanne*, 1914.
62. *CV*.
63. Lettre de Durand-Ruel, sur papier à en-tête Society of French Artists, 168, New Bond Street, London W., à Pissarro, datée ; *Archives Pissarro*, n° 21-1.
64. Lettre JBH 9, de Pissarro à Duret, non datée.
65. Lettre de Zola, Bordeaux, à Solari, datée ; Zola, *Correspondance*, II, lettre n° 125, p. 278.
66. Lettre de Béliard à Pissarro, datée ; *Archives Pissarro*, n° 6.
67. Lettre de Félicie Estruc à Julie, datée « vendredi 10 » ; MPP.
68. Lettre JBH 9, de Pissarro, 2, Chatham Terrace, Palace Road, Upper Norwood, Surrey, à Duret, non datée.
69. Certificat de mariage n° 29, région de Croydon, comté de Surrey ; bureau de l'état civil, Londres.
70. *CV*.
71. Lettre inédite de Solari à Zola ; John Rewald, *Cézanne et Zola*, p. 78.
72. Lettre de Monet, Argenteuil, à Pissarro, datée ; *Archives Pissarro*, n° 91 ; W, I, lettre n° 61.
73. Lettre JBH 14, de Pissarro, Paris, à Julie.
74. Ralph E. Shikes et Paula Harper, *Pissarro*, Paris, Flammarion, 1981, p. 118.
75. *CV*. Plan d'alignement de la rue Mallebranche, vers 1860 ; Archives départementales du Val-d'Oise.
76. Lettre de Rossi et Authiès, Paris, à Pissarro, datée ; *Archives Pissarro*, n° 162 ; Paris, Bibliothèque d'art et d'archéologie Jacques Doucet.
77. Archives nationales.
78. Information communiquée à John Rewald par Paul Gachet ; John Rewald, *Cézanne et Zola*, p. 79.
79. Lettre JBH 18, de Pissarro, Paris, à Guillemet, datée.
80. Lettre de Cézanne à Pissarro, datée « En la ville de Pontoise, 11 décembre 1872 » ; *Archives Pissarro*, n° 12 ; Cézanne, *Correspondance*, p. 142.
81. Lettre de Manet à Zola, datée « mercredi 4 décembre » ; Colette Becker, « Lettres de Manet à Zola », catalogue de l'exposition *Manet*, Galeries nationales du Grand Palais, Paris, 22 avril-1er août 1983, lettre n° 22, p. 524.
82. Paul Gachet, *Deux Amis des impressionnistes, le docteur Gachet et Murer*, Paris, Éditions des Musées nationaux, 1956, fig. 33.
83. Lettre de Lucien Pissarro à Paul-Émile Pissarro, non datée [1912] ; *Artists, Writers, Politics, Camille Pissarro and his Friends*, Oxford, Ashmolean Museum, 1980, p. 8.
84. Paul Gachet, *Cézanne à Auvers, Cézanne graveur*, Paris, Éditions d'Études et de Documents, Les Beaux-Arts, 1953, n. p.
85. Anne Distel, « Some Pissarro Collectors in 1874 », *Studies on Camille Pissarro*, édité par Christopher Lloyd, Londres et New York, Routledge & Kegan Paul, 1986, p. 67-68 et 72 ; « Mémoires de Paul Durand-Ruel », *Les Archives de l'impressionnisme*, II, p. 197-198.
86. *Succession de Monsieur Rondest, à L'Isle-Adam. Vente de très beaux meubles, objets d'art, tableaux anciens et modernes*, 8 et 15 septembre 1929 ; Paul Gachet, *Deux amis des impressionnistes*, p. 59.
87. Notamment : R 223, 226, 227, 203, 204, 205, 214, 318 ; Paul Gachet, *Deux amis des impressionnistes*, p. 61 ; Paul Gachet, *Souvenirs de Cézanne et de Van Gogh, Auvers 1873-1890*, Paris, Les Beaux-Arts, 1953, n. p.
88. Lettre JBH 22 ; *CV*.
89. Adolphe Tabarant, *Pissarro*, Paris, 1924, p. 21.
90. Facture de Tanguy à Pissarro, sur papier à en-tête de Tanguy, 14, rue Clauzel, non datée [vers fin 1880] ; *Archives Pissarro*, addendum n° 7.
91. « Avoir à M. Cézanne » sur papier à en-tête de Tanguy, 14, rue Clauzel, non daté [31 août 1885].
92. Wayne V. Andersen, « Cézanne, Tanguy, Chocquet », *The Art Bulletin*, juin 1967, p. 137.
93. Théodore Duret, *Histoire des peintres impressionnistes*.

94. Georges Rivière, *Renoir et ses amis*, Paris, H. Floury Éditeur, 1921, p. 32 ; Georges Rivière, *Le Maître Paul Cézanne*, Paris, H. Floury Éditeur, 1923, p. 78-79.
95. Paul Alexis, « Aux peintres et sculpteurs », *L'Avenir national*, 5 mai 1873, p. 2.
96. L'eau-forte est LM 5, la toile R 196 ; Paul Gachet, *Cézanne à Auvers, Cézanne graveur*, 1953, n. p.
97. L'eau-forte est LM 4 ; Paul Gachet, *Cézanne à Auvers, Cézanne graveur*, 1953, n. p.
98. Lettre de Guillaumin au docteur Gachet, datée ; *Lettres impressionnistes*, p. 65-68.
99. Lettre de Monet, Argenteuil, à Pissarro, datée ; *Archives Pissarro*, n° 95 ; W. I, lettre n° 69.
100. Lettres JBH 23, 26 et 27.
101. Plan d'alignement de la rue de l'Hermitage, vers 1860 ; Archives départementales du Val-d'Oise. Elle apparaît dans les toiles PV 56, 242, 337, 495, et dans une toile non PV du musée Folkwang d'Essen.
102. Lettre JBH 25, de Pissarro, Pontoise, au docteur Gachet, datée « mardi ».
103. Lettre JBH 26, de Pissarro, Pontoise, 26, rue de l'Ermitage, au docteur Gachet, datée.
104. Paul Gachet, *Cézanne à Auvers, Cézanne graveur*, 1953, n. p.
105. Lettre de Monet, Argenteuil, à Pissarro, datée ; *Archives Pissarro*, n° 98 ; W. I, lettre n° 74.
106. John Rewald, *Histoire de l'impressionnisme*, Paris, Albin Michel, 1986, p. 385.
107. John Rewald, *Cézanne et Zola*, note n° 2, p. 85.
108. Lettre JBH 29, de Pissarro, Pontoise, à Duret, datée.
109. *La Chronique des arts et de la curiosité*, n° 3, 17 janvier 1874, p. 19-20.
110. L'eau-forte est LD 13, la toile PV 293.
111. Lettre de Cézanne, non datée ; Cézanne, *Correspondance*, p. 144.
112. Lettre de Cézanne à ses parents, non datée ; Cézanne, *Correspondance*, p. 145.
113. Anne Distel, « Some Pissarro Collectors in 1874 », p. 67.
114. Ralph E. Shikes et Paula Harper, *Pissarro*, p. 128.
115. Lettre de Piette à Lucien et à Pissarro, non datée ; *Archives Pissarro*, n° 139 ; *Piette*, p. 100-104.
116. *La Chronique des arts et de la curiosité*, n° 3, 17 janvier 1874, p. 19-20.
117. *CV*.
118. Certificat de décès n° 77, hôtel de ville de Pontoise.
119. 5 œuvres de Pissarro : nos 136 (PV 230), 137 (PV 203), 138 (PV 236), 139 (PV 231), 140 (PV 224). 3 œuvres de Cézanne : nos 42 (R 161), 43 (R 225), 44 (R 201 ?).
120. Lettre de Louis Latouche, Paris, au docteur Gachet, datée ; Paul Gachet, *Deux Amis des impressionnistes*, p. 58.
121. Lettre de Cézanne à Pissarro, datée ; *Archives Pissarro*, n° 13 ; Cézanne, *Correspondance*, p. 146-147.
122. Lettre de de Molins, 17, route du Calvaire, Saint-Cloud, à Pissarro, datée ; *Archives Pissarro*, n° 137.3 ; Paris, Bibliothèque d'art et d'archéologie Jacques Doucet.
123. Lettre de Meyer à « Pissaro », non datée [antérieure au 3 septembre] ; *Archives Pissarro*, n° 82.2 ; partiellement inédite, Paris, Bibliothèque d'art et d'archéologie Jacques Doucet.
124. *CV*. Lettre JBH 37, de Pissarro, Pontoise, à Duret.
125. Lettre du docteur Gachet à sa femme, en traitement à Pau, datée ; Paul Gachet, *Deux amis des impressionnistes*, p. 60-61.
126. Lettre de Cézanne à sa mère, date sans doute erronée 26 septembre 1874 ; Gustave Coquiot, *Paul Cézanne*, Paris, Albin Michel, 1919, p. 70-72.
127. Œuvres PV 268-271, 274-279, 281-288, 294.
128. Procès-verbal de l'assemblée générale du 17 décembre 1874 ; *Archives Pissarro*, n° 82.1.
129. JBH 39, testament de Camille Pissarro, Montfoucault, daté.
130. Adolphe Tabarant, *Pissarro*, p. 27.
131. Jean Renoir, *Pierre-Auguste Renoir, mon père*, 1962 ; réédition Paris, Gallimard, 1981, p. 170.
132. *Statuts de l'Union, société anonyme à personnel et capital variables des artistes peintres, sculpteurs, graveurs, architectes, lithographes, céramistes, etc.*, Paris, 18 août 1875 ; MPP.
133. Lettre de Piette à Pissarro, non datée ; *Archives Pissarro*, n° 139 ; *Piette*, note n° 1, p. 122.
134. Dénombrement de la population de Pontoise, 1876, arrêté par le maire Germain le 31 décembre 1877 ; Archives départementales du Val-d'Oise.
135. Lettre de Monet, Argenteuil, à Chocquet, datée « 4 février 1876 » ; W. I, lettre n° 86.
136. Lettre de Guillaumin à Pissarro, datée « 22 mars » ; *Archives Pissarro*, n° 78 ; inédite, Paris, Bibliothèque d'art et d'archéologie Jacques Doucet.
137. 12 œuvres de Pissarro cataloguées et un *Dessous de bois* non catalogué, dont : nos 197 (PV 336 ?), 198 (PV 268 ?), 199 (PV 246), 200 (PV 238), 201 (PV 274), 202 (PV 370 ?), 203 (PV 366), 205 (PV 205), 206 (PV 209).
138. Lettre de Cézanne à Pissarro, datée « avril 1876 » ; *Archives Pissarro*, n° 14 ; Cézanne, *Correspondance*, p. 150-151.
139. Lettre de Cézanne, « maison Girard (dit Belle), place de l'Église à L'Estaque, banlieue de Marseille », à Pissarro, datée ; *Archives Pissarro*, n° 15 ; Cézanne, *Correspondance*, p. 152-154.
140. Lettre de Guillaumin, Paris, à Pissarro, datée « 23 juillet » ; *Archives Pissarro*, n° 78 ; partiellement inédite, Paris, Bibliothèque d'art et d'archéologie Jacques Doucet.
141. Lettre de Guillaumin au docteur Gachet, datée « samedi 2 7bre » ; collection particulière ; cité dans *Lettres impressionnistes*, p. 69-71, sous la date erronée « samedi 2 juillet 1876 ».
142. Lettre de Cézanne à ses parents, datée par erreur « samedi 10 septembre 1876 » ; Cézanne, *Correspondance*, p. 154-156.
143. Lettre de Cézanne au docteur Gachet, datée « jeudi matin 5 octobre » ; *Lettres impressionnistes*, p. 62.
144. Testament de Gustave Caillebotte, Paris, daté ; Marie Berhaut, *Caillebotte, sa vie et son œuvre, catalogue raisonné des peintures et pastels*, Paris, Fondation Wildenstein, La Bibliothèque des Arts, 1978, p. 251.
145. Georges Rivière, *Cézanne, le peintre solitaire*, 1936, p. 127.
146. Notes de Murer, citées par Adolphe Tabarant, *Pissarro*, p. 34-35.
147. Facture de Tanguy à Pissarro, vers fin 1880 ; *Archives Pissarro*, addendum n° 7, feuillets nos 3-4.
148. *Catalogue de la première exposition du 15 février au 17 mars, au Grand-Hôtel, faite par l'Union des artistes, peintres, sculpteurs, graveurs, céramistes, etc.*, Paris, Imprimerie de Pillet et Demoulin, 1877.
149. Lettre de Guillaumin, Paris, au docteur Gachet, datée ; *Lettres impressionnistes*, p. 71-73.
150. Georges Rivière, « À M. le rédacteur du *Figaro* », *L'Impressionniste*, n° 1 (6 avril 1877) et n° 4 (28 avril 1877). 16 œuvres de Cézanne cataloguées et une *Scène au bord de la mer* non cataloguée (d'après l'article de Georges Rivière, « L'exposition des impressionnistes », *L'Impressionniste*, 14 avril 1877).

151. Lettre de Degas à Mme de Nittis, datée « 21 mai 1877 » ; Mary Pittaluga et Enrico Piceni, *De Nittis*, Milan, Bramante Editrice, 1963, p. 368-369.
152. Un vieux Parisien, « L'indiscret : le dîner des impressionnistes », *L'Événement*, 8 avril 1877, p. 1 ; lettre de Monet à Zola, non datée ; W, I, lettre n° 105.
153. Lettre de Cézanne à Zola, datée ; Cézanne, *Correspondance*, p. 158.
154. Lettre de Louis-Edmond Duranty à Zola, non datée ; Auriant, « Duranty et Zola (lettres inédites) », *La Nef*, n° 20, 3e année, juillet 1946, p. 50-51.
155. *CV*.
156. Lettre de Murer à Pissarro, datée, collection particulière.
157. Lettre JBH 53, de Pissarro, Pontoise, à Caillebotte, datée « samedi ».
158. Reconnaissance de dette de Cézanne, Paris, à M. et Mme Tanguy, datée ; Cézanne, *Correspondance*, p. 160.
159. Lettre de Julien Tanguy, Paris, à « Cézanne », datée ; Cézanne, *Correspondance*, p. 224. Avoir de Cézanne de 1 442,50 F sur papier à en-tête de Tanguy, non daté ; reproduit par Wayne V. Andersen, « Cézanne, Tanguy, Chocquet », *The Art Bulletin*, volume XLIX, n° 2, juin 1967, p. 137.
160. Lettre de Cézanne à Zola, datée ; Cézanne, *Correspondance*, p. 161-162.
161. Lettre de Cézanne à Zola, datée « 28 mars » ; Cézanne, *Correspondance*, p. 162-163.
162. Lettre de Cézanne à Zola, datée ; Cézanne, *Correspondance*, p. 164.
163. Lettre de Cézanne à Zola, datée ; Cézanne, *Correspondance*, p. 166.
164. Lettre JBH 66, de Pissarro à Murer, datée « lundi matin ».
165. Lettre de Cézanne à Zola, datée ; Cézanne, *Correspondance*, p. 169-170.
166. Lettre JBH 71, de Pissarro, Paris, à Duret.
167. Lettre de Cézanne à Zola, datée ; Cézanne, *Correspondance*, p. 170.
168. Lettre JBH 70, de Pissarro, Paris, à Murer, datée « samedi ».
169. Lettre de Julie à Camille, écrite au verso d'une lettre de Duret datée « 9 septembre 1878 » ; *Archives Pissarro*, n° 22 ; collection Frits Lugt, Institut néerlandais, Paris, inv. 1978-A.18.
170. Lettre de Cézanne à Zola, datée ; Cézanne, *Correspondance*, p. 172-173.
171. Lettre JBH 65, de Pissarro, Paris, à Murer, datée « samedi ».
172. Lettre de Cézanne à Zola, datée ; Cézanne, *Correspondance*, p. 173-174.
173. Lettre JBH 74, de Pissarro, Pontoise, à Duret, non datée.
174. Lettre de Cézanne, L'Estaque, à Zola, datée ; Cézanne, *Correspondance*, p. 172-173.
175. Lettre de Cézanne à Zola, datée ; Cézanne, *Correspondance*, p. 177-178.
176. Lettre JBH 52, de Pissarro, Paris, à Murer, datée « dimanche ». La toile est PV 426.
177. Elle est aussi représentée dans PV 347, 390, 427, 429-432, ainsi qu'une toile non PV (vente Londres, Sotheby's, 1er juillet 1980, n° 37).
178. Lettre de Cézanne, L'Estaque, à Zola, datée « février 1879 » ; Cézanne, *Correspondance*, p. 182.
179. Lettre de Degas à Caillebotte, datée « dimanche » ; MB 16.
180. Lettre de Cézanne à Pissarro, datée ; *Archives Pissarro*, n° 16 ; Cézanne, *Correspondance*, p. 182-183.
181. Lettre de Degas à Bracquemond, non datée ; *Lettres de Degas*, 1945, lettre XIX, p. 46-47.
182. 38 œuvres de Pissarro cataloguées et *Saules inondés en hiver* non catalogué. Œuvre non cataloguée d'après Armand Silvestre, « Les Expositions des Indépendants », *L'Estafette*, 16 avril 1879, p. 3.
183. Lettre JBH 77, de Pissarro, Pontoise, à Murer, datée ; *CV*.
184. Lettre de Caillebotte à Monet, non datée ; MB 20.
185. Lettre de Cézanne, Melun, à Zola, datée ; Cézanne, *Correspondance*, p. 183-184.
186. Lettre de Cézanne à Zola, datée ; Cézanne, *Correspondance*, p. 184.
187. Visite attestée par la lettre de Gauguin, Paris, à Pissarro, datée « 26 7 1879 » ; *Archives Pissarro*, n° 30 ; VM 11 ; et par les œuvres de Gauguin : Daniel Wildenstein, *Gauguin, premier itinéraire d'un sauvage, catalogue de l'œuvre peint (1873-1888)*, I, Paris, Skira/Seuil, Wildenstein Institute, 2001, n° 51-52 et 53 daté « 1879 ».
188. Lettre de Cézanne à Zola, datée ; Cézanne, *Correspondance*, p. 184-185.
189. Lettre de Degas à Pissarro, non datée ; *Lettres de Degas*, 1945, lettre XXV p. 52-55.
190. Lettre de Cézanne, Melun, à Zola, datée ; Cézanne, *Correspondance*, p. 187-188.
191. Lettre d'Oller, Madrid, à Pissarro, datée ; *Archives Pissarro*, n° 137.4.
192. Le pastel appartient à la collection Graf, Londres, et la copie de Cézanne à l'ancienne collection de Pissarro, R 446.
193. Tout-Paris, « La journée parisienne. Impressions d'un impressionniste », *Le Gaulois*, 24 janvier 1880, p. 2.
194. Lettre de Monet, Vétheuil, à Pissarro, datée ; W, I, lettre n° 172.
195. Lettre de Pissarro, Paris, à Monet, datée « jeudi » ; vente *Lettres et manuscrits autographes*, Mes Laurin, Guilloux, Buffetaud, Paris, Drouot-Richelieu, 12 et 13 novembre 1998, n° 359.
196. Pierre Michel, *Octave Mirbeau : premières chroniques esthétiques*, Angers, Société Octave Mirbeau-Presses de l'université d'Angers, 1996, p. 11-13.
197. Lettre de Cézanne à Zola, datée ; Cézanne, *Correspondance*, p. 190-191.
198. 28 œuvres de Pissarro sont présentées.
199. Lettre de Katherine Cassatt (mère de Mary), 13, avenue Trudaine, à son fils Aleck (Alexander), datée « 9 avril » ; *Cassatt and her Circle, Selected Letters*, édité par Nancy Mowll Mathews, New York, Abbeville Press Publishers, 1984, p. 150-151.
200. Lettre de Guillemet, Trouville, à Zola, datée « 18 août 1880 » ; Zola, *Correspondance*, IV, notes nos 1-2, p. 94.
201. Lettre JBH 83, de Pissarro, « Paris, 18, rue des 3 Frères », à Duret, datée « 23 décembre 1880 ».
202. « Mémoires de Paul Durand-Ruel », *Les Archives de l'impressionnisme*, II, 1939, p. 210.
203. Ralph E. Shikes et Paula Harper, *Pissarro*, p. 186 ; lettre JBH 84, de Pissarro, « Paris, 18, rue des 3 Frères », à Esther, datée « 4 janvier 1881 ».
204. Ralph E. Shikes et Paula Harper, *Pissarro*, p. 186.
205. Registre de l'église Sainte-Madeleine, Archives de l'archevêché d'Aix-en-Provence.
206. 28 œuvres de Pissarro sont présentées.
207. Lettre de Cézanne, Pontoise, à Zola, datée ; Cézanne, *Correspondance*, p. 198.
208. Vente *Tableaux, études, aquarelles et dessins, marbres, bronzes offerts en partie par les artistes à M. C.*, Paris, hôtel Drouot, 14 mai 1881.
209. Lettre de Cézanne, Pontoise, à Chocquet, datée ; Cézanne, *Correspondance*, p. 199.
210. Lettre de Cézanne, Pontoise, à Zola, datée ; Cézanne, *Correspondance*, p. 199-200.

211. Lettre de Gauguin à Pissarro, non datée ; *Archives Pissarro*, n° 35 ; VM 16.
212. *CV*. Quittances de loyer datées des 10 avril, 11 juillet et 2 octobre 1882, collection particulière.
213. Dénombrement de la population de Pontoise, 1881, arrêté le 31 janvier 1882 ; Archives départementales du Val-d'Oise.
214. Lettre de Cézanne, Pontoise, à Zola, datée ; Cézanne, *Correspondance*, p. 203.
215. Lettre de Zola, Médan, à Coste, datée « 5 novembre 1881 » ; Zola, *Correspondance*, IV, n° 171.
216. Lettre JBH 98, de Pissarro, Paris, à Monet, datée « vendredi ».
217. R 493, I, 331.
218. Lettre JBH 149, de Pissarro, Osny, près de Pontoise, à Huysmans.
219. Lettre JBH 224, de Pissarro, Paris, à Lucien, non datée.
220. Alfred H. Barr Jr, *Matisse : His Art and His Public*, New York, The Museum of Modern Art, 1951, p. 38.
221. Lettre de Cézanne, La Roche-Guyon, à Zola, datée « 15 juin 1885 » ; Cézanne, *Correspondance*, p. 218.
222. Lettres de Cézanne, La Roche-Guyon, à Zola, datées « 15 juin 1885 » et « 6 juillet 1885 » ; Cézanne, *Correspondance*, p. 218 et 220.
223. Lettres de Cézanne à Zola, datées des 11, 13 et 15 juillet 1885 ; Cézanne, *Correspondance*, p. 220-222.
224. Lettre de Cézanne à Zola, datée « 19 juillet 1885 » ; Cézanne, *Correspondance*, p. 222.
225. Lettre JBH 286, de Pissarro, Éragny-sur-Epte par Gisors (Eure), à Monet, non datée.
226. Lettre de Monet, Étretat, à Pissarro, datée « 27 octbre » ; *Archives Pissarro*, n° 118 ; W, II, lettre n° 595.
227. Calepins cadastraux D1P432, Archives de Paris. *Annuaire-Almanach du commerce*, Paris, Didot-Bottin, 1889, 1890.
228. Lettre JBH 659, de Pissarro, Paris, datée ; *Les Hommes d'aujourd'hui*, n° 387, 8e volume, sans date [mai 1891].
229. Lettre JBH 1138, de Pissarro, Paris, 111, rue Saint-Lazare, à Lucien, datée « 26 mai 1895 ».
230. John Rewald, *Cézanne*, 1986, p. 207 ; lettres JBH 1169, 1171, 1174.
231. Lettre JBH 1175, de Pissarro, Paris, à Lucien, datée.
232. Lettre JBH 1175, de Pissarro, Paris, à Lucien, datée.
233. *Agenda commercial 1895*, Archives Vollard, Bibliothèque centrale et archives des musées nationaux, musée du Louvre, Paris.
234. Lettre JBH 1203, de Pissarro, Rouen, à Lucien, datée.
235. Lettre JBH 1175, de Pissarro, Rouen, à Lucien, datée.
236. Lettre de Cézanne à Bernard, non datée ; Émile Bernard, « Souvenirs sur Paul Cézanne et lettres inédites », *Mercure de France*, 16 octobre 1907, n° 248, tome LXIX, p. 623.
237. Lettre de Cézanne à son fils Paul, datée « vendredi, juillet 1906 » ; Cézanne, *Correspondance*, p. 316.
238. Lettre de Cézanne, Aix, à son fils Paul, datée ; Cézanne, *Correspondance*, p. 318-319, 328-329.
239. Jules Borély, « Cézanne à Aix », *L'Art vivant*, n° 37, 2e année, 1er juillet 1926, p. 432.

Œuvres de Cézanne ayant appartenu à Pissarro
Peintures à l'huile : V 56, 93, 114 ?, 115, 139, 140, 170, 174, 176, 217 ?, 239, 272, 285, 303 ?, 322, 371, 372, 379, 494, 1607 ?
R, I, p. 577-578.
Aquarelles : Rwc 20, 38.
Rwc, p. 483.
Dessins : C 143, 159, 181, 201, 202, 203, 204, 298, 300, 301, 758.

La collection de Cézanne n'était pas documentée. Nous ne connaissons donc pas les œuvres de Pissarro ayant appartenu à Cézanne.

Index

Cet index renvoie aux textes, aux illustrations, à certaines des notes et à la chronologie. Les titres d'œuvres des deux artistes ont été établis à partir de données topographiques et de recherches d'archives recueillies par Alain Mothe. Le chiffre entre crochets qui suit le titre de chaque peinture de Pissarro correspond au numéro qui lui est attribué dans le catalogue raisonné, *Camille Pissarro : catalogue critique*, publié par le Wildenstein Institute en 2005.

Prêteurs

Nous tenons également à remercier les prêteurs pour les expositions au Museum of Modern Art à New-York et au Los Angeles County Museum of Art à Los Angeles.

Collections privées

Monsieur et Madame Lord Harris

New York, Helly Nahmad Gallery

The Phillips Family collection

Ainsi que toutes les personnes
qui ont préféré conserver l'anonymat.

Collections publiques

ALLEMAGNE

Cologne, Fondation Rau

ARGENTINE

Buenos Aires,
Museo Nacional de Bellas Artes

ETATS-UNIS

Cincinnati, Cincinnati Art Museum

Columbus, Columbus Museum of Art, Ohio

New Haven, Yale University Art Gallery

New York, The Pierpont Morgan Library

GRANDE-BRETAGNE

Londres, the Samuel Courtauld Trust,
Courtauld Institute of Art Gallery

JAPON

Gunma, Musée d'Art Moderne

REPUBLIQUE TCHEQUE

Prague, Galerie Nationale

Table des matières

Aux sources de l'art moderne

Catalogue

Crédits photographiques

David Allison : fig. 41 ; © The Art Institute of Chicago : cat. 1, 25, 66, 87, page 188 ; Art Resource, NY : fig. 15 ; © 2005 Artists Rights Society (ARS), New York/ADAGP, Paris (photo Kate Keller, Department of Imaging Services, The Museum of Modern Art) : fig. 2 ; (photo Mali Olatunji, Department of Imaging Services, The Museum of Modern Art) : fig. 60 ; Jeff Bates : cat. 104, page 205 ; Dean Beasom : cat. 10 ; Bildarchiv Preussischer Kulturbesitz/Art Resource, NY (photo Joerg P. Anders) : cat. 6 ; (photo Klaus Goeker) : cat. 93 ; Jeremy Butler : cat. 43, page 124 ; © Stiftung Langmatt Sidney und Jenny Brown, Baden (photo SIK [Jean-Pierre Kuhn], Zurich) : cat. 61 ; © 2005 Christie's Images Inc. : fig. 7, 34, cat. 37, 97 ; © 2005 Christie's Images Limited : cat. 96 ;© The Cleveland Museum of Art : cat. 105 ; © The Samuel Courtauld Trust, Courtauld Institute of Art Gallery, Londres : fig. 53, cat. 63 ; Teresa Diehl : cat. 88 ; Brad Flowers : fig. 55, cat. 69, page 165 ; Thomas U. Gessler : fig. 50, cat. 77 ; Photography courtesy of Richard Green, Londres : cat. 99 ; André Guerrand : fig. 32 ; © The Solomon R. Guggenheim Foundation, New York : cat. 27, 92 ; © 2004 President and Fellows of Harvard College : page 125 ; (photo Katya Kallsen) : cat. 44 ; (photo David Mathews) : fig. 38 ; Florian Kleinefenn : cat. 71 ; Kunsthalle Mannheim (photo Margita Wickenhäuser) : fig. 52, cat. 64 ; Kunstmuseum Bâle (photo Martin Bühler) : fig. 33, 35, cat. 20, 38, 55, 62 ; © L & M. Services B.V., Amsterdam photo Kate Keller, Department of Imaging Services, The Museum of Modern Art : fig. 4, 5 Erich Lessing/Art Resource, NY : fig. 8, 10 - 14, 16, 19, cat. 9, 80 ; © 2005 Succession H. Matisse, Paris/Artists Rights Society (ARS), New York : fig. 20 ;© 1983 The Metropolitan Museum of Art : cat. 26 ; © 1988 The Metropolitan Museum of Art : fig. 21 ; © 1993 The Metropolitan Museum of Art : cat. 7 ; ©1994 The Metropolitan Museum of Art : fig. 64 ; © 1997 The Metropolitan Museum of Art : cat. 90 ; © 2004 The Metropolitan Museum of Art : pages 77, 110 ; © 2005 The Pierpont Morgan Library : cat. 19 ; © 2004 Musée d'Orsay, Paris (photo Patrice Schmidt) : cat. 91 ; © 2004 Museum Associates/LACMA : cat. 106 ; © 2004 Museum of Fine Arts, Boston : cat. 18, 52, 59 ; © 2005 Museum of Fine Arts, Boston : fig. 1 ; The Museum of Modern Art, New York, Department of Imaging Services (photo Kate Keller) : 59 ; (photo Paige Knight) : cat. 81 ; (photo Mali Olatunji) ; cat. 83 ; © 2004 Board of Trustees, National Gallery of Art, Washington, D.C. : fig. 25 ;© 2005 Board of Trustees, National Gallery of Art, Washington, D.C. (photo Bob Grove) : fig. 23, cat. 2 ; National Gallery of Ireland : cat. 30 ; © The National Gallery, Londres : fig. 9, 49, 51, cat. 76 ;© 2004 National Gallery, Prague cat. 94 ; The National Museum of Fine Arts, Stockholm : cat. 100 ; © Board of Trustees of the National Museums and Galleries on Merseyside (Walker Art Gallery) : fig. 27 ; Courtesy of Pace/MacGill Gallery : cat. 89 © 2005 Estate of Pablo Picasso/Artists Rights Society (ARS), New York photo Kate Keller, Department of Imaging Services, The Museum of Modern Art) : fig. 3 ; © 2000 Trustees of Princeton University (photo Bruce M. White) : cat. 24 ; © The State Pushkin Museum of Fine Arts, Moscou : cat. 54 ; Rheinisches Bildarchiv Cologne : fig. 26 ; Réunion des musées nationaux/Art Resource, NY : figs. 17, 18, 22, 24, 31, 36, 62 ; (photo Michèle Bellot) : cat. 15, 21, 51 ; (photo J. G. Berizzi) : cat. 17 ; (photo Gérard Blot) : cat. 31, 39 ; (photo : Hervé Lewandowski) : cat. 3, 11, 13, 14, 32, 33, 36, 40, 45, 48, 65, 75 ; © RMN/Hervé Lewandowski : pages 88, 147, 164, 204 ; (photo Pascale Néri) : fig. 54, cat. 68 ; John Sargent : cat. 70 ; Scala/Art Resource, NY : fig. 6 ; Photo courtesy of Sotheby's, New York : fig. 61, cat. 49, 78,84 ; Glenn Steigelman : cat. 82 ; Richard Valencia : cat. 58, page 189.

Publication du département de l'édition dirigé par Catherine Marquet

Responsable d'édition
Marie-Dominique de Teneuille

Traduction des textes
Hélène Tronc

Relecture des textes
Sylvie Bellu

Conception graphique et mise en pages
Steven Schoenfelder

Adaptation pour la version française
Atelier Rosier

Cet ouvrage a été achevé d'imprimer en janvier 2006 sur les presses de l'imprimerie Stamperia Valdonega à Vérone (Italie)

Façonnage
Legatoria Zanardi, Padoue

Dépôt légal : janvier 2006
ISBN : 2-7118-5043-9
EK 29 5043